国家自然科学基金面上项目(71573252)资助
国家软科学研究计划(2014GXQ4D182)资助
中央高校基本科研业务费专项资金项目(2013RC21)资助

煤炭城市产业生态系统响应经济波动的脆弱性与恢复力研究

王德鲁 著

中国矿业大学出版社
China University of Mining and Technology Press

内 容 提 要

在世界经济深度调整和能源价格剧烈波动的现实背景下，产业生态系统的脆弱性问题已经成为煤炭城市可持续发展的桎梏。本书重点以中国煤化工产业生态系统为对象，基于多学科研究方法、视角的交叉和多源数据、知识的融合，系统探讨了经济波动条件下煤炭城市产业生态系统的脆弱性机理、综合评价模型、恢复力影响因素和提升策略等问题。相关成果将为煤炭城市产业生态系统的适应性管理提供新的理论依据和决策参考。

本书可供可持续发展管理、能源经济与管理、循环经济等相关领域的研究人员，以及政府有关部门的决策人员参考使用。

图书在版编目(CIP)数据

煤炭城市产业生态系统响应经济波动的脆弱性与恢复力研究/王德鲁著. —徐州：中国矿业大学出版社，2017.12

ISBN 978-7-5646-3368-4

Ⅰ. ①煤…　Ⅱ. ①王…　Ⅲ. ①煤炭工业—工业城市—工业生态系统—经济波动—研究—中国　Ⅳ. ①F299.2

中国版本图书馆 CIP 数据核字(2016)第 304260 号

书　　名　煤炭城市产业生态系统响应经济波动的脆弱性与恢复力研究
著　　者　王德鲁
责任编辑　马晓彦
出版发行　中国矿业大学出版社有限责任公司
（江苏省徐州市解放南路　邮编 221008）
营销热线　(0516)83885307　83884995
出版服务　(0516)83885767　83884920
网　　址　http://www.cumtp.com　**E-mail**：cumtpvip@cumtp.com
印　　刷　江苏凤凰数码印务有限公司
开　　本　787×1092　1/16　**印张** 17　**字数** 324 千字
版次印次　2017 年 12 月第 1 版　2017 年 12 月第 1 次印刷
定　　价　52.00元

前 言

传统的煤炭矿区产业系统资源流路径为“煤炭资源—煤炭开采部门—煤炭供应部门—生产部门—运输部门—消费群体—自然环境”。这种单向的线性生产模式导致煤炭矿区生态危机日趋严重，并带来了诸多难以回避的社会问题。在大力推进生态文明建设的背景下，“资源—产品—再生资源”的工业代谢模式已然成为矿区绿色、低碳和集约化发展的基本范式，并受到学者们的广泛关注。目前，欧盟有关产业生态化发展的政策已成为经济与环境政策的重要组成部分。中国政府更是前所未有地高度重视生态现代化、绿色增长和低碳发展，并将发展循环经济提升到国家生态安全战略层面。在各级政府部门的引导、干预甚至主导下，我国众多煤炭城市纷纷采取建设循环经济园区等方式，试图通过外力嵌入形成产业生态系统。然而，煤炭城市产业生态系统(CCIES)独特的产业链接属性和成长环境使其相较于一般的生态工业园区和产业集群而言，在内部结构、技术构成和外部影响因素等方面存在更为苛刻的稳定边界条件，导致 CCIES 的脆弱性问题日益突出，并成为煤炭城市可持续发展的桎梏。当前，神木煤化工、阳泉煤化工、克什克腾煤化工、朔州煤电建、蒙西煤电灰铝建等众多 CCIES 陷入困境甚至部分濒临瓦解的一个重要原因即在于此。因此，亟须开展 CCIES 响应外部扰动的脆弱性机理、评估方法与降低策略研究。

根据脆弱性理论，CCIES 并非对任何一种扰动都是脆弱的，而且面对不同的扰动会表现出不同的脆弱性，因而 CCIES 脆弱性总是与施加在系统上的特定扰动密切相关。构成 CCIES 的煤炭、电力、化工、建材等主要产业均为国民经济的基础性产业。MSCI 指数波动情况表明，相较于一般轻加工产业，这类行业对经济波动更加敏感且受到的影响更为巨大，因此在影响 CCIES 健康发展的众多扰动因素中，宏观经济的波动起伏表现得尤为突出。当前，我国发展面临的机遇前所未有，面临的风险和挑战也前所未有。从国际形势看，金融危机后全球经济增长动力和模式已经发生变化，潜在经济增速放缓而新的经济增长点尚未形成，经济进入寻找“再平衡”阶段；为了适应危机后的新形势，全球价值链已经进入新的深度调整和空间重塑周期。从国内形势看，中国经济增速的逐步放缓将多年来高速增长下掩盖的许多问题，诸如产能过剩、环境超载、产业结构失衡、房地产泡沫等逐一暴露，随着经济风险的不断积聚，中国经济正面临多重危机。可以预见，在未来一定时期内，中国经济整体上仍将处于较大程度的动荡之中。这种形势下，在一个总体繁荣向上的经济周期大背景下形成的 CCIES 及其治理机制，第一次受到了与过去截然不同的新经济形势的严峻挑战。学术界、企业界和政府相关部门应进一步思考，CCIES 的规划、运行和调控机制如何随着经济环境的演变而不断调整和改进，从而更好地适应新的发展需要。

基于以上认识，本书旨在针对我国 CCIES 的特殊性和当前宏观经济波动带来的严峻挑战，遵循区域复合系统脆弱性与恢复力研究的发展趋势，以拓扑结构复杂、发展形势严峻且为数众多的煤化工产业生态系统为重点研究对象，着重探讨经济波动情境下的 CCIES 脆弱性机理、综合评价方法与恢复力提升策略。本书主要研究内容包括：第一，运用复杂性理论与方法研究经济波动下 CCIES 脆弱性形成与演化机理，阐明了能源价格冲击和市场需求波动对不同类型 CCIES 脆弱性的驱动机制；第二，针对系统中蕴含的要素耦合关系、不确定因素和信息不完备性，运用集成化的最优数据挖掘方法构建了 CCIES 脆弱性综合评价模型，并对我国 33 个典型 CCIES 进行了实证评价与分级分类；第三，基于理论分析、问卷调查，运用决策实验室法、解释结构建模法等方法，从系统—产业—企业—政府四个层面，研究揭示了 CCIES 恢复力的关键影响因素与跃迁机制；第四，采用系统动力学方法，研究开发了 CCIES 恢复力建设的情景仿真动力学模型，并通过模拟仿真揭示了不同调控政策的有效性以及各政策的最优实施顺序。这些成果不仅对于推动 CCIES 治理理论的完善和发展具有积极意义，而且有助于增强 CCIES 对当前和未来风险的抵御能力，并将为之后的 CCIES 规划和调控指明方向。

本书得到了国家自然科学基金面上项目（71573252）、国家软科学研究计划（2014GXQ4D182）和中央高校基本科研业务费专项资金资助项目（2013RC21）的联合资助。本书引用了许多专家学者的研究成果，书中虽已标注和说明，但难免挂一漏万，敬请谅解！囿于作者水平，书中难免有不足之处，衷心期望得到学界同仁及读者的批评指正！

作　者

2017 年 6 月

目　　录

1 绪 论

1.1 研究背景

长期以来，煤炭工业在为经济发展作出巨大贡献的同时，其“资源—产品—废弃物排放”的单向线性生产模式也导致矿区生态危机日趋严重，并带来诸多难以回避的社会问题。在大力推进生态文明建设的背景下，“资源—产品—再生资源”的工业代谢模式已然成为矿区绿色、低碳和集约化发展的基本范式，并受到学者们的广泛关注。事实上，工业企业关注的焦点大都集中于核心业务领域，无法保证污染预防、控制等价值链上的次要活动获得充足资源，而通过产业共生网络整合环境治理资源，能够有效缓解企业环境治理能力的有限性和治理资源的稀缺性，这为产业集约化发展提供了最佳途径[1]。目前，联合国工业发展组织和环境规划署已在全球极力倡导并推广区域生态化发展战略；中国政府更是前所未有地高度重视生态现代化、绿色增长和低碳发展，并将发展循环经济提升到国家生态安全战略层面[2]。在各级政府部门的引导、干预甚至主导下，众多煤炭城市纷纷采取建设循环经济园区等方式，试图通过外力嵌入形成产业生态系统。

然而，煤炭城市产业生态系统(CCIES)独特的产业链接属性和成长环境使其相较于一般的工业园区和企业集群而言，在内部结构、技术构成和外部影响因素等方面存在更为苛刻的稳定边界条件，导致 CCIES 的脆弱性问题日益突出，并成为地区经济可持续发展的桎梏。在 CCIES 的规划、形成和发展过程中，旨在创造聚集优势的“地理邻近性”和“组织邻近性”往往诱使企业锁定于某一特定资源和某一行动而使 CCIES 成为“封闭系统”，内部废料有偿交换的市场弹性也日益变为一种技术刚性；由于内在结构的固有缺陷和地方政府的过度干预，这类矿区的定位和作用已经被无形地限定在煤炭资源的转换利用等能源产业基地的框架内，严重降低了 CCIES 内生态经济联系的多样性。所有这些无不制约了 CCIES 响应外部冲击的自适应能力，一个看似微弱的外部扰动都可能会触发节点企业经营行为的改变，导致 CCIES 的大范围调整甚至系统崩溃的连锁效应。

当前，兖州煤化工、神木煤化工、阳泉煤化工、克什克腾煤化工、朔州煤电建、蒙西煤电灰铝建等众多 CCIES 趋于衰退甚至部分濒临瓦解的一个重要原因即在于此。因此，亟须开展 CCIES 响应外部扰动的脆弱性机理、评估方法与降低策略研究。

目前，国内外学者围绕 CCIES 的构建、演化机理、资源代谢、效率评价、调控策略等方面进行了诸多探索，并取得一系列重要成果[3-9]，但针对 CCIES 脆弱性与恢复力方面的研究仍十分薄弱。构成 CCIES 的煤炭、电力、化工、建材等主要产业均为国民经济的基础性产业，MSCI 指数波动情况表明，相较于一般轻加工产业，这类行业对经济波动更加敏感且受到的影响更为巨大，因此在影响 CCIES 健康发展的众多扰动因素中，宏观经济的波动起伏表现得尤为突出。当前，我国发展面临的机遇前所未有，面临的风险和挑战也前所未有。从国际形势看，金融危机后全球经济增长动力和模式已经发生变化，潜在经济增速放缓而新的经济增长点尚未形成，经济进入寻找“再平衡”的阶段；为了适应危机后的新形势，全球价值链已经进入新的深度调整和空间重塑周期。从国内形势看，中国经济增速的逐步放缓将多年来高速增长下掩盖的许多问题，诸如产能过剩、环境超载、产业结构失衡、房地产泡沫等问题逐一暴露，随着经济风险的不断积聚，中国经济正面临多重危机（国务院政府工作报告，2015）。可以预见，在未来一定时期内中国经济整体上仍将处于较大程度的动荡之中，能源价格（煤炭、石油价格等）、市场需求（电力、钢铁、水泥、化工等行业）的持续波动以及政府政策（资源税费政策、能源环境政策、产业政策等）、产业技术（绿色开采技术、输变电技术、煤化工技术等）的调整与变革难以避免，这必然会进一步加剧 CCIES 的脆弱性问题。这种形势下，在一个总体繁荣向上的经济周期大背景下形成的 CCIES 及其治理机制，第一次受到了与过去截然不同的新经济形势的严峻挑战。学术界、企业界和政府相关部门应进一步思考，CCIES 的规划、运行和调控机制如何随着经济环境的演变而不断调整和改进，从而更好地适应新的发展需要。

综上所述，我国 CCIES 大都是在地方政府的干预甚至是主导下形成的，其自调节、自增强和自适应能力明显不足，对外部扰动缺乏必要、成熟的应对机制，而这恰恰也是当前 CCIES 研究的薄弱环节。因此，在全球经济深度调整的大背景下，深入开展 CCIES 响应经济波动的脆弱性机理、综合评价与恢复力提升策略研究，具有重要的理论价值和突出的现实意义。

1.2 国内外研究进展述评

1935年植物学家Tensley提出的生态系统的概念和1989年物理学家Frosch提出的产业生态学的概念，为产业生态系统(IES)的管理和发展奠定了理论基础。IES是指在一定时间和空间范围内由产业群体及其支撑环境构成的一个具有自组织和自调节功能的复合体[10]。目前IES已经引起国内外学者的广泛关注，并成为循环经济和可持续发展领域的前沿问题之一[11]。通过文献收集、梳理和分析发现，现有论著在国家、区域、城市、工业园、行业和企业等尺度上，运用能值理论与能值分析法、生命周期理论、博弈论、数理统计、系统动力学法、复杂网络理论等理论与方法，围绕IES的构建与运行机理[12,13]、资源代谢机制[14,15]、生态效率评价[2,16,17]、稳定性影响因素[18,19]、优化与调控策略[20,21]等问题开展了广泛而富有成效的研究，为区域和产业资源的生态化管理提供了重要的理论依据和决策参考。目前，针对经济波动情境下的IES尤其是CCIES脆弱性与恢复力方面的研究仍十分匮乏，但在人地系统领域面向全球变化的生态系统、社会系统、社会-生态系统的脆弱性与恢复力研究却取得了一定进展，所形成的分析框架和研究方法对本研究开展具有重要的借鉴意义。因此，下面将适当扩大文献检索范围，对类似问题的研究现状和发展趋势进行分析。

1.2.1 脆弱性研究述评

1. 脆弱性研究的演进与基本内涵

“脆弱性”这一概念起源于20世纪60年代对自然灾害的研究[22]，是指系统对内外扰动的敏感性以及缺乏应对能力从而使系统结构和功能容易退化的一种属性。作为可持续性科学领域的一种新的研究视角和分析工具，脆弱性研究凭借其独特的理论与方法论价值，目前已被应用到区域灾害管理、生态学、土地利用、工程学、经济学、可持续生计等领域。其中，生态环境、气候变化、自然灾害等自然科学领域一直在脆弱性研究中占据主导地位，但随着IHDP、IGBP、IPCC等国际性科学计划和研究机构越来越强调人类社会对全球变化的响应与适应问题[23]，人文系统、人-环境系统，尤其是社会-经济-自然复合生态系统脆弱性的研究已经成为新的发展趋势[24]。近年来，随着全球变化研究领域的国际学术交流日益频繁，脆弱性研究的理论价值及学科意义逐渐被国内学者所关注。但从已发表的研究成果来看，仍主要集中在生态环境脆弱性、灾害脆弱性等方面，并在生态环境脆弱性评估[25]、脆弱生态环境类型区划[26]、灾害脆弱性机理[27]等方面进展较快，也有一些学者开始关注资源枯竭、市场化转型、社会变革、快速城市化、制度变迁、技术创新等背景下的企业群落脆弱性[20]、社会脆弱性[28]、贫困脆弱性[29,30]和经济脆弱性问题[31,32]。

从不同领域研究的侧重点来看，自然科学认为施加在系统上的扰动特点与扰动频率、系统对扰动的暴露程度与敏感性等是系统脆弱性的决定因素，研究集中在水资源系统、农业系统、林业系统、渔业系统、海岸带、城市交通系统对气候变化、灾害等外部扰动的不利响应。人文科学认为人类系统的脆弱性是独立于外部扰动而源自内部特征的一种内在属性，关注于识别社会中的最脆弱群体，侧重于探讨导致人类社会容易受到损害的政治、制度、经济和文化因素及其恢复力重建的人文机制。社会-生态系统脆弱性研究则强调综合集成自然科学、社会科学和人文科学的研究方法来解释自然、社会及工程系统之间的相互作用，将暴露、敏感性、恢复力等要素纳入脆弱性分析框架中，并在脆弱系统因果关系过程识别和属性解释、脆弱性空间制图、综合评价等方面开展了诸多探索[23]。可以预见，随着脆弱性研究越来越关注自然系统与人类系统之间复杂的作用关系，其未来的发展越来越取决于多学科研究方法、研究视角的交叉及多源数据、多学科知识的融合。但目前已有的多数脆弱性研究在理论上仍属于多学科而不是跨学科的工作[33]，未来研究应进一步纳入管理学、经济学等学科，实现学科的实质性交叉与融合，推动人地系统领域内脆弱性研究的完善和发展。

2. 脆弱性分析框架

伴随着脆弱性应用领域的拓展，涌现出众多探讨脆弱性成因及其影响因素相互作用关系的分析框架，如早期的风险-灾害模型与压力-状态-响应模型[34]、双重结构的脆弱性分析框架[35]、SUST 脆弱性分析框架等[36]。从脆弱性分析框架的发展演变来看，大致经历了从面向单一扰动的脆弱性分析发展到多重相互作用扰动背景下的脆弱性分析，由静态的、单向的脆弱性分析转向动态的、多反馈的脆弱性分析，要素拓展和学科综合化的演化特征明显。由于针对脆弱性评价的整合类研究强调了扰动的多重性与多尺度性，突出了脆弱性产生的内因机制、地方特性及其跨尺度的转移传递过程，对于探讨区域产业生态系统相互作用机理具有重要的借鉴意义，因而逐渐被各国学者重视。本研究将借鉴 Polsky[37] 提出的 VSD 整合模型来组织数据、统一概念和建构 CCIES 脆弱性评价指标体系，原因在于该框架提供了一个系统地进行脆弱性分析和评价的基本思路，囊括了从抽象的定性分析到具体的指标和参数选取的全过程，在数据理想的情况下，作为脆弱性评价的实践指导，其圈层式的数据组织框架具备良好的延展性和重要的应用价值。

3. 脆弱性评价方法

脆弱性评价是预测和评价外部胁迫对某一系统可能造成的影响以及系统对

外部胁迫的抵抗力和从不利影响中恢复的能力，从而为退化系统的综合治理提供决策依据。脆弱性评估主要关注研究对象面临的主要扰动是什么、脆弱性较高或较低的单元具有什么典型特征、决定脆弱性格局的因素以及如何降低评价单元的脆弱性等问题。目前采用的评价方法主要有函数法、综合指数法、图层叠置法、模糊数学法等[38]。史培军[39]认为广义的灾害脆弱性应由区域时空脆弱性、承载体脆弱性、孕灾环境脆弱性构成，并给出了相应的评估函数模型。黄弘[28]、赵昕[40]结合改进 AHP 法、统计学方法分别构建了社会脆弱性、风暴潮灾害脆弱性评价指数模型。Krishnamurthy[41]从社会经济和自然环境两个方面构建了国家食品安全响应环境风险的脆弱性评价指标体系及相应的综合指数模型。由于函数法和综合指数法在评价思路上与脆弱性内涵之间的对应较强，有利于解释脆弱性成因及特征，评价结果能够反映系统整体脆弱程度及脆弱性构成要素的情况，因而受到越来越多的学者重视。

综上所述，全球变化背景下的脆弱性研究近年来日益受到关注，并取得了一系列重要研究成果，但作为当前可持续性科学领域的一种新的研究视角，还存在一些薄弱环节甚至盲区，这也是未来努力的重要方向：① 目前真正意义上的社会-经济-自然复合系统脆弱性研究仍然较为匮乏[33]，关于经济波动对 CCIES 脆弱性的驱动机制和综合影响效果的研究更是鲜见报道；② 已有的人地系统脆弱性机理研究大都是在某一时间截面展开[42]，在时间维度上对脆弱性动态变化及其驱动因素的耦合作用过程与机制的探讨不够，不利于有针对性地指导恢复力建设实践；③ 由于人地系统的复杂性和不确定性，如何在其脆弱性评价中有效处理系统中蕴含的各种要素耦合关系、不确定因素和评价信息不完备等突出问题尚未取得突破性进展，制约了脆弱性研究在实践中的应用。

1.2.2 恢复力研究述评

1. 恢复力研究的演进与基本内涵

作为降低人地系统脆弱性最为重要的途径之一，恢复力已经成为政府、学界和企业界共同关注和高度重视的焦点[43,44]。恢复力的概念源自于力学，随着人口、资源与环境矛盾的凸显，1973 年 Holling 将其首次引入生态学领域，并逐渐延伸至社会-生态（又称人类生态或人-自然）系统领域。国际恢复力联盟将其定义为系统在保持自身结构不变的情况下通过调整系统行为控制参数及程序后能够吸纳的扰动量。目前恢复力这一概念已被应用在涉及人类和自然相互作用的多学科研究中，如灾害管理、环境演变响应、安全建设、工程技术等[45]。增强恢复力在经济和组织行为方面的表现是降低环境变化不利影响的重要途径，因此一些学者对经济和组织行为恢复力进行了积极探索。Rose[44,46,47]对经济恢复力进行了积极探索，为其理论构建及实践应用作出了重要贡献。她将经济恢复力细分为静态和动态两种，前者主要描述特定时间内可获取资源的有效利用程度，后者指系统在遭受严重打击后恢复到期望状态的速度。Comfort[48]是最先将恢复力引入组织行为领域的学者之一，她认为恢复力仅限于干扰事件发生后的组织行为和过程；Paton[49]指出，组织恢复力是当系统遇到重大干扰时所表现出的一种能力，它能够利用实体资源和素质来管理遇到的变化和挑战。

总体而言，虽然不同领域的学者从自身学科角度出发对恢复力的定义进行了改进，加深了对恢复力本质的认识，但恢复力的基本内涵依然没有统一，目前学术界主要存在两种观点：工程恢复力和生态恢复力[50]，二者之间的区别如表1-1所列。就本质上而言，工程恢复力与生态恢复力的差异源自于看待系统稳定性的视角不同。前者注重系统在特定平衡态附近的稳定性，默认系统仅有一个“最优”平衡稳态，这与20世纪的经济理论相吻合；后者则注重系统远离平衡稳态后的适应状况，而这种非稳定态能够促使系统跃迁到另一稳定域，这与如今强调多稳态的经济理论是相吻合的。因此，对于复杂多稳态的矿区产业生态系统，以系统在保持自身功能延续的前提下能吸纳的扰动量为恢复力定义，以系统稳定域的边界特性及其跃迁机制为主要内容的研究框架更具说服力和应用前景。

表1-1　工程恢复力和生态恢复力的区别[43,50]

特征	关注焦点	研究内容	测量方式	管理目标
工程恢复力	系统的有效性和回归所需时间	系统在已知或最佳稳定态附近的行为特征	系统回归稳定态的速度	寻求规范或理想化的稳定态
生态恢复力	系统的持续性和维护原有功能的缓冲能力	运用复杂系统理论探讨系统可跃迁的其他稳态及稳定域的边界特性	系统吸收扰动的总量	探索现实复杂系统可解释的稳定态

2. 恢复力机制与管理对策

以Holling为首的“恢复力联盟”主张运用适应性循环理论来解释和分析社会-生态领域的恢复力机制[51-53]。该理论认为，社会-生态系统按照4个特征阶段进行演替，即快速生长阶段、保护阶段、崩溃或释放阶段、更新与重组阶段。恢复力的变化贯穿在整个适应性循环中，并随着各阶段的演替而表现出不同水平。作为适应性循环的基本属性之一，恢复力的内涵在以下方面得以扩展：① 系统在原稳定域内能承受的扰动量，即系统在维持自身功能和结构不变的前提下能抵御的外部干扰总量；② 系统的自组织能力反映了系统承受干扰时的学习与自适应调节能力。赵庆建[54]运用复杂性理论探讨了社会生态系统的结构、功能与过程，并综合自然科学与复杂系统基本原理，研究了社会生态系统恢复力变化的状态跃迁机制。Rose[44,46,47]认为经济恢复力发生于三个尺度，即公司、家庭或相关组织的个体恢复力，经济部门、个别市场或联合团体的市场恢复力，以及所有个体单元和市场组合的区域宏观经济恢复力，并定性分析了它们与恢复力的关系。Simmie[55]主张采用适应性循环模型研究区域经济恢复力形成机制，并通过两个案例阐述了其有效性。在恢复力提升策略方面，Chopra[56]采用网络分析法考察了产业共生网络的脆弱性，认为应从多样性、冗余和多功能性等方面增强系统恢复力；Jiao[57]从动态过程视角研究了政策干预对产业生态系统恢复力实现机制的影响；Stokols[58]主张从社会生态学视角理解人-自然系统的恢复力，并从物资资源和人力资源两个方面提出了恢复力建设的对策建议。已有研究显示，从复杂系统动力学角度应用适应性循环理论来解释和研究系统恢复力，能够阐明恢复力形成的动力学机制，是近年来恢复力理论研究的主要趋势。

3. 恢复力测量方法

国内外生态学家、灾害学家和经济学家都在尝试将恢复力进行量化研究，目前已经使用的测量方法主要包括阈值方法[59]、实验方法[60]和替代指标法[61]。阈值方法一般是用系统面临压力时维持结构和功能的能力来测量恢复力。该方法一般要借助于计算机模型（如GAP模型）估算出系统某些关键指标从胁迫状态恢复到稳定状态的时间，以及系统能够承受的最大胁迫。实验方法主要通过人为控制系统的外界干扰条件，分析系统的恢复过程从而研究恢复力[60]。由于恢复力受诸多因素的影响，对其进行直接测量是比较困难的，但可以选取替代指标进行间接推断。替代指标法是指在系统中找出与恢复力相关并且可以测定的属性，从中选取恢复力的替代因子作为替代物[61]。上述方法均存在着不同程度的限制：阈值方法受限于其前提假设和对计算机模型的依赖；实验方法受实际条件限制很难推广，而且其可重复性不高；替代指标法的关键和难点在于替代指标选取的科学有效性。

综上分析，虽然恢复力这一概念在经济政策和环境管理方面具有的价值已为大家所认可和接受，但有关人地系统恢复力的研究大都停留在经验性而非机理性探索上[43]，难以科学回答“什么因素决定恢复力大小、恢复力的生成机制如何”这类对恢复力建设具有重要指导意义的问题，更鲜有尝试从复杂系统动力学的角度开展系统恢复力建设的情景仿真模拟研究，而这将是未来区域产业生态系统恢复力研究的重要方向。

1.3 研究意义

根据脆弱性理论，CCIES 并非对任何一种扰动都是脆弱的，而且面对不同的扰动会表现出不同的脆弱性，因而 CCIES 脆弱性总是与施加在系统上的特定扰动密切相关。本研究旨在针对我国 CCIES 的特殊性和当前宏观经济波动带来的严峻挑战，遵循区域复合系统脆弱性与恢复力研究的发展趋势，以拓扑结构复杂、发展形势严峻且为数众多的煤化工矿区为重点研究对象，着重探讨经济波动情境下的 CCIES 脆弱性机理、评价方法与恢复力提升策略。本书研究意义如下：

理论上，运用复杂网络理论构建经济波动情景下的 CCIES 自组织演化动力学模型，阐明经济波动通过 CCIES 内部结构对系统脆弱性的驱动机制和放大效应；针对系统中要素耦合关系的复杂性、影响因素的不确定性和信息的不完备性等问题，采用集成化的最优数据挖掘方法，建立 CCIES 响应经济波动的脆弱性综合评价模型；采用决策实验室法（DEMATEL）、解释结构建模法（ISM）以及系统动力学法（SD），解析 CCIES 恢复力的关键影响因素与形成机制。这些研究成果对于推动 CCIES 治理理论的完善和发展具有积极意义。

实践上，完成我国重点 CCIES 的脆弱性实证评价与分级分类，揭示脆弱性较高和较低 CCIES 的典型特征及其脆弱性格局的主要决定因素；运用复杂系统动力学方法开发 CCIES 恢复力建设的情景仿真模型，进而针对 CCIES 规划、运行和管理过程中的薄弱环节和制度障碍，通过模拟仿真提出 CCIES 恢复力建设的调控对策，为政府制定政策和企业采取措施提供决策参考。这些研究成果不仅有助于增强 CCIES 对当前和未来风险的抵御能力，也将为之后的 CCIES 规划和调控指明方向。

1.4 概念界定

为明确本研究的尺度和重点，科学构建相关概念模型与数理模型，作者首先对 CCIES 的概念和边界作出如下界定。

产业生态系统指按照物质循环、生物和产业共生原理，通过对产业链横向和纵向系统优化耦合而形成的经济增长与自然生态系统相互协调发展的复合生态系统。CCIES 是以煤炭资源开发利用为主导，以物质循环、能量流动、价值转移和增值、信息传递为特征，实现生产、消费、调控等功能的资源-经济-社会-环境复合生态系统，其中经济子系统的发展速度和环境子系统的承载力要相适应，复合生态系统要为资源子系统的可持续性和社会子系统的和谐提供支撑力。CCIES的基本组成如图 1-1 所示。

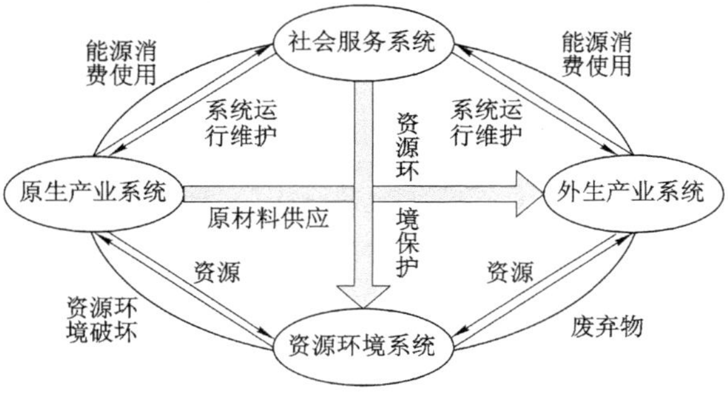

图 1-1 煤炭城市产业生态系统基本构成模型

对煤炭城市而言,作为煤炭城市标志性产业子系统原生产业系统是煤炭开采形成的生产系统;外生产业系统是指以煤炭为消费品的各类产业部门的集合,包括电力、煤化工、建材产业等;资源环境系统是煤炭城市产业系统赖以发育的自然物质基础和前提,既包括可耗竭的煤炭资源,也包括不可耗竭的土地、水、生物和大气等要素;社会服务系统是指为资源环境系统、原生产业系统和外生产业系统的正常运行和发展提供各种保障的服务子系统,包括土地生态恢复、景观塑造、公共管理、科研院所、金融保险、市场流通服务、中介服务等。其中,原生产业系统和外生产业系统构成了煤炭城市产业生态系统的生命系统,而社会服务系统和资源环境系统则构成了煤炭城市产业生态系统的生命支持系统。

煤炭城市生态产业链是以煤炭矿区工业生产的产品、副产品及废弃物等资源为纽带,将不同生产过程(环节)连接在一起实现资源在矿区范围内的循环流动,形成具有产业链接关系的一种链状资源利用关系。煤炭城市产业生态系统中存在着纵向生态产业链和横向生态产业链,纵向生态产业链和横向生态产业链结合就构成了完整意义上的纵横交错的煤炭城市生态产业链网,如图1-2所示。纵向生态产业链模式中物质的流向以煤炭资源为基础,如:煤炭—电力—市场,煤炭—气化—市场;横向生态产业链模式中物质的流向则以纵向共生模式中活动排放的副产品、废弃物等为基础,如:煤泥—热电厂—热电,矸石—建材厂—建材产品。

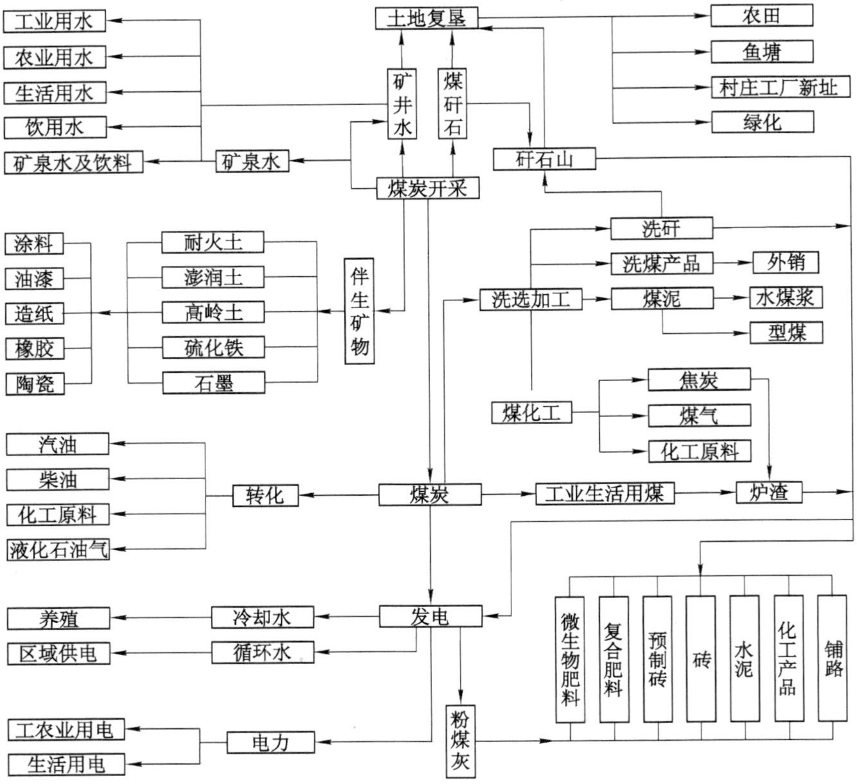

图 1-2　煤炭城市产业生态链网

1.5　主要内容

结构决定功能是系统科学的基本观点，从结构角度分析系统功能则是复杂系统理论研究的基本范式。本研究遵循这一基本范式，着重开展以下四个方面的研究工作。

1. CCIES 响应经济波动的脆弱性机理研究

阐明 CCIES 响应经济波动的脆弱性机理是开展其评价方案与降低策略研究的理论基础。在鄂尔多斯、淮南、榆林、六盘水等六个典型 CCIES 案例分析的基础上，运用复杂性理论阐释经济波动和 CCIES 结构特征的动态耦合作用过程与机制，建立了经济波动条件下 CISN 的脆弱性分析框架，阐释了“经济波动→

CISN 结构演化→功能退化→绩效下降”的传导关系。在此基础上，充分考虑到CISN 内部资源流的方向性和企业的异质性特征，提出了一种改进的有向加权网络相继故障模型，并设计了五个网络性能指标（例如，相继故障相对值、最大连通子图相对值、结构熵等）来衡量失效节点对整个 CCIES 造成的破坏性。最后，以大路煤化工工业园区、榆神工业园区和鲁南煤化工工业园区三个典型煤炭工业生态园为例，模拟和比较分析了能源价格冲击和终端需求下滑分别对平等型、依托型和嵌套型三类 CCIES 网络性能演化和脆弱性影响的差异性，揭示了CCIES 响应经济波动的脆弱性机理和演化规律。

2. CCIES 响应经济波动的脆弱性综合评价研究

脆弱性评价是预测和评价外部胁迫对 CCIES 可能造成的影响以及系统对外部胁迫的抵抗力和从不利影响中恢复的能力，从而为 CCIES 的综合治理提供决策依据。本部分基于国内外现有文献和 CCIES 对经济波动的脆弱性响应机理，选取关于 CCIES 脆弱性的关键指标构造了 CCIES 的脆弱性综合评价指数（RVI）的层级结构。RVI 从经济波动风险、生命系统敏感性、生命系统恢复力和生命支持系统稳定性四个维度衡量 CCIES 的健康发展状况。同时，针对 RVI 的指标和结构特征，提出了一种新的基于 RS-TOPSIS-RSR 的 CCIES 脆弱性评价模型。最后，紧密结合中国经济波动的客观现实，以我国 33 个典型煤炭城市为对象，利用 2007～2013 年相关数据资料，基于通过 RS-TOPSIS-RSR 方法计算的 RVI 分数，对其脆弱性从低到高进行排序，并采用模糊聚类方法将 33 个煤炭城市划分成 3 组。同时，为揭示 CCIES 高脆弱性的存在关键问题和主要成因，分别计算了各 CCIES 的敏感性指数、恢复力指数和稳定性指数。研究结果验证了 RS-TOPSIS-RSR 模型的有效性以及采用该方法在其他领域解决含多对象、多准则和多决策的性能评估问题的可行性。

3. 经济波动条件下 CIES 恢复力的影响因素与动力机制研究

揭示 CCIES 恢复力的关键影响因素是进行恢复力建设的理论依据。本部分从系统—产业—企业—政府等四个层面辨识了 CCIES 恢复力关键影响因素指标体系，综合采用决策实验室法和解释结构建模法，将该影响因素指标体系构造成一个多级递阶的结构模型，从而展现出各因素之间的内在因果关系。在此基础上，借鉴经典的 Lotka-Volterra 种群生态学模型，综合考虑产业发展的周期性和时滞效应，建立了煤炭城市产业竞争系统和互惠系统演化模型，并分别讨论了两类系统的全局渐进性态，揭示了系统稳定态跃迁的条件。同时，以鄂尔多斯市产业生态系统为对象进行了模拟仿真，分析了 CCIES 稳定域跃迁的关键影响因素。最后，通过对鄂尔多斯和徐州市的案例分析和比较验证了有关研究结果的合理性。

4. 经济波动条件下CCIES恢复力提升的调控政策研究

本部分运用复杂系统动力学建模方法研究开发了CCIES恢复力建设的情景仿真模型，并选取鄂尔多斯市为研究对象，设计了能源价格波动情景、市场需求波动情景以及调控政策情景。在此基础上，通过系统仿真揭示了不同扰动情景和调控政策情景下，煤炭产业、煤化工产业、下游工业产业和整个工业的产值与利润总额的演化趋势，以及不同政策的累积效应和最优实施顺序。结果表明：不同的政策在经济波动冲击下的调控效果也不尽相同，其中加大科研投入和发展替代产业政策对区域工业总产值和总利润的提升效果最为明显；降低增值税政策可以在短期内快速提高工业盈利水平，但是其有效性却呈显著的逐年递减趋势；加大限产力度可以在不损失区域经济总量的情况下，有效提高其利润总额；而加大金融投入在提高区域工业总产值的同时，会削弱其获利能力。另外，从提高区域产业利润的角度来说，最优政策实施顺序为：发展替代产业→加大科技投入→加大限产力度→降低增值税税率。

1.6 研究方案

本研究遵循“实地调研→案例研究与理论分析→模型构建→实证或模拟仿真→获得结论→对策建议”的基本思路，以产业生态学、管理学、经济学和复杂性科学的理论知识为基础，综合运用案例分析、数理统计、数据挖掘、情景分析、系统动力学建模与仿真等方法，深入开展经济波动情景下的CCIES脆弱性与恢复力研究。具体研究方案分为五个步骤(见图1-3)。

(1) 通过问卷调查、半结构化访谈、文献调研等，利用数据库技术建立本研究所用的数据资料集成分析平台。① 2004年以来，中国经济发展经历了“高速增长(2004年1月～2007年12月)→急剧下滑(2008年1月～2009年3月)→快速反弹(2009年4月～2011年3月)→急剧下滑后剧烈波动(2011年4月至今)”四个显著阶段，在此期间，我国煤炭与石油价格、市场需求、政府政策等也相应地发生了明显变化。因此，本研究选取2004～2014年为时间窗口，收集整理中国宏观经济、重点煤炭城市社会经济与资源环境(人口、GDP、财政收入、社会服务机构、基础设施、煤炭资源、自然环境等)等方面的数据资料。② 选取鄂尔多斯、榆林、六盘水、淮南等不同区位、不同规模、不同类型的重点煤炭城市进行实地调研，获取CCIES基本属性的一手数据资料(包括自然资源、系统规模、网络特征、运作模式、产业多样性等)。③ 收集整理典型CCIES案例研究的详细资料和重要文献，以及国内外有关循环经济、产业生态管理、区域生态管理、人地系统脆弱性与恢复力等领域的最新研究文献。④ 在数据库技术的支持下对以

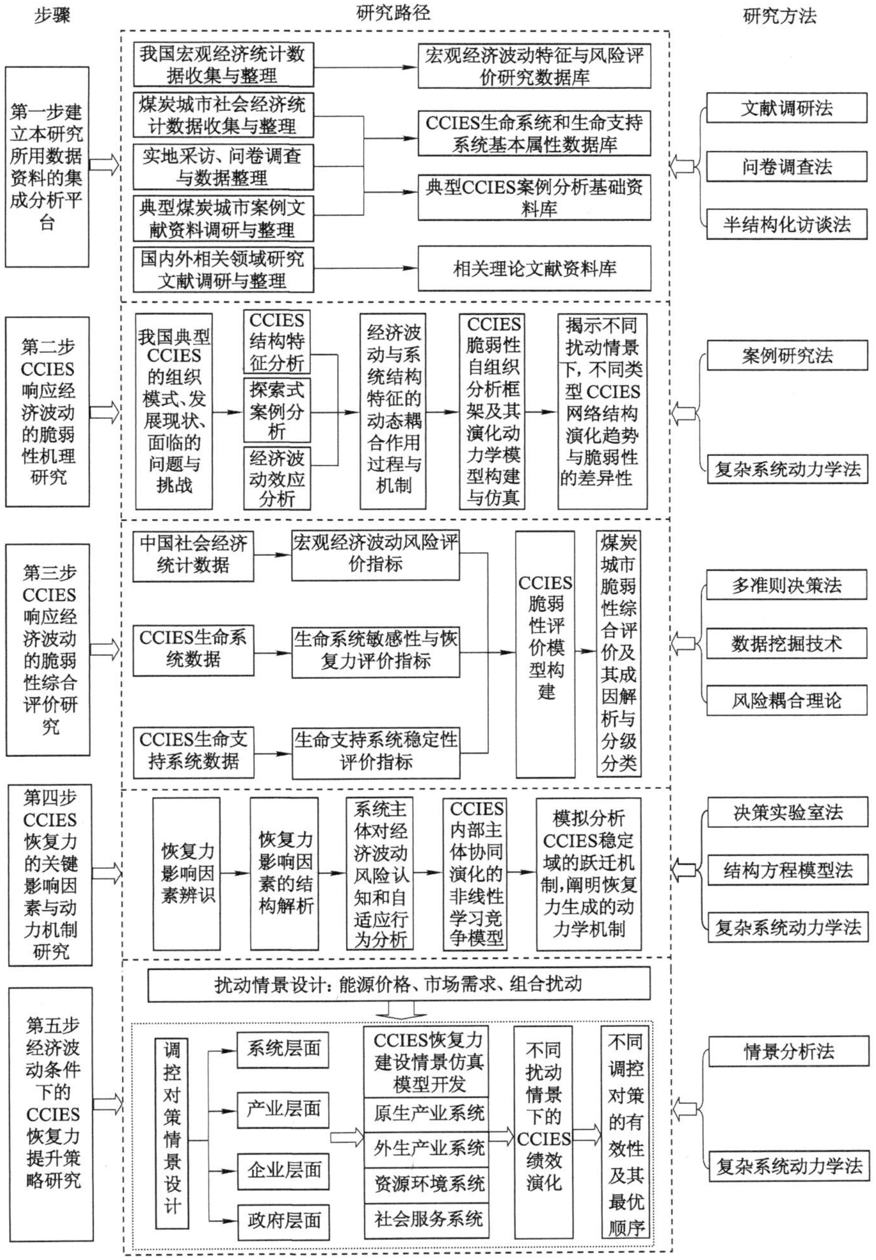
步骤
研究路径
研究方法
我国宏观经济统计数据收集与整理
宏观经济波动特征与风险评价研究数据库
煤炭城市社会经济统计数据收集与整理
CCIES生命系统和生命支持系统基本属性数据库
实地采访、问卷调查与数据整理
典型CCIES案例分析基础资料库
典型煤炭城市案例文献资料调研与整理
国内外相关领域研究文献调研与整理
相关理论文献资料库
第一步建立本研究所用数据资料的集成分析平台
文献调研法
问卷调查法
半结构化访谈法
第二步CCIES响应经济波动的脆弱性机理研究
我国典型CCIES的组织模式、发展现状、面临的问题与挑战
CCIES结构特征分析
探索式案例分析
经济波动效应分析
经济波动与系统结构特征的动态耦合作用过程与机制
CCIES脆弱性自组织分析框架及其演化动力学模型构建与仿真
揭示不同扰动情景下，不同类型CCIES网络结构演化趋势与脆弱性的差异性
案例研究法
复杂系统动力学法
第三步CCIES响应经济波动的脆弱性综合评价研究
中国社会经济统计数据
宏观经济波动风险评价指标
CCIES生命系统数据
生命系统敏感性与恢复力评价指标
CCIES生命支持系统数据
生命支持系统稳定性评价指标
CCIES脆弱性评价模型构建
煤炭城市脆弱性综合评价及其成因解析与分级分类
多准则决策法
数据挖掘技术
风险耦合理论
第四步CCIES恢复力的关键影响因素与动力机制研究
恢复力影响因素辨识
恢复力影响因素的结构解析
系统主体对经济波动风险认知和自适应行为分析
CCIES内部主体协同演化的非线性学习竞争模型
模拟分析CCIES稳定域的跃迁机制，阐明恢复力生成的动力学机制
决策实验室法
结构方程模型法
复杂系统动力学法
第五步经济波动条件下的CCIES恢复力提升策略研究
扰动情景设计：能源价格、市场需求、组合扰动
调控对策情景设计
系统层面
产业层面
企业层面
政府层面
CCIES恢复力建设情景仿真模型开发
原生产业系统
外生产业系统
资源环境系统
社会服务系统
不同扰动情景下的CCIES绩效演化
不同调控对策的有效性及其最优顺序
情景分析法
复杂系统动力学法

图 1-3　技术路线示意图

上数据资料进行集成，建立本研究所需数据、资料和文献的分析平台。

（2）立足我国CCIES发展实际，在典型分析的基础上，利用理论演绎、模拟仿真方法探寻CCIES响应宏观经济波动的脆弱性机理。① 在对鄂尔多斯、榆林、六盘水、淮南等重点煤炭城市实地调研的基础上，梳理和分析典型CCIES的组织模式与运行机制，剖析当前经济形势下存在的问题和面临的挑战。② 剖析我国典型CCIES的内部结构特征，并运用产业生态学理论、循环经济理论、复杂适应系统理论和经济波动理论等，阐释外部经济波动和CCIES内部结构特征的耦合作用过程与机制，进而建立“经济波动冲击→CCIES结构→CCIES功能→经济与生态绩效”的传导关系模型，提出CCIES响应经济波动的脆弱性机理分析框架。③ 将平等型、依托型和嵌套型三类CCIES的网络结构特征分别与复杂网络经典模型——ER随机模型、BA无标度网络模型和局域世界演化网络模型进行耦合性比较，利用Multi-Agent仿真建模技术开发CCIES有向加权相继故障模型。④ 基于Netlog计算机仿真平台，以典型CCIES为例，进行模拟仿真，探寻能源价格冲击、市场需求波动等扰动情景下不同类型CCIES网络性能演变规律及其与系统脆弱性之间的关系，阐明CCIES脆弱性机理。

（3）采用多准则决策、数据挖掘等方法，建立CCIES响应经济波动的脆弱性评价模型，并进行重点CCIES脆弱性实证评价与分级分类。① 在脆弱性机理研究的基础上，从经济波动风险、生命系统脆弱性与恢复力、生命支持系统稳定性四个方面构建CCIES脆弱性评价指标体系，组织中国宏观经济、煤炭城市社会经济与自然生态、CCIES基本属性数据。② 考虑到CCIES脆弱性评估的初始指标体系中一些指标之间存的相关性容易造成评估结果失真，我们采用粗糙集方法，在不损失信息和保持分类能力不变的前提下进行属性约简，并确定各指标的权重，得到最终的脆弱性评估指标。③ 采用逼近于理想解的排序方法计算CCIES的脆弱性综合评价指数及其排序，进而采用秩和比方法计算并得到各评价对象的脆弱性等级。④ 利用前述第一阶段收集到的典型煤炭城市产业生态系统的相关数据资料，对其脆弱性进行综合评价，解析脆弱性较高和较低的矿区产业生态系统的典型特征、脆弱性水平演变过程以及脆弱性格局的成因，并根据脆弱性程度和成因评价矿区的分级与分类。

（4）运用决策实验室法、结构方程模型法等，研究揭示CCIES恢复力的关键影响因素及其逻辑关系。① 采用决策实验室法从系统、产业、企业、政府等四个方面对CCIES恢复力影响因素进行辨识，并对各因素间的内部影响关系和耦合关系进行理论分析，进而建立影响因素与系统恢复力之间的影响作用结构方程模型。② 在此基础上，通过问卷调查、专家访谈，并采用解释结构建模法将CCIES恢复力各影响因素构造为一个多级递阶结构模型。③ 深入分析煤炭城市原生产业系统、外生产业系统、社会服务系统之间基于信息和能量交换的共生关系对CCIES扰动量吸纳的影响,继而借鉴经典的Lotka-Volterra种群生态学模型,研究构建竞争和互惠情境下的CCIES演化模型,并通过数理推导和模拟仿真,解析CCIES的全局渐进稳定的阈值条件以及系统稳定阈跃迁的关键影响因素,阐明恢复力生成的动力学机制。

(5) 在以上研究工作的基础上,通过案例分析和情景仿真模拟,探寻典型CCIES恢复力提升的"情景-应对"策略。① 根据脆弱性评价结果,选取某典型煤炭城市作为案例研究区,针对CCIES规划、运行和管理过程中存在的薄弱环节和制度障碍,进行恢复力提升的调控对策初步设计。② 根据我国经济发展现状和未来趋势,从能源价格、市场需求等方面进行扰动情景方案设计。③ 运用复杂系统动力学方法开发CCIES恢复力建设的情景仿真模型,并使用系统动力学软件Vensim进行模拟仿真。重点考察在单一扰动和多重扰动等不同扰动情景下,单一调控对策和不同策略组合对系统绩效的影响规律。④ 根据模拟结果提出CCIES恢复力提升的调控对策建议。

1.7 特色与创新

1.7.1 研究特色

本书的研究特色主要体现在以下三个方面:

(1) 在研究对象上,将面向生态系统、社会系统、社会-生态系统的脆弱性与恢复力研究,进一步延伸至CCIES这一独特的社会-经济-自然复合生态系统,从而为CCIES的规划、管理与调控机制设计提供更具针对性和可操作性的理论指导与对策建议。

(2) 在研究情景上,将面向自然环境变化或经济平稳发展态势下的扰动分析情景,拓展至面向宏观经济剧烈波动这一特殊背景下的能源价格、市场需求扰动分析情景,从而在理论和实践上科学地反映出经济波动条件下CCIES脆弱性和恢复力的新特征。

(3) 在研究手段上,将基于案例研究与理论演绎的定性研究模式,发展到以产业生态学、管理学、经济学和复杂性科学等理论知识和方法论为基础,基于数理统计、数据挖掘、复杂系统动力学建模与仿真的定量研究模式,从而促进多学科研究方法、视角的交叉及多源数据、知识的融合。

1.7.2 研究创新

本书的研究创新之处主要体现在以下三个方面：

（1）运用复杂网络理论建立经济波动情景下的CCIES脆弱性自组织演化动力学模型，阐明能源价格冲击、市场需求下滑等因素对不同类型CCIES脆弱性的驱动机制及其影响的差异性，这有助于加深理解经济波动冲击下CCIES脆弱性机理和演化规律。

（2）采用集成化的最优数据挖掘方法，研究建立集经济波动风险、生命系统敏感性与恢复力、生命支持系统稳定性三者于一体的CCIES脆弱性综合评价模型，有助于全面表征和科学评价CCIES脆弱性程度，解决系统中蕴含的要素耦合关系、不确定因素和信息不完备等突出问题。

（3）运用复杂系统动力学方法，研究揭示经济波动冲击下CCIES稳定域的跃迁机制及其关键影响因素，并开发CCIES恢复力建设的情景仿真模型，揭示不同调控政策的有效性及其累积效应和最优实施顺序，从而为CCIES的适应性管理提供必要的理论依据和科学的分析工具。

本章参考文献

[1] KORHONEN J, VON MALMBORG F, STRACHAN P A, et al. Management and policy aspects of industrial ecology: an emerging research agenda[J]. Business Strategy and the Environment, 2004, 13(5): 289-305.

[2] GENG Y, SARKIS J, ULGIATI S, et al. Measuring China's circular economy[J]. Science, 2013, 339(6127): 1526-1527.

[3] 王广成，李鹏飞. 煤炭矿区复合生态系统及其耦合机理研究[J]. 生态经济，2014，30(2)：139-142.

[4] 王广成. 煤炭矿区复合生态系统管理研究进展[J]. 辽宁工程技术大学学报（自然科学版），2014，33(6)：782-787.

[5] 智静，乔琦，傅泽强. 能源煤化工基地生态效率分析[J]. 生态经济，2014，30(7)：86-91.

[6] 张青，许谋，李克荣. 矿区产业生态系统构建[J]. 管理世界，2005(12)：158-159.

[7] MUDULI K, GOVINDAN K, BARVE A, et al. Role of behavioural factors in green supply chain management implementation in Indian mining industries[J]. Resources, Conservation and Recycling, 2013, 76: 50-60.

[8] VAN BEERS D, CORDER G, BOSSILKOV A, et al. Industrial symbiosis in the Australian minerals industry[J]. Journal of Industrial Ecology, 2007, 11(1): 55-72.

[9] SALMI O. Eco-efficiency and industrial symbiosis—a counterfactual analysis of a mining community[J]. Journal of Cleaner Production, 2007, 15(17): 1696-1705.

[10] FROSCH R A, GALLOPOULOS N E. Strategies for manufacturing[J]. Scientific Ameri-

can,1989,261(3):144-152.

[11] 施晓清.产业生态系统及其资源生态管理理论研究[J].中国人口·资源与环境,2010,20(6):80-86.

[12] 刁晓纯,苏敬勤,康宇航.工业园区中产业生态网络构建的实证研究[J].研究与发展管理,2009,21(1):37-44.

[13] 吴荻,武春友.生态型产业集群的运作模式研究[J].科研管理,2010,31(4):156-162,172.

[14] 施晓清,李笑诺,杨建新.基于生命周期视角的产业资源生态管理效益分析——以虚拟共生网络系统为例[J].生态学报,2013,33(19):6398-6410.

[15] WU H J,YUAN Z W,ZHANG Y L,et al. Data uncertainties in anthropogenic phosphorus flow analysis of lake watershed[J]. Journal of Cleaner Production,2014,69:74-82.

[16] DONG H J,GENG Y,XI F M,et al. Carbon footprint evaluation at industrial park level: a hybrid life cycle assessment approach[J]. Energy Policy,2013,57:298-307.

[17] PARK H S,BEHERA S K. Methodological aspects of applying eco-efficiency indicators to industrial symbiosis networks[J]. Journal of Cleaner Production, 2014, 64: 478-485.

[18] 张攀,耿涌.产业生态系统多样性发展机制研究[J].中国软科学,2008(6):41-47.

[19] XIAO Z D,ZHOU G H,WANG B. Using modified Barabási and Albert model to study the complex logistic network in eco-industrial systems[J]. International Journal of Production Economics,2012,140(1):295-304.

[20] 张青.资源型企业群落脆弱性形成机理及其治理模式研究[J].管理世界,2011(1):172-173.

[21] JIAO W,BOONS F. Toward a research agenda for policy intervention and facilitation to enhance industrial symbiosis based on a comprehensive literature review[J]. Journal of Cleaner Production,2014,67:14-25.

[22] JANSSEN M A,SCHOON M L,KE W,et al. Scholarly networks on resilience,vulnerability and adaptation within the human dimensions of global environmental change[J]. Global Environmental Change,2007,12(2):240-252.

[23] MARSHALL N A,STOKES C J,WEBB N P,etal. Social vulnerability to climate change in primary producers: a typology approach[J]. Agriculture, Ecosystems and Environment,2014,186:86-93.

[24] MATSON P,LUERS A,MCCULLOUGH E. Exploring vulnerability in the yaqui valley human-environment system[M]. Washington,D C:Island Press,2012.

[25] SHI Q,LU Z H,LIU Z M,et al. Evaluation model of the grey fuzzy on eco-environment vulnerability[J]. Journal of Forestry Research,2007,18(3):187-192.

[26] ZHOU Y,LI N,WU W X,et al. Assessment of provincial social vulnerability to natural disasters in China[J]. Natural Hazards,2014,71(3):2165-2186.

[27] 金菊良,郦建强,周玉良,等.旱灾风险评估的初步理论框架[J].灾害学,2014,29(3):1-10.
[28] ZHANG N,HUANG H. Social vulnerability for public safety:a case study of Beijing, China[J]. Chinese Science Bulletin,2013,58(19):2387-2394.
[29] 黎洁,邰秀军.西部山区农户贫困脆弱性的影响因素:基于分层模型的实证研究[J].当代经济科学,2009(5):110-115,128.
[30] 郭劲光.我国贫困人口的脆弱度与贫困动态[J].统计研究,2011,28(9):42-48.
[31] 赵庆建,温作民.多元灾害驱动下的山地农业生态经济:脆弱性与恢复力研究[J].生态经济,2012(1):24-28.
[32] 李鹤,张平宇.矿业城市经济脆弱性演变过程及应对时机选择研究——以东北三省为例[J].经济地理,2014,34(1):82-88.
[33] 李鹤,张平宇.全球变化背景下脆弱性研究进展与应用展望[J].地理科学进展,2011,30(7):920-929.
[34] BLAIKIE P,CANNON T,DAVIS I,et al. At risk:natural hazards,people's vulnerability and disasters[M]. London:Routledge,2004.
[35] BOHLE H G. Vulnerability and criticality:perspectives from social geography[J]. IHDP update,2001,2(1):3-5.
[36] TURNER B L,KASPERSON R E,MATSON P A,et al. A framework for vulnerability analysis in sustainability science[J]. Proceedings of the National Academy of Sciences, 2003,100(14):8074-8079.
[37] POLSKY C,NEFF R,YARNAL B. Building comparable global change vulnerability assessments:the vulnerability scoping diagram[J]. Global Environmental Change,2007,17(3-4):472-485.
[38] ARREGUIN-SANCHEZ F,RUIZ-BARREIRO T M. Approaching a functional measure of vulnerability in marine ecosystems[J]. Ecological Indicators,2014,45:130-138.
[39] 史培军.三论灾害研究的理论与实践[J].自然灾害学报,2002,11(3):1-9.
[40] 赵昕,李琳琳,郑慧.基于超效率 DEA 模型的风暴潮灾害脆弱性测度[J].海洋环境科学,2014,33(3):436-440.
[41] KRISHNAMURTHY P K, LEWIS K, CHOULARTON R J. A methodological framework for rapidly assessing the impacts of climate risk on national-level food security through a vulnerability index[J]. Global Environmental Change, 2014, 25:121-132.
[42] LIU C L,GOLDING D,GONG G. Farmers' coping response to the low flows in the lower Yellow River:a case study of temporal dimensions of vulnerability[J]. Global Environmental Change,2008,18(4):543-553.
[43] 葛怡,史培军,徐伟,等.恢复力研究的新进展与评述[J].灾害学,2010,25(3):119-124.
[44] ROSE A. Economic resilience and its contribution to the sustainability of cities[M]//

GASPARINI P, MANFREDI G, ASPRONE D. Resilience and sustainability in relation to natural disasters: a challenge for future cities. Springer International Publishing, 2014.

[45] MORECROFT M D, CRICK H Q P, DUFFIELD S J, et al. Resilience to climate change [J]. Journal of Applied Ecology, 2012, 49(3): 547-551.

[46] ROSE A. Real estate, catastrophic risk, and public policy-macroeconomic impacts of catastrophic events[M]. California: University of California Press, 2006.

[47] ROSE A, OLADOSU G, LIAO S Y. Business interruption impacts of a terrorist attack on the electric power system of Los Angeles: customer resilience to a total blackout[J]. Risk Analysis, 2007, 27(3): 513-531.

[48] COMFORT L K. Shared risk: complex systems in seismic response[M]. New York: Pergamon, 1999.

[49] PATON D, MILLAR M. Community resilience to volcanic hazard consequence[J]. Natural Hazards, 2001, 24: 157 -169.

[50] WELSH M. Resilience and responsibility[J]. The Geographical Journal, 2014, 180(1): 15-26.

[51] WALKER B, HOLLING C S, CARPENTER S R, et al. Resilience, adaptability and transformability in social-ecological systems[J]. Ecology and Society, 2004, 9(2): 5-12.

[52] CUMMING G S, OLSSON P, CHAPIN III F S, et al. Resilience, experimentation, and scale mismatches in social-ecological landscapes[J]. Landscape ecology, 2013, 28(6): 1139-1150.

[53] ALLEN C R, ANGELER D G, GARMESTANI A S, et al. Panarchy: theory and application[J]. Ecosystems, 2014, 17(4): 578-589.

[54] 赵庆建,温作民. 社会生态系统及其恢复力研究[J]. 南京林业大学学报, 2013, 13(4): 82-89.

[55] SIMMIE J, MARTIN R. The economic resilience of regions: towards an evolutionary approach[J]. Cambridge Journal of Regions, Economy and Society, 2010, 3(1): 27-43.

[56] CHOPRA S S, KHANNA V. Understanding resilience in industrial symbiosis networks: insights from network analysis [J]. Journal of Environmental Management, 2014, 141: 86-94.

[57] JIAO W, BOONS F. Toward a research agenda for policy intervention and facilitation to enhance industrial symbiosis based on a comprehensive literature review[J]. Journal of Cleaner Production, 2014, 67: 14-25.

[58] STOKOLS D, LEJANO R P, HIPP J. Enhancing the resilience of human-environment systems: a social ecological perspective[J]. Ecology and Society, 2013, 18(1): 1-12.

[59] BENNETT E M, CUMMING G S, PETERSON G D. A systems model approach to determining resilience surrogates for case studies[J]. Ecosystems, 2005(8): 945-957.

[60] PESCOTT O L, STEWART G B. Assessing the impact of human trampling on vegeta-

tion[J]. Peerj,2014,2(33):360.
[61] PANT R,BARKER K,ZOBEL C W. Static and dynamic metrics of economic resilience for interdependent infrastructure and industry sectors[J]. Reliability Engineering and System Safety,2014,125(5):92-102.

2 我国典型煤炭城市煤化工产业生态系统案例分析

2.1 鄂尔多斯市煤化工产业生态系统分析

2.1.1 鄂尔多斯市煤化工整体概况

1. 鄂尔多斯市情况概述

鄂尔多斯市位于内蒙古自治区西南部，地处黄河上中游的鄂尔多斯高原腹地。东、南、西与晋、陕、宁接壤，西、北、东三面被黄河环绕，南临古长城，内与呼和浩特市、包头市共同构成内蒙古自治区经济发展的“金三角”地区。地理坐标为：东经 106°42′40″～111°27′20″、北纬 37°35′24″～40°51′40″。鄂尔多斯市资源得天独厚，主要资源有能源(煤炭、天然气、石油)、化工、建材、畜产品和药材，是国家重要能源重化工基地。

2. 鄂尔多斯市经济发展现状

依托丰富的煤炭资源，鄂尔多斯市经济高速增长，“十五”期间累计实现GDP1 578 亿元，年均增长 24.42%，是“九五”累计完成数额的 3 倍。“鄂尔多斯模式”成为依托资源特色、政府强势主导、要素聚集优化和经济自主增长的典范[1]。“十一五”期间全市经济增速有所下降但仍保持较快增长，人均 GDP 由 2005 年的 4 600 美元上升到 20 800 美元，综合经济实力进入全国地级市前 20 位。最新的统计数据显示，2014 年全市生产总值达到 4 162.2 亿元，是 2001 年的 24.2 倍(如图 2-1 和图 2-2 所示)。

鄂尔多斯市地方财政总收入继续实现高速增长，2013 年完成 855.37 亿元，比 2001 年增长了近 50 倍(见图 2-3)。2014 年全市公共财政预算收入 430.1 亿元，同比下降 2.3%，全市公共财政预算支出 541.8 亿元，同比增长 4.4%。

产业结构理论认为，产业结构演变与经济增长存在内在联系。经济增长不仅是总量的增大，更是构成经济部门内在结构的不断优化。经济增长的实质就是不同产业部门转换的结果。产业结构的演进一般初期以农业、轻工业为主导，

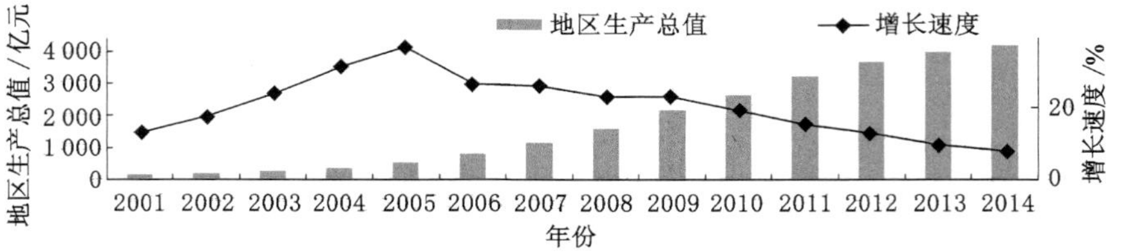

图 2-1　2001～2014 年鄂尔多斯市经济发展规模与速度

数据来源：鄂尔多斯市国民经济与社会发展统计公报（2001～2014 年）。

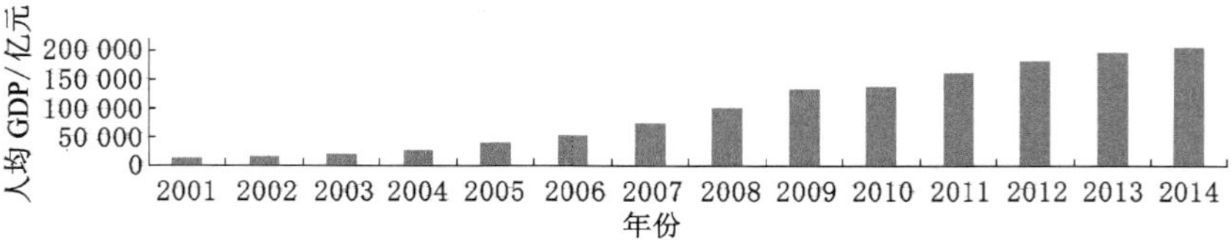

图 2-2　2001～2014 年鄂尔多斯市人均 GDP 变化情况

数据来源：鄂尔多斯市国民经济与社会发展统计公报（2001～2014 年）。

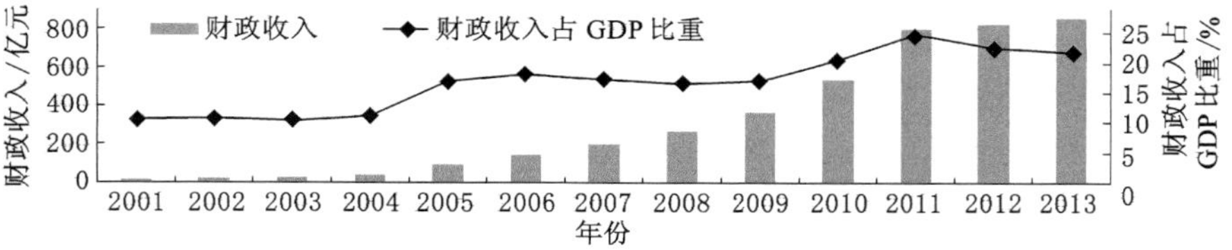

图 2-3　2001～2013 年鄂尔多斯市财政收入及占 GDP 比重

数据来源：鄂尔多斯市国民经济与社会发展统计公报（2001～2013 年）。

具体表现为食品、皮革以及纺织等初级产业部门在经济发展中所占比重较大。中期以原材料、燃料动力工业为基础的重化工业为主导，此时经济发展以橡胶制品、石油、非金属矿产品、化工和煤炭制造等产业为主。“三高”（高污染、高投入、高消耗）是这些产业的特点。后期以高附加值、高科技含量的第三产业、信息产业为主导。

表 2-1 展示了 2001 年以来鄂尔多斯市产业结构变化情况。2014 年第一产业完成增加值 99.6 亿元，增长 4.1%，对经济增长的贡献率为 1.1%，拉动 GDP 增长 0.1 个百分点。第二产业完成增加值 2 463.0 亿元，增长 9.9%，对经济增长的贡献率为 75.7%，拉动 GDP 增长 6.1 个百分点。第三产业完成增加值 1 599.6亿元，增长 5.1%，对经济增长的贡献率为 23.2%，拉动 GDP 增长 1.8

个百分点。三次产业增加值比例调整为 2.4∶59.2∶38.4。由表 2-1 可知鄂尔多斯产业结构以第二产业为主，第二产业是全市经济增长的重心，由 2001 年的 102.9 亿元提高到 2014 年的 2 463.0 亿元，并且保持较高的增长速度，2004 年达到 36.7%，对 GDP 的贡献率除 2005 年为 59.7%、2007 年为 55.1%、2013 年为 52.2%外，均处于 60%以上的高水平状态，2014 年达到峰值 75.7%。第一产业比重不断减小，由 2001 年的 14.2%逐步缩小到 2014 年的 2.4%，其同比增长率呈下降趋势，2014 年其对经济增长的贡献率仅为 1.1%。第三产业比重表现出先增后减的趋势，2007 年到达 40.7%后逐步缩小到 38.4%。可见鄂尔多斯产业中，第二产业比重逐步提高，经济增长严重依赖工业部门的增长。

表 2-1　　2001～2014 年鄂尔多斯市产业结构演变轨迹

年份	第一产业			第二产业			第三产业			三次产业结构
	增加值/亿元	同比增长/%	GDP 贡献率/%	增加值/亿元	同比增长/%	GDP 贡献率/%	增加值/亿元	同比增长/%	GDP 贡献率/%	
2001	24.4	−3.0	—	102.9	13.7	—	44.6	22.4	—	14.2∶59.9∶25.9
2002	28.0	14.9	—	119.3	15.3	—	57.0	23.5	—	13.7∶58.4∶27.9
2003	32.7	19.6	—	155.5	27.6	—	82.8	18.1	—	12.1∶57.4∶30.5
2004	40.0	15.7	—	226.1	36.7	—	114.3	26.1	—	10.5∶59.4∶30.1
2005	41.2	9.6	2.9	288.5	20.0	59.7	220.4	30.1	37.4	7.5∶52.4∶40.1
2006	42.6	4.6	0.9	439.6	29.7	62.0	317.8	19.8	37.1	5.3∶55.0∶39.7
2007	50.0	3.4	2.0	633.1	28.7	55.1	467.8	25.0	42.9	4.3∶55.0∶40.7
2008	57.7	8.3	2.2	931.4	21.9	65.7	613.9	25.8	32.1	3.6∶58.1∶38.3
2009	60.6	5.2	0.6	1 260.5	22.9	67.1	839.9	24.5	32.3	2.8∶58.3∶38.9
2010	70.8	4.5	2.1	1 591.5	22.1	68.7	980.9	16.5	29.2	2.7∶60.2∶37.1
2011	83.2	4.9	2.2	1 933.6	16.8	66.4	1 201.7	13.2	31.4	2.6∶60.1∶37.3
2012	90.1	3.6	1.6	2 213.1	15.4	63.8	1 353.5	9.8	34.6	2.5∶60.5∶37.0
2013	97.5	3.3	2.5	2 369.3	11.4	52.2	1 489.1	7.0	45.3	2.5∶59.9∶37.6
2014	99.6	4.1	1.1	2 463.0	9.9	75.7	1 599.6	5.1	23.2	2.4∶59.2∶38.4

注：数据来源于鄂尔多斯市国民经济与社会发展统计公报(2001～2014)。

3. 鄂尔多斯市人口发展现状

2000 年以来鄂尔多斯市总人口数量呈较稳定的增长趋势；人口出生率曲线和人口死亡率曲线变化方向基本一致，故人口自然增长率维持在较稳定的水平；人口机械增长率变化明显，这说明鄂尔多斯市每年人口迁移变动的变化较大。

经济增长较快的地区对人口会产生一种凝聚力和吸引力，近年来鄂尔多斯市经济高速增长，吸引了大量流动人口，外来人口在常住人口中占有很大比例。总体来看，随着经济的发展，鄂尔多斯市人口数量不断增加，人口的迁移流动速度加快，外来人口数量增加。

2.1.2　鄂尔多斯市煤化工产业生态系统结构及分析

1. 鄂尔多斯市 CCIES 网络结构特征

煤炭能源化工是现代煤化工的重要表现。自 2004 年 8 月国务院主管部委审批的国内第一个由神华集团负责的煤制油项目在内蒙古自治区鄂尔多斯市伊金霍洛旗正式开工建设以来，已经有多家企业陆续开始大型煤化工项目建设，煤化工产业快速发展。

依托资源优势和良好的投资环境，鄂尔多斯吸引了大量国内外大企业煤化工投资项目。经过近年来的发展，鄂尔多斯形成了以乌兰木伦工业项目区、内蒙古汇能煤化工项目区、内蒙古准格尔经济开发区以及大路煤化工基地构成的煤化工产业集群。神华集团煤制油化工有限公司、内蒙古汇能煤电集团有限公司、内蒙古伊东集团公司以及内蒙古伊泰煤间接液化示范项目分别安家于上述煤化工基地。

在鄂尔多斯煤化工产业集群中，关键产业是煤炭的采掘和初级加工，下游带动电力、焦炭、硅铁、电石、建材以及其他化工产品的生产，电力、煤化工产业在集群内处于优势地位，具有明显的竞争优势。鄂尔多斯市主要开展的煤化工项目涵盖炼焦、煤制油、煤制甲醇、煤制烯烃、电石、煤制天然气、煤制化肥几个方面，产量逐年提高。随着国家政策的逐步倾斜和扶持，鄂尔多斯煤化工产业生态系统已初具雏形，主要产业链如表 2-2 所列。

表 2-2　　鄂尔多斯市国家、自治区级循环经济示范企业产业链

循环经济示范企业(园区)	级别	循环经济产业链
内蒙古蒙西高新技术工业园区	国家级	煤炭—洗选—煤矸中煤、煤泥—发电—粉煤灰—水泥—二氧化碳—降解塑料
		煤炭—洗选—精煤—炼焦—煤气—高岭粉体
		发电—电石—氯碱化工—PVC 构件
		煤—甲醇—醋酸—醋酸乙烯—PVA
内蒙古伊东煤炭集团公司	国家级	煤炭—洗选—精煤—干馏煤—煤气—甲醇—驰放气—高档煅烧高岭土、莫来石、国礼陶瓷
		煤炭—洗选—煤矸石、中煤、泥煤(驰放气)—发电—供热

续表 2-2

循环经济示范企业(园区)	级别	循环经济产业链
内蒙古鄂托克经济开发区棋盘井工业园区	自治区级	煤—电—硅铁、硅锰、工业硅
		煤—焦—油(气)—化工
		天然气—化工
内蒙古亿利资源集团有限公司	自治区级	煤—电—电石—聚氯乙烯
		电石—电石渣—水泥
内蒙古汇能煤化工业园区	自治区级	煤—洗选—精煤—干馏煤—煤气、煤矸石—发电、热
		煤—天然气
		煤—洗选—发电—特色冶金—多晶碎—存机碎及下游产业
鄂尔多斯电力冶金股份有限公司	自治区级	煤—兰炭—活性石灰—电石
		天然气—合成氨—尿素及其他化工产品循环产业链条
		天然气—甲醇—醋酸
		甲醇装置驰放气中的氢气空分装置的氮气—合成氨—甲胺和氯化胆碱
乌审召化工项目区	自治区级	甲醇—聚甲醛—脲醛胶
		乙炔-1,1-丁二醇(BOD)-丁内脂、THF、PTMEG和氨纶
		天然碱—日晒碱—纯碱—小苏打
		沙柳—生物质电厂—有机肥
内蒙古双欣资源集团有限公司	自治区级	煤—电—结晶硅—多晶硅
		煤—电—电石—PVC—水泥

2. 原生产业系统分析

长期以来,鄂尔多斯市工业经济乃至鄂尔多斯市整体经济发展主要依赖于规模以上工业的拉动,而规模以上工业的发展又依赖于优势产业的强势拉动。在规模以上工业行业中,煤炭工业一枝独秀,培育形成了伊泰、汇能、伊东等产量超千万吨的大型地方煤炭企业集团,现已开发的主要有准格尔、东胜、万利川、西桌子山等煤田。鄂尔多斯全市现有矿井 527 座,煤矿矿井产能情况如表 2-3 所列。

表 2-3　　　　鄂尔多斯市煤矿矿井产能情况

	矿井数	可采储量/万 t	剩余可采储量/万 t	矿井平均生产能力/(万 t/a)	矿井平均回收率/%	服务年限/a
全市	527	568 300.15	541 526.73	10.47（地方煤矿）	28.2（地方煤矿）	41.3
神华神东煤炭集团有限责任公司	6	112 700	106 300	501.7	83	32.3
神华准能集团有限责任公司	1	144 000	138 170	2 000	97	66
万利公司	8	4 569.8	23 680.93	84	66.7	110
金峰公司	5	35 000	35 000	168	37.5	62.7
准格尔旗	207	143 316.65	85 347.8	12.28	30	21.3
伊金霍洛旗	96	87 200	40 526.9	10.8	30	21.3
东胜区	53	16 223	12 985	7.4	28	37.86
达拉特旗	53	5 504.5	3 516.1	5.43	25	9.3
鄂托克旗	143	19 786.2	96 000	5.1	28	11

鄂尔多斯市是我国新兴的煤炭资源接续区，是国家重要的能源生产、转化和输出基地之一，其煤炭资源拥有量及年产量居全国各地市之首，煤炭主要用于外销。煤炭行业是全市经济发展的支柱，2004 年、2008 年煤炭产量先后突破 1 亿 t、2 亿 t 大关，2010 年、2011 年煤炭产量分别增长 1.1 亿 t 和 1.3 亿 t，2012 年实现原煤产量 63 938 万 t，占全国原煤产量 36.5 亿 t 的 17.52%，位居全国第一。此外，自 2007 年开始鄂尔多斯市选煤量为 219 万 t，2012 年增长到 1 559 万 t，仅为当年原煤产量的2.44%（见表 2-4）。然而 2012 年底至今，煤炭行业持续低迷，2013 年鄂尔多斯市煤炭产量已成负增长趋势，并且伴随着煤炭价格的断崖式下跌，煤炭销量锐减（见表 2-5），煤炭产业产能已严重过剩，煤炭库存超出历史最高水平，煤矿煤场大量积压煤炭现象严重。

表 2-4　　　　2001～2012 年鄂尔多斯市原煤、洗煤产量及消费量

年份	产量/万 t		消费量/万 t			
					其中	
	原煤	洗煤	原煤	洗煤	其他洗煤	洗精煤
2001	3 629.44	43.36	644.34	27.70	27.70	—
2002	5 919.12	120.26	765.65	48.78	48.78	—
2003	8 103.29	193.61	1 045.86	32.65	32.65	—
2004	12 776.99	161.14	1 485.09	159.36	159.34	0.02

续表 2-4

年份	产量/万 t		消费量/万 t			
	原煤	洗煤	原煤	洗煤	其中	
					其他洗煤	洗精煤
2005	15 252.72	282.91	1 680.75	176.43	176.43	
2006	17 625.00	195.31	1 773.07	164.45	102.68	61.77
2007	19 849.90	219.04	2 048.94	258.69	210.11	48.58
2008	27 877.80	484.20	—	—	—	—
2009	33 840.00	937.50	—	—	—	—
2010	44 934.20	1 588.67	—	—	—	—
2011	58 793.75	1 831.14	—	—	—	—
2012	63 937.90	1 558.85	7 819.38	869.32	835.72	33.60

注:数据来源于 2013 年的鄂尔多斯统计年鉴,具体年鉴来自鄂尔多斯统计局网站。

表 2-5　　2012～2014 年鄂尔多斯市煤炭销售情况表

年份	煤炭销售		其中			
			地方煤矿		央企煤矿	
	销量/万 t	增幅/%	销量/万 t	增幅/%	销量/万 t	增幅/%
2012	59 054	0.43	44 171	0.04	14 883	2.46
2013	57 616	−2.4	41 569	−5.9	16 047	7.7
2014	56 067	−2.7	41 654	0.2	14 413	−10.2

注:数据来源于鄂尔多斯市煤炭局。

鄂尔多斯是因煤而兴的城市,在煤价持续上涨的黄金 10 年内,依托丰富的煤炭资源,通过大量开采、销售煤炭资源,迅速积累财富,实现暴富。然而对煤炭产业的严重依赖也使其产业结构极其单一。规模以上煤炭产业的产值增长反映了鄂尔多斯市煤炭产业的发展状况,随着煤炭行业投资的不断增加,鄂尔多斯市的规模以上工业经济对煤炭行业的依赖度日益提高。规模以上煤炭产业增加值在规模以上工业中的比重逐年上升,从 2004 年的 36.86%,到 2007 年突破 50%,2010 年已高达 70.92%,非煤产业仅占 30%左右(见表 2-6)。

3. 外生产业系统

煤炭是鄂尔多斯地区经济发展的基础,其快速发展使得鄂尔多斯地区经济结构出现了多元化的形式(见表 2-7),鄂尔多斯已经构筑起了纺织工业,石油加工及炼焦化、化学原料及化学制品业,非金属矿物制品业,电力蒸汽热水的生产和供应业,黑色金属冶炼、燃气生产和供应业等支柱产业,煤化工行业发展尤为突出。

表 2-6　　2004～2012 年鄂尔多斯市煤炭工业产值与投资规模状况

年份	规模以上煤炭开采业产值/亿元	增长速度/%	规模以上工业增加值/亿元	增长速度/%	煤炭行业比重/%	煤炭行业投资/亿元	增长速度/%	工业投资/亿元	增长速度/%
2004	45	40.9	122.1	38.4	36.86	—	—	—	—
2005	93.4	40.3	202.6	35.9	46.1	—	—	70.9	—
2006	153	26.6	312.1	30.5	49.02	—	—	400.4	67.4
2007	246.1	28.7	468.8	30.2	52.5	182	54.6	561.7	46.3
2008	441.4	44.3	748.3	29.3	58.99	240.4	32.1	712.8	26.9
2009	626.1	20.3	1031.6	22.6	60.69	230.3	−4.2	814.2	14.2
2010	807.79	23.7	1139	23.1	70.92	238	3.3	923.7	13.4
2011	1 206.4	20.2	1 723	16.35	70.02	256.4	7.7	1 121.9	21.5
2012	1 270	5.27	—	16	—	—	—	1 537.71	37.1

注：数据来源于鄂尔多斯市国民经济与社会发展统计公报(2004～2012)。

随着工业经济迅速发展，鄂尔多斯市能源消费比例发生变化。能源消费以原煤为主，洗精煤、电力等次之，石油等所占比例较小。能源消费结构总体相似，部分能源消费发生变化。原煤消费比例略下降，洗精煤、天然气比例升高，特别是苏格里油气田的投产使得天然气比例逐年增加；电力比例先上升后下降，于 2006 年达到最大；汽油、柴油所占比例下降；焦炭比例及其他焦化产品波动剧烈，于 2007 年达到最大。

表 2-7　　2010～2014 年鄂尔多斯市规模以上工业主要产品产量

主要产品	2010 年		2011 年		2012 年		2013 年		2014 年	
	产量	增长/%	产量	增长/%	产量	增长/%	产量	增长/%	产量	增长/%
发电量/(kW·h)	4 875 080	12.1	5 574 416	9.7	5 701 067	2.3	6 907 000	12.4	7 000 000	4.3
汽车/辆	9 955	24.7	6 064	−39.1	732	−87.9	71 294	49 倍	59 782	10.9
PVC/万 t	40.342 5	62.6	45.4	14.2	46.15	1.8	54.48	18.1	110.6	103.1
精甲醇/万 t	14.222 05	28.5	249.7	75.5	339.62	36	351.18	16.9	407.9	13.2
碳化钙/万 t	—	—	—	—	—	—	740.18	36.7	339.3	13.5
焦炭/万 t	492.431 6	3.6	611.4	25.3	507.57	40.3	—	—	—	—
烧碱/万 t	36.605 5	46.1	33.2	−9.4	32.92	−0.7	42.47	29	89.7	111.1
纯碱/万 t	2.311 9	66.2	2.4	2.6	2.87	20.9	—	—	—	—

续表 2-7

主要产品	2010 年		2011 年		2012 年		2013 年		2014 年	
	产量	增长/%	产量	增长/%	产量	增长/%	产量	增长/%	产量	增长/%
羊绒衫/万 t	1 174.320 5	94.7	1 360.2	22.1	1 010.51	−24.6	1 189.05	35.5	1 256	3.6
乳制品/t	1 904	43.4	1 189	−37.5	1616	35.9	—	—	—	—
无毛绒/t	15 976	259	17 383.2	10	420 900	14	—	—	—	—
铁合金/万 t	—	—	—	—	—	—	79.55	39	93.7	17.7
硅铁/万 t	49.1251	−21.3	38.9	−20.8	42.09	14	—	—	—	—
水泥/万 t	—	—	—	—	—	—	656.71	−7.2	486.4	−13.1
白酒/kL	34 506	46	35 394.7	2.6	35 407	0	24 581	−31.1	29 857	−4.7

注:数据来源于鄂尔多斯市国民经济与社会发展统计公报(2010～2014)。

鄂尔多斯市主要开展的煤化工项目涵盖炼焦、煤制油、煤制甲醇、煤制烯烃、电石、煤制天然气、煤制化肥几个方面,产量逐年提高。随着国家政策的逐步倾斜和扶持,不少大型企业投资此领域,如神华集团公司、中国中煤能源集团有限公司等。2007 年,鄂尔多斯盆地五个地区主要炼焦企业 27 家,炼焦总产量为 1 380万 t;电石总产量 345 万 t;甲醇总产量 143 万 t,二甲醚 1 万 t;尿素 206 万 t;烯烃、煤制油、煤制天然气项目分别由神华集团公司、内蒙古伊泰集团有限公司、内蒙古汇能煤电集团有限公司正在投资兴建。鄂尔多斯市煤化工行业现已形成产能 544 万 t,其中煤制油 124 万 t,煤制甲醇 330 万 t,煤制化肥 52 万 t。2012 年,煤制油产量达到 103.7 万 t,煤制甲醇产量达到 267 万 t,煤化工行业总产值实现 118.9 亿元,实现税金 19.5 亿元。

鄂尔多斯市煤化工在建项目规模为 1 134 万 t(不包括煤制气),总投资 844 亿元。其中煤制甲醇 410 万 t,煤制化肥 554 万 t,煤制精细化学品 120 万 t,煤制乙二醇 60 万 t。在建项目主要有:昊华能源 40 万 t 煤制甲醇项目、中煤蒙大 60 万 t 煤制甲醇项目、西北能源化工 20 万 t 煤制甲醇项目、蒙华能源公司 20 万 t 煤制甲醇项目、达拉特旗兖矿一期 90 万 t 煤制甲醇项目、卓正煤化工有限公司 120 万 t 煤制甲醇项目、内蒙古伊东集团东华能源二期 60 万 t 煤制甲醇项目、中煤鄂尔多斯能源化工有限公司 200 万 t 合成氨 350 万 t 尿素项目;亿利资源集团有限公司、内蒙古伊泰集团有限公司、内蒙古汇能煤电集团有限公司等地方企业的合成氨、尿素、联碱等项目也在进一步建设中。全市煤化工拟建项目规模为 770 万 t,其中煤制烯烃 220 万 t、煤制化肥 350 万 t、煤制油 200 万 t。煤制气项目规模为 180 亿 m^3,总投资 940 亿元。拟建项目中,国有企业的主要有中天合创140万t稀烃、中电投80万t煤制烯烃、新蒙40亿m^3煤制气、中海油40亿m^3煤制气、北控40亿m^3煤制气、河北建投40亿m^3煤制气;地方企业的主要有伊泰200万t煤制油、满世200万t合成氨350万t尿素、伊东20亿m^3煤制气等项目。甲醇制稀烃项目总投资837.3亿元,分别为蒙大50万t、新能60万t、中宝60万t、新湖60万t、嘉鑫60万t和亿利60万t、久泰60万t。其中,蒙大、久泰两个项目已开工建设,在建规模为110万t。

4. 社会服务系统

(1) 金融保险现状

鄂尔多斯市经济的快速发展也带动了金融保险业的蓬勃发展,银行与保险机构规模不断扩张。至2013年,银行存贷款总额一直呈增长趋势,而随着经济走势的下滑,2014年存贷款总额开始下降。保险收入变化更为敏感,保费收入在2011年达到峰值,然后呈下滑趋势(见表2-8)。

表2-8　2001～2014年鄂尔多斯市金融保险业状况

年份	银行法人机构/家	银行营业网点/个	存款合计/亿元	贷款合计/亿元	保险主体/家	各级保险机构/个	保费收入/亿元	赔付支出/亿元
2001	—	—	91.20	112.44	—	—	2.05	0.37
2002	—	410	110.17	137.23	—	—	3.06	0.54
2003	—	540	141.00	169.96	—	—	1.28	0.72
2004	—	406	188.37	206.85	—	—	2.52	0.12
2005	—	496	305.92	275.55	6	—	7.1	2.2
2006	—	550	391.89	388.41	9	—	9.45	2.55
2007	—	514	482.16	503.55	15	—	12.71	4.2
2008	—	—	786.67	640.20	20	—	17.68	5.39
2009	—	—	1 349.17	1 205.67	22	—	22.2	6.48
2010	—	—	1 706.88	1 562.13	22	—	31.89	8.73
2011	21	540	2 021.54	1 961.33	22	177	37.08	10.66
2012	26	579	2 194.92	2 218.11	29	195	34.04	11.6
2013	26	553	2 494.30	2 588.70	30	178	32.37	17.43
2014	26	601	2 325.70	2 368.60	30	188	34	11

注:数据来源于鄂尔多斯市国民经济与社会发展统计公报(2001～2014)。

(2) 人才技术现状

相较金融保险业,鄂尔多斯市的教育事业发展相对缓慢。教育资源匮乏决定了鄂尔多斯市人才输出的局限性。而经济的发展对技术人才吸引对科技事业的发展有很大的促进作用。与经济增长趋势相似，鄂尔多斯市经济的发展，全市科技成果、专利、技术合同认定书数不断增加，2014 年有所下降(见表 2-9)。

表 2-9　　2005～2014 年鄂尔多斯市金融保险机构状况

年份	2005	2006	2007	2008	2009	2010	2011	2012	2013	2014
各类科技成果/项		22	22	19	23	24	23	24	42	49
专利申请/项	53	56			243	295	308	404	1041	689
授权专利/项	50	48	62	56	87	262	229	219	637	437
技术合同认定登记/项	85	48	71	284	145	429	452	319	75	12

注：数据来源于鄂尔多斯市国民经济与社会发展统计公报(2001～2014)。

(3) 生态环境现状

鄂尔多斯市经济结构“碳”关联度强。鄂尔多斯市大宗产品多为煤炭、电力等原材料或能源产品，存在深加工度低、初级产品多、废气污染物排放量大等问题。

鄂尔多斯市能源开发所造成的空气污染主要来源于煤炭的开发利用(见表 2-10、表 2-11)。煤炭开发利用过程的环境排放主要考虑三个阶段：电力供应、原煤采掘和原煤的工业锅炉燃烧使用。将煤炭开发利用的环境排放数据经过标准化处理，得出原煤生命周期大气污染物排放量，1 t 原煤的生命周期内排放 2.22 t 烟尘、二氧化硫和二氧化碳，废气排放占 32.22%[2]。

表 2-10　　2001～2012 年鄂尔多斯市工业“三废”排放及治理情况

	年份	工业用水总量/万 t	工业用水重复利用率/%	废水治理设施处理能力/(万 t/d)	工业废水达标量/万 t	工业废水达标率/%
工业废水	2001	115 941.32	96.51	8.2	1 977.78	92.76
	2002	131 024.16	96.58	9.47	1 752.69	97.67
	2003	130 588.18	96.34	10.68	1 660.72	91.78
	2004	130 099.66	94.96	11.76	1 656.33	77.93
	2005	254 215.21	95.8	12.59	3 549	93.71
	2006	137 164.67	95.42	15	3 584.88	90.56
	2007	98 503.65	94.37	15.74	2 041.34	87.38
	2012	121 984.57	88.46	46.65		

续表 2-10

	年份	工业废气排放总量/(万 m^3)	废气治理设施处理能力/(万 m^3/h)	二氧化硫排放量/t	烟尘去除量/t	烟(粉)尘排放量/t
工业废气	2001	10 074 844	797.33	66 813.73	407 981.83	27 348.54
	2002	16 505 237	1 029.54	77 243.12	443 773.79	25 443.5
	2003	16 661 102	1 352.33	129 121.07	638 387.12	74 457.75
	2004	33 029 780	1 326.47	260 000	7 729.42	194 156
	2005	17 186 112	2 191.58	283 887.24	199 0971.18	213 678.13
	2006	31 774 670	4 408.4	304 400	1 107 057.72	5 400
	2007	23 084 281	3 458.56	250 540.91	1 193 443.84	97 010.74
	2012	41 997 310	13 878.81	225 606	10 950 352.35	137 830
工业固体废物	年份	工业固体废物产生量/万 t	工业固体废物贮存量/万 t	工业固体废物处置量/万 t	工业固体废物综合利用量/万 t	工业固体废物综合利用率/%
	2001	242.38	10.14	4.57	224.7	92.71
	2002	358.7	12.61	189	151.45	42.2
	2003	202.58	89.31	25.12	88.01	43.44
	2004	627.32	85.06	140.59	391.61	62.43
	2005	2 410.99	554.56	248.56	1 596.13	66.20
	2006	2 419.15	642.71	74.47	1 695.27	70.08
	2007	1 077.21	42.99	70.35	964.07	89.50
	2012	4 264.99	331.86	1 573.26	2 365.38	54.46

注:数据来源于 2002～2013 年的鄂尔多斯统计年鉴,具体年鉴来自鄂尔多斯统计局网站。

表 2-11　　煤炭开发利用的污染物排放

污染物	电力生产	开采	燃烧(工业锅炉)	原煤生命周期环境排放量	占比/%
烟尘/kg	0.502	0	10	10.502	0.151
二氧化硫/kg	0.636	0	12.8	13.436	0.20
二氧化碳/kg	68.34	0	2 130	2 198.34	32.01
废水量/kg	96	3 500	0	3 596	52.36
煤矸石/kg	0	250	0	250	3.64
废渣/kg	0	800	0	800	11.65

注:资料来源于 2013 年的鄂尔多斯统计年鉴,具体年鉴来自鄂尔多斯统计局网站。

(4) 城市建设现状

2014 年鄂尔多斯市全年共营运航线 42 条，通航北京、上海、广州等 41 个城市，且与香港直航；铁路通车里程达 1 667 km，全市公路总里程 18 820 km，其中高速公路里程 720 km，公路网密度为 21.6 km/100 km^2。全年各种运输方式完成货运量 46 597 万 t，其中，铁路完成货运量 29 600 万 t，公路货运量 16 996 万 t，民航货运量 0.7 万 t。

截至 2009 年底，鄂尔多斯市目前网内共有 500 kV 变电站 4 座，220 kV 变电站 15 座，地区 220 kV 供电能力 450 万 kV·A，110 kV 变电站 57 座，110 kV 及以上输电线路 3 600 余千米，10 kV 及以上输配电线路 22 686 km，初步形成以 500 kV 为支撑、220 kV 为骨干、110 kV 为辐射的供电网络格局。电力事业的蓬勃发展为鄂尔多斯市经济建设和各项事业的发展提供了强有力的动力资源，同时也为鄂尔多斯市招商引资奠定了坚实的基础。

5. 资源子系统

(1) 水资源

鄂尔多斯市水资源主要由地表水资源、地下水资源和过境水资源三部分组成。受自然条件限制，鄂尔多斯市在水资源开发利用上以地下水为主，地表水次之。黄河是鄂尔多斯市唯一的一条过境河流，是鄂尔多斯市经济社会发展的重要供水水源。综合而言，鄂尔多斯水资源量贫乏。鄂尔多斯市水资源总量及开发利用情况见表 2-12。

表 2-12　2013 年鄂尔多斯市水资源总量及开发利用情况　亿 m^3

<table>
<tr><td rowspan="2">水资源量</td><td>地表水</td><td>地下水</td><td colspan="2">地表水与地下水资源重复量</td><td colspan="2">合计</td><td colspan="2">年降水量</td><td>产水系数</td></tr>
<tr><td>3.17</td><td>38.12</td><td colspan="2">20.86</td><td colspan="2">20.43</td><td colspan="2">262.56</td><td>0.08</td></tr>
<tr><td rowspan="2">水资源可利用量</td><td>地表水可利用量</td><td>境外黄河可供水量</td><td colspan="2">可利用重复计算量</td><td colspan="3">合计</td><td colspan="2">境外黄河可供水量</td></tr>
<tr><td>1.66</td><td>7</td><td colspan="2">0.72</td><td colspan="3">13.17</td><td colspan="2">7</td></tr>
<tr><td rowspan="2">供水量</td><td colspan="2">地表水</td><td colspan="2">地下水</td><td colspan="3">其他</td><td colspan="2">合计</td></tr>
<tr><td colspan="2">5.57</td><td colspan="2">9.74</td><td colspan="3">0.47</td><td colspan="2">15.96</td></tr>
<tr><td rowspan="2">用水量</td><td>农灌</td><td>林牧渔畜</td><td>工业</td><td>城镇</td><td>生活</td><td colspan="2">生态</td><td colspan="2">合计</td></tr>
<tr><td>8.52</td><td>3.2</td><td>2.59</td><td>0.3</td><td>0.59</td><td colspan="2">0.76</td><td colspan="2">15.96(耗水量 11.66)</td></tr>
</table>

注：数据来源于内蒙古自治区水资源公报 2013 年度。

按照鄂尔多斯市“2013～2017”规划，到 2017 年，煤制油产能达到 500 万 t、煤制甲醇产能达到 700 万 t、煤制乙二醇产能达到 100 万 t、煤制化肥产能达到 1 000万 t、煤制气产能达到 240 亿 m^3，按照沿黄沿线布局发展，工业用水的来源大部分将依靠黄河。就目前的技术来说，生产 1 t 煤制油的耗水量约为 9 t、煤制甲醇耗水量约为 10 t、煤制乙二醇的耗水量约为 9 t、煤制化肥的耗水量约为 20 t、煤制气的耗水量约为 6 t。按照“2013～2017”规划，到 2017 年，煤化工耗水量每年将达到 4.14 亿 t，折算为每天 113 万 t，相当于鄂尔多斯地区中心城区日供水能力的 13 倍左右，而鄂尔多斯地区人均占有水量 2 150 m^3，低于全自治区、全国的人均水平，属水资源贫乏地区。由此看来，煤化工发展高耗水已成为最大的隐忧和软肋[3]。到 2017 年，全市煤化工项目耗水量统计见表 2-13。

表 2-13　　2017 年鄂尔多斯市煤化工行业耗水统计表

项目	生产规模/(万 t/a)	单位产品耗水量/(m^3/t)	合计耗水量/(万 m^3/a)
煤制油	500	9	4 500
煤制甲醇	700	10	7 000
煤制乙二醇	100	9	900
煤制化肥	1 000	20	20 000
煤制气	1 500	6	9 000
合计	41 400		

(2) 土地资源

鄂尔多斯市内有五种类型地貌，平原约占总土地面积的 4.33%，丘陵山区约占总土地面积的 18.91%，波状高原约占总土地面积的 28.81%，毛乌素沙地约占总土地面积的 28.78%，库布其沙漠约占总土地面积的 19.17%。不同类型的土地其利用情况也不同，各类土地利用情况见表 2-14。

表 2-14　　2001～2014 年鄂尔多斯市各类土地利用情况

年份	耕地面积/khm^2	有效灌溉面积/khm^2	农作物总播种面积/khm^2	实有林地面积/khm^2	年内造林面积/khm^2	森林覆盖率/%	草原面积/khm^2	草原可利用面积/khm^2
2001	435.8	195.8	214.2	1 187.1	209.88		5 705	4 750
2002	415.4	195.3	258.7	1 199.3		13.78	5 718	4 570
2003	394.3	199.4	272.3	1 211.9	164.13		5 079	5 003
2004	401.4	236.9	323.1	1 321.6	120.59		5 709	5 003
2005	407.4	229.6	342.9	1 413.4	76		5 877	5 421
2006	420.8	250.5	368	1 572.7	69.07		5 877	5 421

续表 2-14

年份	耕地面积 /khm²	有效灌溉面积 /khm²	农作物总播种面积 /khm²	实有林地面积 /khm²	年内造林面积 /khm²	森林覆盖率/%	草原面积 /khm²	草原可利用面积 /khm²
2007	423.5	250.9	375.1	1 746.9	101.96		5 877	5 421
2008			372.1					
2009			378.8					
2010			379			23		
2011			3 766		157	23		
2012			381.5		134.99	25.06	7 047	7 007
2013				2 198	109.1	25.06		
2014				2 242.4	99.9	25.3		

注：资料来源于 2002～2015 年的鄂尔多斯统计年鉴，具体年鉴来自鄂尔多斯统计局网站。1 km^2 = 100 hm^2。

（3）矿产资源

根据鄂尔多斯矿产资源网，鄂尔多斯市拥有各类矿藏 50 多种，具有工业开采价值的重要矿产资源有 12 类 35 种，主要有煤炭、天然气、化工建材资源及少量铁、稀有分散元素、放射性元素等矿产。全市 27 种主要矿产资源（不含天然气）潜在经济价值达 7 万亿元以上，占内蒙古自治区矿产资源总潜在价值的 52%以上。

① 煤炭资源。煤是鄂尔多斯市最主要的矿产资源。在全市 8.7 万 km^2 的国土面积上有 70%的地表下蕴含煤炭资源。全市已探明的煤炭储量 1 922 多亿吨，约占全国总储量的 1/6、内蒙古自治区总储量的 1/2。若计算到地下 1 500 m 处的储量，总资源量约近 1 万亿 t。按地域位置，全市可划分为东西南北四大煤田，即东部准格尔煤田、南部东胜煤田、西部桌子山煤田、北部乌兰格尔煤田。鄂尔多斯的煤炭资源具有储量大、分布面积广、埋藏浅、垂直厚度深、易开采等特点，而且煤质品种齐全，有褐煤、长焰煤、不黏结煤、气煤、肥煤和焦煤等。四大煤田除乌兰格尔煤田外，其余均正在开采之中。

鄂尔多斯市所含煤炭资源有着优良的煤质，而且煤炭的品种齐全，单位发热量高，挥发分、灰熔点与其他地区的煤炭相比也十分高；同时，煤炭所含的灰分、硫化物、磷混合物等燃烧后对环境产生污染的物质比重十分低。具有这些优点的煤炭使得鄂尔多斯市成为国内罕见的优质环保动力煤生产基地，号称“绿色精煤”（见表 2-15），其所含优质动力煤保有储量占全国的 80%左右。

表 2-15　　鄂尔多斯市主要煤田煤种煤质特征及利用方向

煤田	准格尔煤田		东胜煤田		西桌子山煤田
			南	北	
煤种	长焰煤		不黏结煤	不黏结煤	焦煤、肥煤、肥气煤
特征	中灰、高挥发、高灰熔点、低硫、中高发热量		特低灰、硫磷高发热量	低灰、低硫、高挥发、中高发热量	—
煤质指标	灰分	20%～25%	3.6%～6.5%	10.5%～12.5%	24.7%～30.5%
	水分	5.57%	5%～7%	11%～13%	0.63%～1.07%
	硫分	0.25%～2.95%	0.15%～0.25%	1.0%～1.10%	0.59%～2.65%
	磷分	—	0.01%	—	—
	挥发分	38%～40%	34%	35.5%～37.5%	29.01%～31.91%
	灰熔点	1 300 ℃	—	1 200 ℃	—
	低位发热量	5 700 cal/kg	6 500 cal/kg	4 500～5 500 cal/kg	5 400～6 200 cal/kg
利用方向	动力煤，可用于发电、气化、化工、机车、船板		出口及化工液化、水煤、超水煤	化工和动力用煤	煤焦、电力、化工用煤

② 油气资源。石油、天然气是近年来新勘探发现的资源，主要位于鄂尔多斯市中西部。在乌兰格尔一带即杭锦旗北部，地质勘探部门已经发现 20 多处油气田，鄂托克旗境内现已探明油气储量 11 亿 m^3，在乌审旗南部也发现了油气田。鄂尔多斯市境内拥有国内储量最大的整装气——苏里格气田，探明储量 2.2 亿 m^3，约占全国可采储量的 1/3 多。这两种资源还正在进一步勘探之中。油页岩主要分布于鄂尔多斯中部的东胜区、准格尔旗、伊金霍洛旗境内，探明储量为 3.7 多亿吨，其中工业储量 66 万 t，储藏厚度一般为 3～5 m，含油率为 1.5%～10.4%。

③ 盐类资源。鄂尔多斯市分布有大小湖泊 104 个，其中 39 个湖泊为盐碱湖，盛产天然碱、芒硝、食盐、硫黄、泥炭等，为该市开展无机化工业提供了品种齐全、蕴藏丰富的原料支撑。现代盐湖还伴生有钾盐、镁盐、磷矿、溴、硼等，大体上可分为 7 个盐湖集中区，主要分布在达拉特旗、杭锦旗、乌审旗、鄂托克旗、鄂托克前旗等地区（见表 2-16）。

④ 建材资源。建材资源是鄂尔多斯境内的又一大优势资源，遍布全市 8 个旗（区），主要有石英砂岩、石膏、石灰岩、白云岩、石英岩、花岗岩、石墨、黄土、大理石等（见表 2-17）。

表 2-16　　鄂尔多斯市主要化工资源

盐类矿产	分布地域	储量	品质
天然碱	乌审旗、鄂托克旗、杭锦旗境	天然碱湖储量为 7 000 亿 t，伴生天然碱储量为 1 300 万 t	碳酸钠加碳酸氢钠占 19%～41%，氯化钠小于 4%，硫酸钠小于 13%，水不溶物小于 20%
芒硝	达拉特旗、杭锦旗	探明总储量为 70 亿 t	优质芒硝矿
食盐	杭锦旗、鄂托克前旗和乌审旗	探明总储量为 956 万 t	主要赋存黄铁矿（也称硫铁矿）中，以天然黄铁矿形式产出
硫黄	准格尔旗、东胜区、伊金霍洛旗	探明的储量为 232.5 万 t，地质储量为 3 256.5 万 t	—
泥炭	8 个旗（市）	探明储量为 537.6 万 t	一般发热量在 1 100～2 400 kcal/kg，有机质含量在 25%～40%之间

表 2-17　　鄂尔多斯市主要建材资源

建材资源	分布地域	储量	品质	用途
石膏	鄂托克前旗、鄂托克旗、杭锦旗	总储量为 35 亿 t，其中工业储量近 1.5 亿 t	一级石膏（1.49 亿 t）；特级石膏（400 万 t）	轻型质高强度建筑材料；食用、药用、工艺品制造用
石灰岩	准格尔旗、鄂托克旗	总储量为 3.06 亿 t	氧化镁含量为 1.2%～1.86%，氧化钙含量为 51.84%～52.95%	优质高标水泥生产原料
石英岩及石英砂岩	共 6 处产地	石英岩总储量为 4.45 亿 t，石英砂岩总储量为 534.8 万 t	二氧化硅含量为 82.3%～98.9%	品质尚佳
黄土	鄂尔多斯高原	分布广泛	主要成分石英砂、亚黏土。其中：二氧化硅含量为 65%，三氧化二铝含量为 11.74%，烧失量为 6.68%，氧化钙含量为 6%	良好的砖瓦建材原料
花岗岩	鄂托克旗的千里沟	约 1 200 万 m^3	矿体硬度、强度极高，呈肉红色，黑斑少	理想的天然建材
大理石	达拉特旗高头窑乡银肯敖包	—	灰白色、白色糖粒状大理岩	良好的建筑石材和水泥生产原料

此外，冶金及其辅助原料矿产资源虽不及能源、化工、建材资源丰富，但储量也可观，其经济价值甚高。铁矿总储量为 1 412.8 万 t，工业储量为 520.1 万 t，含铁量在 26%～62%之间。耐火黏土总储量为 4.33 亿 t，工业储量为 323.6 万 t，其中，高铝耐火黏土储量 1 484.4 万 t，耐火度为 1 770～17 904 ℃；硬质耐火黏土储量为 3.67 亿 t，耐火度为 1 790～1 850 ℃；软质耐火黏土储量为 5 186.8 万 t，耐火度为 1 610～1 700 ℃。鄂尔多斯的耐火黏土不仅是冶金工业的辅助原料，绝大部分还是陶瓷工业原料。以原砂产出石英砂境内总储量为 4 226.9 万 t，工业储量为 3 918.1 万 t，主要为铸钢及玻璃制品原料之用。沸石矿藏储量在 2 亿 t 以上，石膏矿储量为 35 亿 t，高岭土储量为 65 亿 t。

(4) 羊绒资源

中国是世界上第一产绒大国，年产原绒约 8 000～10 000 t，占世界总产量的 3/4，其中内蒙古产绒量为 5 342 t，占全国羊绒总产量的 1/2，质量居全国之首。鄂尔多斯高原的阿白山羊绒光泽好、洁白柔软、纤维长、净绒率高，是山羊绒中的佼佼者。

2.1.3 鄂尔多斯市煤化工产业生态系统的优势及其面临的问题

1. 鄂尔多斯市煤化工产业生态系统优势

(1) 资源优势

鄂尔多斯自然资源丰富，煤炭、天然气等资源充足，不仅在自治区，而且在全国都占有举足轻重的地位。其中煤炭资源是该市能源矿产中最具有优势的资源。鄂尔多斯市煤炭资源储量大、分布广、埋藏浅、易开采、种类齐全、品质优良，为煤化工发展提供充足的原料。一方面，由于煤炭开采成本低，煤炭地销价格较低，原煤采购运输成本低；另一方面，鄂尔多斯土地资源丰富，建设能源和化工项目基地不需占用耕地，地价较低，建厂条件好，发展煤化工具有明显的竞争优势。

(2) 区位优势

鄂尔多斯市是连接晋陕蒙宁的枢纽，既是“金三角”地区的重要一极，又是呼-包-银经济带的中心位置，具有极其明显的区位优势。市内交通便捷，109、210 国道，包茂、荣乌高速公路把全市分割成“井”字形，新近开通的呼准铁路为大秦铁路提供了新的煤炭后方通道。公铁交通干道与全国公铁路网相连通，作为晋陕蒙宁四地及相邻地区重要的商品集散地和陆路运输要冲，是资源产品输出的主要出口。

(3) 煤化工产业基础良好

煤化工项目投资巨大，煤化工示范项目涵盖炼焦、煤制油、煤制甲醇、煤制烯烃、电石、煤制天然气、煤制化肥等几个方面，煤制油、煤制天然气、煤制烯烃、煤制乙二醇等新型煤化工示范线均已经建成投产。从全国范围内看，鄂尔多斯煤化工产品的品种和产能都位居前列，壳牌大型气化炉、德士古水煤浆气化炉等先进设备和先进气化工艺、先进催化剂、生产工艺的使用投入大幅提升了鄂尔多斯煤化工整体水平。

(4) 集群发展模式

随着循环经济理念的引入，鄂尔多斯煤化工产业在“集约-绿色-链网”的“鄂尔多斯发展模式”下正逐步形成区域性集中联合发展的特色煤化工集群。在煤炭、电力、天然气产品、煤化工及精细化工产品四大基地的建设中，对煤炭、电力、化工、建材等行业实施循环技术改造，开发建设一系列循环利用项目，培育出一批循环经济示范企业。逐步形成煤-电及其废弃物循环利用，煤-电-高载能及其废弃物循环利用、煤-煤化工及其废弃物循环利用、天然气-天然气化工及天然气煤循环开发利用等一系列循环经济产业链，有利于统一配置公用设施，提高资源利用率，集中处理三废，降低生产成本，推进资源的循环利用和清洁生产，保护资源和环境。

2. 鄂尔多斯市煤化工产业生态系统面临的问题及挑战

(1) 产业结构不合理，特色与高端产业发育不足

鄂尔多斯产业结构以煤为主导，产业种类不多且结构单一，经济波动脆弱性显著，面临房地产泡沫破灭、资金链条断裂、转型困难等一系列问题。就煤化工产业而言，传统煤化工产业比例过高，而新型煤化工产业比例明显偏低；整个产业的产业链条延伸不够充分，初级产品多而后续精细化产品少，副产品缺乏有效利用，经营管理粗放。这些导致煤化工产品附加值低，煤化工产业外向度较低，抵御市场风险能力弱。

(2) 水资源匮乏，严重制约煤化工发展

煤化工产业耗水量很大，而鄂尔多斯属于严重缺水地区且水资源和煤炭资源分布不一致，导致部分煤化工项目用水困难。加上鄂尔多斯盆地干燥少雨、地表水匮乏，导致地下水资源不能用于工业生产，进一步制约了煤化工生产用水。大规模发展煤化工产业极有可能打破项目所在地脆弱的水资源平衡，同时对当地的生态环境造成伤害。

(3) 产业集中度低，呈多集群分布

煤化工园区的循环经济规划过于短期化，没有按企业集群式循环经济模式进行长远的规划。产业链上游多以劳动密集型企业为主导，缺乏创新型产业，同时产业格局无序，小规模企业过多。以焦化产业为例，焦化产业规模较小、布局分散，不利于有效集中回收利用焦炉气和煤焦油，造成了资源上的浪费。

(4) 生态环境脆弱，环境压力巨大

发展煤化工产业要求的环境容量和环境余量较高，而鄂尔多斯市的资源型经济结构导致的结构性污染严重。鄂尔多斯煤化工产业中的传统煤化工产业比例较大，煤炭加工转化过程中资源综合利用率低，产业原料消耗巨大，直接造成鄂尔多斯煤化工产业面临较大的节能减排压力。

（5）远离终端产品消费地

鄂尔多斯煤炭及煤化工主要产品属于低附加值产品，远离产品主要消费地区，产品、电力外运通道不畅。目前甲醇、二甲醚、煤制天然气等产品的主要消费地区在华东、华南等沿海地区，相关产品往往需要经过数百公里甚至上千公里的陆路运输，对于煤制天然气还要自建输气管道，而甲醇、二甲醚等以目前的产能规模尚不足以支撑管道运输建设，单位运输成本较产自中东、依托海运的相关产品高。目前电石等部分煤化工产品存在产能略显过剩的情况，未来产能面临过剩的风险。

（6）人才技术储备薄弱

鄂尔多斯煤化工产业只是在近年得到了快速发展，人员总体储备较为薄弱，特别是煤化工等复合型人才有限。当前鄂尔多斯市大多数企业没有能力进行技术研发，新型煤化工项目中的煤气化、加氢合成等核心工艺绝大部分依靠引进国外技术。鄂尔多斯煤化工快速发展很大程度上得益于能源需求的快速上升，对利用科技和人才推动工业结构升级、提高产品附加值和企业竞争力等方面重视不够。

2.2 六盘水市煤化工产业生态系统分析

2.2.1 六盘水市煤化工整体概况

1. 六盘水市情况概述

六盘水市位于贵州西部乌蒙山区，市名由最初下辖的六枝、盘县和水城三个特区的头一个字组成，别称“中国凉都”，是贵州省的第三大城市。地理坐标：25°19′44″N～26°55′33″N、104°18′20″E～105°42′50″E。六盘水市国土总面积为9 965 km^2，分属长江流域及珠江流域，其中长江流域面积为2 195.29 km^2，占总面积的22.03%；珠江流域面积为7 769.71 km^2，占总面积的77.97%。

六盘水地处滇、黔两省结合部，长江、珠江上游分水岭，南、北盘江流域两岸，矿产资源十分丰富。交通四通八达，是西南重要的铁路枢纽城市和物流集散中心之一。2005年经中国气象有关专家评审，成为全国首个以气候资源打造的都市品牌城市。作为国家西电东送的主要城市，西南乃至华南地区重要的能源原材料工业基地，六盘水的煤炭、电力、冶金、建材等行业的发展极大地推动其经济的发展。

2. 战略地位

从政策层面讲，国家已经充分认识到了煤化工的重要性。国家“十一五”规划纲要明确指出，要发展煤化工，开发煤基液体燃料，有序推进煤炭液化示范工程建设，促进煤炭深度加工转化，并开发大型煤化工成套设备以及煤炭液化和气化等设备。相关各省在其“十一五”发展规划中把煤化工作为重点发展方向。这将促使煤化工产业进入规范发展的新阶段。国家投资体制改革加快和基础设施建设力度加大，使西部地区进一步享受倾斜政策，为六盘水煤化工发展带来极好的机遇。《贵州西部(毕水兴)经济带“十一五”发展规划六盘水子规划》、“十一五”期间六盘水市经济社会发展的总体要求中指出，六盘水要抢抓西部大开发和新阶段扶贫开发机遇，发挥资源、区位和大企业相对集中等优势，以改革开放和科技进步为动力，着力发展煤炭、电力、钢铁、建材、煤化工、高载能等优势产业及其后续产业，并制定了一系列的产业准入政策、产业布局调整政策、用地政策、财政金融政策和招商引资政策，在工业用地、信贷、用汇、资源、环保等方面设立贵州西部经济带发展专项基金，为六盘水煤化工产业集群发展提供了政策支持。

3. 经济水平

1978 年，伴随着十一届三中全会的胜利召开，六盘水市正式成立。从 1978 年开始，六盘水市的改革经历了从农村到城市、从微观到宏观、从单项到综合的过程，为其加快发展注入了新的活力。建市年来，六盘水国民经济保持了持续、快速、健康发展的良好势头，经济总量跃上新的台阶，社会各项事业全面发展。经济实力的不断加强，为六盘水市煤化工产业集群式发展奠定了经济基础(见图 2-4、图 2-5)。

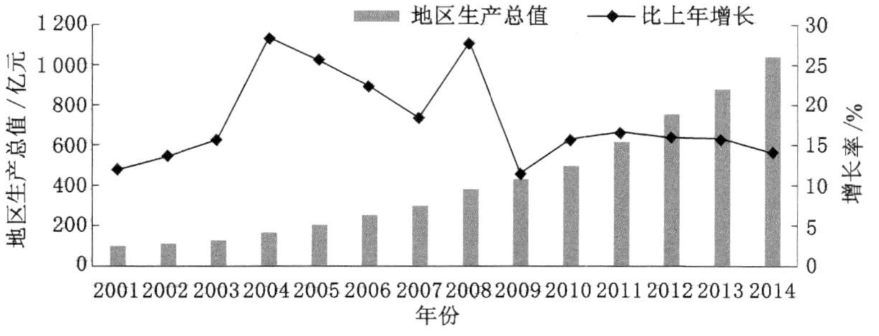

图 2-4　2001～2014 年六盘水市地区生产总值及增长率

数据来源：2014 年六盘水市国民经济与社会发展统计公报。

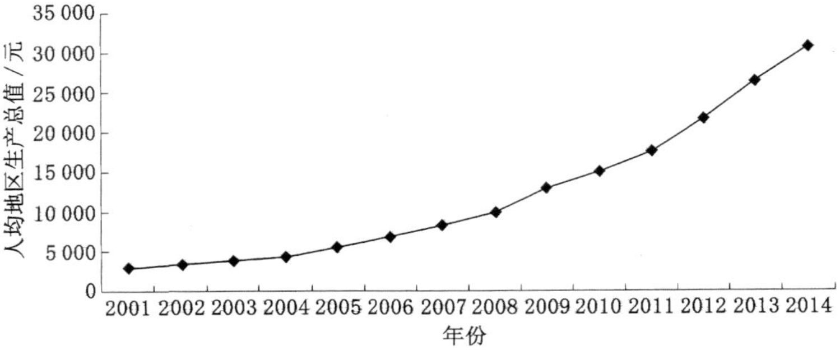

图 2-5　2001～2014 年六盘水市人均地区生产总值

数据来源:六盘水市国民经济与社会发展统计公报(2001～2014)。

2014 年,六盘水市地区生产总值达到 1 042.73 亿元,比上年增长 14.1%。特别是进入"十二五"以来,经济发展更加突飞猛进,生产总值年均增长 15%左右,远远高于全国、全省平均水平。经济结构进一步优化,第一、二、三产业占地区生产总值的比重由 1978 年的 33.9%、42.4%、23.7%转变为 2014 年的 7.2%、54.4%、38.4%,第一产业比重大幅度下降,第二、三产业比重稳步提高,产业结构从"二、一、三"为主调整为"二、三、一"为主,国民经济总量从主要依靠第一、二产业带动转变到主要依靠第二、三产业带动(如图 2-6 所示)。

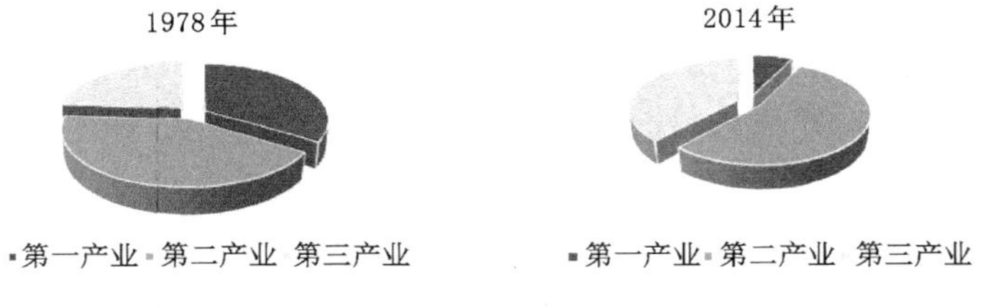

图 2-6　1978 年、2014 年六盘水市三次产业增加值构成(%)

在经济发展的同时,财政收入也实现大幅度增长,2014 年全市财政总收入达到 184.42 亿元,比上年增长 3.4%。经济实力的不断增强以及随着六盘水市的水城矿业(集团)、盘江煤电(集团)、六枝工矿(集团)、水城钢铁(集团)、盘县发电厂(5X20MW)、盘南发电厂(4X60MW)、野马寨发电厂(3X20MW)和发耳发电厂(4X20MW)等一批骨干企业成为产业结构的重要组成部分,将为六盘水市产业集群的形成与发展提供重要保障。2001～2013 年六盘水市财政收入及占 GDP 比重如图 2-7 所示。

4. 人口

据贵州省统计局的数据显示,2014 年末六盘水市常住人口为 288.2 万人。

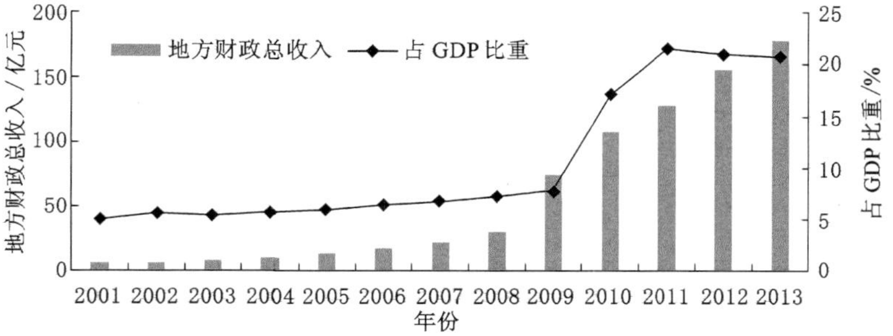

图 2-7　2001～2013 年六盘水市财政收入及占 GDP 比重

数据来源：六盘水市国民经济与社会发展统计公报（2001～2013）。

其中农业人口为 254.32 万人，整体呈上升趋势；非农业人口为 74.02 万人，整体趋势保持不变。近年人口变化趋势如表 2-18 所列。

表 2-18　　六盘水市人口变化趋势　　万人

年份	2009	2010	2011	2012	2013	2014
农业人口	239.84	247.4	248.83	249.55	251.85	254.32
非农业人口	70.36	71.8	72.57	72.98	73.56	74.02

2.2.2　六盘水市煤化工产业生态系统结构及分析

1. 六盘水市煤化工产业链

六盘水市煤化工主要分为三条产业链，即煤制油、煤制气和煤炭焦化（见图 2-8）。其中，煤制油主要指煤炭间接液化，目前在盘县保田布局一个煤制油厂（间接液化），一期产量为 200 万 t/a，在资源许可的情况下再扩大到 500 万 t/a；煤制气产业链指煤炭开采之后经过洗选，然后利用煤气化生成合成气（$CO+H_2$），利用合成气支撑合成氨及甲醇，利用甲醇制成甲醛、醋酸和脲醛，目前六盘水焦炉气联产甲醇产量约为 200 万 t/a；煤炭焦化指煤炭经过焦化生成焦炭、焦炉气、粗苯等。到"十一五"末，新增焦炭 1 200 万 t、焦炉气制甲醇 80 万 t，并进一步做好深碳-化工和焦油精加工。

2. 原生产业系统

六盘水矿产资源丰富，已探明的煤储量居全省之首，预测深 2 000 m 以内总储量为 768.73 亿 t；按煤类分：气煤 29.43 亿 t，肥煤 115.23 亿 t，焦煤 195.21 亿 t，瘦煤 56.33 亿 t，贫煤 189.84 亿 t，其余为无烟煤。目前，累计探明储量约为

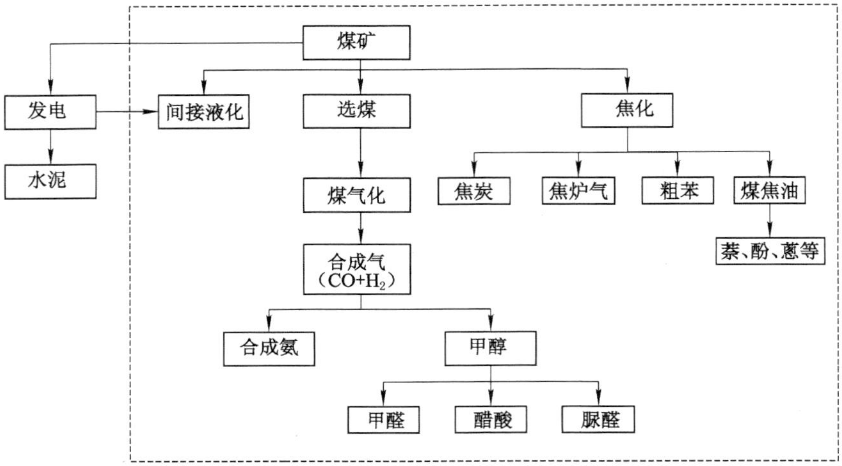

图 2-8　六盘水市现有煤化工产业链

180.1 亿 t，保有储量为 168.2 亿 t，煤层赋存条件好，煤质优良、易开采，煤种（焦煤、气煤、肥煤、贫煤、无烟煤）齐全，工业利用价值高[4]。六盘水市煤炭具有储量丰富、煤种齐全、高热低硫中灰、勘探程度高、开发条件好的特点，决定了六盘水市适合于建设煤电化大型综合生产基地，将资源优势转化为经济优势，以煤化工产业集群式发展带动经济社会全面发展的格局（具体储量如表 2-19 所列）。

表 2-19　　六盘水市煤炭资源按煤种划分汇总表　　万 t

煤种＼县别	六枝特区	盘县	水城县	钟山区	合计
全市合计	267 379	891 616	517 202	124 821	1 801 036
一、炼焦炭	190 324	450 907	280 533	119 389	1 041 153
焦炭	117 105	154 428	186 623	703 63	528 519
气煤	18 730	87 526	24 588	18 401	149 245
瘦煤	24 957	123 609	43 508	10 325	202 399
肥煤	29 532	85 344	25 814	20 300	160 990
二、非炼焦炭	77 073	440 709	236 669	5 432	759 883
贫煤	36 378	101 127	167 040	3 429	307 974
无烟煤	40 695	339 582	69 629	2003	451 909

六盘水市是我国传统的煤炭资源富集区，是国家重要的能源生产、转化和输出基地之一，其煤炭资源拥有量及年产量居全国各地市前列。2012 年实现原煤产

量 7 000 万 t，位居贵州省第一。此外，2007 年开始六盘水市选煤量 1 202.59 万 t，2014 年增加到 3 252.23 万 t，仅为当年原煤产量的 7.75%（见表 2-20 和图 2-9）。

表 2-20　2001～2014 年六盘水市原煤、洗煤产量及增长率

年份	原煤/万 t	增长率/%	洗精煤/万 t	增长率/%
2001	1 533.00	1.79	—	—
2002	2 078.07	35.56	—	—
2003	2 686.00	29.25	—	—
2004	3 179.00	18.35	—	—
2005	3 846.00	20.98	—	—
2006	4 583.00	19.16	—	—
2007	4 396.82	−4.06	1 202.59	—
2008	4 478.59	1.86	1 443.25	20.01
2009	5 126.58	14.47	795.28	−44.90
2010	6 001.15	17.06	2 103.80	164.54
2011	5 621.37	−6.33	1 849.62	−12.08
2012	7 156.00	27.30	2 225.71	20.33
2013	7 309.21	2.14	3 018.24	35.61
2014	7 121.68	−2.57	3 252.23	7.75

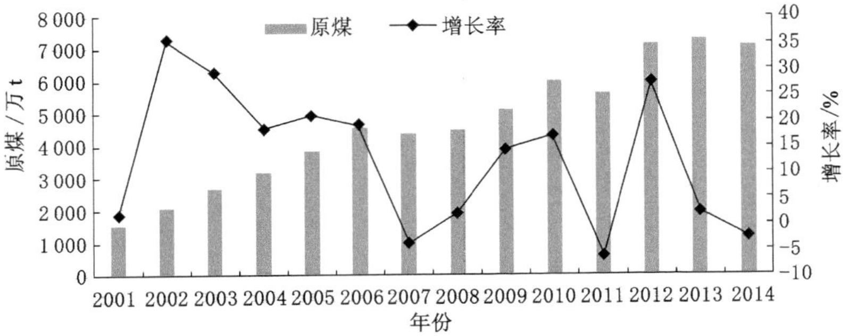

图 2-9　2001～2014 年六盘水市原煤产量及增长率

3. 外生产业系统

六盘水市素有“江南煤都”、“西南煤海”之称，六盘水矿区是我国重点建设的

“十大煤炭基地”之一，其煤炭保有储量170亿t，煤炭资源品种齐全，其中炼焦煤探明储量为104.12亿t，煤炭产业是该市的支柱产业。与此同时，2013年六盘水市全年规模以上工业企业实现主营业务收入为838.25亿元，比上年下降1.3%；盈亏相抵后的利润总额为33.44亿元，下降56.0%(具体产量变化如表2-21所列)。

表 2-21　六盘水市规模以上工业企业主要产品产量

指标＼年份	2007	2008	2009	2010	2011	2012	2013	2014
焦炭(全社会)/万 t	622.07	581.73	562.56	496.73	425.05	504.96	595.00	523.60
生铁/万 t	278.53	284.81	326.31	324.28	407.09	506.42	480.49	446.01
粗钢/万 t	303.52	307.12	319.21	328.31	401.18	501.48	459.11	439.85
钢材/万 t	286.81	299.10	308.42	321.44	388.31	486.94	454.55	430.10
水泥/万 t	216.46	186.77	282.31	377.64	466.76	514.28	720.80	920.05
电解铝/万 t	4.04	5.38	—	18.10	—	17.22	20.51	—
发电量(全社会)/(亿 kW·h)	195.43	257.56	319.61	319.67	361.05	375.49	421.75	364.82

由图2-10可以看出，自2007年以来，受国内外经济形势的影响，六盘水市煤炭相关下游产业的增长明显变缓。这与六盘水市煤炭相关产业的产业层次较低和整个社会的需求量增长接近饱和相关，继续进行产业链延伸和升级来促进六盘水市经济进一步增长。

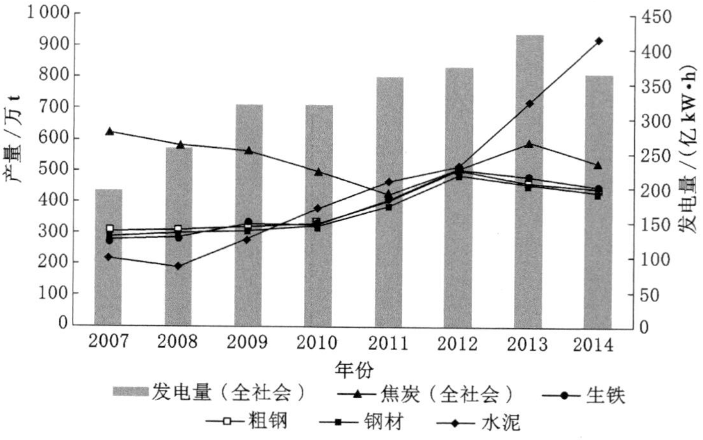

图 2-10　六盘水市近年来除电解铝外主要工业产品的产量变化

4. 社会服务系统

(1) 金融和保险

金融业平稳发展。2014 年末,全市金融机构人民币各项存款余额为817.09亿元,比年初增加 62.67 亿元,同比增长 8.3%。金融机构人民币各项贷款余额为701.20 亿元,比年初增加 101.32 亿元,同比增长 16.9%(见表 2-22 和图 2-11)。

表 2-22 2001～2014 年六盘水市存贷款余额变化 亿元

年份	2001	2002	2003	2004	2005	2006	2007	2008	2009	2010	2011	2012	2013	2014
存款余额	86.38	99.38	128.23	168.59	196.39	226.83	270.27	341.68	423.90	499.05	577.02	676.21	754.42	817.09
贷款余额	74.66	76.59	90.88	112.37	139.55	167.73	200.40	233.47	308.25	360.90	416.97	508.38	599.88	701.20

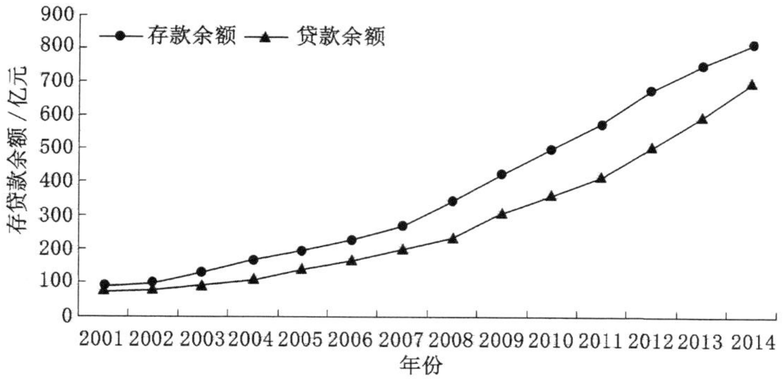

图 2-11 2001～2014 年六盘水市存贷款变化

保险事业运行平稳。2014 年全市保险保费收入约 15.58 亿元,比上年增长约7.19%。其中,财产险收入约 7.59 亿元,较上年增长约 16.43%;人身险收入约 7.99 亿元,比上年下降约 0.32%。全市保险赔付支出约 6.72 亿元,比上年增长约 29.01%(见表 2-23 和图 2-12)。

表 2-23 2007～2014 年六盘水市保险收入支出变化 万元

	2007	2008	2009	2010	2011	2012	2013	2014
保险收入	45 179.08	57 500.46	67 509.56	100 932	112 217.4	121 307	145 387	155 841
保险支出	15 893.55	27 290.22	22 683.2	27 522	34 437.24	41 979	52 058.32	67 161

(2) 教育

教育事业发展缓慢。中等职业学校全市共 21 所,而普通高等教育院校全市仅

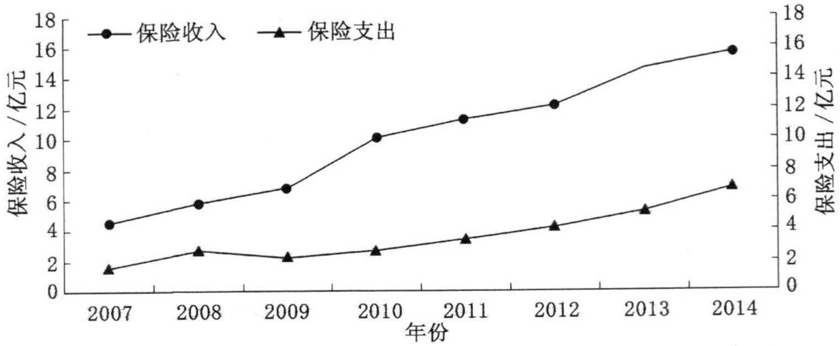

图 2-12　2007～2014 年六盘水市保险收入与支出变化

两所，2014 年毕业人数仅为 7 913 人，与上年相比增长缓慢(见表 2-24 和图2-13)。

表 2-24　　2007～2014 年六盘水市科教支出及增长率变化

年份	2007	2008	2009	2010	2011	2012	2013	2014
科教支出/万元	99 787	141 868	179 239	239 489	295 170	359 544	385 800	458 500
增长率/%	35.18	42.17	26.34	33.61	23.25	21.81	7.30	18.84

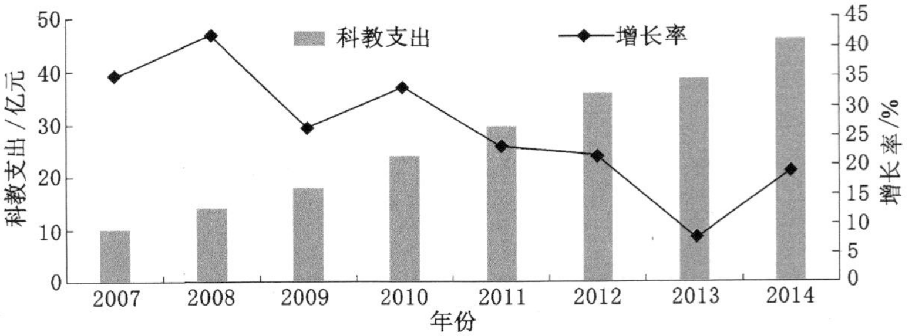

图 2-13　2007～2014 年六盘水市科教支出及增长率变化

(3) 文化和卫生

文化事业繁荣发展。公共文化服务体系建设不断加强，文化艺术、广播影视、新闻出版等各项事业稳步发展。2014 年末全市共有博物馆、纪念馆 5 个，公共图书馆 5 个，文化馆 5 个，乡镇文化站及街道教科文化服务中心共 101 个；广播节目综合人口覆盖率、电视节目综合人口覆盖率分别为 97.23％和 97.86％，分别比上年提高 0.3 和 0.21 个百分点。

医疗卫生服务能力继续提高。全市公共财政预算支出中用于医疗卫生的支出达 19.84 亿元，比上年增长 8.8%。新农合工作稳步推进。全市参加新型农村合作医疗人数为 226.85 万人，农民参合率达 99.06%。截至 2014 年末，全市共有卫生机构 1 693 个。其中，医院 95 个，比上年末增长 20.3%；妇幼保健院(所、站)5 个，与上年持平。全市卫生机构床位数 1.36 万张，增长 6.3%。卫生技术人员 1.24 万人，增长 10.7%。其中，执业(助理)医师 4 267 人，增长5.2%；注册护士 4 823 人，增长 13.8%。

(4) 污水处理及废弃物处理

由于六盘水地区以煤炭及其相关产业为支柱，所以主要污染物以化学污染物为主，具体污水处理能力和污染物变化情况如表 2-25、表 2-26 所列。

表 2-25　　六盘水市城市污水处理率变化

年份	2007	2008	2009	2010	2011	2012	2013	2014
城市污水处理率/%	—	—	75	73	74	73	74	75.9

由表 2-26 可以看出，六盘水市近年来污水处理能力未能得到进一步加强，总体水平达到国家相关标准，但是还需要进一步努力。由表 2-26 可见，化学需氧量近年来有所增长，二氧化硫近年来呈现一定程度的下降，可见六盘水市对于污染物的处理给予了一定程度的关注。

表 2-26　　六盘水市主要污染物数量及变化

年份	2007	2008	2009	2010	2011	2012	2013	2014
化学需氧量/万 t	2.3	—	—	2.23	—	2.32	2.42	2.53
增长率/%	−5.64	—	—	—	—	−1.7	4.28	4.7
二氧化硫/万 t	14.93	—	—	10.63	—	21.41	19.35	16.69
增长率/%	−9.98	—	—	—	—	−13	−9.58	−13.8

5. 资源子系统

(1) 水资源

六盘水市境内河流分属长江流域的乌江水系和珠江流域的西江水系。水资源量主要包括地表水资源量(水资源总量)、地下水资源量，其中地下水资源量是地表水资源量的一部分。全市地表水资源量(水资源总量)为 36.66 亿 m^3，其中：六枝特区地表水资源量为 6.13 亿 m^3，盘县地表水资源量为 16.63 亿 m^3，水城县地表水资源量为 12.28 亿 m^3，钟山区地表水资源量为 1.62 亿 m^3；全市地下水资源量为 9.89 亿 m^3。产水模数为 36.79 万 m^3/km^2，人均水资源量为1 285.77 m^3。

根据六盘水市水资源公报的统计数据，全市监测、评价河长为 798.7 km。Ⅱ类水质的河长为 78.2 km，占总评价河长的约 9.79%；Ⅲ类水质的河长为 194.5 km，占总评价河长的约 24.35%；Ⅳ类水质的河长为 321.1 km，占总评价河长的约 40.20%；劣Ⅴ类水质的河长为 204.9 km，占总评价河长的约 25.65%。汛期与非汛期的水质状况不同，汛期Ⅱ类水质的河长为 26.0 km，占总评价河长的约 3.26%；Ⅲ类水质的河长为 185 km，占总评价河长的约 23.16%；Ⅳ类水质的河长为 548.7 km，占总评价河长的约 68.70%；劣Ⅴ类水质的河长为39.0 km，占总评价河长的约 4.88%。而非汛期Ⅱ类水质的河长为 78.2 km，占总评价河长的 9.79%；Ⅲ类水质的河长为 248.5 km，占总评价河长的约31.11%；Ⅳ类水质的河长为 267.1 km，占总评价河长的约 33.44%；劣Ⅴ类水质的河长为 204.9 km，占总评价河长的约 25.65%。

受东南季风、西南季风及云贵准静止锋等大气环流及天气系统的影响[5]，六盘水市多阴天雨日，年降水量比较多，超过 1 200 mm，与我国东部平原地区相近，在云贵高原上属于一个高值区。六盘水市 6～8 月的月平均相对湿度在 82%左右，而且不同季节之间的变幅较小，湿度值之大以及年内变幅之平稳是同纬度的我国东部平原地区所少见的。六盘水市中心区多年降水统计如表 2-27所示。

表 2-27　六盘水市中心区多年降水统计

月	夜间总降水/0.1 mm	白天总降水/0.1 mm	夜间/白天	夜间降水日数	白天降水日数	降水日数
1	110	79	1.4	15	12	18
2	120	75	1.6	15	11	17
3	167	75	2.23	13	9	16
4	408	229	1.78	13	10	17
5	912	458	1.99	16	12	20
6	1 657	749	2.21	17	15	21
7	1 341	868	1.54	17	15	21
8	1 015	875	1.16	15	14	20
9	1 065	461	2.31	15	13	19
10	631	332	1.9	17	14	19
11	217	134	1.62	13	10	16
12	94	45	2.09	14	9	17
年	7 737	4 380	1.77	180	144	221

（2）土地资源

根据土壤普查结果，六盘水市共有12个土类，29个亚类，96个土属，240个土种。土壤类型主要有黄壤土类、山地黄棕壤土类、山地灌丛草甸土类、水稻土土类、潮土土类、沼泽土土类等。根据六盘水市农业区划资料可知，全市土壤总面积为622 019 hm^2，占土地总面积的62.47%。

根据六盘水市2004年土地利用变更数据，截至2004年底，农业用地、建设用地、未利用地面积分别为836 001.11 hm^2、37 414.52 hm^2、123 121.38 hm^2，土地利用三大类的比例约为89：4：13。二级分类按其数量从大到小依次为林地＞耕地＞未利用土地＞牧草地＞其他农用地＞居民点及独立工矿用地＞其他土地＞交通运输用地＞园地＞水利设施用地。

2.2.3 六盘水市煤化工产业生态系统的优势及其面临的问题

1. 六盘水市煤化工产业生态系统的优势

（1）煤炭资源丰富，已具备较雄厚的重工业基础

六盘水市矿产资源相对丰富，已发现有煤、铁、铅锌等20多种金属和非金属矿；其中煤炭资源分布广、储量大、种类全、埋藏浅，是中国十大煤田之一，被誉为“江南煤都”。在西电东送的战略部署中，六盘水是江南唯一被指定的“西电东送”和“黔煤外运”并举的地区，是国家规划的“十四大煤炭基地”之一，也是全国水电和火电成本最低的地区之一。到“十一五”末，六盘水市发电机组装机容量突破1 000万 kW到1 200万 kW，占到贵州省总装机容量的1/3，煤电的发展前景可观。

六盘水市经过近40年的发展，形成了煤炭、冶金、电力、建材四大支柱产业，重工业基础雄厚，重工业在全省地位突出，已建成一批大型国有企业：六枝工矿集团有限责任公司、盘江煤电（集团）有限责任公司、水城矿业（集团）有限责任公司、水城钢铁集团有限责任公司、水城水泥股份有限公司和水城发电厂等。

（2）交通优势：已形成较完整的煤炭输送的铁路、公路交通网络

六盘水市位于川、滇、黔、桂四省（区）结合部，距贵阳约183 km、重庆约366 km、成都约450 km、昆明约268 km、南宁约543 km，是云、贵、川、桂、渝腹地次区域中心，公路、铁路均能直达上述省会城市，并位于成渝经济区和南贵昆经济带之间，是南下北上、东进西出的必经之地，有明显的交通区位优势。

铁路建设：国家干线铁路沪昆线由东向西贯穿全境，内昆线、水大线、水红线纵横南北，2005年底境内铁路里程739.54 km，以六盘水市为中心枢纽的水柏铁路、内昆铁路、株六复线和六盘水铁路枢纽已经全部建成并投入使用。内昆铁路达江入川；水柏铁路、南昆铁路南下入海；贵昆电气化复线西连昆明，进而连接

东南亚地区，东接株洲，进而连接华南、华东地区，使六盘水市成为西南地区重要的铁路交通枢纽，被誉为“川滇黔桂”四省（区）的铁路“立交桥”。

公路建设：2013 年公路总里程达 12 238 km，其中，等级公路为 9 524 km，等外公路为 2 714 km。境内有水黄高等级公路、黄胜高速公路（正在建设）、两水公路、盘兴公路、贵烟公路、杭州至瑞丽高速公路水城至盘县段，盘（县）百（色）公路以及其他县乡公路，构成了较为通畅的公路交通网络。

（3）大企业相对集中

国家“三线建设”时期的集中开发，以及改革开放以来多年的发展，境内形成以水城钢铁（集团）公司、盘江煤电（集团）公司、水城矿业（集团）公司、六枝工矿（集团）公司、黔桂发电有限责任公司、瑞安水城水泥有限公司、野马寨发电厂等一批国有及国有控股的大型企业集团，成为中国西南地区重要的能源原材料基地。2014 年全市第二产业占比 54.4%，四大行业对全市规模以上工业增长贡献率超过 80%，六盘水市已进入了重化工时期。同时，这些企业集中了一大批优秀人才，具有较强的人才优势，随着盘南电厂、发耳电厂等重点项目的建成运营，六盘水市的工业优势将更加明显，为六盘水市煤化工产业的发展提供了有利条件。

2. 六盘水市煤化工产业生态系统面临的问题及挑战

（1）生态环境脆弱

六盘水喀斯特发育强烈，且森林覆盖率低，仅为 26%，远低于贵州省 39.93%的平均水平，矿产资源的开发更是加剧了生态环境的恶化，地质灾害频繁发生，土地石漠化加大。六盘水市地质灾害频发，自 20 世纪 80 年代以来呈现显著上升趋势。并且经过多年的矿产资源开发，已经引发出一系列环境问题和地质灾害，目前六盘水市共有滑坡、地裂缝、崩塌、泥石流和地面塌陷地质灾害点 1 043 处[6]。加上以大规模能源矿产资源开采为主的重工业发展，预计在未来一段时间内各种地质灾害的发生将不会有大幅度的减少。脆弱的生态环境，加之六盘水地处山区，土地不集中，人地关系紧张，土地征用难度大，使得六盘水市煤化工产业集群发展面临严峻的挑战。

（2）产业机构层次较低，结构性矛盾突出

六盘水市产业结构层次较低，以采掘业、原材料和粗加工为代表的资源型产业仍占主导地位，这种产业结构由于对资源、能源的依存度过高，在当前资源约束的条件下，对经济持续快速增长的后劲将带来不利影响，同时也给节能降耗带来很大压力。产业链条短，初级产品以及资源性工业产品多，精深加工、高附加值产品少；工业产业整体布局分散，企业集中度较低，产业竞争力不强。经济增长方式较为粗放，高投入、高消耗、高污染和低效益这“三高一低”的问题仍很严重，资源环境对经济发展的约束日益突出。另外，在六盘水煤炭产业的相关支持性产业中大量的产业在本地没有形成优势，也没有形成规模，比如一般的井下照明设备需要从浙江购进，这样的构架不利于竞争优势的形成，不利于产业集群。

(3) 煤炭外运基础建设滞后

六盘水市由于受区位条件的局限，与外部交流受到影响，特别是由于交通等基础设施建设相对滞后，制约了六盘水市的经济社会发展。六盘水市基础设施建设长期投入不足，尽管实施西部大开发以来在这方面有了明显改善，但是仍远远不能适应经济社会发展的需要。交通方面，突出表现为公路线路等级偏低、通达深度不高；铁路等级低、相关设施落后，在西南地区的枢纽地位还有待加强。最为重要的是，目前六盘水市缺少连接外部地区的快速大通道，严重影响了六盘水市与外部地区之间流通和经济合作的扩大。除了交通外，六盘水市水利、城市、通信等方面的基础设施也较为滞后，难以支撑整个经济社会实现更快发展。

(4) 地方政府财力有限，开发建设资金短缺

虽然近年来六盘水市投资增长较快，投资规模不断扩大，在全省名列前茅，但与贵阳、遵义比较比重不高。据统计，六盘水市城镇固定资产投资占全省的11.5%，低于贵阳市的30.9%、遵义市的13.2%，排在全省区市的第3位。加之由于基础差，历史欠账多，六盘水市建设资金缺乏的问题更显突出，远不能满足经济社会发展的需要。其他原因还包括：① 六盘水市自身财力弱，财政对建设的投入支持能力不足。② 六盘水市投资结构主要以国有投资为主，社会投资、民营投资以及外商投资所占比重小；投融资渠道单一，主要依靠间接融资，直接融资能力弱。

(5) 专业技术人才缺乏

通过多年的努力，六盘水市已经建成一支初具规模、门类齐全的人才队伍，人才资源总量及结构较建市初期发生了巨大变化，但由于受地理、经济、历史、社会等诸多因素的制约，存在人才队伍多层次总量不足、结构和分布的矛盾突出、人才使用率不高、创新意识和创新能力不强、局部人才流失等问题。人才质量偏低，结构性矛盾突出。高层次人才比例偏低，尤其是煤化工方面的专业技术人才相对缺乏。

(6) 土地资源紧张，工农关系和矿群矛盾突出

六盘水市位于乌蒙山隆起的地带，生态环境比较脆弱、森林覆盖率低、水土流失严重、地质灾害频发，尤其是耕地总量小、质量不高，呈典型的“四多四少”现象，即陡坡地多、平地少，旱地多、水田少，中低产田多、良田好土少，未利用地多、可开发后备资源少。加之多年来，煤矿大规模开采，工业化速度加快，大批城市基础设施建设、交通、水利、煤化工等国家、省级重点项目的实施，势必将占用大

量耕地资源，土地资源与经济发展的矛盾比较突出，保障经济发展、实施可持续发展战略带来严峻考验。工农关系和矿群矛盾突出，城乡“二元差距”较大，存在一些由于矿产资源开发带来的群体利益争端和冲突。这些问题都会制约六盘水煤化工产业集群发展。

(7) 产业结构调整、经济转型的挑战

随着煤炭等资源剩余量不断减少，六盘水市必须寻求新的可持续支柱产业，实现经济转型。但由于区位条件、经济基础和市场需求等因素的影响与制约，六盘水要培育新的接替产业难度很大。另一方面，在实施经济转型过程中将产生大批失业工人，这将加剧就业压力，会严重影响社会经济的稳定。

(8) 发展与环境保护的挑战

据估算，六盘水市合理的人口环境容量为 100～150 人/km^2，而目前六盘水市的人口达到 305 人/km^2，钟山区则高达 877 人/km^2，过量的人口势必对土地、矿产等资源进行掠夺式开发，人口、资源和环境之间的矛盾突出，随着煤炭经济迅猛发展和城市不断扩大，发展经济与资源保障和环境保护之间的矛盾日益加剧。如何处理好经济发展和环境保护之间的关系，势必成为六盘水经济可持续发展的巨大挑战之一。

(9) 发展循环经济、降低能耗的挑战

六盘水市长期以来采取的是高投入、高能耗、低效率的粗放型生产方式，单位 GDP 能耗高于全省、全国平均水平。如何按照减量化、再利用、资源化的原则发展循环经济，推进资源节约、综合利用和清洁生产，逐步形成低投入、低消耗、低排放和高效率的节约型增长方式，单位国内生产总值能源消耗比“十五”末期降低 20%，这是一项艰难的工作。

2.3 榆林市煤化工产业生态系统分析

2.3.1 榆林市煤化工整体概况

1. 榆林市情况概述

榆林市位于陕西省的最北部，陕北黄土高原和毛乌素沙地交界处，是黄土高原与内蒙古高原的过渡区。地理坐标：北纬 36°57′～39°35′，东经 107°28′～111°15′。榆林市行政区划版图形似三角形，其最东端为府谷县皇甫乡段寨村，最北端为府谷县古城乡刘家坡村，最西端为定边县刘峁塬乡，最南端为定边县白马要乡铁角城。东西最大长度为 309 km，南北最大宽度为 295 km，总面积为 43 578 km^2，约占陕西省的 21%，居陕西省 10 个地级市之首。

辖榆阳区、横山区和府谷县等 12 个区县、176 个乡镇、7 个街道办事处、5 474个行政村，总人口 366 万人(2010 年)。地域东西长为 385 km，南北宽为 263 km，总面积为 43 578 km^2，耕地面积为 64.1 万 hm^2，为陕西杂粮的主产区。能源矿产资源丰富，被誉为“中国的科威特”。有世界七大煤田之一的神府煤田，有中国陆上探明的最大整装气田——陕甘宁气田。

2. 榆林市经济发展现状

中华人民共和国成立后，榆林经济虽有很大发展，但由于地下资源发现较迟，国家大的产业项目未在榆林布局，这里仍为全国经济发展的滞后区域。中共十一届三中全会以来，随着改革开放，榆林的经济从单一的农业型经济模式向综合型经济模式转变，其中煤炭、化工、电力、纺织、机械、食品加工等产业发展较快。1988 年以来，初步形成了具有地方特色的经济发展体系。到 1992 年，榆林国民生产总值达到 21.68 亿元，比 1980 年增长了 218%；国民收入 17.57 亿元，增长了 177%；工农业总产值达到 24.11 亿元，增长了 150%；财政收入 1.51 亿元，增长了 5 倍；农民人均纯收入 471 元，增长了 10 倍。

2014 年，面对经济下行、能化产品价格下跌等严峻形势，榆林市委、市政府牢牢把握稳中求进的工作总基调，统筹推进稳增长、促改革、调结构、惠民生、防风险各项工作，全市经济总体呈现稳中有进、稳中向好的发展态势。最新统计数据显示全年生产总值 3 005.74 亿元，比上年增长 9.0%。按常住人口计算，人均生产总值 89 005 元，约合 14 546 美元(见图 2-14 和图 2-15)。近年来财政收入呈现稳步增长的态势，2014 年财政总收入 677.55 亿元，同口径比上年增长 5.2%；地方财政收入 267.84 亿元，增长 13.3%。财政支出 423.54 亿元，增长 0.3%(见图 2-16)。

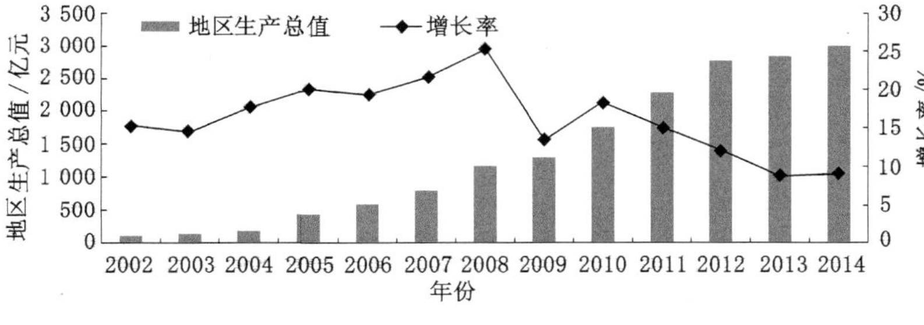

图 2-14　2002～2014 年榆林市经济发展规模与增长率

数据来源：榆林市国民经济与社会发展统计公报(2002～2014)。

产业结构的演进有前工业化时期、工业化中期、工业化后期和后工业化时期四个阶段。在前工业化初期，第一产业产值在国民经济中的比重逐渐缩小，其地位不断下降；第二产业有较大发展，工业重心从轻工业主导型逐渐转向基础工业

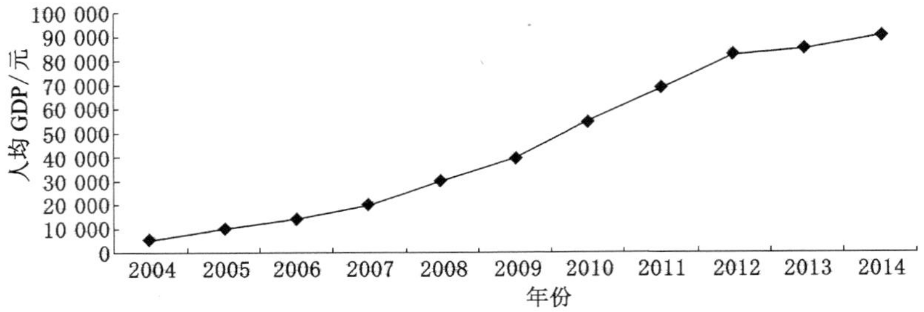

图 2-15　2004～2014 年榆林市人均 GDP 变化情况

数据来源：榆林市国民经济与社会发展统计公报（2004～2014）。

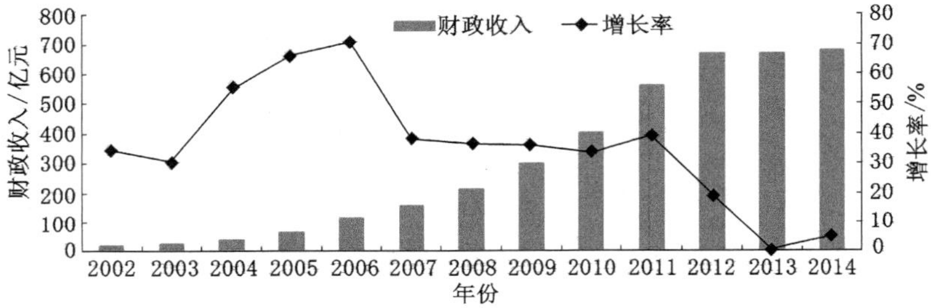

图 2-16　2002～2013 年榆林市财政收入与增长率

数据来源：榆林市国民经济与社会发展统计公报（2002～2014）。

主导型，第二产业占主导地位；第三产业也有一定发展，但在国民经济中的比重还较小。在工业中期，工业重心由基础工业向高加工度工业转变，第二产业仍居第一位，第三产业逐渐上升。在工业化后期，第二产业在三次产业结构中占有支配地位，甚至占有绝对支配地位。在后工业化阶段，产业知识化成为主要特征。产业结构的发展就是沿着这样的一个发展进程由低级向高级走向高度现代化的。产业结构的演进有以农业为主导、轻纺工业为主导、原料工业和燃料动力工业等基础工业为重心的重化工业为主导、低度加工型的工业为主导、高度加工组装型工业为主导、第三产业为主导、信息产业为主导等几个阶段。

表 2-28 展示了 2003 年以来榆林市产业结构变化情况。榆林是典型的煤炭城市，随着能源的不断开发，产业结构发生了重大变化，第二产业发展迅速。一般来说，经济越发达，第一产业所占比重越小，第三产业所占比重越大。目前榆林市经济的发展主要依靠工业化驱动，第二产业发挥了很大的作用，第一产业在国民经济中比重增幅较小，第三产业还处于发展的初级阶段，发展速度缓慢，还没有发挥其快速拉动经济发展的作用。其经济结构呈现出明显的一产小、二产

大、三产弱的特征。产业结构单一，工业内部结构轻重比例悬殊，能源经济一枝独秀，装备制造、精细化工等能源化工下游和配套产业发展不足，非能源化工产业被边缘化，高投入、高消耗、高污染、低产出的“三高一低”粗放型经济典型特征明显，仍未摆脱资源依赖型发展模式。从 2014 年三次产业结构构成来看，第一产业增加值 145.04 亿元，增长 5.5%；第二产业增加值 2 051.94 亿元，增长 9.8%；第三产业增加值 808.76 亿元，增长 7.2%。第一、二、三产业增加值占生产总值的比重分别为 4.8%、68.3%和 26.9%。说明榆林市第二产业在生产总值中的份额较重，产业结构不尽合理，有待加强产业政策的指导力度，加快产业结构的调整进程，推动榆林市经济的良性发展。

表 2-28　　2003～2014 年榆林市产业结构演变轨迹

年份	第一产业		第二产业		第三产业		三次产业结构
	增加值/亿元	同比增长/%	增加值/亿元	同比增长/%	增加值/亿元	同比增长/%	
2003	19.3	4.3	78.7	20.7	40.1	9.6	14.0∶57.0∶29.0
2004	25.22	13.8	114.94	24.0	44.88	8.5	14.0∶62.0∶24.0
2005	27.47	3.1	199.84	24.1	92.73	10.6	8.6∶62.4∶29.0
2006	35.33	8.7	299.61	20.7	104.53	11.4	8.0∶68.2∶23.8
2007	48.09	9.7	502.16	23.6	122.06	12.2	7.1∶74.7∶18.2
2008	66.11	8.3	793.03	25.5	149.12	18.9	6.5∶78.7∶14.8
2009	70.09	6.6	860.78	11.6	371.44	17.2	5.4∶66.1∶28.5
2010	92.16	7.8	1 205.77	19.1	458.74	18.2	5.3∶68.6∶26.1
2011	111.91	6.0	1 629.66	16.3	550.68	13.5	4.9∶71.1∶24.0
2012	125.88	5.9	2 027.87	13.6	615.47	8.8	4.5∶73.3∶22.2
2013	139.68	4.4	1 985.56	9.6	721.51	7.1	4.9∶69.8∶25.3
2014	145.04	5.5	2 051.94	9.8	808.76	7.2	4.8∶68.3∶26.9

3. 榆林市人口概述

如表 2-29 所列，榆林市人口出生率和死亡率均维持在相对稳定的水平，即人口的自然增长率变动幅度相对较小。然而榆林市年末常住人口在 2002 年逐年增长的情况下，于 2006 年出现明显下降现象，说明在此期间外出务工人口显著增多，人口流动较大。随着榆林市近年来经济发展，榆林市人口开始出现较稳定的增长趋势，说明人口流动呈现出回迁的趋势，同时榆林市较好的经济发展态势也吸引了大量外来人口。总体而言，榆林经济的稳步发展，促进了本地人口的增长和凝聚。

表 2-29　　　　榆林市人口变化情况表

年度	年末常住人口/万人	出生率/‰	死亡率/‰	自然增长率/‰
2002	335.44	9.34	4.08	5.26
2003	348.21	9.54	4.56	4.98
2004	349.96	9.38	4.36	5.02
2005	351.63	9.41	4.87	4.54
2006	330.33	10.7	5.67	5.03
2007	332.80	10.72	5.69	5.03
2008	333.98	10.81	5.74	5.07
2009	334.73	10.70	5.81	4.89
2010	335.14	10.82	5.85	4.91
2011	335.24	11.01	5.99	5.02
2012	335.69	11.39	6.09	5.30
2013	337.03	11.48	6.07	5.41
2014	338.39	11.49	6.34	5.15

注:数据来源于榆林市国民经济与社会发展统计公报(2002～2014)。

2.3.2　榆林市煤化工产业生态系统结构及分析

1. 榆林市 CCIES 网络结构特征

陕西省榆林市煤炭资源十分丰富,煤炭开采也已形成规模,合理利用煤炭资源、增加产品附加值是榆林市尽快将其资源优势转变为经济优势、发展地方经济的迫切需求。现代煤化工在国内的迅猛发展、西部大开发的逐步推进,为榆林煤化工产业提供了十分广阔的发展前景。榆林煤化工产业依托当地丰富的矿产资源,逐渐形成以煤电、煤焦化、煤制甲醇为主的煤化工产业格局。榆林煤化工产业链见图 2-17。

榆林市自"十五"以来,一批重大能源转化项目建成或在建中,原煤生产在技改推动和转化配套下产量大幅提升,冶金、焦化等行业的生产能力和效益大幅提高,现已成为晋陕蒙接壤区的能源化工中心城市。立足资源优势,"十一五"期间,在榆林能源化工基地"两区六园"总体布局的基础上,"十二五"规划建设相对集中的重点产业和骨干项目,进一步扩大煤炭、电力、油气、化工、载能五大产业,着力打造煤油气盐化工产业链和煤电载能产业链,实现化工产业高端化、电源建设大型化、载能工业特色化,建成规模实力强大、核心技术领先、资源利用高效、生态环境优美的化工基地。"十二五"期间,榆林能源化工基地建设重点工业园区发展规划见表 2-30。

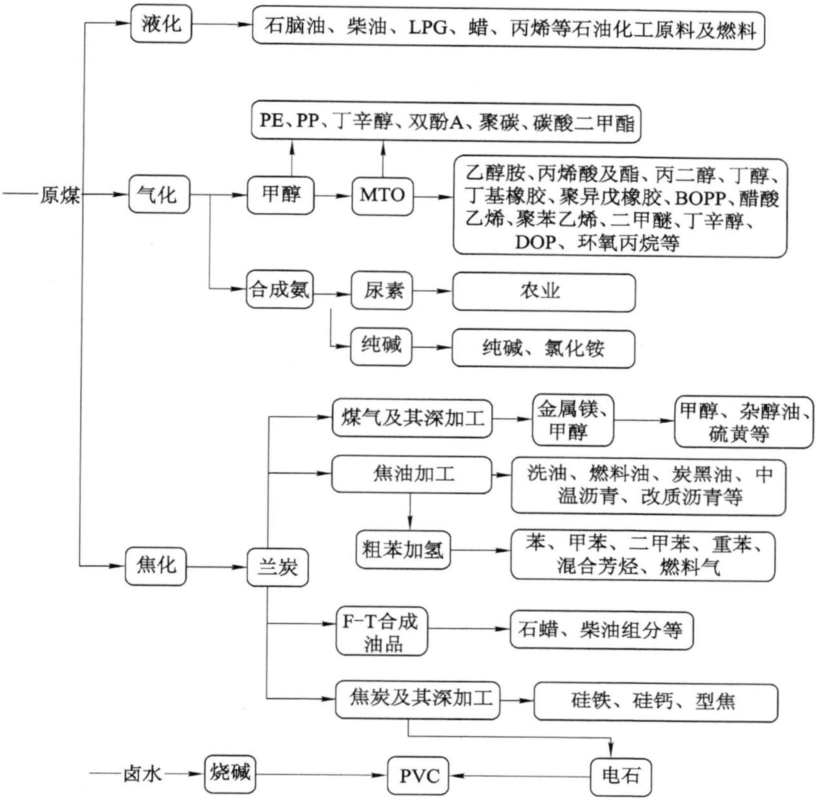

图 2-17 榆林煤化工产业链

表 2-30 榆林煤化工产业园

名称	规划面积/km^2	发展定位
榆神煤化学工业园区	1 148	国家级能源化工基地;重点发展煤炭、煤电、煤盐化工、煤炭电解、装备制造、精细化工、载能产业、物流产业
榆横煤化学工业园区	914	能源化工综合性新区;重点发展煤制油、煤制烯烃、盐化工及装备制造、高科技产业、现代服务业
府谷煤电化载能工业园区	57.39	重点发展煤化工和载能工业
靖边能源化工综合利用产业园区	40	重点发展煤-甲醇-烯烃-煤化工产业、油-DCC石油化工产品、盐化工多样化产品
吴堡煤焦化工业园区	7.5	重点发展煤焦化产业

2. 原生产业系统分析

自从西部大开发以来，榆林煤炭产业一直是榆林市的支柱性产业。煤炭资源丰富是榆林市自身的资源优势，依托煤炭资源发展的煤炭产业提升了榆林市的经济发展水平，为榆林市国民经济的快速发展提供动力。榆林市煤矿分布情况见表 2-31。

表 2-31　　榆林市煤矿分布情况

	地方生产矿井				中央省级生产矿井	合计
	神木	府谷	榆阳	横山		
煤矿个数	24	14	15	9	14	62

榆林市 2014 年规模以上工业企业完成总产值 3 393.85 亿元，比上年增长 7.5%。全部工业增加值 2 019.12 亿元，比上年增长 9.9%。其中，规模以上工业 1 974.14亿元，增长 10.0%；规模以下工业 44.98 亿元，增长 8.3%。全年规模以上工业中，五大支柱产业总产值为 3 027.09 亿元，比上年增长 4.9%，约占规模以上工业总产值的 89.2%。其中，煤炭开采洗选业产值 1 305.37 亿元，下降 4.4%。榆林市 2002～2014 年的煤炭生产量和煤炭采选业总产值见表 2-32 和图 2-18。

表 2-32　　2002～2014 年榆林市原煤、洗煤产量及增长率

年份	原煤/万 t	增长率/%	洗煤/万 t	增长率/%
2002	3 226	24.8	—	—
2003	4 188	29.8	—	—
2004	4 405.4	8.1	—	—
2005	6 560.3	22.5	—	—
2006	11 600	10.0	—	—
2007	12 847.81	10.7	—	—
2008	15 533	20.9	—	—
2009	20 929	30.5	110.69	—
2010	25 732	19	232.30	109.9
2011	28 355.95	11.8	1 648.30	609.6
2012	32 004.79	16.7	2 463.14	47.7
2013	33 864.89	4.8	3 360.87	18.6
2014	36 263.31	4.9	3 529.38	−2.1

注：数据来源于榆林市国民经济与社会发展统计公报（2002～2014）。

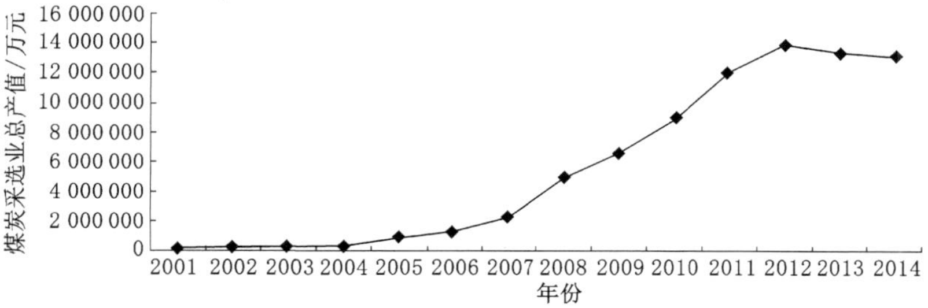

图 2-18 2001～2014 年榆林市规模以上煤炭开采和洗选业企业总产值

数据来源：榆林统计年鉴（2012～2015）。

3. 外生产业系统

榆林已建成省级能源化工基地榆神煤化工业园面积 14 km^2、项目总投资 255 亿元，形成了煤化工、煤电一体化及建材等三大主导产业，实现工业产值 65 亿元；由陕西省与陶氏化学公司合作开发的神华煤化工项目也已顺利实施，完成投资 13.5 亿元，成为全面启动榆神煤化工新区的标志性工程，还有西湾煤化一体化项目完成投资 27.85 亿元。陕北煤化工产业的发展，加大煤炭就地转化力度，煤炭转化率达到 50% 以上，延伸产业链，促进了煤炭产业效益的提高。2010～2014 年榆林市规模以上工业主要产品产量如表 2-33 所列。

表 2-33　2010～2014 年榆林市规模以上工业主要产品产量

主要产品	2010 年		2011 年		2012 年		2013 年		2014 年	
	产量	增长/%	产量	增长/%	产量	增长/%	产量	增长/%	产量	增长/%
原油/万 t	983	15.4	1 082.64	10.1	1 161.27	7.3	1 229.58	5.9	1 231.60	0.2
原盐/万 t	40.98	3.8	41.87	2.2	104.80	150.3	111.88	6.8	142.97	27.8
精甲醇/万 t	119.38	−8.1	132.13	10.7	132.28	0.1	157.83	19.3	196.63	24.6
天然气/亿 m^3	109.86	−0.4	120.76	9.9	128.16	6.1	149.62	16.8	163.36	9.2
聚氯乙烯/万 t	16.41	−5.9	45.57	177.8	52.68	56.5	91.48	73.7	121.68	33.0
原油加工量/万 t	260.96	16.1	305.03	16.9	338.44	11.0	386.29	14.1	430.59	11.5
兰炭/万 t	959.96	14.2	1 470.75	38.4	1 960.95	29.9	2 237.11	14.8	2 629.69	15.0
电石/万 t	92.91	12.4	108.92	17.4	145.43	33.5	167.32	14.4	207.58	27.0
合成氨/万 t	1.75	−27.9	2.35	34.6	1.96	−2.0	1.77	−9.6	5.64	218.6
氮肥/万 t	1.35	−31.1	1.81	34.3	1.53	−1.0	4.20	174.5	57.57	1 270.7
水泥/万 t	109.31	0.3	301.21	215.8	390.49	29.6	477.51	18.5	459.72	−12.9

续表 2-33

主要产品	2010 年		2011 年		2012 年		2013 年		2014 年	
	产量	增长/%	产量	增长/%	产量	增长/%	产量	增长/%	产量	增长/%
玻璃/万重量箱	683.38	−6.9	839.58	22.9	793.02	−5.6	648.58	−18.2	667.78	3.0
铁合金/万 t	14.08	7.9	25.38	106.3	25.16	−0.9	36.12	44.8	45.59	21.9
发电量/(亿 kW·h)	356.27	21.2	396.77	11.1	438.29	9.9	475.72	7.4	592.16	23.9
火电(亿 kW·h)	355.84	21.3	396.07	11.3	437.42	9.9	472.43	7.3	581.56	23.1
金属镁/万 t	18.93	27.4	24.21	26.8	30.56	26.6	33.28	8.4	39.63	19.1
氢氧化钠/万 t	14.45	−9.8	37.83	161.9	50.71	34.1	67.77	29.3	92.41	31.0
白酒/kL	1 398.7	65.5	2 290.31	77.5	1 907.00	−16.7	2 187.60	14.7	2 534.48	15.9
汽油/万 t	64.13	5.3	105.07	63.8	142.31	35.4	160.62	12.9	163.69	1.9
柴油/万 t	105.11	16.8	131.00	24.6	150.19	14.6	170.38	13.4	184.57	8.3

注:数据来源于榆林市国民经济与社会发展统计公报(2010～2014)。

4. 社会服务系统

(1) 金融保险现状

榆林市经济的蓬勃发展促进了金融保险业的飞速发展,金融机构数目和保险公司除少数年份外呈现总体上升趋势,存贷款金额呈现快速增长态势,同时保险收入逐年增长。证券业也随之获得飞速发展,自 2008 年以来证券开户数连年增加,交易金额在 2012 年急剧下降后,开始稳步增长(见图 2-19 和图 2-20)。

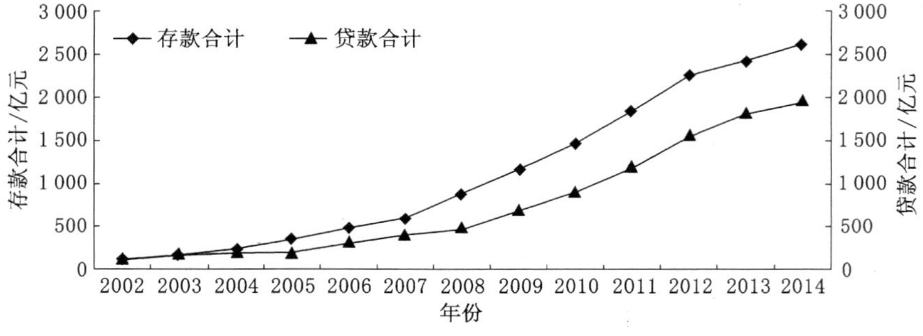

图 2-19　2002～2014 年榆林市金融机构存贷款变化趋势

数据来源:榆林市国民经济与社会发展统计公报(2002～2014)。

(2) 人才技术现状

榆林教育事业发展缓慢,在一定程度上阻碍了经济的长远发展。榆林市有

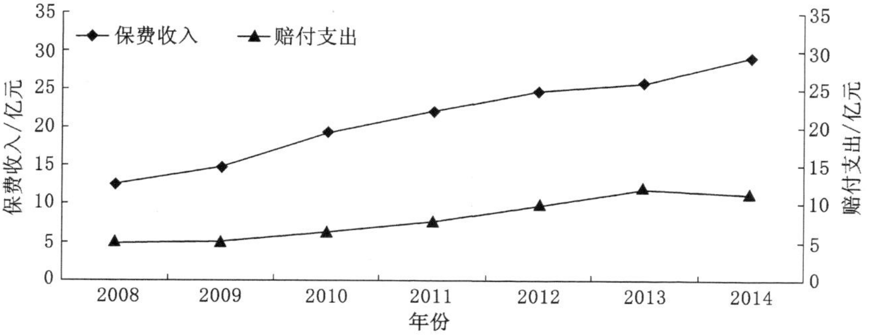

图 2-20 2002～2014 年榆林市保险业收支变化趋势

数据来源：榆林市国民经济与社会发展统计公报(2002～2014)。

普通高校 2 所、中专学校 8 所，大力发展榆林教育事业，是榆林经济未来稳定发展的保障。而榆林的科技事业呈现蓬勃发展态势，各类科技成果逐年增加，专利申请出现井喷式发展，授权专利更是连年突破(见表 2-34)。

表 2-34 2003～2014 年榆林市教育事业及科技成果基本情况

年份	普通高校/所	中专学校/所	普通中学/所	登记科技成果/项	专利申请/项	授权专利/项
2003	2	9	273	31	8	3
2004	2	8	274	24	15	4
2005	2	8	273	26	16	4
2006	2	9	263	25	52	28
2007	2	10	261	22	44	30
2008	2	8	252	23	109	50
2009	2	8	241	20	83	16
2010	3	8	238	22	205	86
2011	2	8	231	23	265	134
2012	2	8	217	35	639	144
2013	2	8	213	47	1 254	239
2014	2	8	215	61	1 177	475

注：数据来源于榆林市国民经济与社会发展统计公报(2003～2014)。

(3) 生态环境现状

煤炭、石油、天然气等资源开发区环境污染问题相当突出。榆林市是陕北地区能源重化工基地，近20年的能源资源开发和利用已经造成了严重的空气污染问题。煤田开采中的煤矿渣、煤矸石和电厂的废余等固体堆放物，占用大面积土地，加之这一区域风大且多，大风携带这些物质对周围地区带来大面积的环境污染，影响到堆放地及周围地区农田、植被的生长，加深该地区的荒漠化程度，并对周围空气环境也产生了一定影响。在榆林工矿及城市用水量不断增加的基础上，大量的污废水排放量也急剧增加，已严重污染了区内乌兰木伦河、榆溪河等的水体质量，地下水源遭受严重破坏(见表 2-35)。

表 2-35　2006～2013 年榆林市工业“三废”排放及治理情况

	年份	工业用水总量/万 t	工业用水重复利用率/%	工业废水排放总量/万 t	工业废水达标量/万 t	工业废水达标率/%
工业废水	2006	50 395	92.6	1 478	1 389	94.0
	2007	74 974	93.11	3 698	3 439	93.02
	2008	45 624	89.95	2 115	1 946	92.03
	2009	20 882.81	59.15	4 534.46	4 498.54	99.21
	2010	27 376.03	72.25	4 798.75	4 748.26	98.95
	2011	68 952.85	—	4 892.23	—	—
	2012	51 354.91	—	3 676.55	—	—
	2013	51 333.78	—	4 344.38	—	—
工业废气	年份	工业废气排放总量/万 m^3	废气治理设施处理能力/(万 m^3/h)	二氧化硫排放量/t	烟尘去除量/t	烟(粉)尘排放量/t
	2006	8 358 745	670	97 584	140 040	46 160
	2007	9 273 622	1 232.138 8	110 097	81 581	474 117
	2008	16 757 435	2 049	108 822	26 211	437 074
	2009	19 993.502	372 241.03	109 428	2 225 739.05	20 652.14
	2010	25 698 327	5 727.05	110 499	1 101 521	22 168
	2011	36 295 300	5 770.90	212 252.02	8 168 030	2 035 64.71
	2012	36 703 000	4 623.28	206 252.20	8 087 282	206 949.99
	2013	43 098 500	8 927.37	200 777.88	4 093 321	206 705.51

续表 2-35

	年份	工业固体废物产生量/万 t	工业固体废物贮存量/万 t	工业固体废物处置量/万 t	工业固体废物综合利用量/万 t	工业固体废物排放量/万 t
工业固体废物	2006	810	13	209	1 825	30
	2007	1 128.79	24.68	265.05	805.05	35.03
	2008	1 002.67	24.37	138.69	816.08	23.62
	2009	1 224.52	22.26	208.17	978.76	15.32
	2010	1 338.26	21.96	233.94	1 069.62	12.74
	2011	1 335.75	20.66	166.30	1 147.00	1.79
	2012	1 676.05	43.29	0.02	1 631.72	1.02
	2013	1 698.10	43.36	0.02	1 654.72	0

注:数据来源于陕西统计局在其网站上发布的 2007～2014 年的陕西统计年鉴。

5. 资源子系统

(1) 水资源

榆林市是陕西省水资源最贫乏的地市之一,多年平均水资源总量 34.278 亿 m^3,其中地表水资源量为 25.406 亿 m^3,地下水资源量为 21.895 亿 m^3。全市按自产水资源总量计算,每平方千米综合产水量为 7.4 万 m^3,每亩耕地拥有水量 344 m^3,人均占有水量 979 m^3,约占全省人均占水量 1 486 m^3 的 65.9%,约占全国人均占有水量 2 270 m^3 的 43.1%。

榆林市属干旱、半干旱大陆性季风气候,多年平均降水量为 405 mm,约占全省年平均降水量 686.8 mm 的 59%,降水由西北向东南递增,主要集中在七、八、九三个月,约占全年降水量的 60%～70%。降雨地域分布不均,风沙区一般在 325～425mm 之间,丘陵区在 400～500 mm 之间,而且降水常以阵雨形式出现,历时短,地表径流含沙量大,是黄河中上游水土流失最严重的区域。全市多年平均水面蒸发量为 1 246 mm,是降水量的 3 倍多。

(2) 土地资源

地质构造单元上属华北地台的鄂尔多斯台斜、陕北台凹的中北部。东北部靠近东胜台凸,是块古老的地台,未见岩浆岩生成和岩浆活动,地震极少。地势由西部向东倾斜,西南部平均海拔 1 600～1 800 m,其他各地平均海拔 1 000～1 200 m。最高点是定边南部的魏梁,海拔 1 907 m;最低点是清涧无定河入黄河口,海拔 560 m。地貌分为风沙草滩区、黄土丘陵沟壑区、梁状低山丘陵区三大类。大体以长城为界,北部是毛乌素沙漠南缘风沙草滩区,面积约 15 813 km^2,占榆林市面积的 36.7%。得到治理的沙滩地郁郁葱葱;海子(湖泊)星罗棋布。

南部是黄土高原的腹地，沟壑纵横，丘陵峁梁交错，水土流失得到初步控制，生态环境有了较大改善；面积约为 22 300 km^2，占榆林市面积的 51.75%。梁状低山丘陵区主要分布在西南部白于山区一带无定河、大理河、延河、洛河的发源地；面积约 5 000 km^2，占榆林市面积 11.55%；地势高亢，梁塬宽广，梁涧交错、土层深厚，水土侵蚀逐步得到治理。

(3) 矿产资源

截至 2010 年，榆林已发现 8 大类 48 种矿产，以煤、气、油、盐最为丰富。煤炭预测资源量 2 720 亿 t，探明储量 1 460 亿 t；天然气预测资源量 4.18 万亿 m^3，已探明气田 4 个，探明储量 1.18 万亿 m^3；石油预测资源量 6 亿 t，探明储量 3.6 亿 t；岩盐预测资源量 6 万亿 t，探明储量 8 857 亿 t，约占全国岩盐总量的 26%，湖盐探明储量 1 794 万 t。此外，还有比较丰富的煤层气、高岭土、铝土矿、石灰岩、石英砂等资源。榆林市每平方千米土地拥有 10 亿元的地下财富，矿产资源潜在价值达 43 万亿元，占陕西省的 95%。榆林矿产资源分布见表 2-36。

表 2-36　　榆林矿产资源

矿产	预测储量	探明储量	分布
煤炭	2 800 亿 t	1 500 亿 t	榆阳、神木、府谷、靖边、定边、横山
天然气	6～8 万亿 m^3	1.18 万亿 m^3	靖边和横山
石油	6 亿 t	3.6 亿 t	定边、靖边、横山、子洲
岩盐	6 万亿 t	8 854 亿 t	榆林、米脂、绥德、佳县、清涧、吴堡等地
湖盐	6 000 万 t	330 万 t	定边
铝矾土	10 000 万 t	1 062.7 万 t	府谷

煤炭：预测储量 2 800 亿 t，探明储量 1 500 亿 t。榆林市有 54%的地下含煤，约占全国煤炭储量的 1/5。侏罗纪煤田是该市的主力煤田，探明储量 1 388 亿 t，占榆林市已探明煤炭总量的 95.7%，埋藏浅，易开采，单层最大厚度12.5 m，属特低灰(7%～9%)、特低硫(小于 1%)、特低磷(0.006%～0.35%)、中高发热(28.470～34.330 mJ/kg)的长烟煤、不黏煤和弱黏煤，是国内最优质环保动力煤和化工用煤。煤田主要分布在榆阳、神木、府谷、靖边、定边、横山六县区。石炭一二叠纪煤田是稀缺的焦煤和肥气煤，探明储量 54.74 亿 t，单层厚度15.47 m，煤田主要分布在神木和府谷两县。

天然气：预测储量 6～8 万亿 m^3，探明储量 1.18 万亿 m^3，是迄今我国陆上探明的最大整装气田，气源中心主储区在该市靖边和横山两县。气田储量丰度 0.66 亿 m^3/km^2，属干气，甲烷含量为 96%，乙烷含量为 13%，有机硫含量极微，在燃烧中不产生灰渣和地，含煤面积 2 300 km^2。

石油：预测储量 6 亿 t，探明储量 3 亿 t，油源主储区在定边、靖边、横山、子洲四县。

岩盐：预测储量 6 万亿 t，约占全国总储量的 50%，其潜在价值达 33 万亿元。探明储量为 8 854 亿 t，主要分布在榆林、米脂、绥德、佳县、清涧、吴堡等地。

湖盐：预测储量 6 000 万 t，探明储量 330 万 t。

此外，还有丰富的高岭土、铝土矿、石灰岩、石英砂等资源。

(4) 气候条件

榆林市是中国日照高值区之一，在陕西省，日照时间最长，年平均日照时数为 2 593.5～2 914.4 h，东北部最高为 2 898.7～2 914.2 h/a，西部次之为 2 739.9～2 803.0 h/a，东南部较低为 2 710.3～2 731.7 h/a，南部最低为 2 593.5～2 698.4 h/a。一年之中 5～8 月日照较多，12 月～翌年 2 月较少。平均日照百分率为 59%～66%，榆林市差异较小，一年中以降冬(12 月～翌年 1 月)最大，春夏逐月缓慢减少到夏末秋初(7～9 月)最小，中秋到冬迅速增长。气温四季明显，春温大于秋温，春季升温快而不稳定，秋季降温迅速，冬季受北方冷气团控制，气压高、天气晴朗，多高云，冬季平均气温为 −7.8～4.1 ℃，气温变化梯度大，梯度方向为东南～西北。

2.3.3　榆林市煤化工产业生态系统的优势及其面临的问题

1. 榆林市煤化工产业生态系统的优势

(1) 煤炭资源优势

榆林具有明显的煤炭资源优势。榆林地区的煤炭资源充足，煤质具有特低灰、特低硫、特低磷、中高发热量等优点，是优质的工业用煤。榆林市的含煤面积占其总土地面积的一半以上，探明储量则占全省已探明储量的 86%、占全国已探明储量的 12%。

(2) 产业基础优势

依据区域煤炭资源、水资源和环境容量等条件，榆林地区重点建设榆神煤化学工业区、榆横煤化学工业区两大园区。其广泛采用当今世界先进的煤化工技术工艺，通过产业的横向一体化配置和纵向一体化延伸，发展煤制甲醇、甲醇制烯烃等现代煤化工产业，配套发展氯碱工业，形成超大型联合化工业园区，最大限度地提高煤炭资源综合利用水平，节约使用水资源，减少污染物排放，力争用水零排放。

榆神煤化学工业区：园区产业发展总体规划为 1 200 万 t 煤制甲醇转化为 380 万 t 烯烃，重点建设神华陶氏煤化工、兖矿煤化工等项目。① 神华陶氏煤化工项目。由美国陶氏化学公司与神华集团合作建设，规模为煤制甲醇 900 万 t 及甲醇制烯烃，总投资 1 950 亿元，一期规模为 300 万 t 煤制甲醇、100 万 t 烯烃，投资约 740 亿元。项目拟采用国际先进的煤气化、煤制甲醇、甲醇制烯烃技术，是目前陕西省规划建设投资规模最大、综合带动效应最强的转化项目，2012 年建成投产。② 兖矿煤化工项目。由兖矿集团投资建设，规模为 240 万 t 煤制甲醇和 80 万 t 烯烃，项目约投资 125 亿元，一期规模为 60 万 t 煤制甲醇，投资 24.9 亿元。③ 神木化工甲醇项目。由陕西神木化学工业有限公司投资建设，规模为 60 万 t 甲醇。

榆横煤化学工业区：该工业区位于榆林市榆阳区和横山县境内，规划建设 690 万 t 煤制甲醇及其转化 180 万 t 烯烃、100 万 t 二甲醚、20 万 t 醋酸项目，重点建设陕西新兴煤烯烃 DMTO、中化益业煤化工、榆横醇醚化工、延长石油集团醋酸等项目。① 陕西新兴煤烯烃 DMTO 项目。由省投资集团、省煤化集团、正大集团和陕西新兴煤化工科技公司利用具有我国自主知识产权的 DMTO 技术合作建设，规划建设 300 万 t 甲醇和 100 万 t 甲醇制烯烃项目，总投资 195 亿元，一期建设 60 万 t 甲醇制 20 万 t 烯烃工业示范装置，投资约 49.9 亿元。② 中化益业煤化工项目。由中国化工集团与益业公司合作建设，规划建设 240 万 t 甲醇和 80 万 t 烯烃项目，总投资 155 亿元，一期 60 万 t 甲醇项目已经正式开工建设。

(3) 交通运输优势

榆林市境内主要有包神、神朔、神延三条公路干线，纵贯南北的 210 国道，横贯东西的 307 国道以及陕蒙一级公路等。榆林市交通运输条件处于快速建设时期，通过“十一五”时期的建设，大大改善了煤炭及煤化工产品外运的运输条件。榆林市的运输条件将为其煤化工产业原料与产品的运输提供便利。

2. 榆林市煤化工产业生态系统的问题及挑战

(1) 资源、环境承载力和工业发展矛盾突出

榆林拥有较为丰富的矿产资源，具备发展工业基本条件，但产业发展规模与水资源、生态环境、交通运输和人力资源等要素条件之间存在较大矛盾，节能减排任务艰巨。

随着榆林能源化工基地建设，石油、天然气开采过程中对其含高矿物质和盐分的水分的分离，对地表水和地下水造成污染，而重点工业园区的产业布局以煤化工、煤电等高耗水行业为主，导致水资源短缺始终是榆林快速发展的一大瓶颈。造成水资源短缺的主要原因是：① 煤炭、电力、化工、石油气田的规模开采；② 生态环境用水有较大需求。以神木县为例，采煤造成的地下水位下降，致使地面很多农作物都无法存活。此外，榆林市作为国家级能源重化工基地和生态

环境示范区，对水资源的需求量急剧增加，水资源供需矛盾已成为能源化工基地发展的制约因素。随着资源的深度开发，布局大工业需大量耗水，建设农副产品基地需大量耗水，榆、神、府、定、靖五个县城将要承载100多万人口，城市生产和生活也需大量耗水，水资源缺短即将成为榆林的第一生态问题和发展的根本性制约因素。

(2) 产业发展缓慢

产业结构不尽合理。基地产业结构与其自身资源禀赋结合较为紧密，但总体水平偏低，尚处于以能源、原材料产业为主导的工业化初级阶段；产业及空间布局规划滞后，影响后续发展。基地工业总体发展规划和基础设施建设滞后于产业发展和项目建设，已经出现项目布局比较零乱、产品与产业雷同、资源配置不尽合理、项目区之间缺乏整体协调互动和项目建设随意性较强等问题，规划约束性不强；项目建设中环保、水资源、土地等手续评审、核准的难度越来越大，资金缺乏，部分重点项目建设推进缓慢。

(3) 科技支撑薄弱

产业升级步伐慢。现有产业加工深度不够，产品附加值较低；产品科技含量较少，高技术产业增加值占GDP的比重低，科技进步在经济增长中贡献的份额较小。科技创新管理缺乏有效的制度和体系，没有形成优良的科技创新环境和氛围。专业人才缺乏，创新能力低，不利于产业持续快速发展。

(4) 服务机构建设不完善

科技中介服务机构管理体制不畅，运行机制欠佳。煤化工行业服务机构人才队伍建设相对滞后，从业人员职业素质低下。煤化工行业服务机构专业化服务程度有待提高。科技创新网络结构不够健全。

2.4　淮南市煤化工产业生态系统分析

2.4.1　淮南市煤化工整体概况

1. 淮南市情况概述

淮南市，中国安徽省省辖市。位于长江三角洲腹地，安徽省中北部，淮河之滨，是沿淮城市群的重要节点，合肥经济圈成员之一。淮南是中国能源之都、华东工业粮仓、安徽省重要的工业城市、国务院1984年13个较大城市之一、安徽省2个拥有地方立法权的城市之一。进入20世纪90年代，城市人口就达到70～80多万人，在21世纪初终于突破100万以上人口进入特大城市行列。2014年末，淮南市常住人口为237.5万人，城市人口161.3万人，城市建成区面积120多平方千米，是安徽省名副其实的“双百”城市之一。现淮南市下辖6区一县，是安徽省辖区最多的城市。淮南市总面积2 596.4 km²，境内资源丰富，物产富饶，有“五彩淮南”之称。淮南市位于淮河中游，安徽省中部偏北，地处东经116°21′21″～117°11′59″与北纬32°32′45″～33°0′24″之间。

2. 淮南市经济发展现状

依托其丰富的煤炭资源，淮南市经济增长迅速。2012年全年地区生产总值达到7 817 547万元，增长10%，具体情况见图2-21。2012年人均地区生产总值33 489元，比2011年增加5 506元，如图2-22所示。2010年产业结构中三次产业比为7.3∶65.7∶27。2011年完成地区生产总值709.5亿元，按可比价格计算，比上年增长12.1%。其中，第一产业增加值为55.9亿元，增长3.1%；第二产业增加值为461.4亿元，增长14.5%；第三产业增加值为192.2亿元，增长9.3%。三次产业比例由上年的7.3∶65.7∶27变化为7.9∶65.0∶27.1。2012全年完成地区生产总值781.8亿元，按可比价格计算，比上年增长12.7%。其中，第一产业增加值60.6亿元，增长5.6%；第二产业增加值501.1亿元，增长13.6%；第三产业增加值220.1亿元，增长12.3%。三次产业比例由上年的7.9∶65.0∶27.1调整为7.8∶64.0∶28.2(见图2-23)。

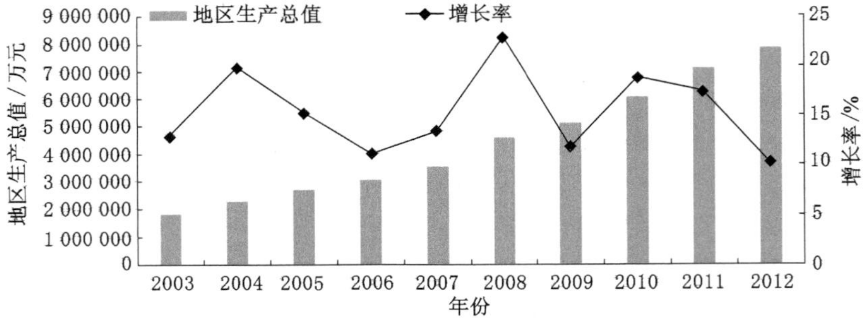

图2-21　2003～2012年淮南市经济发展规模与增长率

数据来源：淮南市国民经济与社会发展统计公报(2003～2012)。

3. 淮南市人口发展现状

截至2014年末，淮南市常住人口为237.5万人，比2013年增加1.8万人，同比增长0.76%；比2010年安徽省第六次人口普查时增加4.1万人，年均增加1.02万人，年均增长0.44%。在全市常住人口中，居住在城镇的人口为161.3万人，约占总人口的67.9%；居住在乡村的人口为76.2万人，约占总人口的32.1%。2014年淮南市城镇化率(城镇人口占总人口的比重)为67.9%，居全省第三位。与2013年相比，城镇化率上升了1.25个百分点。2003～2012年淮南

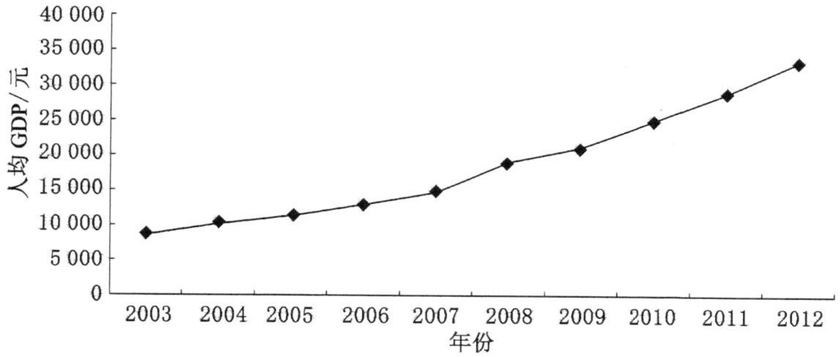

图 2-22 2003～2012 年淮南市人均 GDP 变化情况

数据来源：淮南市国民经济与社会发展统计公报（2003～2012）。

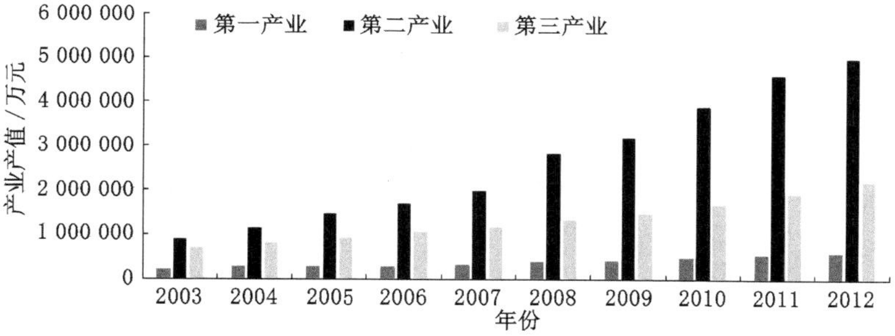

图 2-23 2003～2012 年淮南市三次产业比重变化情况

数据来源：淮南市国民经济与社会发展统计公报（2003～2012）。

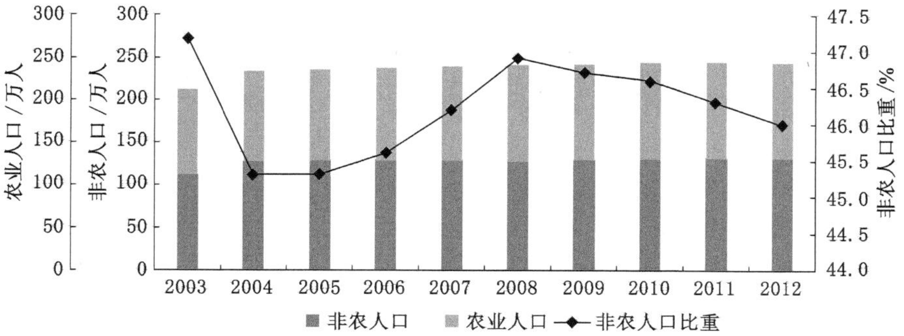

图 2-24 2003～2012 年淮南市人口变化情况

数据来源：淮南市国民经济与社会发展统计公报（2003～2012）。

市人口变化情况如图 2-24 所示。从性别构成来看，男性为 121.3 万人，约占总人口的 51.07%；女性为 116.2 万人，约占总人口的 48.93%。性别比（以女性为 100，男性对女性的比例）为 104.4。与 2013 年相比，性别比上升了 1.35 个百分点。在自然增长率方面，2013 年 11 月 1 日至 2014 年 10 月 31 日，全市出生人口为 2.78 万人，死亡人口为 1.21 万人，自然增长人口为 1.57 万人，出生率约为 11.7‰，死亡率约为 5.1‰，自然增长率约为 6.6‰。与 2013 年相比，出生率提高 0.5‰，死亡率提高 1.3‰，自然增长率下降 0.8‰。

2.4.2 淮南市煤化工产业生态系统结构及分析

1. 淮南市 CCIES 网络结构特征

淮南市煤化工起步较早，在 20 世纪 50 年代就已开始发展，但是同大多数煤炭城市一样，淮南市在发展煤化工产业的同时，也出现了一些令人担忧的问题：不顾资源、生态、环境等方面的承载能力，出现了盲目规划、竞相建设煤化工项目的苗头，对淮南市经济社会的持续、健康、稳步发展产生了潜在的负面影响。因此，在目前环境约束、严峻的节能减排形势下，如何减少煤化工产业对环境的影响，进而实现可持续发展成了淮南市必须要解决的问题。鉴于此，本文拟从产业生态系统的视角来探讨淮南市煤化工的发展。淮南市煤化工产业生态系统网络结构如图 2-25 所示。

2. 原生产业系统分析

长期以来，淮南市工业经济乃至淮南市整体经济发展主要依赖于规模以上工业的拉动，而规模以上工业的发展又依赖于优势产业的强势拉动。淮南市已经构筑起了煤炭工业、纺织工业、石油加工及炼焦化、化学原料及化学制品业、非金属矿物制品业、电力蒸汽热水的生产和供应业、专用设备制造业等七大支柱产业。在规模以上工业行业中煤炭工业一枝独秀，培育形成了淮南矿业、国投新集等产量超千万吨的大型地方煤炭企业集团。在 2012 年的规模以上企业工业增加值中，煤炭开采及洗选业达到 2 950 782 万元，占全部规模以上企业工业增加值的 46.7%，具体如图 2-26 所示。

作为我国重要的能源生产、转化和输出基地之一，淮南市依靠其丰富的煤炭储量，将煤炭行业发展成为全市的核心产业。截至 2012 年末，淮南市的主要大型煤矿有 22 座，其中属于淮南矿业集团的有 13 座、国投新集的 8 座、皖北煤电集团的 1 座。地方小煤矿有长青、八林等 31 座。全市从事煤炭开采及洗选业的企业有 12 家，工业总产值为 3 571 131 万元，工业销售产值为 3 326 711 万元，其中大中型企业有 8 家，工业总产值为 3 560 541 万元，工业销售产值为 3 517 135 万元，总资产贡献率为 7.44%。原煤产量达到 91 415 142 t，比 2011 年增加了

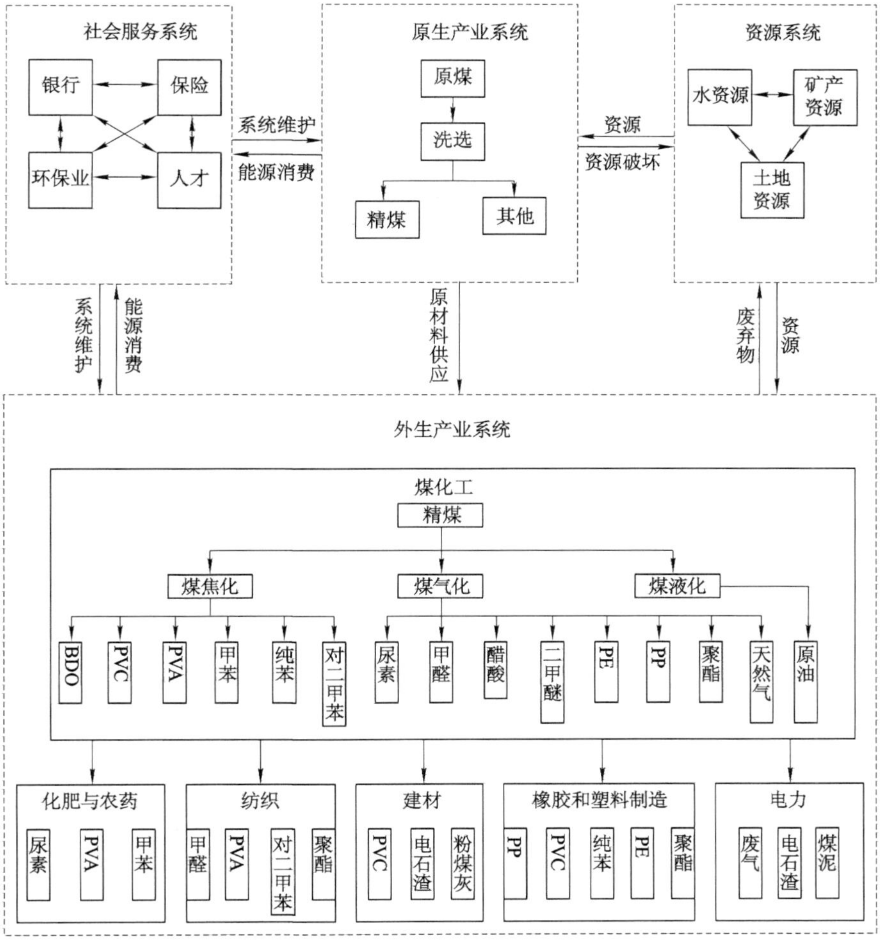

图 2-25 淮南市煤化工产业生态系统网络结构

6 842 798 t。此外其 2012 年的煤炭洗选量达到了 4 415 580 t，比 2011 年减少了 351 938 t。具体见图 2-27 和图 2-28。

由图 2-28 可以看出，在 2008 年，淮南市的洗煤量急剧增加，达到 3 862 624 t，增长率更是达到了 109.7％。2008～2010 年，洗煤量稳步增加，增长率有所下降，但是自 2010 年以后，洗煤量开始下降，在 2011 年更是出现负增长，增长率为－6.3％。

3. 外生产业系统分析

(1) 煤化工产业

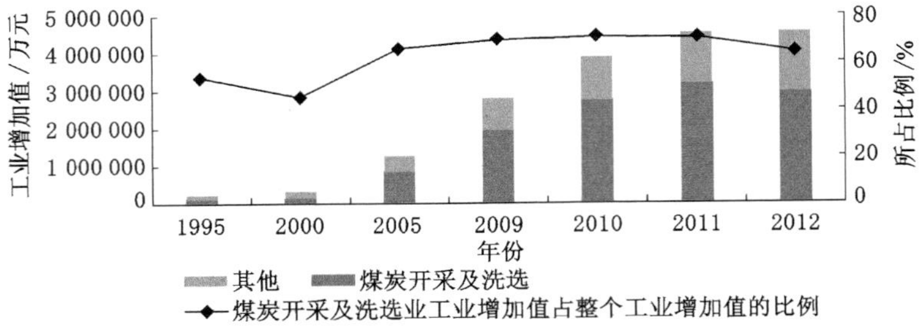

图 2-26　1995～2012 年淮南市规模以上企业工业增加值

数据来源：2013 年的淮南统计年鉴，具体年鉴来自淮南统计局网站。

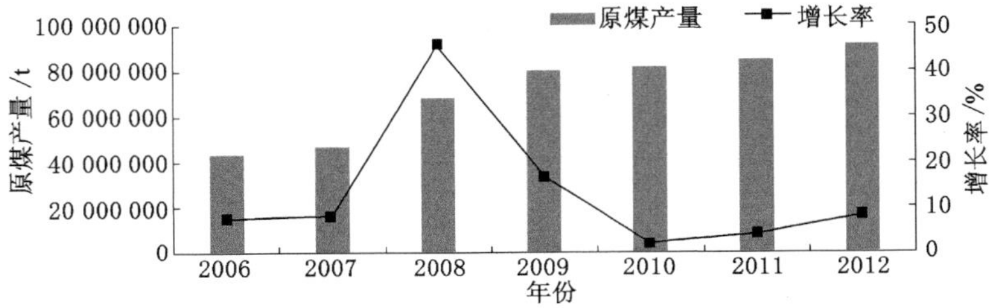

图 2-27　2006～2012 年淮南市原煤产量及增长率

数据来源：2013 年的淮南统计年鉴，具体年鉴来自淮南统计局网站。

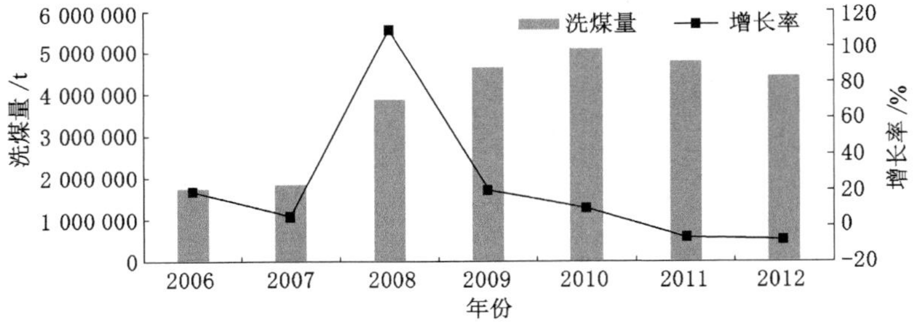

图 2-28　2006～2012 年淮南市洗煤量及增长率

数据来源：2013 年的淮南统计年鉴，具体年鉴来自淮南统计局网站。

淮南煤化工起步于 20 世纪 50 年代，经过 50 多年来的发展，积累了丰富的建设、管理、操作经验，具有较强的引进、消化、吸引和创新能力，为大力发展煤化工奠定了较强的物质、技术基础。目前淮南市已形成了煤制油与煤制气两大产业链及化肥、酸、碱、盐和基本化工原料以及精细化工的区域化工体系，具有氨加工、甲醇加工、硝酸盐加工、精细化工、焦化系列和纯碱六大产品系列，产品达 40

多种。淮南市依托其资源优势和良好的投资环境，吸引了大量国内外煤化工企业投资项目。目前淮南市正在积极推进中安煤化一体化项目建设，该项目主要是将煤制甲醇转化为烯烃，年产量可达 170 万 t。

新型煤化工产业已经成为淮南市最具有发展潜力的产业之一，淮南新型煤化工基地是淮南市最大的煤化工基地，也是安徽省三大化工基地之一，是淮南市转型发展的重要平台之一。该基地以新型煤化工为主线，重点发展煤基石化产品、替代废料产品（煤制天然气、煤制汽油、煤制乙醇）、高端化工产品、基础化工产品四大产品模块。目前正在规划的项目有 66 个，累计总投资 2 213 亿元，产品年生产能力达 1 630 万 t，年销售收入 1 242 亿元。

（2）化肥与农药

通过煤气化生产出来的尿素、PVA、甲苯可以用来生产化肥与农药。其中尿素不仅可以直接作为一种中性速效肥料，而且也可用于生产多种复合肥料，在土壤中不残留任何有害物质，长期使用没有不良影响。PVA 可用于生产土壤改良剂、农药黏附增效剂等。甲苯作为一种有机化工原料，甲苯的环氯化产物是农药的中间体可以用于生产农药。2012 年，淮南市化肥产量达 352 091 t，销售总额达 2 450.7 万元，具体情况见图 2-29。

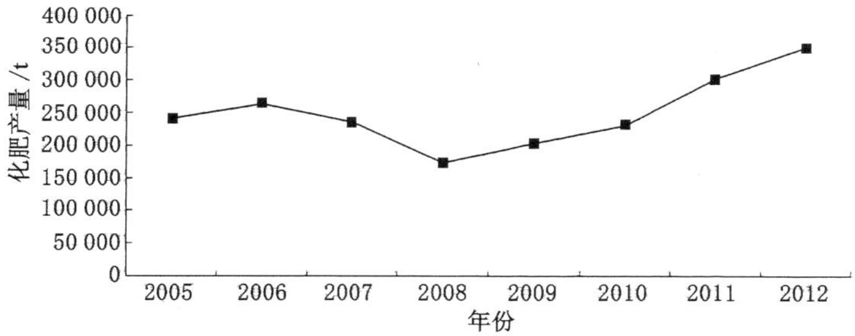

图 2-29　2005～2012 年淮南市化肥产量及变化趋势

数据来源：2013 年的淮南统计年鉴，具体年鉴来自淮南统计局网站。

（3）纺织业

作为煤化工产业终端产品应用最广泛的领域之一，淮南市纺织业的发展一直受煤化工产业影响。无论是煤焦化产生的 PVA 和对二甲苯，还是煤气化和煤液化产生的甲醛以及聚酯都是纺织业的重要原料。其中对二甲苯以及聚酯经过加工，可用于生产涤纶纤维。而在服装面料的生产过程中，为了达到防皱、防缩以及阻燃的目的，或为了保持印花、染色的持久性，都会在助剂中添加甲醛。2012 年中，淮南市纺织品及原料批发的销售总额达 2 235.4 万元，规模以上纺织企业的总产值达 58 106 万元（见图 2-30）。

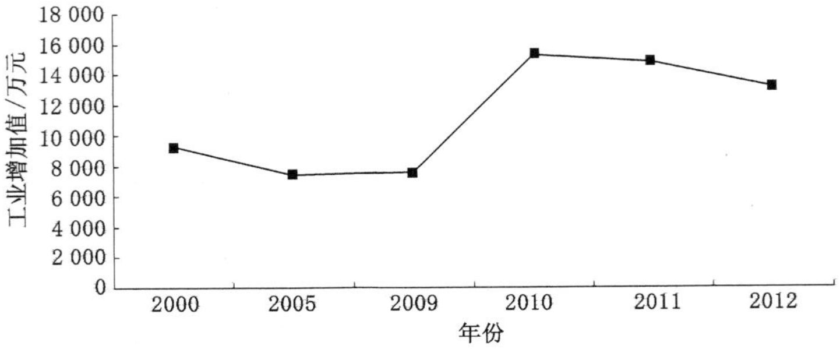

图 2-30　2000～2012 年淮南市纺织业工业增加值变化情况

数据来源：2013 年的淮南统计年鉴，具体年鉴来自淮南统计局网站。

(4) 建材业

建材业作为煤化工产业的一个重要下游制造业，是实现生态工业以及循环经济理念的重要一环。无论是原煤经过洗选产生的煤泥和矸石，还是由煤焦化产生的电石渣以及 PVC 都可作为建材生产的优质原料。2012 年，淮南市建材销售总额为 42 103.6 万元。2000～2012 年淮南市主要建材产品的产量变化情况见图 2-31。

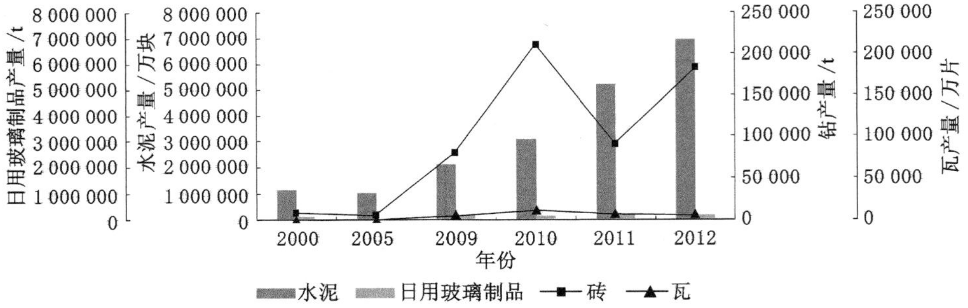

图 2-31　2000～2012 年淮南市主要建材产品的产量变化情况

数据来源：2013 年的淮南统计年鉴，具体年鉴来自淮南统计局网站。

(5) 橡胶和塑料制造业

煤化工产业的一些终端产品可以作为生产橡胶以及塑料的优质原料，包括 PP、PVC、PE、纯苯以及聚酯。其中 PP 可以用于生产 PP 管材，纯苯可以用于生产橡胶，聚酯通过加工处理可以用来生产特种橡胶以及工程塑料。截至 2012 年末，淮南市共有从事橡胶和塑料制造的企业 16 家，2012 年的工业总产值为 54 954万元(见图 2-32 和图 2-33)。

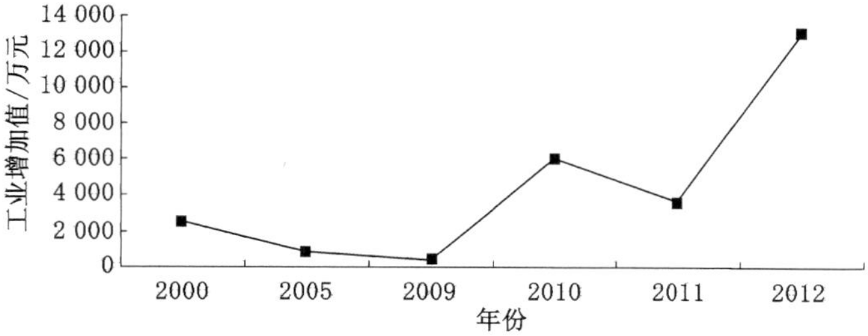

图 2-32　2000～2012 年淮南市橡胶和塑料制造业工业增加值

数据来源:2013 年的淮南统计年鉴,具体年鉴来自淮南统计局网站。

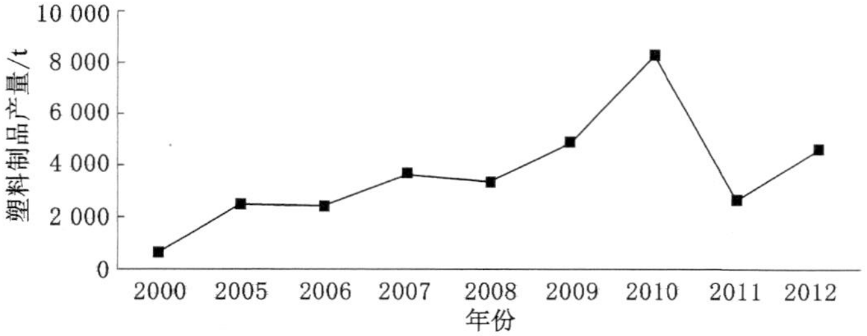

图 2-33　2000～2012 年淮南市塑料制品产量变化情况

数据来源:2013 年的淮南统计年鉴,具体年鉴来自淮南统计局网站。

(6) 电力业

作为煤化工产业生态系统的重要一环,电力行业的发展无论对于煤化工产业的发展,还是实现区域循环经济都具有举足轻重的作用。煤焦化产生的电石渣以及煤气化过程中产生的废气都可用于发电。2012 年,淮南市发电总量达 5 284 701万 kW・h,比 2011 年增加了 55 483 万 kW・h,发电、热力生产和供应业的工业增加值为 704 648 万元,具体情况见图 2-34 和图 2-35。

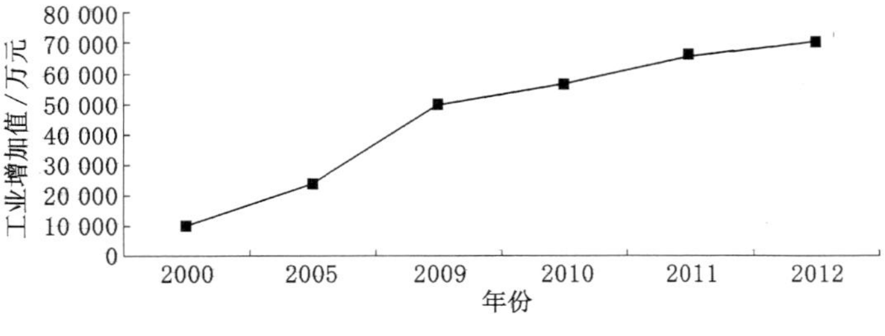

图 2-34　2000～2012 年淮南市电力、热力生产和供应业工业增加值

数据来源:2013 年的淮南统计年鉴,具体年鉴来自淮南统计局网站。

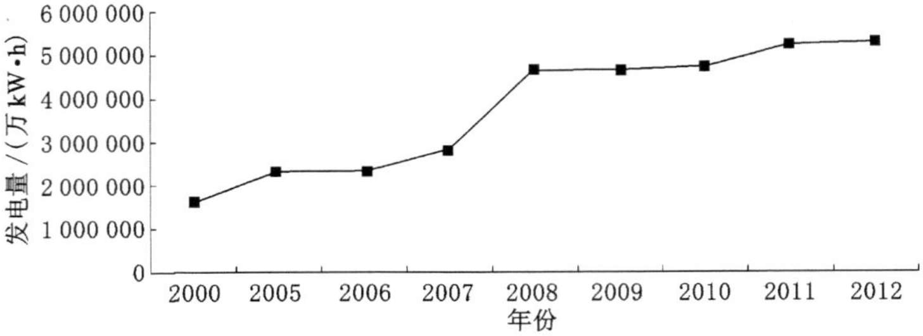

图 2-35　2000～2012 年淮南市发电量变化情况

数据来源：2013 年的淮南市统计年鉴，具体年鉴来自淮南统计局网站。

4. 社会服务系统分析

淮南市的社会服务系统主要包含 3 大主体，即金融业（主要包括银行和保险）、环保业（生态修复公司）以及人才。截至 2012 年末，在淮南市从事银行业的企业有淮南中央银行、淮南商业银行等 265 家，其中商业银行有 255 家，中央银行 4 家。保险公司有 77 家，其中具有法人资格的有 27 家。全市从事金融业的人数为 11 000 人。而在 2011 年，淮南市的银行数量为 260 家，其中商业银行 251 家，保险公司 73 家，其中具有法人资格的有 23 家。对比 2011 年，淮南市在 2012 年拥有的银行总量以及商业银行数量有所增加，说明商业资本注入金融业增加，有利于提升淮南市金融业活力。

银行的存款与贷款金额以及保险的保费收入是衡量银行业与保险业发展水平的重要指标。截至 2012 年末，淮南市银行机构人民币各项存款余额为 11 143 112 万元，比年初增加 1 548 359 万元，同比增长约 12.2%。全市银行机构人民币各项贷款余额为 7 818 108 万元，比年初增加 649 327 万元，同比增长约9.1%。2014 年，全市保险保费收入为 235 137 万元，赔付 77 064 万元，其中财产保险公司保费收入 67 262 万元，赔付 33 052 万元，人身保险公司保费收入 167 875 万元，赔付 44 012 万元（见图 2-36 和表 2-37）。

由图 2-36 可以看出，在 2003～2012 年间，淮南市银行机构人民币各项存贷款余额迅速提高，2012 年的人民币存款余额是 2003 年的近 6 倍，贷款余额是 2003 年的近 4 倍，说明淮南市金融环境发展良好，总体运行较为平稳。

生态环境破坏一直是困扰我国煤炭城市的问题之一，淮南市作为我国大型的煤炭基地，其矿区塌陷、水污染、空气污染等问题十分突出。淮南市政府对生态环境保护问题十分重视，例如在 2014 年 1 月出台了《安徽淮南城市水系综合治理项目环境管理计划》，重点对全市的生活污水以及工业废水进行综合治理。2012 年，全市工业废水排放总量为 10 787.06 万 t，工业废水处理量为8 410.9万 t，

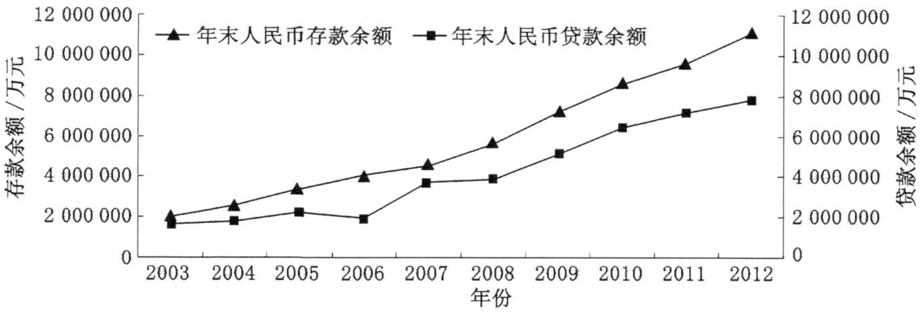

图 2-36 2003～2012 年淮南市银行机构各项存贷款余额变化情况

数据来源:淮南市国民经济与社会发展统计公报(2003～2012)。

工业废水处理率达到 78%,工业废水排放达标率约达 99%。淮南市“三废”治理及利用情况见表 2-38。

表 2-37 2014 年淮南市保险业保费收入与赔付支出 万元

项 目	保费收入	赔付支出
财产保险公司	67 262	33 052
人身保险公司	167 875	44 012
合计	235 137	77 064

注:数据来源于淮南市国民经济与社会发展统计公报(2014)。

表 2-38 2011～2012 年淮南市工业“三废”治理及利用情况

项 目		2011 年	2012 年
废水治理及利用情况	工业废水排放总量/万 t	10 625.93	10 787.06
	工业废水处理量/万 t	7 720.8	8 410.9
	工业废水处理率/%	72.7	78
	工业废水排放达标率/%	99	99
	工业用水总量/万 t	283 367.9	285 247.7
	工业用水中的重复用水量/万 t	269 416.3	259 237.5
	废水治理设施数/套	93	95
废气治理及利用情况	工业废气排放总量/万 m^3	26 924 317	27 967 986
	二氧化硫去除量/t	152 190.33	148 974.72
	二氧化硫排放量/t	70 361.8	67 898.73
	氮氧化物去除量/t	840	7 938.73

续表 2-38

项目		2011 年	2012 年
废气治理及利用情况	氮氧化物排放量/t	131 975.39	118 376.94
	粉尘去除量/t	9 228 785.85	8 613 707.88
	粉尘排放量/t	22 698.85	21 846.73
	废气治理设施数/套	209	283
废渣治理及利用情况	工业固体废物产生量/万 t	2 316.89	2 554.41
	工业固体废物综合利用量/万 t	2 124.69	2 409.11
	工业固体废物处置量/万 t	476.91	271

注:数据来源于 2013 年的淮南统计年鉴,具体年鉴来自淮南统计局网站。

工业“三废”问题除了要求当地煤矿、化工等企业加强自身治理以外,还需要当地企业与政府以及相应的生态修复公司进行密切合作。截至 2012 年 5 月,淮南市已有生态修复公司 85 家,其中代表性的企业有晟清化工有限公司等,其主要业务是废水治理,包括工业废盐酸、工业废酸碱、PAC 以及 PAM 等。对于环保业来说,民营资本的加入无疑可以使得“三废”问题的治理更加专业化。

相比于金融与环保业来说,淮南市的教育与科技事业发展较为缓慢。2012 年淮南市的普通高等院校有 5 所,无 211 工程或 985 工程高校;中等职业技术学校 16 所,比 2011 年减少 1 所。2012 年,淮南市技术市场成交额为 25 516.34 万元,比 2011 年的 23 840 万元增加了 1 676.34 万元,比 2010 年增加了 17 671.34 万元;成交项目也从 2011 年的 293 项增加到 340 项,说明淮南市技术市场整体运行较为平稳,技术成交金额在稳步提升。全市三种专利申请受理量为 3 172 项,其中个人申请为 718 项,大专院校为 1 031 项,科研单位为 42 项,工矿企业为 1 350项,机关团体为 31 项。全市三种专利申请授权量为 2 038 项,其中发明专利为 85 项,实用新型专利为 1 482 项,外观设计专利为 471 项,具体见表 2-39。

表 2-39　　2012 年淮南市三种专利申请量、授权量情况

	按专利种类划分	数量/项	合计/项
专利申请量	实用新型	1 997	3 172
	外观设计	482	
	发明	693	
专利授权量	实用新型	1 482	2 038
	外观设计	471	
	发明	85	

续表 2-39

	按专利种类划分	数量/项	合计/项
专利申请量	个人	718	3 172
	大专院校	1 031	
	科研单位	42	
	工矿企业	1 350	
	机关团体	31	
专利授权量	个人	328	2 038
	大专院校	600	
	科研单位	7	
	工矿企业	1 101	
	机关团体	2	

注：数据来源于 2013 年的淮南统计年鉴，具体年鉴来自淮南统计局网站。

5. 资源子系统

(1) 土地资源

淮南市境以淮河为界形成两种不同的地貌类型，淮河以南为丘陵，属于江淮丘陵的一部分；淮河以北为地势平坦的淮北平原，总面积为 2 596.4 km^2，城市建成区面积为 120 多平方千米。2013 年，淮南市土地供应计划总量为 19 350 亩（1 亩≈0.067 hm^2），同比增长 34.54%，其中仅 62.2 hm^2 用于建设用地，且绝大部分为道路建设用地。

2011 年淮南市的农业用地比 2010 年减少了 768.8 hm^2，水利设施用地减少了 557.24 hm^2，而居民点及工矿用地和水利设施用地分别增加了 1 237.96 hm^2 和 23.75 hm^2。这说明淮南市的农业用地在不断减少，建设用地在不断增加。根据《淮南市国土资源局 2014 年统计公报》显示，2014 年全年全市国有建设用地供应总量为 494.84 hm^2，同比增长 0.35%。其中，工矿仓储用地 35.14 hm^2，减少 51.9%；房地产用地 43.43 hm^2，减少 70.38%；基础设施等其他用地 416.27 hm^2，增长 51.94%。这说明淮南市近几年在城市建设用地方面的投入比重逐年减少，基础设施用地的比重不断增大。

(2) 矿产资源

淮南市矿产资源丰富，矿产资源种类已超过 13 种，现已发现的有煤炭、煤层气、地热等资源，还有高岭土、石灰岩、白云岩、磷矿、含钾岩石、陶粒页岩、砖瓦黏土、地下水和矿泉水等资源。煤炭远景储量 444 亿 t，探明储量 180 亿 t，占安徽省煤炭储量的 70%，占华东地区煤炭储量的 32%，占全国煤炭储量的 19%。水泥用灰岩的基础储量为 5 934 万 t,资源量为 11 397 万 t,资源储量为 17 331 万 t。煤层气资源储量十分丰富,在 −2 000 m 以上含煤面积范围内,预测资源量约为 5 368.15亿 m^3,占相同标高淮南煤田煤层气预测资源总量的 90%,且煤层气资源密度较大,每平方千米为 2.644 亿 m^3。

(3) 水资源

淮南市近 3 年(2010～2012 年)的平均降水量为 899.4 mm,年际及年内分布不均。平均水资源总量为 7.72 亿 m^3,其中地表水资源量 5.95 亿 m^3,约占区域水资源总量的 77.1%;地下水资源量 3.65 亿 m^3,地下水资源量中与地表水不重复量为 1.77 亿 m^3,境内地下水资源主要分布于淮河以北区域。

从用水需求来看,淮南市近 3 年(2009～2011 年)平均年总用水量为 19.96 亿 m^3。其中,地表水用水量约占总用水量的 95.6%,地下水用水量约占用水总量的 4.4%。就目前来说,淮南市人均水资源量为 307 m^3,属资源性缺水严重地区,水资源的供需矛盾突出。而淮南市作为我国重要的能源基地、安徽省的粮食主产区之一,随着经济发展和人口的增长,对水资源的需求量将会持续增长,水资源的供需矛盾将会更加尖锐。但是对于煤化工产业来说,水资源相对充足,主要有 3 个方面的原因:一是淮南现代煤化工产业园离淮河较近,其年过境水量为 216 亿 m^3;二是从政策条件来看,淮南市对于工业用水需求是优先满足的;三是工业用水量的重复用水量占整个工业用水中的比重较高,在 2012 年为 91%。

2.4.3 淮南市煤化工产业生态系统的优势及其面临的问题

1. 淮南市煤化工产业生态系统的优势

(1) 煤炭资源丰富

淮南大地蕴藏着宝贵的资源,尤其是煤炭资源极为丰富。2012 年全市煤炭总产量达 91 415 142 t,占当年最好的煤田,也是规模最大、最后一块整装煤田。淮南煤田位于华东腹地,淮河中游两岸,东西长达 180 km,南北宽约 20 km,面积为 3 600 km^2,探明储量 153 亿 t,占全国煤炭总储量的 19%,华东地区总储量的 32%,煤炭远景储量 444 亿 t,是国家首批建设的 13 个亿 t 煤基地之一,淮南煤具有低硫、低磷、高挥发、高发热、富油等特点,是理想的动力煤和煤化工原料。按照现有的开采能力,可采年限超过 100 年。

(2) 充沛的水资源优势

煤化工产业是高耗能、高污染、高耗水的产业,虽然现代煤化工在污染治理方面做到了污染最小,但并没有改变煤化工产业的高耗水产业特性。国家水利部在提高用水效率指标方面,实施分地区、分行业、分产品用水定额制。而安徽(淮南)"现代煤化工产业园"落户淮南与淮河流域在丰富的水资源密切相关。淮河流经产业园区南侧，年过境水量 216 亿 m^3，淮南市属于雨水比较丰富的地区，年平均降雨量约为 924 mm，地下水补给量约为 5.6 亿 m^3，且有大量煤炭开采形成的塌陷区一旦联通成片后，就是自然的“平原水库”，可以充分保证煤化工产业所需要的用水。

(3) 电力供应充足

随着二十世纪七八十年代一批煤电项目相继投产，淮南市的电力生产规模不断扩大。进入新世纪，煤电产业加速提升，顾桥、丁集、顾北、潘北、望峰岗深井，淮沪、淮浙煤电、平圩电厂二期、洛河电厂三期的投产为煤电生产增添了新动力。截至 2009 年底，淮南的发电装机总容量已达到 1 000 万 kW，2011 全年发电量为 523 亿 kW·h。到 2020 年，淮南将建成为装机总容量达到 2 000 万kW·h的火电基地，发电能力将超过长江三峡水电站，成为名副其实的“火电三峡”。充足的电力供应为产业园区提供双回路供电，以保证未来化工设备不会因为缺电而导致运转不畅。

(4) 面向长三角市场

面对市场中诸多竞争对手，企业靠近市场的优势是其他任何优势都无法比拟的。地处华东腹地，紧靠长江经济三角洲的独特区位优势，将淮南市煤化工产业的发展壮大提供不竭的需求动力。长三角地区是中国经济最发达、最具活力的地区，已跻身世界六大城市群之中，在这块面积约占全国 1%、集聚了全国 11.01%人口的城市，2011 年创造了全国 21.12%的 GDP、14.0%的财政收入、48.5%的利用外资总额和 45.6%的进出口份额。长三角巨大的需求市场，通过长三角连接更广阔的海外市场，将为淮南煤化工产业发展插上强大的“引擎”。

(5) 良好的化工基础

化工产业原本就是淮南市的三大支柱产业之一，2012 年全市浓硝酸产量为 30 万 t，合成氨产量为 64 万 t。淮南市化工骨干企业汇集并掌握了多种煤气及煤基多联技术，积累了较为丰富的大型煤化工项目建设、操作的经验，也吸引了像国投新集、皖北煤电、皖能集团这样大公司加入共同发展。与安徽(淮南)“现代煤化工产业园”一河之隔的安徽淮化集团有限公司为国家大型企业，全国化工企业百强之一，是安徽省煤化工基地，拥有多种先进煤气化技术和有各类化工、化肥产品四十余种，其中浓硝酸的国内市场占有率达 20%以上，产销量连续多年保持全国第一。

2. 淮南市煤化工产业生态系统的问题及挑战

(1) 生态环境严重破坏

在淮南市建立初期，丰富的煤炭资源、政府的重工业优先发展战略以及较低的生产力发展水平，致使淮南市形成了一种粗放式的产业发展模式。加上煤炭企业技术、制度等方面的创新比较滞后，不合理地开采煤炭资源使得地表沉陷、植被遭到破坏。截至2009年底，淮南市采煤沉陷区面积约163 km^2，若干年后，淮南最终沉陷面积将达682 km^2，占全市总面积的27%。而且煤矿开采及煤炭工业的发展会产生大量固体、液体和气体废弃物，使周边生态环境遭到严重破坏。2012年，工业废水排放总量为10 787.06万t，较2011年增长了161.13万t，比同期安徽省平均水平高156.905%；工业废气排放总量为2 797亿m^3，较2011年增长了105亿m^3，比同期安徽省平均水平高50.96%；工业固体废物产生量为2 554.41万t，较2011年增长了237.52万t，比同期安徽省平均水平高239.955%。

(2) 相关的社会服务体系发展不完善

煤化工产业的健康发展需要政府、企业、中介服务等多种力量介入，离不开完善的科学研究、教育培训、中介服务、金融、咨询服务、法律服务等相关社会服务体系。目前，淮南市的大多数中介机构是由行政机构分流形成的，行政色彩浓厚，难以在企业、政府、研究机构之间建立一种协作关系。而地区引资能力差导致的资金短缺也是淮南市煤化工产业发展的瓶颈因素。淮南市企业以国有企业为主，外商投资企业少，项目投资以贷款为主，企业的融资能力差。

(3) 专业人才缺乏

煤化工产业，尤其是现代煤化工产业需要大量的高技术人才，而淮南市目前存在人才总量不足，尤其是煤化工方面的专业技术人才相对缺乏。企业内部人员的创新意识和创新能力不强，创新型人才不足。

(4) 土地资源紧张

根据《淮南市2013年土地利用和管理形势分析报告》显示，淮南市在2013年中，仅有62.2 hm^2的土地用于建设用地，且绝大部分为道路建设用地。同时受到国家和地区保护耕地政策的影响，在煤化工产业规划用地方面将变得异常紧张。

本章参考文献

[1] 马克思主义理论研究和建设工程调研组.西部地区科学发展的成功探索——关于鄂尔多斯模式的思考[J].实践(思想理论版)，2008(8)：14-17.

[2] 夏青.面向可持续发展的资源型城市生态环境评价[M].北京：科学出版社，2009.

[3] 肖建荣，玛喜毕力格，王彦丽.鄂尔多斯煤化工发展与水资源保护的研究[J].环境与发展，2013 (10)：110-112.

[4] 张菽浪.六盘水市煤产业发展战略研究[D].北京：对外经济贸易大学，2006.

[5] 朱乾根，林锦瑞，寿绍文.天气学原理和方法[M].北京：气象出版社，1981.

[6] 沈其俊，张照志，周贺玲.六盘水市地质灾害特征及其防治对策[J].资源与产业，2006，8(1)：89-92.

3　煤炭城市产业生态系统响应经济波动的脆弱性机理

3.1　经济波动与CCIES结构特征耦合作用过程与机制

3.1.1　CCIES脆弱性研究综述

自1989年Frosch等介绍产业共生系统的概念和丹麦卡伦堡产业共生的经验以来，产业生态系统(IES)引起了学术界、企业界和政府机构的广泛关注，并成为循环经济和可持续发展领域的前沿问题之一。目前，关于IES稳定性的研究主要集中在IES的演化机制、演化过程中的影响因素及其稳定性治理策略三个方面。

1. IES的演化机制

理解IES的演化过程将有助于掌握系统是否朝着可持续方向发展，从而为相关部门和企业制定政策与管理方案提供依据。现有文献从产业共生的形成模式或系统仿真等角度研究了IES的演化过程。Chertow和Ehrenfeld[1]提出自组织模式下产业共生演化的三阶段模型：萌芽、揭示、嵌入与制度化。在萌芽阶段，共生关系不被人关注，企业大多关心自身的利益。在揭示阶段，合作性文化、制度化结构与规范开始发展与形成，企业价值观开始扩展，例如环境效益开始受到关注。在嵌入与制度化阶段，形成较为一致的规范与文化，协同范围进一步扩大，社会资本在网络中作用明显。Behera等[2]以蔚山生态产业园区为例，研究了顶层规划模式下的产业共生网络的演化过程，包括试点研究阶段、制度化阶段和总结与完善阶段。此外，Batten[3]运用Agent仿真和参与式建模方法研究了产业共生系统如何演化，各主体如何协同工作，怎样通过学习式的合作演化，以获取经济与生态效益。

部分文献探讨了IES演化的动力和方向。Yu等[4]以日照生态产业园区为例，对企业参与共生网络的驱动因素进行了分析。结果显示，经济利益、财政补贴、税收优惠和物质替代收益等是其重要原因。当代产业共生网络的演进方向面临着新的机遇和挑战。Posch 等[5]认为随着产业组织趋于复杂化，简单的物质流动分析已经难以满足发展的需求，必须从共生网络层面研究产业组织，跨学科的组织管理与知识交流是未来产业共生网络的发展趋势。

2. IES 演化的影响因素

IES 的形成与发展受诸多因素的影响。大量"被规划"共生项目的失败，使得人们试图揭示是哪些因素影响项目的运作。根据已有研究文献，这些因素可归结为政策、制度、信息技术、社会资本等方面。Costa 等[6]分析了废弃物政策干预对产业共生演化的影响，包括灵活的废弃物管理政策法规和强有力的经济、制度措施，如市场激励政策、废弃物管理技术标准等。Salmi 等[7]分析了环境规制的适用性对产业共生的影响，认为物质流的市场风险使得产业共生的管理问题突出，配套的规制应降低这种风险。Boons 和 Spekkink[8]研究了三维的制度能力（人际关系、知识和调动性）与识别的协同机会集的相关性问题。结果表明，仅调动企业的能力与协同机会有着很强的关联性。Spekkink[9]研究了制度能力建立的框架、过程及其对产业共生发展的影响。制度能力的建立并非一个线性的过程，它有助于企业从战略的视角开展产业共生活动。Grant 等[10]认为信息交流技术对产业共生形成与发展起着重要的作用。

近年来，产业共生的研究重点转向关注社会因素对产业共生网络的影响。Baas[11]将嵌入性引入产业共生领域，分析了嵌入性的认知、结构、文化、政治、时空维度在共生发展过程的作用。Ashton 和 Bain[12]研究了网络中供应链式的正式关系和人际互动的非正式关系，认为管理层的信任和社会资本对产业共生发展影响较大。Domenech 和 Davies[13]探讨了产业共生中隐藏在物质交换背后的社会因素，包括结构、社会条件等，并运用社会网络分析方法分析卡伦堡产业共生网络的结构特征与形态。

3. IES 的稳定性治理

稳定性是整个 IES 存在和健康发展的基础，维持系统的稳定对整个共生系统的长期发展及其能否实现预定目标至关重要。Wright 等[14]借鉴生态学中"系统连接性和多样性"概念，研究产业共生系统连接性和多样性的计算方法，以评价系统的可持续性与稳定性。Hsu 和 Rohmer[15]认为目前的静态方法如物质输入/输出仿真方法、物质流分析等存在某些缺陷，为此运用故障树分析方法（FTA）分析产业协同系统的不确定因素，建立了系统库存量的动态仿真模型，以分析产业协同系统运营的稳定性和可靠性。Zeng 等[16]建立梯级失效模型，对共生网络的弹性进行评价和改进，认为识别网络中的关键节点并保障其有效性，能避免其失效导致的连锁反应。

IES 的动态性需要合理的治理策略，选择合适的网络组织形式、关注核心企业的发展以及正确处理政府决策与园区发展等是提高网络稳定性的关键途径。Choprag 和 Khanna[17]从网络拓扑学的角度对丹麦卡伦堡产业园进行了情景模拟研究，发现该产业共生网络的当前整体稳定性较 20 世纪 60 年代有了极大提升。在协调产业共生系统中政府与企业之间的合作方面，Baas[18]认为，相较于由自组织形式发展形成的共生网络，人为规划的产业共生网络需要一个更加有效的决策平台（如官、产、学、研之间的定期交流会议），以确保该 IES 的可持续发展。Jiao 和 Boons[19]对生态产业园的稳定运行与政策干预之间的内在关联机制进行了研究，揭示了政策制定与 IES 稳定运行之间的关系。Deutz 和 Ioppolo[20]指出，要使政府的决策在更为广泛的生态产业领域产生影响，不仅需要将更多利益相关者纳入决策范畴，同时还要因地制宜地制定更为精准的政策。Conticelli 和 Tondelli[21]认为，生态产业园需要更加合理的规划来突破地域限制，实现不同产业之间的空间协调和关联。

综上所述，IES 的演进是动态的和非线性的，其演进动力、组织特征及治理策略在不同的情境下存在显著差异。尽管相关研究成果提供了很好的参考价值，但是现有关于 IES 稳定性的研究仍受到限制。

就研究视角而言，现有文献大多以一般性的生态产业园区为对象，重点探讨政策、社会资本、技术变革等因素对 IES 演化的影响。关于经济剧烈波动背景下能源价格下跌和终端市场需求下滑对 CCIES 演化的影响的研究仍十分匮乏。中国的 CCIES 大都是在政府的干预甚至是主导下形成的，其自调节、自增强和自适应能力明显不足，对经济环境变化缺乏必要、成熟的应对机制。因此，在当前全球经济深度调整的背景下，有必要针对 CCIES 这一特殊的产业共生系统，深入研究经济波动对其脆弱性的影响。

（1）就研究情景而言，现有文献大都是基于一个相同的前提，即 IES 中所有的企业都是同质的。但事实上，当前同质性结构的 IES 在现实的经济环境中越来越少，而以一个或几个核心企业为龙头的 IES 却发展良好。进一步地，即便是涉及对核心企业作用的少量研究也只是重点关注 IES 的静态稳定性，并局限于核心企业对 IES 演化行为某个方面影响的考察。而且，尽管 IES 的脆弱性在很大程度上取决于其网络结构特征，对于不同结构特征的 IES 在脆弱性差异方面的比较分析多有忽视。

（2）就方法论角度而言，现有研究大都采用案例研究和理论演绎法，这些定性方法反映结构变化的动态过程不佳，很难传达主要 IES 的不确定行为。相反，运用多主体建模方法研究经济系统的优势在于通过大量个体间的相互作用及简单的作用规则，可以迅速演化出宏观空间涌现现象，而且模型还可随时调整影响参数。目前，作为复杂性科学研究的重要工具，多主体建模法已经被广泛地应用在各个研究领域[22,23]。

针对现有研究的不足，我们采用多智能体仿真方法分析经济波动下不同CCIES脆弱性的影响，通过模拟仿真和比较分析，重点探索不同类型的CCIES分别在煤炭价格波动和终端市场需求下降下结构演化和脆弱性方面的差异性。

3.1.2 CCIES脆弱性内涵

1. CCIES脆弱性的内涵

脆弱性的概念起源于对自然灾害的研究[24]，目前已广泛应用到生态学[25]、气候变化[26]、可持续性科学[27]、经济学[28]等众多学科，研究范围从最初的单一系统脆弱性研究发展到耦合系统脆弱性研究，由自然系统脆弱性延伸到人文系统脆弱性[29]、人类-环境耦合系统脆弱性[30]的研究。社会经济要素开始作为区域脆弱性的一个重要影响因素，人类社会对全球环境变化的影响及人类社会对全球变化的响应与适应问题也越来越多地被学者们所关注[31]。众多学者对不同学科视角和研究对象下的脆弱性概念有不同的理解和阐释，但在人-环境耦合系统脆弱性研究领域，对脆弱性内涵的理解初步达成了一些共识。人地系统脆弱性已经成为一个“概念的集合”，包括系统对扰动的暴露、敏感性、恢复力、适应能力等众多构成要素和社会、经济、环境、制度等多维度脆弱性[32]。人地系统脆弱性是社会系统面对各类灾害和胁迫表现出来的易损性质，表现为系统向不利于自身稳定和人类利益的方向发展[33]，其显著的特征是状态的不稳定以及对外界干扰的敏感性，同时这种性质会随系统的暴露程度及适应能力的变化而变化[34]。脆弱性是系统的内在属性，系统的内部特征是系统脆弱性产生的主要、直接原因，而外界扰动是系统脆弱性发生变化的驱动因素，且这种驱动因素的作用通过影响系统内部特征而使其脆弱性发生变化，并最终通过系统的敏感性以及应对能力表现出来[35]。系统的脆弱性是一个相对概念，具有不确定性[36]，不同扰动下系统表现出的脆弱性不同，外部扰动的多重性、多尺度与地方特性以及耦合系统要素作用关系的复杂性与不确定性，使动态时空状态下系统脆弱性的动态演化过程具有不确定性。

煤炭城市是资源-环境-经济-社会耦合系统，各子系统相互作用相互交织而形成的复杂而开放的耦合系统，作为人地相互作用较为强烈的一类特殊区域，其脆弱性研究属于特殊地域系统范畴内的人地关系问题，由原生产业系统、外生产业系统、资源环境系统、社会服务系统耦合形成的CCIES是一种特殊的城市人地耦合系统。因此，结合有关学者对矿业城市生态系统[37]、人地系统[38]、经济系统[39]以及社会系统[40]等不同角度的脆弱性内涵界定，我们认为CCIES脆弱性是指CCIES对内外扰动的敏感性以及缺乏应对能力从而使煤炭城市向着不利于实现可持续发展方向演变的一种状态，是系统固有的一种属性，只有当系统遭受特定扰动时这种属性才表现出来。CCIES 的内部特征是系统脆弱性产生的主要、直接原因，而扰动（经济波动）与 CCIES 间的相互作用使其脆弱性放大或缩小，是 CCIES 脆弱性发生变化的驱动因素，但这种驱动因素的作用过程是通过影响该系统内部特征而使系统脆弱性发生改变的，并最终通过系统面对扰动的敏感性(S)以及应对能力(R)来体现。其中 S 指系统对外界扰动的响应程度，其大小与系统内部条件及其承受扰动的特征有关；R 包括系统面对扰动影响的恢复力和适应能力，由系统内部条件决定。

2. CCIES 脆弱性的类型与层次

城市的脆弱性一般包括资源脆弱性、生态环境脆弱性、经济脆弱性和社会脆弱性，是上述四种脆弱性的综合体现[41]。煤炭城市是具有显著脆弱性特征的一类城市，资源脆弱性、生态环境脆弱性、经济脆弱性和社会脆弱性紧密联系且共同存在于煤炭城市的产业生态系统中，通过各子系统之间的相互作用综合体现为城市的脆弱性。如图 3-1 所示，CCIES 脆弱性直接通过原生产业系统和外生产业系统组成的生命系统表现为经济脆弱性，通过资源环境子系统表现为资源和生态环境脆弱性（资源环境脆弱性），通过社会服务子系统表现为社会脆弱性。资源环境子系统和社会服务子系统组成的生命支持系统脆弱性影响生命系统的脆弱性，而在生命支持系统内部，社会服务子系统的脆弱性也会影响资源环境子系统的脆弱性。

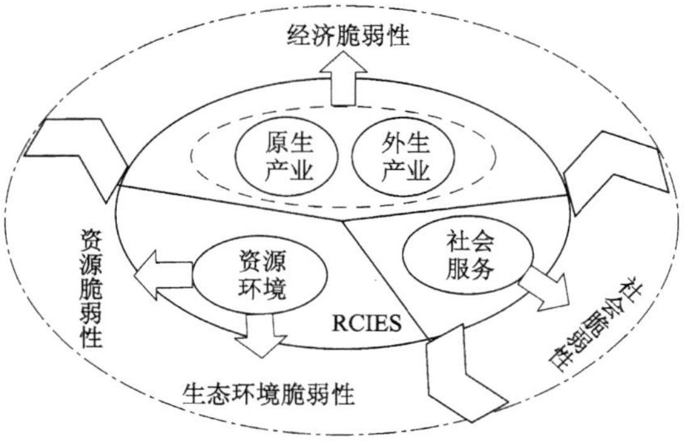

图 3-1　CCIES 脆弱性构成层次

以煤炭城市为例，资源脆弱性主要源自人类对土地、水源、植被、煤炭等自然资源的过度开采，生态环境脆弱性源自工业废弃物的过度排放，经济脆弱性包括经济总量、经济结构、经济效益及经济增长潜力等方面，表现为地区经济发展的不可持续性，社会脆弱性主要包括人口与人力资源、社会环境、城市基础设施等要素。煤炭采掘加工业及其外生产业具有极强的资源依赖性,煤炭产业及其相关产业的发展深刻影响着煤炭城市的经济发展,煤炭资源耗竭和生态环境问题严重制约城市经济发展,而人力资源、社会环境和基础设施等社会服务资源是实现资源、生态环境和经济协调发展的关键,影响支持城市当前及未来发展的生命系统的潜在能力。

3.1.3 CCIES 响应经济波动的脆弱性分析框架

1. CCIES 脆弱性的概念框架

伴随着脆弱性内涵的丰富以及应用领域的拓展,涌现出众多探讨脆弱性成因及其影响因素相互作用关系的分析框架。如早期的风险-灾害模型(RH)与压力-释放模型(PAR)[42]、地方灾害脆弱性分析框架[43]、双重结构的脆弱性分析框架[44]、SUST 脆弱性分析框架[45]等,对于脆弱性分析与评价具有重要的指导意义。但这些概念模型大多是针对某一类系统构建的,重点关注生态系统脆弱性分析。根据 CCIES 脆弱性概念的界定、CCIES 结构特征和属性、各要素之间的因果关系,我们认为社会生态系统的脆弱性主要表现在:① 系统所经受的风险(压力);② 系统的敏感性;③ 系统的应对能力。系统所经受的风险(压力)是系统的动力系统,是产生系统脆弱性的驱动因素和原动力;敏感性是系统自身在应对外来和内部干扰表现出来的特质,是脆弱性形成的物质基础;应对能力是系统面临风险时表现出来的反应。系统所经受的风险(压力)、敏感性、应对能力三者之间相互依存、相互联系共同构成产业生态系统的脆弱性体系。

我们将压力-状态-释放模型(PSR)[46]和暴露-敏感-适应模型(ESA)[47]结合起来,构建经济波动下 CCIES 脆弱性分析框架。其中,Pressure(压力)-State(状态)-Response(响应)模型最初由 Tony Friend 和 David Rapport 提出,用于分析环境压力、现状与响应之间的关系。20 世纪 70 年代,国际经济合作与发展组织(OECD)对其进行了修改并用于环境报告;80 年代末 90 年代初,OECD 在进行环境指标研究时对模型进行了适用性和有效性评价;目前许多政府和组织都认为 PSR 模型仍然是用于环境指标组织和环境现状汇报最有效的框架[48]。PSR 模型以因果关系为基础,即人类活动对环境施加一定的压力;因为这些压力,环境改变了其原有的性质或自然资源的数量(状态);人类又通过环境、经济和管理策略等对这些变化作出反应,以恢复系统功能或防止系统功能退化[49]。Exposure(暴露)-Sensitive(敏感)-Adaptation(适应)模型是 Polsky 等受美国公共空间计划(Project for Public Spaces)整合框架的启示提出的脆弱性分析框架,使用 VSD(Vulnerability Scoping Diagram)评价整合模型来组织数据、统一概念和建构脆弱性评价指标体系。暴露-敏感-适应模型综合考虑 CCIES 表现出来的生物-物理的敏感性、易损性和适应响应能力甚至退化趋势的脆弱性综合性质，将脆弱性分解为暴露程度、敏感性和适应潜力3个维度，其中，适应响应能力涵盖系统的自身维持稳定的能力和经济政策措施干预下降低负面影响的能力两个方面。

尽管PSR概念模型具有非常清晰的因果关系，但也存在一定的局限性，难以对所有指标进行严格的分类，如状态指标中的非生物指标既可以看作生态系统受影响后所呈现的状态，也可以作为一种压力。而ESA模型对脆弱性综合性质的分解则有助于弥补这一缺陷，据此构建CCIES脆弱性分析概念框架（图3-2），有助于厘清CCIES脆弱性的驱动因素、暴露路径的关系。

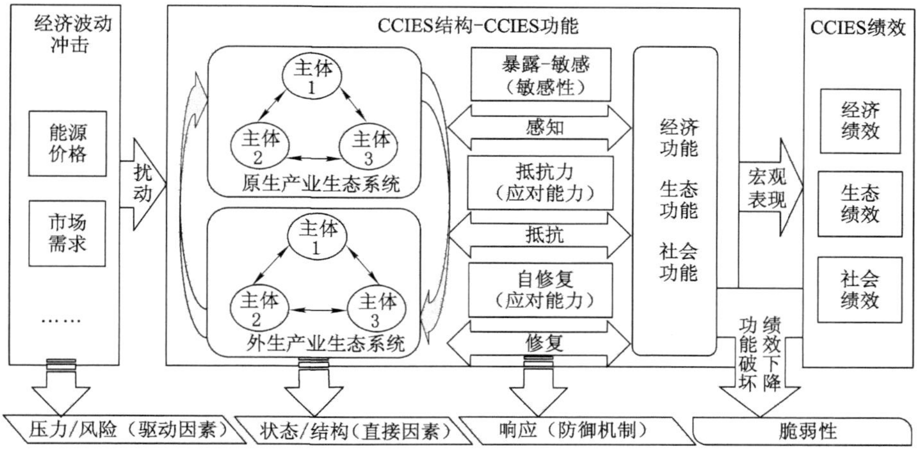

图3-2　CCIES脆弱性分析概念框架

CCIES是模仿自然生态系统设计的由一系列主体或子系统构成的相互联系、相互影响的体系。系统依其不同的结构实现不同的功能，而特定功能的实现需要具备一定的结构。在相对稳定的经济环境中，CCIES通常具有较强的自组织能力。具体表现为，资源、能量和信息在纵横交织的产业链网间的高效循环利用，系统在社会-经济-生态功能的协同作用下产生良好的生态和经济绩效。但是，当CCIES暴露于经济波动冲击中时，CCIES则表现出明显的自适应能力不足。内部经济要素的重新配置以及资源状况的变化，会引起系统内部结构向着不利于系统社会、经济和生态功能正常发挥的方向演变，并最终导致矿区社会效益、经济效益和生态效益的下降。CCIES内部结构通过影响系统对扰动的防御机制（即感知外界变化，采取有效的抵抗以及一定程度上的自我修复）改变系统的功能。因而，内部结构是CCIES脆弱性产生的直接因素，能源价格下跌、需求下滑等经济波动冲击是脆弱性演变的驱动因素，但这种驱动因素通过影响系统结构特征使 CCIES 脆弱性发生改变。

具体而言，能源商品的价格对宏观经济环境的变化较为敏感。在经济波动条件下，能源价格下跌和市场需求下滑往往会打破 CCIES 内部主体之间原有供需关系的平衡，引发 CCIES 内企业市场战略、生产规模的调整。这些变化又会引发上下游链接关系、副产品交换关系、能源梯级利用关系或废物废水处理再利用关系的改变，进而推动 CCIES 战略、结构、空间布局及其生态环境关系的调整。CCIES 内部组成要素之间相对稳定联系的变化意味着系统原有内部结构的变动。在不对系统施加人工干预的情形下，CCIES 内部连接关系的破坏，将导致系统社会、经济和生态功能的下降。CCIES 内部结构在系统要素及子系统间的反馈耦合作用下不断演化，直至进入新的稳定状态。

综上分析，我们认为 CCIES 的演进是系统内部各主体协同发展的集体效应，而系统的整体脆弱性则是通过各主体之间的反馈耦合作用体现出来的。内部结构的差异会使 CCIES 呈现出不同的脆弱性特征，而且系统脆弱性会随着系统内部结构的改变而不断演化。因此，本书重点研究经济波动对 CCIES 结构演化和脆弱性的影响。

2. CCIES 脆弱性演化过程分析模型

CCIES 脆弱性演化遵循着不稳定—混沌边缘—相对稳定的自组织过程，既是一种过程，也是一种结果。在过程上包含对外部环境激励的感知、解析、响应等，而结果上表现为其系统结构、功能、生态经济效益等涌现的变化。当脆弱性达到一定程度和具有相当的风险时，系统会发生变革，走向另一循环阶段或进入另一种稳态。CCIES 脆弱性是在不断演替变化的，不同的演替阶段具有不同的功能特征和跨尺度联系。系统与其上级或更大尺度或相同尺度的其他系统，与过去的脆弱状态和未来的发展趋势之间存在着时空的相互作用，给系统带来压力或影响其敏感性和应对能力。

CCIES 处在混沌的经济环境中，经过系统对环境的自适应学习，自身的分岔与突变，系统功能的整体涌现，达到系统暂态稳定，是一个动态演化的过程。CCIES 演化的核心机制是以循环产业链构建为主的自适应机制。在受到外部扰动时，网络结构的变动会使系统出现脆弱性，CCIES 主体通过对环境的感知与解析进行自组织、自适应，系统与环境不断进行着能量、物质、信息的交换，系统的自组织、自适应交互每时每刻都在进行。CCIES 为了实现经济生态绩效，在政府调控下利用外部环境和自身现有资源，复制自身有效规则、模仿消费者和竞争者的成功经验。反复实践和利用有限多元化，以及扩大产业纵横向合作以提供更多的产品和服务。适应性学习在其中起到关键作用。当系统达到一种状

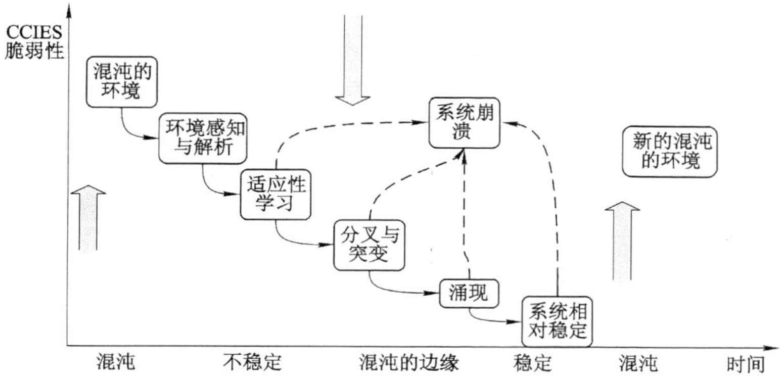

图 3-3 CCIES 脆弱性动态演化模型

态向另外一种状态转变的临界点时，系统总是面临多种可能的状态选择。因此说，系统的分岔是系统演化、层次提升的重要前提和基本机制。分岔是专业化产业生态链延伸的核心机制，突变是产业生态技术创新的核心机制。脆弱性演化的过程，在本质上就是系统新特征不断涌现的结果。涌现机制是 CCIES 走向可持续发展的关键，在这个阶段生态环境和产业经济协调发展，系统脆弱性降低、生态经济效率明显提高，是系统走向相对稳定期的过渡阶段。如果在 CCIES 面临外部扰动时采用了不适应环境的规则或者外界环境剧烈变动，将会导致 CCIES 的崩溃。CCIES 在经过上述一系列的脆弱性演化过程后，逐渐达到相对稳定状态。但是外部扰动的复杂多变、系统所在环境竞争的不断加剧，使得 CCIES 表现出新的脆弱性，系统要不断感知环境的变化，对变化因素进行综合解析，并采取行动。因此，CCIES 脆弱性演化是相对循环的动态过程。

3.1.4 经济波动下 CCIES 脆弱性演化机理分析

1. 经济波动下 CCIES 脆弱性传导关系分析

结构决定功能是系统科学的基本观点。从系统的角度分析，经济波动与 CCIES 内部结构特征的耦合作用过程与机制是通过经济波动冲击→CCIES 结构演化→CCIES 功能退化→CCIES 绩效下降的传导关系实现的。

CCIES 是模仿自然生态系统设计的由一系列主体或子系统构成的相互联系、相互影响、相互作用的体系，系统依其不同的结构实现一定的功能，而特定功能的实现要具备一定的结构。在适宜环境条件下，CCIES 一般具有很强的自组织能力，表现为资源、能量和信息在纵横交织的产业链网间的高效循环利用，在系统经济、生态、社会功能的协同作用下呈现出良好的生态经济绩效。但当

CCIES暴露于经济波动扰动中时，CCIES则表现出明显的自适应能力不足。内部经济要素的重新配置以及资源状况的变化会引起系统内部结构的变化，内部结构向不利于系统经济、生态、社会功能正常发挥方向的演变会激发、扩大系统的脆弱性，表现为原有功能的退化以及整体绩效下降。CCIES内部结构通过影响系统对扰动的防御机制改变系统的功能，呈现为系统的暴露-敏感性和应对能力。通常CCIES暴露于风险中时具有三种防御机制，即感知外界变化，采取有效的抵抗以及一定程度上的自我修复。因而内部结构是脆弱性产生的直接因素，而能源价格波动、需求变动等经济冲击是脆弱性演变的驱动因素，这种驱动因素通过影响系统结构特征使系统脆弱性发生改变。经济波动冲击下CCIES脆弱性的激发与演变实际上就是系统内部结构演化的过程。当系统内部组成要素之间重新形成相对稳定的联系后，脆弱性结束在系统中的扩散。

具体而言，资源型经济中商品的价格极易改变，因此对市场变动冲击特别脆弱，在经济波动冲击下，能源价格、市场需求等的变动往往会打破原生、外生产业系统内部原有的供需关系平衡，引发产业系统内企业市场战略、生产规模的调整。而这些变化又会引发上下游链接关系、副产品交换关系、能源梯级利用关系或是废物废水处理再利用等关系的剧烈变动，进而推动CCIES战略、结构、空间布局及其生态环境关系的调整。CCIES内部组成要素之间相对稳定联系的变动意味着系统原有内部结构的变动。在不对系统施加人工调控的情形下，CCIES内部结构的不利演变会激发出系统的脆弱性，在破坏系统原有经济功能的同时，还会导致系统生态、社会功能遭到严重削弱甚至失效，从而致使资源耗竭与生态破坏加剧。而资源环境的变化又会引起与之相关联生产系统的变化，如此CCIES的内部结构在系统要素及子系统间的反馈耦合作用下不断演化，系统的脆弱性随着内部结构的恶性演化不断加剧，直至进入新的稳态，宏观上表现为CCIES经济、生态、社会绩效的持续下降。

因此，CCIES的发育、演进是四个子系统协同发展的集体效应，系统的整体脆弱性通过子系统及子系统间脆弱性的反馈耦合作用体现出来。CCIES内部结构的差异会使系统呈现出不同的脆弱性特征，且系统的脆弱性会随着系统内部结构的演变而不断演化。因此，降低CCIES脆弱性的关键就在于如何实现系统内部结构的优化调整。

2. 经济波动下CCIES脆弱性演化路径分析

对CCIES而言，其网络结构的变化表现为成员企业的和生态链条的变动，一个或几个企业和链条的变化会通过企业之间的耦合关系引起其他企业和连接关系的变动，最终可能导致整个系统的崩溃。以煤炭城市为例，能源价格、终端市场需求、产业政策、生态链接技术等经济波动扰动因素单一扰动和组合攻击会对 CCIES 结构产生不同的冲击，进而影响系统功能的发挥，使系统呈现出不同程度的脆弱性。煤炭行业作为上游基础性能源，受到经济周期的影响，每次宏观经济的调整都会引起煤炭消费的剧烈波动，进而影响价格的起涨回落。煤炭价格波动涉及的行业广泛，产业链长，传导作用强，其价格波动首先会引起电力、化工、冶金、建筑等用煤较多的下游产业的价格波动，这些产业价格的波动又会继续传导给其各个相关产业，进而推动工业品出厂价格，影响整个区域的经济发展。而煤炭行业处于产业链最前端，对下游需求反应的敏感度不如下游低端行业，存在周期滞后性，终端市场需求的调整"倒逼"初级产品的调整，使煤炭行业总是被动地扩张、收缩。资源型经济中商品价格极易改变，因此对市场变动冲击特别脆弱，在价格与需求变动传导扩散的过程中，企业会根据市场变化改变其市场战略、生产规模，会带来网络节点与关系的剧烈变动，如企业的进入和退出、原材料供应商的变动等。政府通过产业政策为资源型企业提供一个制度"软环境"，如通过资源开发规划、资源税征收等保证资源的合理开发，通过产业扶持政策促进社会服务业的发展，进而带来技术变动和需求、价格变动影响。产业生态系统是以生态产业资源循环链为基础构建的，上下游企业之间通过产品或副产品的利用相互依存、相互联系，相较一般的产业系统具有很强的链接属性。资源回收利用技术、生态无害化技术、循环物质性能稳定技术以及闭路循环技术等关键生态链接技术对联系企业的许多工业生态链的构建至关重要，因此产业生态链接技术的断裂或革新会直接导致生态网络中连接关系的变动。如受技术限制，以煤炭开采废弃物为消费品的建材厂只能对特定灰分及发热量范围内的煤矸石进行利用，一旦上游产业无法提供符合标准的煤矸石，建材厂就放弃原有链接而寻求新的企业建立链接，而从新企业获得原材料可能使企业经济效益降低。当系统受多重扰动同时攻击时，系统结构的演化形式将更为复杂，如当企业同时面临技术和产品质量限制时，要实现产业生态化链接就需要更高的要求，而无法满足更苛刻条件，系统将表现出更大的脆弱性。

由上述可知，外部扰动对 CCIES 的网络结构攻击点不同，会影响到脆弱性在系统中传导的起点和初始方向，其中终端市场需求直接作用于终端下游企业，而能源价格直接影响煤炭企业，产业生态链接技术直接作用于企业之间的连接关系，而产业政策主要通过影响系统环境间接作用于网络。脆弱性的传导以物质、能量、资金、信息流动构成的网络为载体，网络结构的差异会影响脆弱性的传导与扩散路径。CCIES 是以人类为发展主体的复杂自适应系统，构成生产者、消费者、分解者的主体都具有很强的自主性，系统遭受外部扰动后系统主体的适应性特征会使网络结构处在持续的变动之中，因而经济波动在 CCIES 中的传导扩散路径是极其复杂的，即适应性造就复杂性。系统的自组织是系统的复杂演化主要方式，系统要素通过自组织使网络结构不断发生变化，脆弱性的传导扩散会随着网络结构变化而呈现出动态演化的特征。因此从复杂理论视角分析经济波动下 CCIES 的脆弱性自组织演化机理为深入分析脆弱性传导扩散机理内在机理提供了一个理论基础。CCIES 的脆弱性首先诱发于一个外部扰动，这种扰动使系统脱离原有形态，进入临界状态，从而表现出脆弱性自组织特征，系统通过自组织产生突现相变。从层次性分析，脆弱性首先通过攻击点表现为企业及其关系的脆弱性，企业的脆弱性与其在系统中的结构特征有关，而系统要素通过自组织相互作用在不同子系统中表现为经济、社会以及资源环境脆弱性，各子系统脆弱性耦合整体上呈现为系统的脆弱性。从非线性和涨落分析可知，CCIES 内的各个要素的变化会引起系统形态、结构和功能的由量到质的非线性变化。系统的涨落就是企业或产业子系统对系统整体稳定性的偏离，比如资源减少和环境污染带来的产业结构变化。微涨落不能打破原有系统存在的秩序，而当具备一定外界条件时，微涨落在系统失稳的临界点上被放大，转化为巨涨落时，就使原有结构模式无法维持，从而诞生新的有序结构。从协同性分析，CCIES 的脆弱性通过影响产业生态网络关系使得网络中关键节点、相关节点及连接规则发生改变，最终影响 CCIES 网络结构，网络结构决定着要素之间的竞争与合作以及节点的网络能力。外部扰动通过打破系统稳定性使 CCIES 向不利方向发展，系统通过自组织使 CCIES 实现从无序到有序的转变，而网络结构通过影响外部扰动的作用路径影响扰动的破坏力，通过影响节点的网络能力影响系统的自组织能力，整体上表现为 CCIES 脆弱性的传导与扩散。

3.2 经济波动下 CCIES 网络特征及脆弱性演化

3.2.1 CCIES 网络的构成与刻画

1. CCIES 网络的构成

按照 Hakansson[50] 的观点，任何一个网络都包含三个基本变量：行为主体、资源以及活动的发生。下面将从这三方面对 CCIES 网络的结构进行剖析。为研究方便，我们将“行为主体”和“活动的发生”这两个网络变量分别称作“节点”和“连接”。

一般来讲，产业生态网络主要包括如下几类节点：企业、科研机构、法律金融机构、生态恢复机构、公共管理机构、市场流通服务机构、中介服务机构以及政府部门等。CCIES 网络具有明显的层次性，产业生态网络是由两种层次的主体及其之间的互动构成的。以煤炭城市为例，第一类主体是系统中的煤炭开采企业及以煤炭为消费品的各类支撑企业;第二类主体是包括公共管理、市场流通服务、科研院所、中介机构、土地生态恢复、景观塑造在内的基础性产业和服务支持机构。不同的产(企)业通过在一定的区域基础服务上合作,共同提高企业的生存能力和获利能力,系统地增加一定区域的总体资源和福利,同时实现对资源的节约和环境的保护[51]。产业生态网络的内涵是工业共生,企业是网络的中心和主体,是网络中最重要的经济单元,基础性产业和服务支持机构为网络的良好运作提供支撑和服务。这些主体之间存在复杂的相互关系,既有上下游企业之间的副产品交换、信息和资金的流动关系,也有区域政府的政策引导和管理关系以及市场的竞争与合作关系。产业生态系统中的网络连接主要有两类:一类是产品网,如上下游产品配套、合作研发和分包等关联,这种连接所构成的网络可视为有形网;另一类是信息网,指系统内各组织之间的信息传递渠道,带有偶然性和随机性,可视其为无形网。同时,有形关系与无形关系之间又存在相互促进、相互转化的可能性,这涉及不同类型网络之间的关系问题。

2. CCIES 网络的刻画

将产业生态网络划分为三个层次研究其内部结构,如图 3-4 所示,即生命系统网络、生命支撑系统网络以及政策及文化层网络。生命系统网络是产业生态网络的核心网络,由 CCIES 中产业链条上相互关联的企业组成,包括原生产业

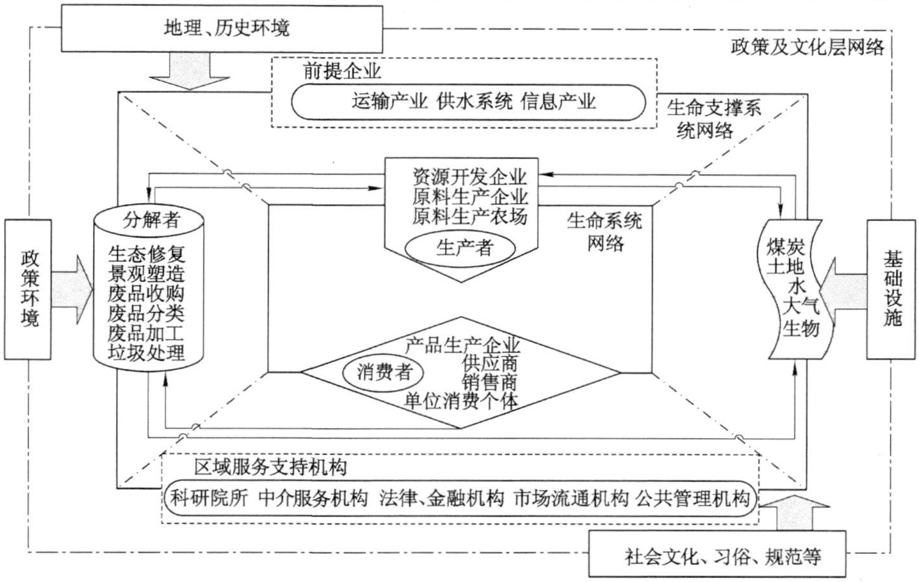

图 3-4　CCIES 网络要素与网络构架图

系统中煤炭开采形成的生产系统中的生产者企业，外生产业系统中以煤炭为消费品的各类产业部门，如电力、煤化工、建材产业等，根据企业其各类产业链上所处环节可分为产品生产企业、供应商、销售商、单位消费个体，代表不同等级的消费者企业（个体）。生命支撑系统网络是产业生态系统的辅助网络，包括土地生态恢复、景观塑造、废品收购等分解者机构，科研院所、法律金融、市场流通、中介服务等区域服务支持机构，以及资源环境子系统中的煤炭、土地、水、生物和大气等资源要素。这两层网络是实体网络，而将政策及文化层网络作为虚拟网络，抽象为第三类网络，表示政府政策、法规、历史人文环境对网络结构的影响。在刻画网络时，根据不同要素的功能将核心网络的企业节点划分为生产者企业和消费者企业，而对于辅助网络，由于我们的研究并不关注辅助网络中节点之间的连接，因此将辅助网络中的节点归为一类，作为辅助节点。另外，企业与政府的联系更多地体现在政策对企业创新和发展的支持上，故将政府对企业的影响包含在社会文化网络中。因此在产业生态网络中重点关注生产者企业与消费者企业之间的联系、生产者企业与辅助节点之间的联系，以及消费者企业与辅助节点之间的联系。连接以有向边的形式表示节点之间的依附关系，以权重表征连接的强度问题，从定性的角度研究政策扰动对脆弱性在网络中传导扩散的影响。

从网络角度而言，资源是促进网络主体间产生关系的媒介。网络中的行为主体，在主动或被动地参与活动过程中，只有借助资源的流动，才能形成彼此之间正式或非正式的关系[52,53]。在面临外部扰动时，企业的行为选择受其网络能力的约束，网络能力是企业改善其网络位置的能力和处理某单个关系的能力，企业所处的网络结构影响着其资源利用机制以及资源利用率[54]，在实现网络关系中处于掌控者地位、从属地位或者平等地位的企业呈现出不同的网络能力，即企业运用网络结构关系，处理不同情境的能力[55]。尽管 CCIES 内每个企业由于受各种因素影响会导致其具体行为的不可测，但系统通过自组织过程会表现出某种整体发展趋势，我们将借助复杂网络与仿真模拟软件研究 CCIES 在面临外部扰动时的脆弱性演化路径。

3.2.2 CCIES 网络的脆弱性演化

1. CCIES 复杂网络的脆弱性演化

Watts 和 Strogatz[56]指出，动态性有两种定义方式：一是网络的动态变化；二是网络上的动态变化。第一种动态性指的是网络自身的演化和结构变化，如节点的增加和删减以及节点间连接的变化。第二种动态性指的是网络中节点自身的属性在不断地变化和发展着，比如社会网络中的行动者就在不断地搜寻着信息、传播流言、进行决策等，他们的行动总是受周围行动者的影响。Watts 等对网络动态性定义可以理解为整体网络的动态性和个体节点的动态性。

在脆弱性传导、扩散的过程中，CCIES 的动态演化体现在三个层次：第一，网络中不断有节点的消亡和重生，企业间、企业与辅助节点间的连接也处在不断变化之中。CCIES 中的主体是具有适应性的个体，在遭受外部扰动时会进行自组织、自适应行为，网络中的各类节点根据自身的资源、发展状况，通过建立各种联系而寻求各种创新机会，通过要素之间复杂的非线性作用进行适应性学习，建立起高度自律的机制。当外部环境的变化引起网络的涨落，形成了网络演化的动力，复杂系统通过自身的反馈和自调节作用，积极地应对环境的变化，最终会引起网络结构的变迁。第二，网络内的资源在不停地创造和流动。网络的资源分布于每个节点，企业为谋求自身利益最大化，与相邻企业之间建立联系，共生、寄生等多种关系共存。CCIES 恢复的实质是系统内节点集体学习的过程，正是网络的存在使得知识、信息等资源可以自由地流动。企业在基于资源循环利用构建的物料链接的基础上分享信息和知识，在不断学习的过程中增强自身的适应能力从而降低其敏感性。第三，与外界联系的动态性。CCIES 有别于自然生态系统，是一个开发的系统。在信息化日益增强的时代，外界环境的迅速变化是网络必须加强与外界的知识互换和学习频率，以促进城市经济生态的协调发展。如通过与外界联系吸收外地大学、科研机构的最新研究成果，引进新型生态链接技术，完善产业生态系统的功能，提高区域的技术水平和创新能力。

2. 网络主体行为

我们将 CCIES 视为一个复杂网络自适应系统，从网络视角探讨产业生态系统的演化现象，则系统中的各类主体为具有自组织、自适应特性的个体，其行为倾向和结果决定着主体间的联系方式与类型的变化。

企业作为资源的集合体，其成长表现为在既定管理框架内资源集合的扩张[57]。资源的稀缺性决定了企业在资源获取的过程中既有竞争也有合作。网络是企业实现资源获取的主要途径，企业个体行为的选择不仅仅取决于个体间的利益关系，还受网络结构的影响[58]。企业对资源的管理在网络结构视角表现为企业对网络关系的管理，网络结构影响企业的网络能力。一方面，网络位置是企业网络影响力的重要来源[59-61]，网络中心性越高的企业在网络中的影响力往往越高，越容易影响其他企业来共同实现既定目标[62]。另一方面，网络会随着条件变化而变化，往往会在各种目标和网络成员之间建立某种平衡[63]。网络整体上是趋于稳定的，但这种平衡态会随着时间的推移而被打破，以煤炭城市为例，能源价格波动、市场衰退等扰动因素，经常会使得网络结构发生变化[64]，企业的网络动态性管理能力就是在平衡态被破坏后，对网络关系的重新修复或重新塑造的能力。

资源是系统演化的基础，复杂适应系统主体的网络位置不同，主体可获得的资源的充裕程度不同，相邻位置主体的特征不同，主体的发展空间不同。个体的适应和学习过程可以用主体的基本行为模型[65-67]描述。其核心是执行系统(performance system)，说明了主体在某个时刻对环境的反应能力。执行系统包括三个部分：一个探测器(detector)、一个效应器(effector)和一组 If/Then 规则集合。探测器用来接收和处理外部输入信息，代表了主体从环境中接收信息的能力，它是主体存在的条件。响应器用来输出消息，按给定控制产生输出并更新内部状态，代表了作用于环境的能力。If/Then 规则集合实际上就是一个刺激反应模型(内部模型)，规定了对刺激实时响应，它代表了处理探测器所接收到信息的能力。因为这三种元素都是抽象的，所以可应用于不同种类的主体。

煤炭城市面临外部扰动时，CCIES 的主体传导扩散脆弱性的行为体现为感知、抵抗和自修复三个层次，分别对应主体的基本行为模型中的执行系统的三个部分。假设系统在受到外部扰动之前处于一种稳定状态，外部扰动作用与单一或部分节点，通过传导扩散引发系统的相继故障。从个体层面分析，单一节点的行为由其自身的脆弱性、敏感性和应对能力决定。敏感性决定主体的接受能力，表现为对外界扰动的响应程度，其大小与系统内部条件及其承受扰动的特征有关。主体自身的属性取决于主体受到扰动前一时刻的状态，扰动通过节点之间的连接传导扩散。网络连接反映出节点之间的依赖程度，因而一条关系连接的主体可能在关系中处于从属地位、控制地位或平等地位。主体会对来自被依赖主体的脆弱性作出较大响应而可能不会受到依赖主体的脆弱性影响。同时，脆弱性强度越高，主体的响应程度越大。当主体接收到的脆弱性达到引发其自身脆弱性的阈值时，主体会通过规则集选择应对措施，表现为企业的应对能力，即企业的网络能力。此时，资源导向下的企业为实现自身的最优发展，会采取抵抗或修复行动，对临近企业采取竞争或合作的决策，在网络中表现为连接的断裂或建立(修复)。决策可能成功或失败，主体的网络影响力越大，其反应速度越快，成功概率越大。主体的抵抗或修复策略会可能使自身的脆弱性放大或缩小，从而向环境输出不可预测的脆弱性，即主体作用于环境的能力，是主体的功能所在。CCIES 主体基本行为模型如图 3-5 所示。

3. 主体的网络行为演化

CCIES 作为一个具有复杂系统特征的网络组织，其演化也被视为复杂系统的自组织过程，是系统内企业行为共同作用的结果[68]。“理性适应”[69]观点下的企业被作为适应性主体，认为企业行为的改变能够在外部环境发生变迁的同时，快速并有效地实施[70]。然而，大量实证研究表明[71,72]，由于组织惯性[73]的存在，企业组织并非完全自主的适应性主体，在面对环境变化时，企业组织适应

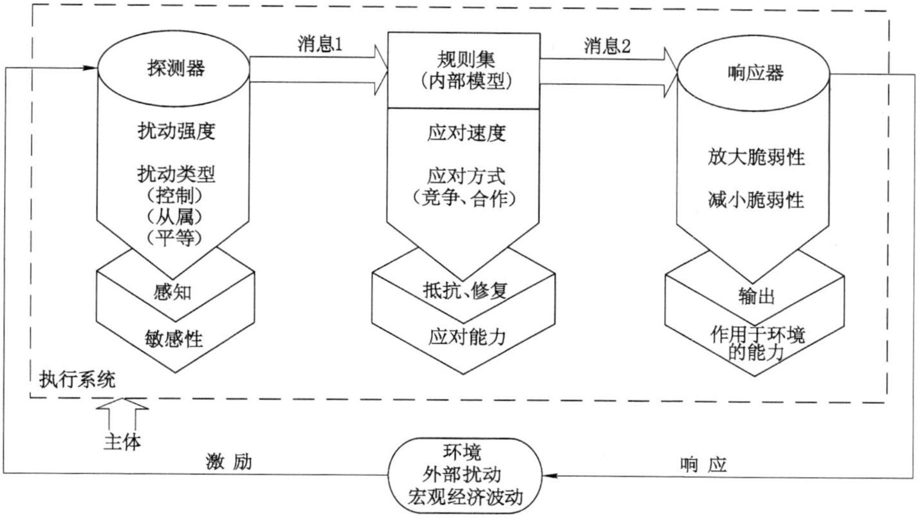

图 3-5 CCIES 主体基本行为模型

性的行为改变经常会出现“迟钝”或“延迟”现象。一方面,结构性惯性的存在,暗示了绝大多数组织在发展外部联系时,所考量的首要因素是稳定性[74]。企业的网络活动更倾向于现有的稳定网络关系及网络活动流程的重复,抑制新增的不确定性网络关系和网络管理活动的生成。另一方面,企业基于行为及其结果,对其诱因进行确定和建构,并对此进行不断的修正并应用的过程会形成认知惯性[75]。企业以过去经验和知识的记忆作为形成新问题解决方案的指导,问题解决的高水准是由其在以往经验和适应新环境过程中所获取的知识决定[76],因此,企业的网络战略会倾向于重复先前获得成功的网络战略或特定类型的网络活动,并将以往对网络环境的认知和理解所形成的经验和知识,作为指导网络活动的认知基础。

根据上述分析,我们假设 CCIES 受到外部扰动且网络主体的脆弱性被激发出来后,主体首先倾向于采取能够使自身承受且可以保持其结构、功能、特性以及对结构、功能的反馈在本质上不发生改变的行动。当原有经验不能为降低脆弱性提供有效方案时,组织充分发挥其创造性能力,通过学习与调节的适应性能力主动应对环境变化。网络主体既可以通过竞争或合作的方式降低自身的脆弱性,即建立连接或断裂关系。由于组织惯性的存在,企业首先会通过抵抗和自修复应对外部扰动,具体规则如表 3-1 所列,其网络行为受到自身资源状况的约束。当上述行为无效时,企业将发挥其适应性能力,通过适应性学习,在竞争或合作策略中选择最有利的策略。

表 3-1　　主体网络行为及规则

主体的网络行为类型	目的	规则集
抵抗 （主动应对）	降低自身脆弱性	如果资源充足，断裂无用关系，重建有价值关系
	维持原有功能	如果资源不足，放弃维持无用关系
自修复 （被动应对）	修复断裂关系	如果存在同质关系，优先选择建立同质关系
	维持原有结构	如果不存在同质关系，选择建立次优关系

企业行动的成功与否不仅取决于其自身的策略选择，同时也受到网络中其他行为主体网络策略选择的影响，合作关系的建立需要建立在双方信任的基础上，即连接两端的企业要同时采取合作策略，而关系的断裂取决于网络影响力较强一方的决策。具体博弈结果如表 3-2 所列。

表 3-2　　主体网络行为策略结果

结果		控制者	
		竞争	合作
从属者	竞争	关系断裂	建立失败或建立关系
	合作	建立失败或关系破裂	建立关系

3.2.3　网络结构特征与脆弱性演化的关系

1. CCIES 的结构与功能

产业生态系统链网的交织拓展既是物质循环的过程，也是价值创造与增值的过程。物质循环是实现价值增值的手段，而价值创造与增值则是其核心。CCIES 采用生态链接的方式集成优化网络体内物质与能量实现价值增值，但网络节点是刚性的，在产业链上的任何一家企业的干扰都会波及其他企业乃至整个生态链，使之陷入瘫痪，而呈现系统的脆弱性。组织纵横网络化协调产业生态系统内部之间相互作用可以规避这种刚性给产业生态带来的风险，构成产业生态网络的节点的企业与组织之间的关联、互动是重要保证[77]。结构反映系统内部组成要素之间的相对稳定的联系，功能通常为系统与外部环境相互联系和相互作用过程中表现出来的性质、能力和功效[78]。因此，CCIES 网络结构的差异会使系统具有不同的脆弱性功能属性与经济生态绩效。

CCIES 具有复杂自适应系统的特征，其中的主体是具有主动性和适应性的个体，在与其他个体的交互作用中，不断进行各种物质、能量和信息交流，并根据环境对自身结构和行为加以变更，如图 3-6 所示。物流、能流是实现物质循环闭合的基础，物质循环是构建产业生态网络的基础，信息流的畅通是物流畅通的保证，伴随而生的价值流则是物流运动的价值表现。信息流、物流的断裂或不畅通都会导致经济生态绩效下降，使系统呈现脆弱性（经济生态绩效下降是 CCIES 的一种风险，而风险是脆弱性的功能，脆弱性是风险的表现形式）。从表现形式上看，网络的结构与关系强度决定着系统内部信息流的畅通度与物流的流速和流量，物流的速度与流量大小决定价值流动的速度与流量，进而直接影响整个系统的经济效率和效果，但物流的流速和流量又受信息流的调控，物流过程中的各种要素的状态和效率如何只有通过信息反馈才能知晓。因此，经济波动下的 CCIES 的脆弱性直接通过物质循环的断裂呈现，而信息流可对系统的脆弱性产生调控作用。从内在驱动机制上看，网络结构影响的是系统自适应机制的规则集更新选择的实现，CCIES 的网络结构决定了网络中学习型主体间的动态网络关系及其层次性，不同结构的网络通过影响主体间的非线性反馈作用影响行为主体间的自组织，使系统产生不同的新的个体行为模式以及系统行为形式，从而决定了系统结构功能（抗风险能力）表现形式的差异，即脆弱性的差异（脆弱性是系统抗风险能力的表现）。

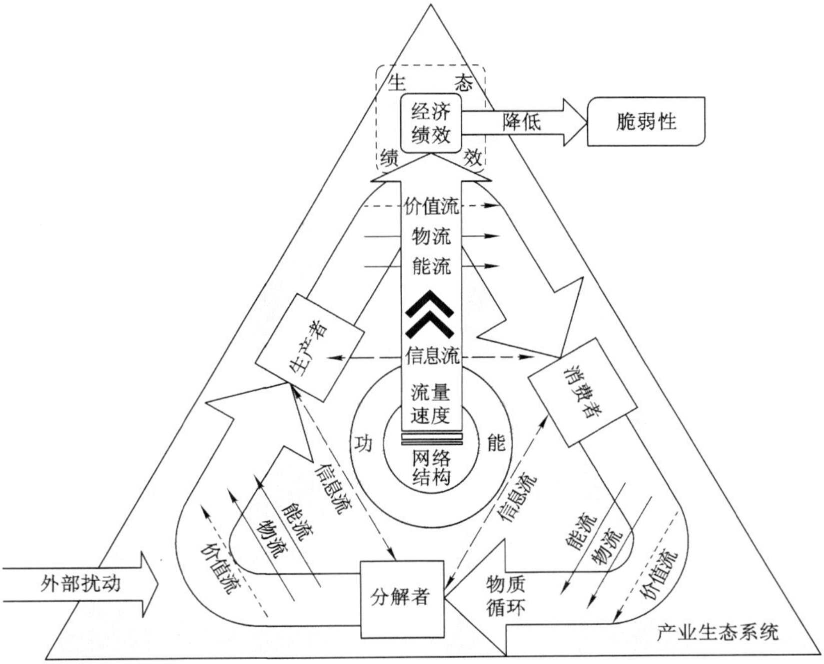

图 3-6　CCIES 的网络结构与功能

2. CCIES 网络特征对脆弱性传导扩散的影响

CCIES 的结构功能是指内部要素结构所具有的特定功能，是一种内在于事物内部相对稳定独立的机制。在面临外部扰动时，主要表现为其内部结构特征对脆弱性传导扩散的影响。以下主要分析产业生态网络的功能。

产业生态系统的利益实现与产业生态网络整体功能结构密切相关，竞争共生、循环再生、功能补偿是产业生态系统促进不同区位特点、区域资源优势和环境承载能力城市可持续发展的重要功能导向。竞争共生是指产业间的资源利用和利益关系既存在竞争关系，又存在互补、协同、合作关系。例如煤化工产业具有同种产品或副产品的精细产业，他们存在明显的市场竞争关系，但是他们又能够建立技术、材料等信息平台、统一供应商及采购市场、共享污水处理和能源等基础设施，并可能存在不同企业之间的副产品交换关系。这种竞争和共生机制的结合，是促进系统内环境合理、经济高效、行为合拍、协调发展的重要条件。循环再生是指产业间是上下游链接关系、副产品交换关系、能源梯级利用关系或是废物废水处理再利用关系等，如煤焦化和煤气化、矸石场和建筑业、三废处理产业等，从而提高系统资源利用效率、减少环境污染，提升区域经济竞争力。功能补偿是指当系统整体功能受到威胁或损害时，系统中某些组分会上升为主导组分，或是自动补偿或是替代系统的原有功能，使整体功能趋于稳定[79]。

产业生态系统上述主要功能的发挥依托于系统主体之间的相互依赖关系，这种关系可通过复杂网络有效刻画。然而，在面临单一或多重外部扰动时，网络本身固有的网络风险将被激发，通过网络的连锁、放大效应及外部效应等，产生不能预见和掌控的恶果，如产业生态系统面临的脆弱性挑战。暴露在外部扰动中的企业在外部扰动的冲击下首先转化为具有一定脆弱性能量的载体节点，节点自身存在一定的机制，既可能减少脆弱性，也可能放大脆弱性。而网络中的节点并非孤立的，某一节点上的脆弱性能量通过企业间物流、价值流和信息流的流动与其他节点发生联系，进行脆弱性能量的交换，能量交换形式为积聚或释放。当脆弱性能量达到临界阈值时，节点将会崩溃，从而引发系统危机。脆弱性的传导扩散具有聚集性、累积性、延时性、强度性的特征，这些特征由系统的网络结构特征决定。

从复杂网络视角研究产业生态系统脆弱性的自组织演化，是以复杂网络上的传播机理与动力学分析、复杂网络上的相继故障作为理论基础的。传统理论认为只有当有效传播速率超过一个正的临界值时，大规模传播才有可能，而 Pastor-Satorras 和 Vespignani[80] 的研究表明，当网络规模无限增大时，无标度网络的临界值趋于零。这意味着即使是微小的传染源也足以在庞大的网络中蔓延。对于在传播过程中出现的如震动等动态行为，研究发现分岔、混沌和一般的不稳定震荡等动力学现象都可以存在于不同类型复杂网络中[81]。复杂网络上相继故障描述的就是实际网络中，一个或少数几个节点或边发生的故障，通过节点之间耦合关系引起其他节点发生故障后产生的连锁效应，最终导致相当部分节点甚至整个网络崩溃的现象。这种相继故障反映在经济社会中就是风险，具体到产业生态系统呈现为脆弱性，大规模相继故障一旦发生，往往具有极强的破坏力和影响力。因此，我们在刻画 CCIES 时，将 CCIES 中的个体（单一生产者企业、消费者企业、分解者机构）定义为节点，而将个体之间存在的关联途径定义为节点之间的边，应用复杂网络相继故障的原理，模拟 CCIES 脆弱性演化。

作为研究复杂系统的新兴工具，复杂网络通过关注个体之间的关系来研究系统的总体特征，从而在宏观整体趋势和微观个体行为之间架起了一座桥梁。将 CCIES 作为一个复杂适应性系统探寻其脆弱性的演化规律，关注系统中企业的网络行为是研究脆弱性传导扩散与网络演化差异性的重点。外部扰动对网络的攻击作用可以作用于节点或边，节点崩溃、边拥塞等故障都能引发相继故障从而破坏网络性能，故考虑节点故障和边故障两种攻击策略。CCIES 的脆弱性是敏感性和适应能力的函数，在受到外部冲击下往往具有感知、抵抗、恢复三级“防御”机制。在脆弱性传导扩散的过程中，传导扩散主体存在异质性，这种异质性不仅表现在每个个体在网络中的位置不同、度的大小不同，更要表现在每个节点对其他节点的影响力和其他节点对该节点的影响力不同。因此所涉及的网络是一个有向加权网络。网络的结构维度和关系维度特征都会对节点行为产生不同的影响，使节点呈现出不同的敏感性、抵抗力和自修复力。

3.3 模型构建与仿真结果分析

CCIES 是一个开放系统，环境的突变以及不可预测的不确定性增加了系统演化的不确定性。CCIES 会受到不同类型的攻击，在能源价格、终端市场需求、产业政策、生态链接技术等不同因素的扰动下，CCIES 网络结构演化过程中的主体间的相互作用关系是极其复杂和多变的，通过多主体仿真模拟经济波动下外部单一或组合扰动因素对不同类型网络结构 CCIES 脆弱性的演化路径，有助于从动态角度去定量分析产业生态系统网络结构的演变，并从微观角度揭示三类 CCIES 的脆弱性机理。我们首先通过各模型的连接规则，运用计算机仿真模型构建三类产业生态系统的网络结构。在构建三类模型的基础上，通过计算机仿真模拟，比较模型不同攻击下网络结构的演化路径，通过演化结果得出不同扰动对脆弱性的激发强度以及不同网络特质 CCIES 在扰动中的脆弱性强弱分布。

3.3.1 模型构建

1. CCIES 的网络结构类型及其识别方法

CCIES 具有一定的结构模式。根据共生企业在 CCIES 中的地位以及各企业之间的生态连接关系和经济连接关系，将 CCIES 划分为平等型、依托型和嵌套型三种类型。

(1) 在平等型 CCIES 中，电力、建材、冶金及煤化工等企业以平等市场交易为主，各生产商以水平联系来完成产品生产。该网络生态连接关系平等，经济连接关系独立。具体而言，电厂、气化厂、焦化厂、建材厂等煤基产业之间相互连接，各企业之间存在多层次多渠道的资源利用，彼此之间紧密合作，共同获得利益。

(2) 在依托型 CCIES 中，某一个核心企业处于支配地位，其他中小企业为该核心企业进行特定的专业化加工或限制性销售。该网络生态连接关系依托，经济连接关系联合。例如，在以煤焦化产业为主导产业的依托型 CCIES 中，煤炭开采出来后，经过分选用于炼焦。炼焦产生的焦炭是主要产品，但同时也会产生多种副产品，如焦炉煤气和煤焦油。焦炭工业为核心产业，以其副产品为产业围绕其建设相关业务工厂。

(3) 嵌套型 CCIES 介于平等型和依托型之间，同时具备两者特征。它是一种由多家核心企业和依附于它们的众多中小企业通过各种业务关系而形成的多级嵌套网络模式。在这类 CCIES 中，不仅存在电力、煤化工等产业内部的纵向产业链，还存在另外产业间的横向链条。它们以纵向产业活动中排放的煤矸石、煤泥、粉煤灰等副产品和废弃物等为基础，共同为横向链条中的产业提供原材料和辅助材料，实现产业间的物料转移与最大程度的再利用。

生态连接关系和经济连接关系的差异使三类 CCIES 呈现出不同的网络结构特征。三类 CCIES 结构特征的比较如表 3-3 所列。

表 3-3　　产业生态系统网络结构特征对比

网络结构特征	网络中心度	网络同质性	网络关系强度
平等型网络类型	低	高	弱
依托型网络类型	高	低	强
嵌套型网络类型	适中	适中	适中

根据已有研究[82,83]，可以结合企业规模，从物质流向的角度识别一个煤炭产业生态系统的基本类型。在CCIES中，产业间的工业代谢和共生关系通过物质能量的向下纵向延伸和横向环向拓展形成，形成的纵向物质流向和横向物质流向交织形成产业共生网络。向下纵向延伸就是对煤炭资源进行深加工，其物质流向以煤炭资源为基础，主要包括以下几种形式：煤炭→电力；煤炭→煤气→合成气→甲醇、二甲醚等；煤炭→兰炭等；煤炭→煤气→合成气→石脑油、汽油、柴油。横向环向拓展就是将向下纵向延伸的产业链排放出来的副产品或废弃物再深度加工，其物质流向以副产品、废弃物等为基础，主要包括以下几种形式：煤矸石、煤泥→热电；电石→乙炔→聚氯乙烯、聚乙烯醇等；灰渣、矸石→建材产品；矿井水→工农业生产、生活用水；粉煤灰→商品灰→水泥；粉煤灰→电解铝→铝制品等。

具体而言，在平等型CCIES中，企业多为中小型企业，每个企业都与多个企业之间存在多渠道、多层次的物质交换，纵向物质流向与横向物质流向在各企业之间广泛存在。在依托型CCIES中，企业规模大小悬殊，存在一个或几个大型企业与众多中小型企业，物质以一个或几个大型企业为核心，流向周围众多中小企业，大企业与中小企业之间存在横向、纵向的物质流向，而各个小企业之间、各大企业之间（如果有多个）不存在或者仅存在简单的物质流向。嵌套型CCIES中存在多个大型企业与众多中小型企业，其物质流向在整个共生网络中比较复杂，囊括了一个或多个依托型和平等型的纵向、横向物质流向，既有各大企业到中小企业的纵向、横向物质流向，也有各个小企业之间、各大企业之间的纵向或横向物质流向。

2. 案例研究区

为考察经济波动对三类CCIES脆弱性的影响，我们选取中国三个典型的煤炭生态工业园为研究对象，运用复杂网络理论构建三类CCIES的拓扑结构。鲁南工业园位于山东济宁南部，是华东地区大型煤炭生态工业园区之一。大路煤炭生态工业园位于鄂尔多斯东部，是华北地区的重点煤炭工业园区之一，中国首个煤制油项目于2004年在大路工业园区投产。榆神煤炭生态工业园位于陕西榆林北部，2014年榆林市探明煤炭储量已达1 500亿t，占中国煤炭总储量的20%。该园区已成为中国最大的甲醇和煤液化合成燃料生产基地。三个煤炭生态工业园区的网络结构简图如图3-7所示。其中，部分数据资料来源于三个煤炭生态工业园区的官方网站（www.ysia.gov.cn，www.dlmhg.gov.cn，www.lnhgcyy.com），园区内企业关系由作者通过实地调研整理获得。

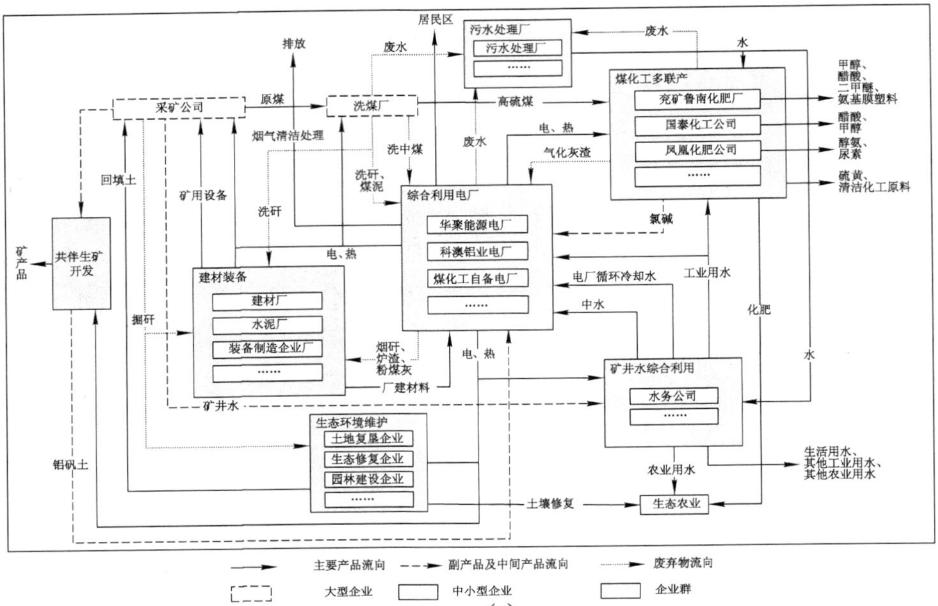

(a)

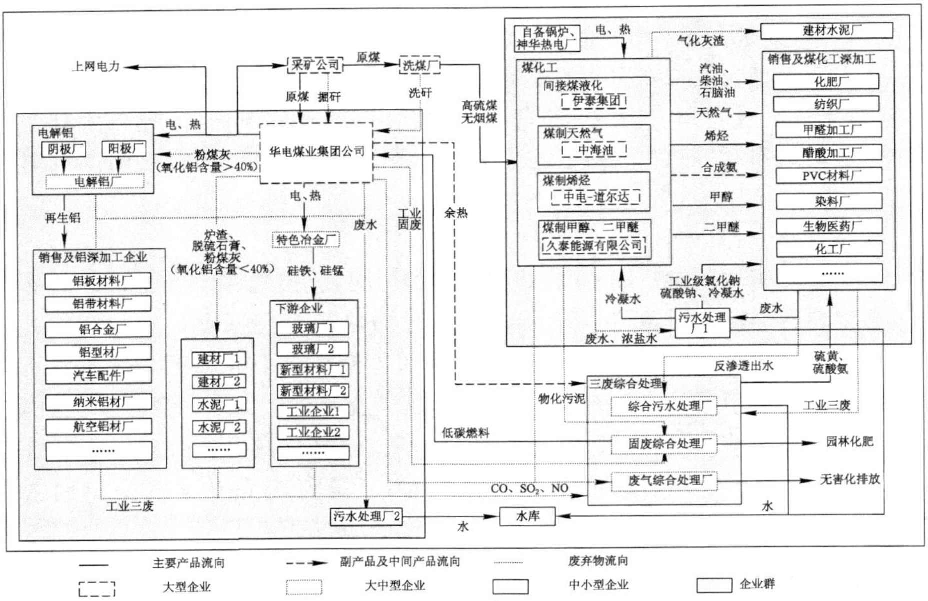

(b)

图 3-7　三个工业园网络结构简图

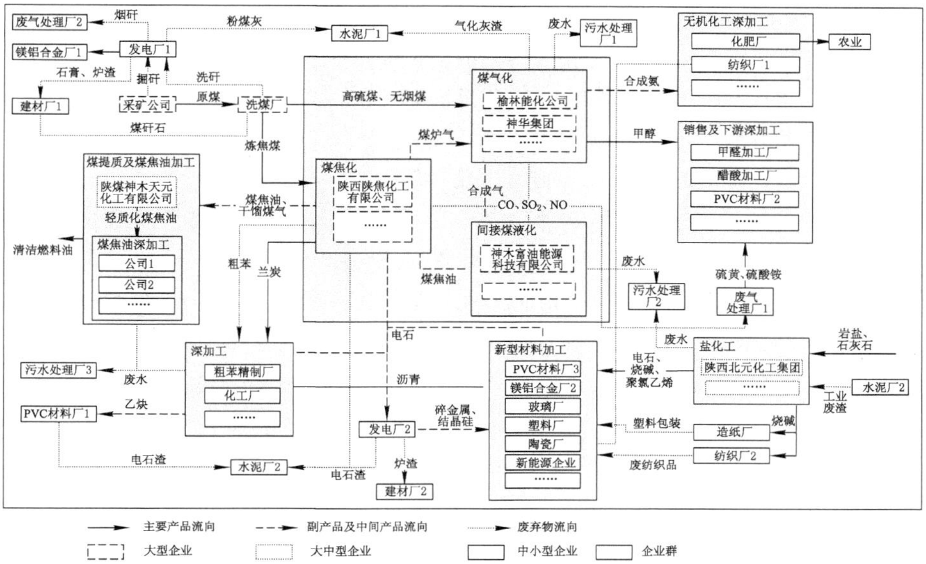

(c)

图 3-7 三个工业园网络结构简图(续)

(a) 鲁南工业园;(b) 大路工业园;(c) 榆神工业园

图 3-7(a)是鲁南煤炭生态工业园的网络结构简图。鲁南工业园依托煤炭资源优势,通过煤炭采掘、煤化工、电解铝三大主导产业间的原辅材料、资源、水资源等的流动集成、废弃物的综合利用,逐步成立了建材、矿井水净化、电厂、煤化工、电解铝、土地复垦等多种企业,且各企业均为中小型企业,每个企业都与多个企业存在多渠道、多层次的物质交换。其中既有纵向物质流向,如煤炭→电力;煤炭→煤气→合成气→甲醇、二甲醚等;也有横向物质流向,如煤矸石→再生土→土地资源,矿井水→工业用水;气化灰渣→热,铝矾土→电解铝等。鲁南工业园具有平等型共生网络的典型特征。

图 3-7(b)是大路煤炭生态工业园的网络结构简图。依托定位的优势发展产业,园区现已分别形成了以煤化工和煤电为依托,以煤化工下游精细化工、电解铝及其深加工、煤矸石、粉煤灰、废渣、废气、废水等综合利用为重点发展对象的循环经济产业格局。其中,伊泰集团、久泰能源、中电投-道尔达、中海油和华电煤业集团为大型企业。这些企业分别依托间接煤制油、煤制甲醇和二甲醚、煤制烯烃、煤制天然气、煤电铝大型项目建厂,成为园区中的核心企业,大量下游中小企业围绕其建厂。物质主要从核心企业流向中小企业,既有煤炭→电力和煤炭→煤气→合成气→甲醇、二甲醚等纵向物质流向,也有煤矸石、煤泥→热电,锅

炉灰渣、矸石→建材产品，粉煤灰→电解铝→铝制品，合成氨→化肥，气化灰渣→水泥等横向物质流向。核心企业分别依托不同的项目支撑，它们之间几乎不存在共生关系，而中小企业之间只存在少量简单的物质流向，如工业废水→工业用水等。大路工业园具有依托型共生网络的典型特征。

图 3-7(c)是榆神煤炭生态工业园的网络结构简图。榆神工业园最初是围绕大型焦化厂发展起来的，近年来通过引进与自主研发新型煤气化、煤液化工艺技术，逐渐形成了以煤焦化、煤气化、煤液化产业为主体，配套发展煤化工深加工与氯碱盐化工工业，多元化发展装备制造业、新型材料产业与服务支持产业的产业格局。其中，大型企业以陕焦化工有限公司、榆林能化公司、神华集团、神木富油能源科技有限公司等煤化工企业为代表，其他为中小型企业。园区中既有煤炭→煤气→合成气→甲醇、二甲醚，煤炭→焦炭，煤炭→煤气→合成气→石脑油、汽油、柴油等纵向物质流向；也有煤矸石→热电，电石→乙炔→聚氯乙烯，粉煤灰→商品灰→水泥，灰渣、矸石→建材产品等横向物质流向。这些物质流向在园区中多级嵌套，既有大型企业到中小企业的物质流向，如合成氨→化肥，电石→乙炔→聚氯乙烯等，也有大企业之间的物质流向，如煤炉气→合成气，煤焦油→石脑油、汽油、柴油等，还有小企业之间的物质流向，如废纺织品→陶瓷，结晶硅→单晶硅→太阳能电池等。榆神工业园具有嵌套型共生网络的典型特征。

3. 网络构建与拓扑参数

根据工业园区中各企业之间的相互关系建立邻接矩阵，然后利用 Ucinet 6.0 软件的 NetDraw 工具绘制煤炭产业生态系统的网络拓扑结构图。进一步，采用 Matlab 7.0 编程计算，得到三个园区生态系统网络的点权分布情况。结果如图 3-8～图 3-10 所示。

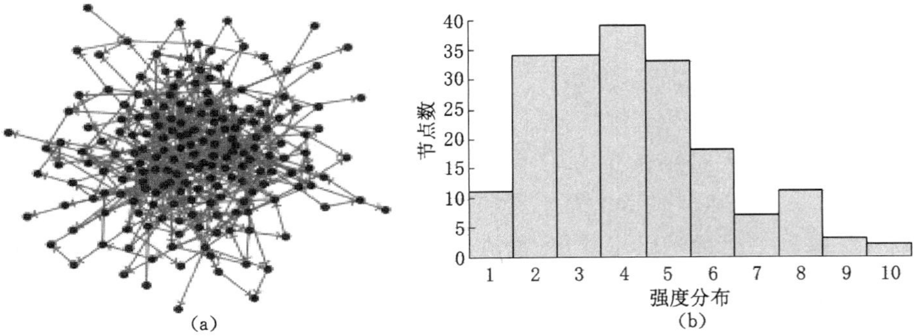

图 3-8　鲁南工业园区共生网络拓扑结构和网络点权分布图

(a) 鲁南工业园区共生网络拓扑结构；(b) 鲁南工业园区网络点权分布

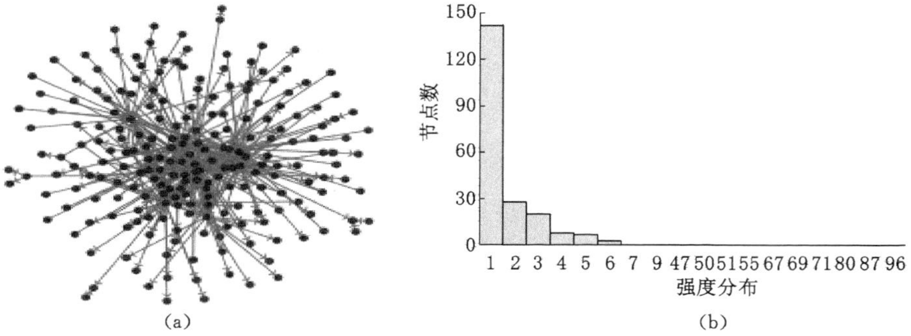

图 3-9 大路工业园区共生网络拓扑结构和网络点权分布图

(a) 大路工业园区共生网络拓扑结构;(b) 大路工业园区网络点权分布

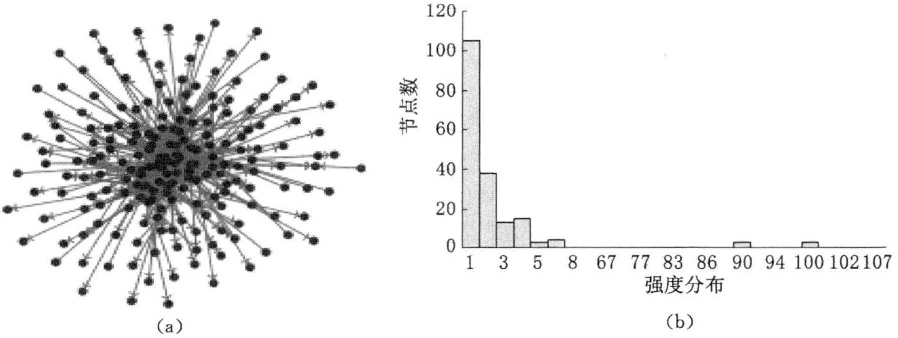

图 3-10 榆神工业园区共生网络拓扑结构和网络点权分布图

(a) 榆神工业园区共生网络拓扑结构;(b) 榆神工业园区网络点权分布

由图 3-8～图 3-10 可以看出,根据三个煤炭生态工业园区所构建的网络拓扑结构,分别较好地反映了三类 CCIES 的主要特征,具体分析如下。根据图 3-8(b)可知,鲁南工业园区共生网络的点权分布呈正偏分布,其偏态系数和峰度系数分别为 0.20 和 1.51,表明网络的点权分布较为平均,不存在权值较大的特殊节点。这与平等型 CCIES 的结构特征相一致。根据图 3-9(b)与图 3-10(b)可知,神榆工业园区和大路工业园区的共生网络的点权分布服从幂率分布,充分反映了依托型和嵌套型 CCIES 中企业的增长和优势累积机制。进一步,大路工业园区共生网络的偏态系数和峰度系数分别为 3.79 和 15.32,表明该园区中众多中小型企业分别围绕某一核心企业进行运作。这与依托型 CCIES 的结构特征基本吻合。榆神工业园区共生网络点权分布的偏态系数和峰度系数分别为4.04和18.17,而且存在多个核心节点。这说明园区中既有各大型企业之间的平等共生、大型企业与中小型企业的依托型共生，也有各子系统之间的相互渗透。这与嵌套型 CCIES 的结构特征基本一致。综上可见，我们可以以这三个煤炭生态工业园区的共生网络为基础，研究三类 CCIES 在经济波动冲击下的结构演化规律，并比较分析其脆弱性之间的差异性。

另一方面，拓扑参数是描述网络特征的有效指标。我们选取集聚系数、结构熵、平均度与平均路径长度等四个指标分别对构建的三个共生网络的结构特征进行定量分析。Matlab 7.0 编程计算输出结果如表 3-4 所列。

表 3-4　　三个煤炭生态工业园区的统计特征参数

	聚类系数	结构熵	平均度	平均路径长度
鲁南工业园	0.014 1	1.077	3.836	6.672
大路工业园	0.046	0.282	9.944	3.048
榆神工业园	0.021 5	0.395	4.125	3.991

根据表 3-4 分析可得出一致结论。首先，聚类系数是衡量网络集团化程度的特征参数，聚类系数越大，网络中企业的联系程度越紧密，集团化程度越高。鲁南、大路和榆神工业园区的聚类系数分别为 0.014 1、0.046 和 0.021 5，表明大路工业园区具有最高的网络中心性，鲁南工业园区的网络中心性最低。其次，结构熵是反应网络同质性的重要状态参数，结构熵越大，网络同质性越高。鲁南、大路和榆神工业园区的聚类系数分别为 1.077、0.282 和 0.395，表明鲁南工业园区具有最高的网络同质性，大路工业园区的网络同质性最低。再者，平均度和平均路径长度均可衡量网络关系强度，平均度越大，平均路径长度越短，网络关系强度越高。如表 3-4 所列，鲁南工业园区的网络关系强度最弱，大路工业园区的网络关系强度最弱。榆神工业园区的各特征参数值均介于其他两个工业园区之间。

综合考虑定性分析与定量分析结果，我们可以以这三个煤炭生态工业园区的共生网络为基础，研究三类 CCIES 在经济波动冲击下的结构演化规律，并比较分析其脆弱性之间的差异性。

3.3.2　CCIES 脆弱性演进仿真设计

CCIES 是由大量企业及其他相关主体联结形成的网络系统。各个主体的行为决定了产业生态系统网络演化的结构特征和发展方向，因此，本书将 CCIES 网络视为一个复杂自适应系统，建立集群网络演进的多主体仿真模型，分析探讨经济波动下不同网络结构 CCIES 脆弱性传导扩散的规律和特点。

1. 仿真模型设置

在宏观经济波动的冲击下，CCIES 中的少数节点（即企业）或边（即企业之间的生态连接关系和经济连接关系）发生的故障，会通过节点之间的耦合关系引起其他节点发生故障，从而引发网络故障扩散的连锁效应，并最终导致相当一部分节点甚至整个 CCIES 的崩溃。这是一种典型的相继故障现象。为此，我们以复杂网络的相继故障理论为基础，从网络拓扑结构出发分析 CCIES 的脆弱性。

当前，复杂网络的相继故障动态模型主要有节点动态网络模型[84]、边动态网络模型[85]、节点与边的混合动态网络模型[86]、沙滩模型[87]，以及基于耦合映象格子的相继故障模型[88]。现有文献通常将产业共生网络简化为一个无向、无权网络来研究。也就是假定所有的企业都是同质的，而不考虑企业之间资源流的方向性以及企业间的异质性。这显然与实际的煤炭产业共生系统不符。为此，我们将 CCIES 作为有向、有权网络，并在 couple map lattice（CML）模型的基础上，建立了一种改进的有向加权网络相继故障模型，如式（1-1）所列，考虑如下包含 N 个节点的 CLM 模型：

$$x_i(t+1)=\left|(1-\varepsilon)f(x_i(t))+\varepsilon\sum_{j=1,j\neq i}^{N}a_{i,j}f(x_j(t))/\hat{s}(i)\right|,i=1,2,\cdots,N \tag{1-1}$$

其中 $x_i(t)$ 表示第 i 个节点在 t 时刻的状态。N 个节点的连接信息用连接矩阵 $\mathbf{A}=(a_{ij})_{N\times N}$ 表示。若节点 i 和节点 j 之间是由 $i\rightarrow j$ 的有向边，则 $a_{ij}=\omega_{ij}$；否则 $a_{ij}=0$。这里规定任意两个不同节点之间至多只能有一条同向边，且不允许节点和自身相连。这样 $\mathbf{A}$ 就是一个只包含权重值和 0 元素的矩阵，且对角线元素为 0。$\hat{s}(i)$ 是节点 i 的出强度，$\varepsilon\in(0,1)$ 表示耦合强度。非线性函数 f 表征节点自身的动态行为，这里选择为 $f(x)=4x(1-x)$。式（1-1）中的绝对值符号保证各节点的状态非负。

如果节点 i 的状态在 m 个时序内始终在 $(0,1)$ 范围内，即 $0<x_i(t)<1,t\leqslant m$，那么称节点 i 处于正常状态。如果在 m 时刻，节点 i 的状态 $x_i(m)>1$，那么称节点在此刻呈现出脆弱性。这种情况下，节点开始采取应对措施，通过适应性行为改变自身的状态，其行为可能降低或增大其脆弱性并影响相关企业状态和网络结构。如果在 $m+1$ 时刻仍有 $x_i(m+1)>1$，则该节点崩溃，在以后的任意时刻状态恒等于零，即 $x_i(t)\equiv 0,t>m+1$ 时。在节点状态按照式（1-1）迭代演化的网络中，如果所有 N 个节点的初始状态都在 $(0,1)$ 范围内，并且没有外部扰动，那么所有的节点将永远保持正常状态。

为了研究由于单个（或部分）节点受到冲击导致的相继故障，在 m 时刻给某个（或部分）节点 c 施加一个外部扰动 $R\geqslant 1$，如式（1-2）所列。

$$x_c(m)=\left|(1-\varepsilon)f(x_c(m-1))+\varepsilon\sum_{j=1,j\neq c}^{N}a_{c,j}f(x_j(t))/\hat{s}(i)\right|+R \quad (1\text{-}2)$$

在这种情况下，节点 c 在第 m 时刻呈现脆弱性状态。在第 $m+1$ 时刻，所有与节点 c 直接相连的节点，即 c 的邻居节点，都将受到 m 时刻 c 节点的状态 $x_c(m)$ 的影响，并且这些节点的状态值按照式(1-2)计算得出。此时计算出的节点状态值也有可能大于1，从而会引起新一轮的脆弱性传导。这个过程反复进行，节点脆弱性就可能扩散。若 $m+1$ 时刻节点 c 的状态值仍大于1，则对所有的 $t>m+1$ 有 $x_c(t)\equiv 0$。需要研究的问题是：外部扰动的强度与相继故障的规模有何联系？不同网络拓扑结构的 CML 中，相继故障有什么异同点？

在(0,1)范围内随机选择各节点的初始状态值，并对某个节点 c 在某个时刻施加一个外部干扰 $R\geqslant 1$。第$(t+1)$时刻以前，网络中发生故障的节点总数用 $I(t)$来表示，这样可以得到故障规模的时序图，从而可以观察到故障节点在网络中扩散的过程。当网络中不再有节点发生故障时，相继故障的最终规模用 I 表示，即 $I\equiv\lim\limits_{t\to\infty}I(t)$。

2. 脆弱性演化分析的参数指标设计

从复杂网络结构的角度来看，CCIES 的脆弱性特指扰动中节点和边变化后网络的连通性问题。当网络的节点和连边不再发生改变时，网络达到新的稳定状态。在复杂网络研究中，可根据复杂网络相关指标的变化，分析一个或少数几个节点或边的故障引发的相继故障在网络中的演化过程。为确保测量工具的效度及信度，选取相继故障相对值、最大连通子图相对值、平均路径长度、网络效率和网络结构熵等五个指标作为刻画 CCIES 脆弱性的指标。各指标的定义和计算方法如下：

(1) 相继故障相对值(I)

定义一个相继故障相对值，表示故障节点数占原始网络总结点数的比例：

$$S=I/N$$

其中 I 是相继故障过程结束后发生故障节点的总数，即 $I\equiv\lim\limits_{t\to\infty}I(t)$。第$(t+1)$时刻以前，网络中发生故障的节点总数用 $I(t)$来表示。故障规模相对值的时序图描述了 CCIES 节点的故障分布变化。

(2) 最大连通子图相对值(G)

该参数衡量去掉发生故障的节点后，CCIES 中最大连通的子网络中的节点个数。将最大连通子图的相对值 G 定义为：

$$G=\frac{N'}{N}$$

其中 N'表示相继故障结束后 CCIES 的最大连通子图包含的节点个数。最大连通子图相对值反映了 CCIES 整体的连通性。

(3) 平均路径长度(L)

CCIES 网络并非全连接网络的,因而把平均路径长度 L 定义为存在连通路径的节点对之间距离的平均值:

$$L = \frac{\sum_{i=1}^{N} \sum_{j \neq i} d_{ij}}{N(N-1)}, GE = \frac{1}{L}$$

其中 N 为 CCIES 的节点数,d_{ij} 表示从节点 i 到 j 的权值之和最小的有向路径。假设两个节点之间发送信息的效率与它们之间的距离的倒数 GE 成正比,GE 就定量反映了网络中只有一个信息包连续传播的网络效率,也就是网络的连通效率。

(4) 网络效率(Eff)

网络效率反映了 CCIES 内资源和信息的传输过程特征,网络拓扑结构、路由政策以及流量信息都与 Eff 有关:

$$Eff = \frac{1}{N(N-1)} \sum_{i=1}^{N} \sum_{j \neq i} \frac{1}{d_{ij}}$$

其中 N 为网络节点数,d_{ij} 表示从节点 i 到 j 的权值之和最小的有向路径。与 GE 不同,Eff 用于表示信息并行传播时的网络效率,也就是网络的全局效率。

(5) 网络结构熵($\overline{E}$)

熵是对系统能量分布均匀性的一种度量,反映了系统状态的稳定性及其变化方向。作为系统无序的度量,网络结构熵是反映 CCIES 非同质性的重要状态变量,节点重要度分布越均匀,熵越大;反之,则熵越小。其计算式为:

$$E = -\sum_{i=1}^{N} \left(\frac{s_i}{\sum_{i=1}^{N} s_i} \times \ln \left(\frac{s_i}{\sum_{i=1}^{N} s_i} \right) \right)$$

其中 N 为网络节点数,s_i 表示节点 i 的权值。为消除节点数 N 对 E 的影响,对结构熵进行归一化处理,采用标准结构熵($\overline{E}$):

$$E = \frac{E - E_{\min}}{E_{\max} - E_{\min}}$$

从复杂网络结构的角度,可知 CCIES 网络具有稳健性(鲁棒性)和脆弱性。复杂网络的稳健性通常是针对网络的脆弱性来论述的,稳定性和脆弱性特指外部扰动下网络的节点和连边变化后网络的连通性问题。当网络的节点和连边不再发生改变时,网络达到稳定状态[89]。平均路径长度反映的是网络连通效率,最大连通子图相对值反映的是网络整体的连通性,平均路径长度的长短变化和连通子图变化速度的快慢可以在一定程度上反映模型受攻击后的脆弱性。

3.3.3 CCIES 脆弱性演化仿真模拟及结果分析

在构建三类模型的基础上，我们通过计算机仿真模拟，比较模型受攻击后网络结构的演化，通过演化结果得出不同类型 CCIES 的风险鲁棒性强弱分布。CCIES 脆弱性的激发源于一定的外部扰动，经济波动是煤炭城市面临的一类整体性外部扰动，其以随机的作用方式作用于 CCIES 宏观企业总体。我们主要通过随机攻击模拟经济波动情形，采取两类攻击策略分别模拟能源价格波动和终端需求变化。基于两类攻击作用对象的差异，前者随机攻击网络中的生产者企业，后者随机攻击网络中的消费者，直至整个网络恢复到相对稳定状态，即网络中不存在脆弱性节点。

1. CCIES 拓扑结构的演化趋势

为了直观展示能源价格冲击和市场需求下滑对三类 CCIES 的影响，设 $R=6$，$\varepsilon=0.6$，并选取权值最大的前 8 个节点作为初始攻击对象，模拟分析达到最大故障规模过程中三类 CCIES 拓扑结构的演化趋势，仿真输出图如图 3-11～图3-13所示。由图 3-11(a)、(b)比较可知，对于平等型 CCIES 而言，能源价格冲击下的网络故障扩散在早期阶段较快，然后逐步减缓，而需求波动下的网络故障扩散趋势恰恰相反。同时，相比能源价格冲击而言，需求下滑扰动下的平等型 CCIES 网络最终故障规模更大。由图 3-12(a)、(b)比较可知，对于依托型 CCIES 而言，能源价格冲击下的网络故障扩散更快，最终故障规模也更大。由图 3-13(a)、(b)比较可知，对于嵌套型 CCIES 而言，能源价格冲击下的网络故障扩散比需求下滑扰动下的更快。进一步，根据系统达到一种新的稳定态之后(即相继故障结束)的网络节点数和边数可知，尽管两种扰动下的系统最终故障规模

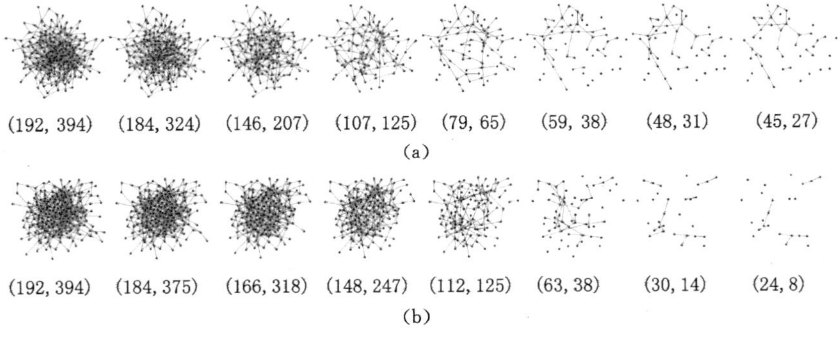

图 3-11 平等型 CCIES 网络拓扑结构演化

(a) 能源价格波动下平等型 CCIES 网络拓扑结构演化；

(b) 需求波动下平等型 CCIES 网络拓扑结构演化

并无显著差异，但能源价格冲击会导致更多的企业连接关系受损或断裂。最后，综合比较图 3-11～图 3-13 可以发现，在能源价格波动情形下网络从中心开始故障，而终端市场需求变动情形下故障从网络边缘开始扩散。而且，就最终故障规模相对值而言，平等型 CCIES 的最大，依托型 CCIES 的次之，嵌套型 CCIES 的最小。

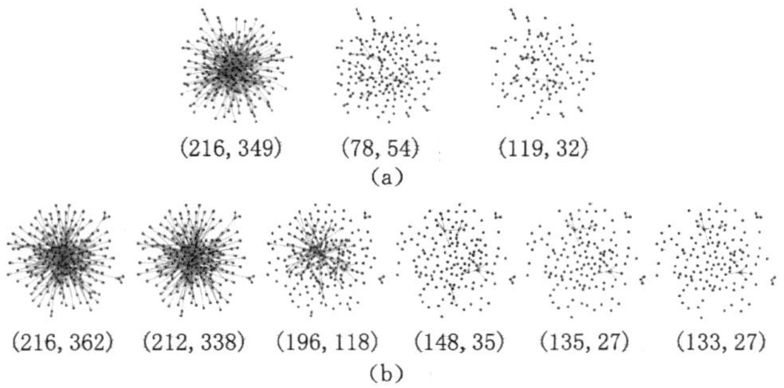

图 3-12 依托型 CCIES 网络拓扑结构演化

(a) 能源价格波动下依托型 CCIES 网络拓扑结构演化；

(b)需求波动下依托型 CCIES 网络拓扑结构演化

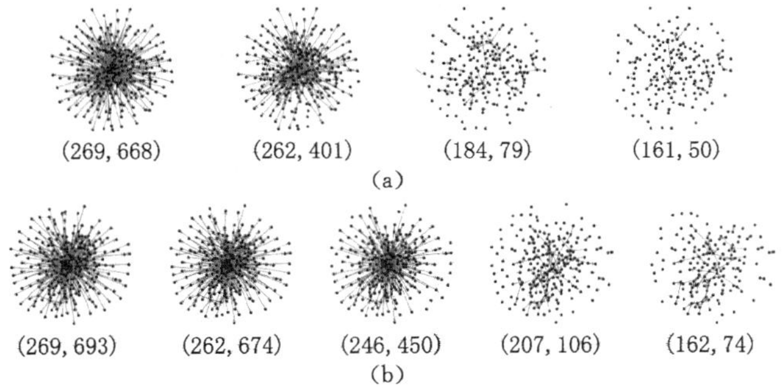

图 3-13 嵌套型 CCIES 网络拓扑结构演化

(a) 能源价格波动下嵌套型 CCIES 网络拓扑结构演化；

(b)需求波动下嵌套型 CCIES 网络拓扑结构演化

2. 不同扰动类型下 CCIES 故障规模与扰动强度的关系

设 $\varepsilon=0.6$，并选取权值最大的前 8 个节点作为初始攻击对象，模拟三类 CCIES 在不同类型扰动下故障规模与扰动强度 R 之间的关系。仿真结果如图 3-14 和图 3-15 所示。

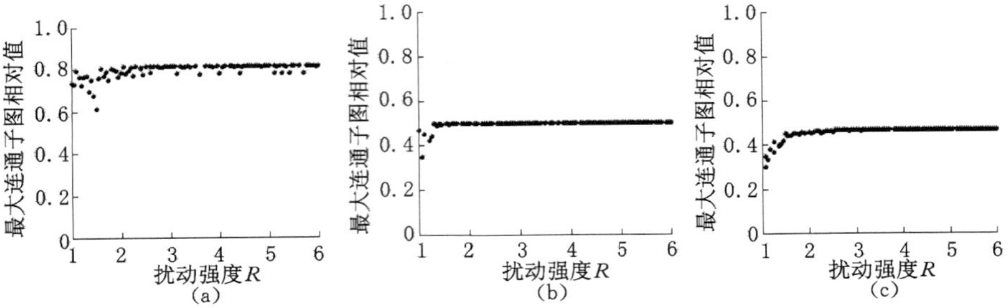

图 3-14　能源价格冲击下 CCIES 故障规模与扰动强度的关系

(a)能源价格冲击下平等型 CCIES 故障规模与扰动强度的关系；

(b)能源价格冲击下依托型 CCIES 故障规模与扰动强度的关系；

(c)能源价格冲击下嵌套型 CCIES 故障规模与扰动强度的关系

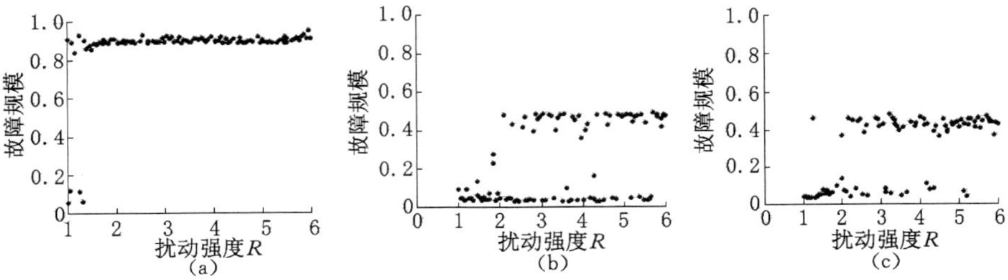

图 3-15　需求下滑下 CCIES 故障规模与扰动强度的关系

(a)需求下滑下平等型 CCIES 故障规模与扰动强度的关系；

(b)需求下滑下依托型 CCIES 故障规模与扰动强度的关系；

(c) 需求下滑下嵌套型 CCIES 故障规模与扰动强度的关系

首先，比较三类共生网络对扰动强度的敏感性差异。比较图 3-14(a)、(b)、(c)，以及图 3-15(a)、(b)、(c)可以发现，无论是在能源价格下跌还是在终端需求下滑情形下，随着扰动强度的增加，平等 CCIES 的最终故障规模始终较大，而且无明显差异。在能源价格冲击下，依托型和嵌套型 CCIES 的最终故障规模均是先增长，然后趋于稳定。同时，在需求下滑扰动下，这两类 CCIES 的故障规模与扰动强度之间不存在显著的相关性。由此可知，平等型 CCIES 对外部扰动具有明显的初值敏感性特征。依托型和嵌套型 CCIES 对较弱的外部扰动具有较强的耐受性，然而一旦系统失稳，故障就会通过企业间的各种连接关系迅速扩散。对于三类 CCIES 而言，随着扰动强度 R 的增大，故障规模 I 会快速增加；但当 R 超过一定阈值后，故障规模不再增加。此时，系统固有的脆弱性属性被完全激发。因此，可以将较大扰动下系统的故障规模作为系统脆弱性的衡量指标。

其次，比较三类共生网络对扰动类型的敏感性差异。首先，图 3-14(a)与图 3-15(a)的比较显示需求下滑比能源价格冲击对平等性 CCIES 的影响更为强烈。也就是说，在相同的扰动强度下，需求下滑情景下的平等型 CCIES 的最终故障规模更大。图 3-14(b)与图 3-15(b)、图 3-14(c)与图 3-15(c)的比较表明，与平等型 CCIES 不同，能源价格冲击比需求下滑对依托型和嵌套型 CCIES 的影响略大。其次，横向对比相同扰动强度下三类 CCIES 的最终故障规模可知，平等型 CCIES 的最大，依托型 CCIES 的次之，嵌套型 CCIES 的最小。这意味着三类 CCIES 的脆弱性水平由高到低依次为平等型、依托型和嵌套型。上述结果与三类 CCIES 拓扑结构演化趋势的仿真结果一致。

3. 故障扩散特征的仿真结果

选取 $R=6$，$\varepsilon=0.6$，模拟不同类型扰动下三类 CCIES 故障规模的演化趋势。仿真输出图如图 3-16 所示。我们用引发最大规模相继故障的时间反映系统故障扩散时间，用扩散程度变化率表征扩散速度。首先，在能源价格冲击和需求下滑下，平等型 CCIES 的故障扩散时间分别为 10 步和 9 步，依托型 CCIES 的扩散时间分别为 3 步和 6 步，嵌套型 CCIES 的扩散时间分别 4 步和 5 步。该结果表明，平等型 CCIES 故障扩散时间明显大于依托型和嵌套型 CCIES，后两类 CCIES 的故障扩散时间并无显著差异。其次，综合考察故障扩散时间和最终故障规模可以发现，能源价格冲击下平等型 CCIES 的故障扩散速度在初期很快，但随着时间的推移逐步放缓。而需求下滑情景下，该类共生系统的故障扩散速度开始较慢，随后逐渐加快，且最终故障规模也更大。依托型和嵌套型 CCIES 的故障扩散速度演化规律与平等型 CCIES 基本一致。然而不同的是，能源价格冲击下这两类 CCIES 的故障扩散速度和故障规模均略高于需求下滑情景下的故障扩散速度和故障规模。以上结果意味着，相比需求下滑扰动而言，三

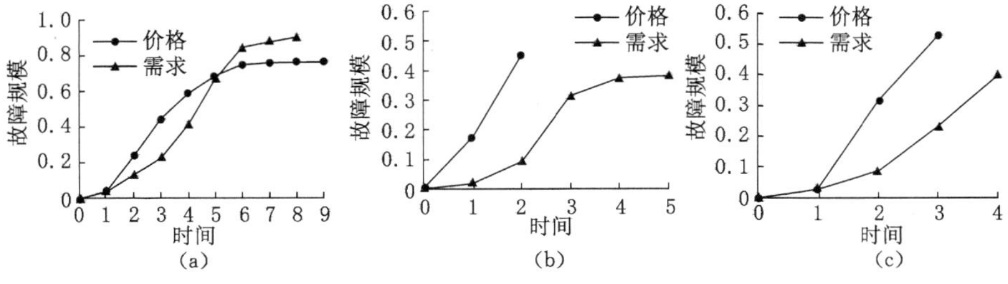

图 3-16 CCIES 故障扩散特征

(a) 平等型 CCIES 故障扩散特征；(b) 依托型 CCIES 故障扩散特征；

(c) 嵌套型 CCIES 故障扩散特征

类 CCIES 对能源价格冲击更为敏感。最后，进一步对比分析三类 CCIES 扩散速度的变化趋势可以看出，平等型 CCIES 的故障扩散速度变化平稳，而依托型和嵌套型 CCIES 的故障扩散速度变动较大，且依托型 CCIES 的初始扩散速度高于嵌套型 CCIES。

4. 网络连通性演化的仿真结果

选取 $R=6$，$\varepsilon=0.6$，模拟不同类型扰动下三类 CCIES 连通性的演化趋势。仿真输出图如图 3-17 所示。结果表明，平等型 CCIES 在遭到扰动后可在一定时间内（2 步长内）维持较高连通性，而依托型和嵌套型 CCIES 的连通性会迅速下降。而且，相比需求下滑情景，三类 CCIES 的连通性在能源价格波动情景下的下降速度更快。故障扩散过程结束后，依托型 CCIES 的连通性最低，意味着其网络结构的最终破坏程度最大。

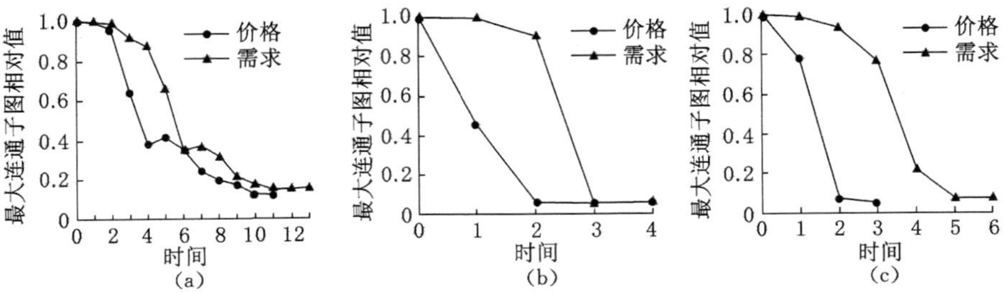

图 3-17　CCIES 网络连通性

(a) 平等型 CCIES 网络连通性；(b) 依托型 CCIES 网络连通性；
(c) 嵌套型 CCIES 网络连通性

5. 网络效率演化的仿真结果

图 3-18 展示了三类 CCIES 连通效率的演化趋势，图 3-19 展示了三类

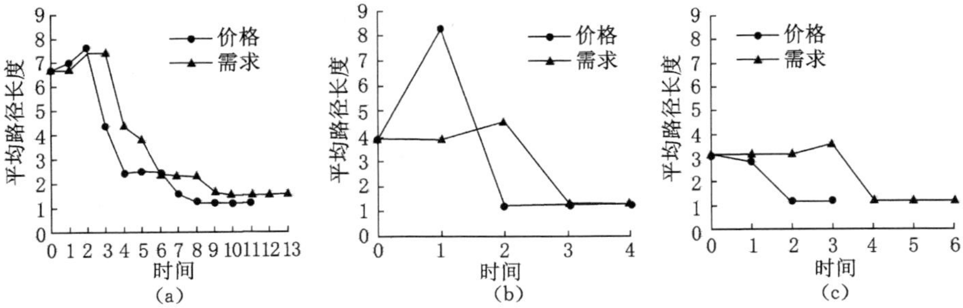

图 3-18　CCIES 网络平均路径长度

(a) 平等型 CCIES 网络平均路径长度；(b) 依托型 CCIES 网络平均路径长度；
(c) 嵌套型 CCIES 网络平均路径长度

CCIES 全局效率的演化趋势。根据前文关于网络效率的定义(即平均路径越短,连通效率越高),我们可以发现,初始网络结构状态下嵌套型 CCIES 的网络连通效率最高,依托型 CCIES 的次之,平等型 CCIES 的最低。随着故障的传导和扩散,三类网络的连通效率均显著提升。当然,这种效率的提升是以众多企业的崩溃以及企业间连接关系的断裂为代价的。进一步比较可以发现,平等型 CCIES 在两类扰动下的连通效率存在一定差异,而依托型和嵌套型 CCIES 在两类扰动下的连通效率基本一致。图 3-19 表明,整体来看,网络全局效率的演变趋势与以平均路径长度表征的网络连通效率之间的演化趋势基本一致。

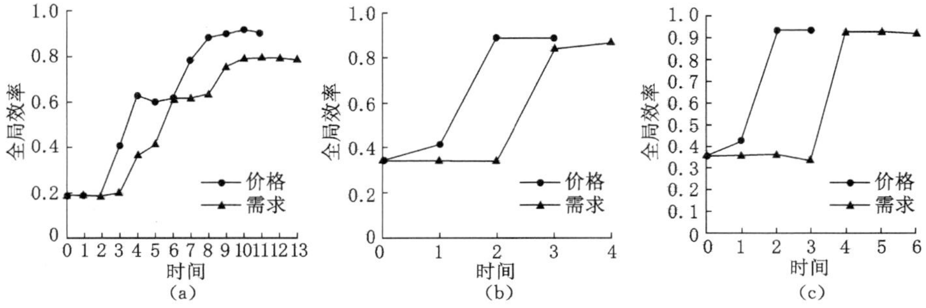

图 3-19 CCIES 的全局效率

(a) 平等型 CCIES 的全局效率;(b) 依托型 CCIES 的全局效率;
(c) 嵌套型 CCIES 的全局效率

6. 网络结构熵演化的仿真结果

图 3-20 展示了三类 CCIES 的网络结构熵的演化趋势。在不同结构 CCIES 的演化过程中,网络结构熵的变化趋势差别很大。平等型 CCIES 中企业之间的连接关系相对平等。随着系统故障规模的扩大,在能源价格或需求下滑的扰动下,其网络结构熵先急剧增长,然后缓慢收敛并趋于稳定。而且,需求下滑下的网络结构熵高于能源价格冲击下的结构熵。对于依托型和嵌套型 CCIES,企业以及企业间关系的异质性均较高,其网络结构均具有无标度的特性,二者结构熵的整体演化趋势相近。具体而言,随着故障规模的增大,在能源价格波动情形下网络结构熵在急剧下降后略微回升,然后趋于稳定。在终端需求变动下网络结构熵在经历急剧下降、缓慢下降和缓慢上升三个阶段后,最终趋于稳定。此外,网络结构熵反映的是复杂网络的非同质性。由此可知,在外部扰动作用下,随着故障的传导扩散,平等型 CCIES 的同质性会增加,而依托型和嵌套型 CCIES 的同质性则会降低。

在 CCIES 演化初期,由于受到经济波动的干扰,系统网络结构变化较大,由

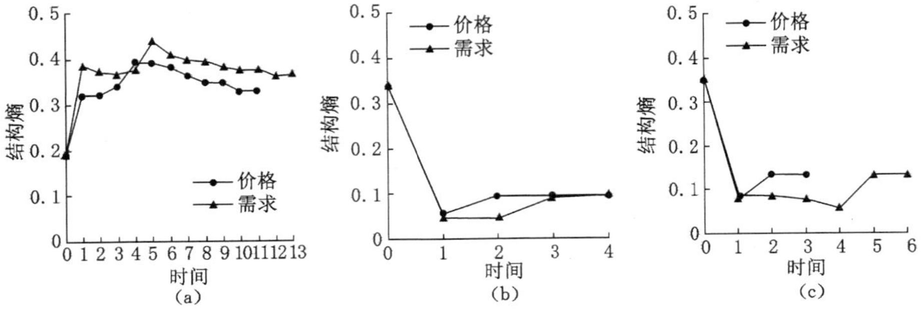

图 3-20　CCIES 的结构熵

(a) 平等型 CCIES 的结构熵；(b) 依托型 CCIES 的结构熵；
(c) 嵌套型 CCIES 的结构熵

原来的相对稳定状态转变为不稳定状态。作为系统无序的度量，三类 CCIES 的网络结构熵均呈现出大幅变动。在 CCIES 演化中期，初始扰动的影响力相对减弱，但故障规模仍在扩大，此时网络结构熵的变化速率相对放缓。但是，由于故障在 CCIES 内部的扩散是非线性的，网络结构熵没有持续增长或下降，而是呈现出一定的增减浮动变化。最后，在 CCIES 演化后期，网络结构基本上趋于稳定，此时网络结构熵的值基本不变。

3.3.4　讨论

综合对比三类 CCIES 的结构演化与故障扩散过程可知，经济波动与网络结构之间的相互作用是决定系统脆弱性的关键因素。在经济波动风险因素中，能源价格波动和终端需求变动都会激发 CCIES 的脆弱性。相比需求下滑而言，三类 CCIES 均对能源价格冲击更为敏感。但是，不同扰动情境下三类 CCIES 的最终故障规模存在显著性差异。这是因为两类扰动具有不同的初始作用对象，扰动对象具有不同的网络影响力，具体内容如下：

(1) 对于依托型和嵌套型共生而言，核心企业处于主导地位，卫星企业处于依附地位。核心企业是网络中影响力最大的一类节点，一旦这类企业经营状况发生了变化，将会对卫星企业产生很大影响，最终直接影响共生关系的稳定性。在依托型和嵌套型 CCIES 内部，核心企业都是特大型矿业企业或煤化工企业，这类企业主要依托丰富的煤炭资源储量，同时采矿或煤化工产品生产的副产品为卫星企业提供原材料。能源价格波动首先激发的就是网络中影响力最大的核心企业的局部脆弱性，这类企业一旦出现危机，很容易通过企业间的耦合关系导致众多上下游企业陷入困境。然而，终端需求变动的扰动对象为网络影响力较低的产业链末端企业。即使这类企业出现危机，对整个系统造成的影响也相对较小，故障扩散速度也较慢。因此，相较于需求下滑而言，能源价格冲击所引起的这两类 CCIES 内部结构变化往往更为剧烈。

（2）对于平等型 CCIES，各个企业有着很高的独立性，企业之间的共生度较低，企业与外界发生的大量物质、能源和信息交换并不来自系统内。相较于依托型和嵌套型 CCIES 而言，平等型 CCIES 内企业的经营状况对外部市场需求具有更高的依赖性。但是，企业通常在市场需求下滑的早期阶段往往缺乏足够的敏感性，企业生产运营并不会迅速作出大幅调整。能源价格冲击对企业运营的影响则不同，能源价格的波动会迅速影响到企业的运营成本，促使企业及时调整运营战略。因此，平等型 CCIES 对能源价格冲击更为敏感，但需求下滑所导致的网络故障规模更大。

（3）平均路径长度通过影响网络连通效率决定故障的传导扩散时间与速度，网络中节点的点权分布状况通过影响网络的中心性与同质性决定外部扰动对网络结构的破坏程度。对于依托型和嵌套型 CCIES 而言，其点权分布悬殊，且具有较小的平均路径长度和较高的网络连通效率。当网络节点，尤其是枢纽节点企业遭到攻击后，与其相连的多数企业节点都将受到影响。这使得故障能够在 CCIES 中快速传播，导致网络性能变化剧烈。而平等型 CCIES 具有较长的平均路径长度和较低的网络连通效率，点权分布相对平均且中心性最低。因此，故障在 CCIES 中的扩散呈 S 形平稳缓慢。同时，较高的网络同质性意味着网络中大量冗余关系的存在，冗余关系的破坏使得平等型 CCIES 的网络性能在一定时间内得以维持。这说明系统效率的损失可在一定程度上提高系统的抗风险能力。

3.4 结论与对策建议

3.4.1 主要结论

CCIES 的稳定、可持续运行是煤炭矿区实现环境效益、经济效益和社会效益的重要保障。对 CCIES 脆弱性分析是工业生态学领域值得探讨的重要问题。本书着重对平等型、依托型和嵌套型 CCIES 分别在能源价格冲击和终端市场需求下滑情景下的脆弱性进行了模拟和比较分析，揭示了经济波动下 CCIES 的结构特征与脆弱性之间的关系。主要结论如下：

网络结构特征在很大程度上直接决定了 CCIES 的脆弱性。相同经济波动冲击条件下的网络最终故障规模，三类 CCIES 的脆弱性水平由高到低依次为平等型 CCIES、依托型 CCIES、嵌套型 CCIES。平等型 CCIES 的脆弱性源自其对扰动强度较高的初值敏感性和较长的相继故障扩散时间，尽管其故障扩散速度最为缓慢。依托型和嵌套型 CCIES 对一定程度的经济波动冲击具有较高的耐受性。但随着扰动强度的增加，一旦系统失稳，故障就会通过企业间的经济和生态连接关系在 CCIES 内部快速扩散。此外，相比终端市场需求扰动，三类 CCIES 均对能源价格冲击更为敏感。主要表现在，能源价格冲击下的网络故障扩散速度更快，尤其是在故障扩散的早期阶段。

经济波动是 CCIES 脆弱性演化的重要驱动因素，但这种驱动因素的作用过程是通过影响 CCIES 网络结构而使其脆弱性发生改变的。对于平等型 CCIES，能源价格下跌和市场需求下滑两类扰动都会导致网络连通性的降低，以及网络连通效率、全局效率和网络结构熵的提高，但后一类型扰动所造成的影响更为强烈。对于依托型和嵌套型 CCIES，两类扰动也会导致网络连通性降低，以及网络连通效率和全局效率的提升，但却导致网络结构熵的降低。网络效率的增加会促进故障在系统内部的扩散，加剧网络连通性的破坏程度。此外，与平等型 CCIES 恰好相反，能源价格冲击对依托型和嵌套型 CCIES 所造成的影响更为强烈。进一步，嵌套型 CCIES 在维持网络性能方面的表现上优于依托型 CCIES。

3.4.2 对策建议

根据上述结论，我们对煤炭生态工业园等煤炭产业共生网络发展提出以下几点相关政策建议：

（1）发挥多元核心增长极的带动作用，通过集中培育多元中心增强产业共生网络的向心力和集聚程度。由于煤炭开采、煤化工等企业具有较强的网络中心性，可以适当增加其相关企业的数量，以降低对单个核心企业的依赖性，保持产业共生网络的稳定性。核心企业的作用不能忽视，但是过度扶持会造成资源分配失衡，该类企业经营状况的波动会对整个矿区产业共生网络的发展产生严重影响，不利于网络的整体稳定。在对 CCIES 的设计和实际管理中，还要注意网络关系密集化发展的趋势，发展不同产业之间的共生关系。

（2）鼓励产业链之间嵌套型发展模式，促进产业链交叉合作，将有助于煤炭生态工业园区产业共生方式的革新和抵御经济波动风险能力的提升。地方政府在 CCIES 的设计、运行和治理过程中，应鼓励互补型的战略合作模式。不同产业链嵌套发展模式可以增强产业共生网络的通达性，提高其抵御选择性“攻击”的能力。在推进矿区低碳、绿色和集约化发展过程中，要构建新的合作平台和共生关系，促进不同产业链之间联系的增加，使企业之间的产业链得到延伸，资源利用效率得到提升。

（3）大力发展非资源型产业，提升煤炭矿区产业生态系统的多样性，将会显著弱化能源价格波动对 CCIES 的不利影响。首先，产业多样性的增加会提高系统的异质性，竞争适度的嵌入可推动网络结构调整并促进系统功能完善；其次，多元化共生网络的构建可加强异质利益相关者的联系合作并使其产生依赖，如此非资源型产业利益相关者对资源型产业利益相关者的支持可一定程度上削弱能源价格冲击的作用强度，提高系统对环境的适应能力。进一步，企业之间脆弱的连接关系是导致 CCIES 内部资源流断裂和系统崩溃的一个重要原因。因此，要保证 CCIES 的稳定性，不仅要从系统内部各个成员自身出发，相互合作，形成较强的凝聚力，在获取利益的同时长期稳定地发展，还要加强系统外部的政府管控能力，鼓励诚信合作，建立信用机制，提高各个成员的信用水平，减少成员间的矛盾和冲突，从而带动成员企业长期稳定地发展。

本章参考文献

[1] CHERTOW M, EHRENFELD J. Organizing self-organizing systems[J]. Journal of Industrial Ecology, 2012, 16(1): 13-27.

[2] BEHERA S K, KIM J H, LEE S Y, et al. Evolution of "designed" industrial symbiosis networks in the Ulsan Eco-industrial Park: research and development into businesses as the enabling framework[J]. Journal of Cleaner Production, 2012, 29: 103-112.

[3] BATTEN D F. Fostering industrial symbiosis with agent-based simulation and participatory modeling[J]. Journal of Industrial Ecology, 2009, 13(2): 197-213.

[4] YU F, HAN F, CUI Z J. Evolution of industrial symbiosis in an eco-industrial park in China[J]. Journal of Cleaner Production, 2015, 87: 339-347.

[5] POSCH A, AGARWAL A, STRACHAN P. Editorial: managing industrial symbiosis (IS) networks[J]. Business Strategy and the Environment, 2011, 20(7): 421-427.

[6] COSTA I, MASSARD G, AGARWAL A. Waste management policies for industrial symbiosis development: case studies in European countries[J]. Journal of Cleaner Production, 2010, 18(8): 815-822.

[7] SALMI O, HUKKINEN J, HEINO J, et al. Governing the interplay between industrial ecosystems and environmental regulation[J]. Journal of Industrial Ecology, 2012, 16(1): 119-128.

[8] BOONS F, SPEKKINK W. Levels of institutional capacity and actor expectations about industrial symbiosis[J]. Journal of Industrial Ecology, 2012, 16(1): 61-69.

[9] SPEKKINK W. Institutional capacity building for industrial symbiosis in the Canal Zone of Zeeland in the Netherlands: a process analysis[J]. Journal of Cleaner Production, 2013, 52: 342-355.

[10] GRANT G B, SEAGER T P, MASSARD G, et al. Information and communication tech-

nology for industrial symbiosis[J]. Journal of Industrial Ecology,2010,14(5):740-753.

[11] BAAS L. Industrial symbiosis in the Rotterdam Harbour and Industry Complex:reflections on the interconnection of the tech no-sphere with the social system[J]. Business Strategy and the Environment,2008,17(5):330-340.

[12] ASHTON W S,BAIN A C. Assessing the "short mental distance" in eco-industrial networks[J]. Journal of Industrial Ecology,2012,16(1):70-82.

[13] DOMENECH T,DAVIES M. Structure and morphology of industrial symbiosis networks:the case of Kalundborg[J]. Procedia-Social and Behavioral Sciences,2011,10:79-89.

[14] WRIGHT R A,CÓTÉR P,DUFFY J,et al. Diversity and connectance in an industrial context[J]. Journal of Industrial Ecology,2009,13(4):551-564.

[15] HSU Y C,ROHMER S. Probabilistic assessment of industrial synergistic systems[J]. Journal of Industrial Ecology,2010,14(4):558-575.

[16] ZENG Y,XIAO R,LI X. A resilience approach to symbiosis networks of ecoindustrial parks based on cascading failure model[J]. Mathematical Problems in Engineering,2013(4):601-622.

[17] CHOPRA S S,KHANNA V. Understanding resilience in industrial symbiosis networks:insights from network analysis[J]. Journal of environmental management,2014,141:86-94.

[18] BAAS L. Planning and uncovering industrial symbiosis:comparing the Rotterdam and Östergötland regions[J]. Business Strategy and the Environment,2011,20(7):428-440.

[19] JIAO W,BOONS F. Toward a research agenda for policy intervention and facilitation to enhance industrial symbiosis based on a comprehensive literature review[J]. Journal of Cleaner Production,2014,67:14-25.

[20] DEUTZ P,IOPPOLO G. From theory to practice:enhancing the potential policy impact of industrial ecology[J]. Sustainability,2015,7(2):2259-2273.

[21] CONTICELLI E,TONDELLI S. Eco-industrial parks and sustainable spatial planning:a possible contradiction[J]. Administrative Sciences,2014,4(3):331-349.

[22] ALBINO V,FRACCASCIA L,GIANNOCCARO I. Exploring the role of contracts to support the emergence of self-organized industrial symbiosis networks:an agent-based simulation study[J]. Journal of Cleaner Production,2016,112(5):4353-4366.

[23] KIECKHÄFER K,WACHTER K,SPENGLER T S. Analyzing manufacturers' impact on green products' market diffusion—the case of electric vehicles[J]. Journal of Cleaner Production,2017,162(Suppl):S11-S25.

[24] TURNER B L,KASPERSON R E,MATSON P A,et al. A frame work for vulnerability analysis in sustainability science[J]. Proceedings of the National Academy of Sciences,2003,100(14):8074-8079.

[25] 徐广才，康慕谊，贺丽娜，等. 生态脆弱性及其研究进展[J]. 生态学报，2009，29(5)：2578-2588.

[26] MARTENS P，MCEVOY D，CHANG C. The climate change challenge：linking vulnerability，adaptation，and mitigation[J]. Current Opinionin Environmental Sustainability，2009，1(1)：14-18.

[27] 张平宇. 全球环境变化研究与人文地理学的参与问题[J]. 世界地理研究，2008，16(4)：76-81.

[28] ADGER W N. Vulnerability[J]. Global Environmental Change，2006，16(3)：268-281.

[29] CUTTER S L，BORUFF B J，SHIRLEY W L. Social vulnerability to environmental hazards[J]. Social Science Quarterly，2003，84(2)：242-261.

[30] EAKIN H，LUERS A L. Assessing the vulnerability of social-environmental systems[J]. Annual Review of Environment and Resources，2006，31(1)：365-394.

[31] 王黎明，关庆锋，冯仁国，等. 全球变化视角下人地系统研究面临的几个问题探讨[J]. 地理科学，2003，23(4)：391-397.

[32] 李鹤，张平宇. 全球变化背景下脆弱性研究进展与应用展望[J]. 地理科学进展，2011，30(7)：920-929.

[33] 刘燕华，李秀彬. 脆弱生态环境与可持续发展[M]. 北京：商务印书馆，2001.

[34] WILHELMI O V，WILHITE D A. Assessing vulnerability to agricultural drought：a Nebraska case study[J]. Natural Hazards，2002，25(1)：37-58.

[35] 苏飞，张平宇. 石油城市经济系统脆弱性评价——以大庆市为例[J]. 自然资源学报，2009，24(7)：1267-1274.

[36] 苏飞，张平宇. 基于集对分析的大庆市经济系统脆弱性评价[J]. 地理学报，2010，65(4)：454-464.

[37] 孙平军，修春亮，王忠芝. 基于 PSE 模型的矿业城市生态脆弱性的变化研究——以辽宁阜新为例[J]. 经济地理，2010(8)：1354-1359.

[38] 孙平军，修春亮. 脆弱性视角的矿业城市人地耦合系统的耦合度评价：以阜新市为例[J]. 地域研究与开发，2010，29(6)：75-79.

[39] FEI S U，ZHANG P Y，HE L. Vulnerability assessment of coal-mining cities' economic systems in China[J]. 地理研究，2008，27(4)：907-916.

[40] 苏飞，张平宇. 矿业城市社会系统脆弱性研究：以阜新市为例[J]. 地域研究与开发，2009，28(2)：71-74.

[41] 王岩，方创琳. 大庆市城市脆弱性综合评价与动态演变研究[J]. 地理科学，2014，34(5)：547-555.

[42] BLAIKIE P，CANNON T，DAVIS I，et al. At risk：natural hazards，people's vulnerability and disasters[M]. London：Routledge，2014.

[43] CUTTER S L，BORUFF B J，SHIRLEY W L. Social vulnerability to environmental hazards[J]. Social Science Quarterly，2003，84(2)：242-261.

[44] BOHLE H G. Vulnerability and criticality: perspectives from social geography[J]. IHDP update, 2001, 2(1): 3-5.

[45] TURNER B L, KASPERSON R E, MATSON P A, et al. A frame work for vulnerability analysis in sustainability science[J]. Proceedings of the National Academy of Sciences, 2003, 100(14): 8074-8079.

[46] Ministry for the environment of New Zealand. The pressure-state-response frame work [EB/OL]. http://www. quality planning. org. nz /monitoring, 2004-05-19.

[47] POLSKY C, NEFF R, YARNAL B. Building comparable global change vulnerability assessments: the vulnerability scoping diagram [J]. Global Environmental Change, 2007, 17 (3): 472-485.

[48] OECD Framework for Environmental Indicators-Using the Pressure-State-Response Model to Develop Indicators of Sustainability[EB/OL]. http://www. oecd. org /honce.

[49] 蒋卫国. 基于 RS 和 GIS 的湿地生态系统健康评价[D]. 南京:南京师范大学,2003.

[50] Product development in networks[M]//HÅKANSSON H. Industrial technological development: a network approach. London: Croom Helm, 1987: 84-127.

[51] 郭凤云,杜丽娟,朱苏加,等. 产业集群基础理论研究的新视角——产业生态网络理论研究[J]. 河北省科学院学报,2008,25(2):63-68.

[52] HÅKANSSON H. Industrial technological development: a network approach[M]. London: Croom Helm, 1987.

[53] 盖文启. 创新网络——区域经济发展新思维[M]. 北京:北京大学出版社,2002:74-77.

[54] 张永安,李晨光. 创新网络结构对创新资源利用率的影响研究[J]. 科学学与科学技术管理,2010 (1):81-89.

[55] RITTER T, WILKINSON I F, JOHNSTON W J. Managing in complex business networks[J]. Industrial Marketing Management, 2004, 33(3): 175-183.

[56] WATTS D J, STROGATZ S H. Collective dynamics of "small-world" networks[J]. Nature, 1998, 393(6684): 440-442.

[57] PENROSE E T. The theory of the growth of the firm[M]. Oxford: Oxford University Press, 1995.

[58] HOLMES P, MARSDEN J. A partial differential equation with infinitely many periodic orbits: chaotic oscillations of a forced beam[J]. Archive for Rational Mechanics and Analysis, 1981, 76(2): 135-165.

[59] JOHANSON J, MATTSSON L G. The markets-as-networks tradition in Sweden[M]. Berlin: Springer Netherlands, 1994.

[60] MCLOUGHLIN D, HORAN C. Business marketing: perspectives from the markets-as-networks approach[J]. Industrial Marketing Management, 2000, 29(4): 285-292.

[61] BURT R S, JANICIK G A. Networks in marketing[M]. Los Angeles: SAGE Publications, 1996: 32-49.

[62] HAKANSSON H, FORD D. How should companies interact in business networks[J]. Journal of Business Research, 2002, 55(2): 133-139.
[63] CHELARIU C, JOHNSTON W J, YOUNG L. Learning to improvise, improvising to learn: a process of responding to complex environments[J]. Journal of Business Research, 2002, 55(2): 141-147.
[64] GULATI R, NOHRIA N, ZAHEER A. Guest editors' introduction to the special issue: strategic networks[J]. Strategic Management Journal, 2000, 21(3): 199-201.
[65] 许国志. 系统科学与工程研究[M]. 上海:上海科技教育出版社,2000.
[66] 黄春萍. 基于 CAS 理论的企业系统演化机制研究[M]. 天津:河北工业大学,2007.
[67] 约翰·H. 霍兰. 隐秩序:适应性造就复杂性[M]. 周晓牧,韩晖,译. 上海:上海科技教育出版社,2000.
[68] FRENKEN K. A complexity approach to innovation networks—the case of theair craft industry (1909—1997)[J]. Research Policy, 2000, 29(2): 257-272.
[69] PFEFFER J, SALANCIK G R. The external control of organizations: a resource dependence perspective[M]. Bloomington: Stanford University Press, 2003.
[70] ANSOFF H I, MCDONNELL E J. Implanting strategic management[M]. NewYork: Prentice Hall, 1990.
[71] 池丽旭,庄新田. 投资者的非理性行为偏差与止损策略——处置效应、参考价格角度的实证研究[J]. 管理科学学报,2011,14(10):54-66.
[72] 张维,赵帅特. 认知偏差,异质期望与资产定价[J]. 管理科学学报,2010(1):52-59.
[73] HAVEMAN H A. Organizational size and change: diversification in the savings and loan industry after deregulation[J]. Administrative Science Quarterly, 1993, 38(1): 20-50.
[74] LIAO S, FEI W C, LIU C T. Relationships between knowledge inertia, organizational learning and organization innovation[J]. Technovation, 2008, 28(4): 183-195.
[75] WEICK K E. Sensemaking in organizations[M]. Thousand Oaks: Sage Publications, 1995.
[76] STERNBERG R J. Beyond IQ: a triarchic theory of human intelligence[M]. Oxford: Cambridge University Press, 1984.
[77] 张青,许谋,李克荣. 矿区产业生态系统构建[J]. 管理世界,2006(12):158-159.
[78] 魏宏森,曾国屏. 系统论的基本规律[J]. 自然辩证法研究,1995,11(4):22-27.
[79] 张攀,耿涌. 产业生态系统多样性发展机制研究[J]. 中国软科学,2008(6):41-47.
[80] PASTOR-SATORRAS R, VESPIGNANI A. Epidemic spreading in scale-free networks [J]. Physical Review Letters, 2001, 86(14): 3200-3203.
[81] BARTHÉLEMY M, BARRAT A, PASTOR-SATORRAS R, et al. Velocity and hierarchical spread of epidemic outbreaks in scale-free networks[J]. Physical Review Letters, 2004, 92(17): 178701.
[82] 王兆华,尹建华. 生态工业园中工业共生网络运作模式研究[J]. 中国软科学,2005 (2): 80-85.

[83] 吴志军.生态工业园工业共生网络治理研究[J].当代财经,2006(9):84-88.

[84] MORENO Y,GÓMEZ J B,PACHECO A F. Instability of scale-free networks under node-breaking avalanches[J]. Europhysics Letters,2002,58(4),630.

[85] MORENO Y,PASTOR-SATORRAS R,VÁZQUEZ A,et al. Critical load and congestion instabilities in scale-free networks[J]. Europhysics Letters,2003,62(2):292.

[86] CRUCITTI P,LATORA V,MARCHIORI M. Model for cascading failures in complex networks[J]. Physical Review,2004,69(4):45104.

[87] GOH K I,LEE D S,KAHNG B,et al. Sandpile on scale-free networks[J]. Physical Review Letters,2003,91(14):148701.

[88] ZHENG L,SONG R,YUN X. Advanced coupled map lattice model for the cascading failure on urban street network[J]. Advances in Information Sciences and Service Sciences, 2013,5(1):186.

[89] 黄玮强,庄新田,姚爽.企业创新网络的自组织演化模型[J].科学学研究,2009,27(5):793-800.

4 煤炭城市响应宏观经济波动的脆弱性综合评价

4.1 CCIES 响应宏观经济波动的脆弱性评价指标体系构建

4.1.1 CCIES 脆弱性演化驱动机制

我们在大量案例分析和实证研究的基础上发现 CCIES 的脆弱性是宏观经济波动和其结构特征耦合作用的结果，其中 CCIES 内部结构特征是脆弱性产生的主要和直接原因，而 CCIES 与能源价格、终端市场需求、政府政策和产业生态链接技术等四种宏观经济因素的相互作用对系统脆弱性起放大或缩小的作用，是脆弱性变化的驱动因素[1]，如图 4-1 所示。

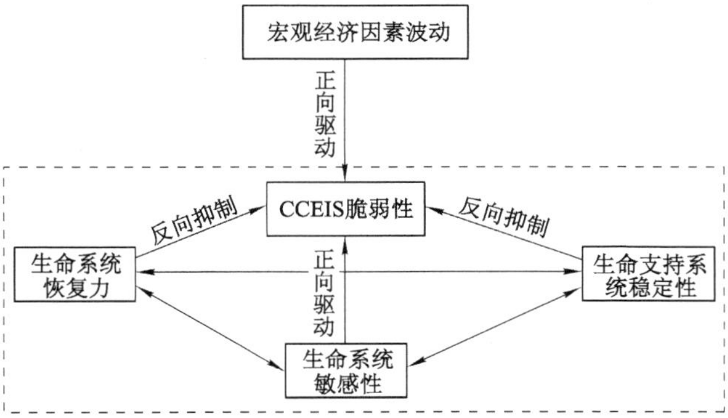

图 4-1 CCIES 脆弱性演化驱动因素

宏观经济背景下能源价格、终端市场需求、政府政策和产业生态链接技术等扰动因素单一变化和组合变化引发原有供需关系失衡，进而导致产业结构的不稳定性，激发了 CCIES 固有的脆弱性。一方面宏观经济因素波动打破产业原有的利润分配，决策者受利益驱动调整生产规模，改变进货渠道，进而引起供需关系变动。例如近来石油价格大幅下跌①,缩小了煤化工相比石油化工的成本优势,极大压缩了煤化工的盈利空间,煤化工的经济性成为很多涉足企业不得不考虑的问题,甚至在 2014 年大唐集团和国电集团等企业已经开始剥离煤化工业务。从另一方面来说,由于信息不对称和决策者本身认知能力的局限性造成决策者认知偏差[2],其盲目的增产或减产、进入或退出也进一步加剧了供需关系的失衡。

生命系统脆弱性是 CCIES 脆弱性演化的主要驱动因素,按作用力的方向可分为敏感性和恢复力。生命系统敏感性是对系统内外部环境变化的反应程度[3],主要来自产业结构畸形和所有权结构单一。现有煤炭城市多依赖于煤炭开采和初级加工的粗放增长方式,煤炭产业结构低端化,产业链单一,煤炭产品附加值低,利润空间少[4]。在宏观经济因素扰动下,供求关系的变动极易引起产业链关键节点的断裂,导致原本脆弱的产业结构崩溃,表现为原生产业增长弹性系数下降,外生产业对经济拉动作用不足,抑制经济的发展[5],CCIES 脆弱性增强。受计划经济的影响,煤炭城市多为所有制结构畸形发展,公有制经济尤其是国有制经济比重过大[6]。当宏观经济因素发生波动时,结构复杂且效率低下的国有企业难以及时有效地采取应对策略,且这种单一的产权结构也不利于多渠道吸收资金以抵御外部风险。

生命系统恢复力是系统在承受环境变化后吸收干扰并继续存在的能力。作为衡量生命系统恢复力的一个重要方面,产业多样性可以有效提高系统干扰缓冲和环境适应的能力,具体体现在三个方面[7]:第一,企业规模的多样性。即产业内企业之间的分工协作水平较高[8],大、中、小型企业适当比例同步发展,大型企业凭借自身雄厚实力实现稳定发展,刺激和带动中小企业在市场中寻找机会,灵活成长,从而增强整个产业系统规避和化解风险的能力,增强稳定性。第二,同产业内企业之间的结构和关系多样性。即生命系统内企业之间通过物流、能流、信息流所构成的网络越复杂[9],系统抵御外部风险的能力越强,可以用企业关联度来衡量。第三,产业内主导产品、核心技术等优势元素的多样性。宏观经济波动背景下,产业拳头产品和核心技术等优势组分多样性可以有效降低产业发展的风险,提高其竞争力。产业规模越大意味着产业经济实力越雄厚,在系统遭遇不利扰动时能够有足够的资金投入,具有较强的风险抵御能力[10]。另外市场化程度也是影响生命系统恢复力的重要因素。市场化程度越高意味着政府干预程度越低,市场体制机制越完善[11],有利于煤炭企业根据市场规则、市场竞

① 据新浪财经,自 2014 年 11 月 27 日以来,国际石油价格加速下跌,纽约商品交易所轻质原油期货价格连续跌破 70、60 美元/桶整数关口,近期更击穿 50 美元/桶的心理价位,且未见回升迹象。

争、市场价格积极、灵活地调整企业策略,提高企业的决策质量、营销能力和盈利能力,这对经济下行区间中的全行业来说起到平抑煤炭价格、提高市场稳定性的作用,有利于 CCIES 的健康发展。

生命支持系统稳定性是提高 CCIES 适应能力、抑制其脆弱性的重要因素,包括资源环境子系统和社会服务子系统。就资源环境子系统而言,丰富的自然资源和合理高效的开采利用是 CCIES 得以持续存在和发展的基础。良好的生态水平一方面意味着现有产业凝聚度高,系统功能稳定,另一方面也可以改善投资环境以吸引外部资金。就社会服务子系统而言,受经济下行影响,煤炭需求下降,煤价持续下跌,企业利润下滑甚至蒙受亏损,吸引发展资金能力变弱,融资困难,资金链受阻,只能依靠银行这一单一渠道举债实现资金流动,而银行不良资产的增多促使其压缩对煤炭企业的贷款额度,这无疑使得煤炭企业雪上加霜,使系统加速走向崩溃。受经济下行和生态环境压力的影响,改造传统产业、发展新兴产业已成为摆在煤炭城市面前的重大课题,这一过程无疑需要雄厚的科技人力资源和物质资本[12]。科研院所虽然可以提供技术和人才支持,但也极有可能因缺乏科研经费而无法开展科研活动,甚至为避免过度依赖煤炭产业而转向其他产业。因而加大科技投入力度,注重科技人力资本积累,尤其是专业型、复合型人才的积累是 CCIES 持续发展的重要保障。

4.1.2 CCIES 脆弱性评估初始指标体系构建

基于国内外现有文献和 CCIES 对经济波动的脆弱性响应机理,选取关于 CCIES 脆弱性的关键指标构造了 CCIES 的脆弱性综合评估指数(RVI)的层级结构。RVI 从经济波动风险、生命系统敏感性、生命系统恢复力和生命支持系统稳定性四个维度衡量 CCIES 的健康发展状况。经济波动风险是指宏观经济波动情境下煤炭价格、政府政策、市场需求等因素变动所产生的风险;生命系统敏感性是指产业系统对市场、政策等宏观环境变化作出反应的敏感程度;生命系统恢复力是指产业系统面对驱动变量(如市场和煤炭价格波动等)的扰动时,通过自修复来吸收状态变量(如产业结构和链接方式改变),从而继续存在并提供各类产品和服务的能力;生命支持系统稳定性是指社会服务子系统和资源环境子系统在受到干扰时,保持原有状态以支撑生命系统健康发展的能力。每个维度均包含若干指标。RVI 的层级结构如图 4-2 所示。

经济波动风险与 CCIES 的交互作用是 CCIES 脆弱性变化的驱动因素,主要选取的指标有煤炭价格波动(X_{11})、区域 GDP 波动(X_{12})和区域产业政策变化(X_{13})。煤炭价格波动用以 4 个季度为一个时间区间,滚动计算出的各地区主要煤种当年 4 个季度价格波动的标准差表示[13];用以 4 个季度为一个时间区间,

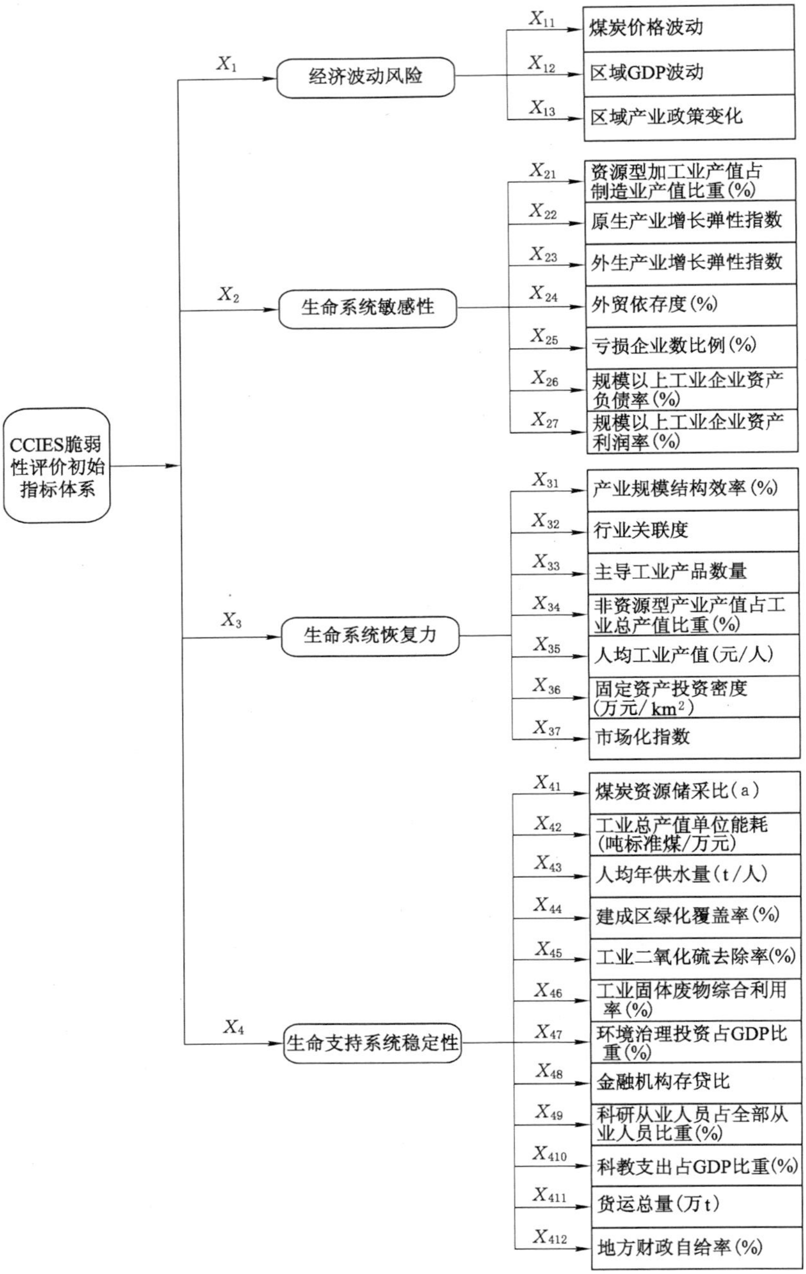

图 4-2　CCIES 脆弱性评估的初始指标体系

滚动计算 GDP 增长率当年 4 个季度波动的标准差表示区域 GDP 波动；用近似熵度量区域产业政策颁布的非线性时间序列的复杂性以表示区域产业政策变化[14]。

生命系统敏感性这一维度主要选取的指标有资源型加工业产值占制造业产值比重（X_{21}）、原生产业增长弹性指数（X_{22}）、外生产业增长弹性指数（X_{23}）、外贸依存度（X_{24}）、亏损企业数比例（X_{25}）、规模以上工业企业资产负债率（X_{26}）、规模以上工业企业资产利润率（X_{27}）等。其中资源型加工业产值占制造业产值比重反映 CCIES 对煤炭资源的依赖性；原生产业增长弹性指数用煤炭采选业产值增长率与 GDP 增长率的比值表示，反映煤炭采选业发展与经济增长的相对变化；外生产业增长弹性指数用外生产业产值增长率与 GDP 增长率的比值表示；外贸依存度反映了产业系统对外部市场的依赖程度，用进出口总额与 GDP 的比值表示；亏损企业数比例反映产业系统当前的运行状态；规模以上工业企业资产负债率反映工业企业的发展风险，用工业企业负债总额与资产总额比值表示；规模以上工业企业资产利润率反映工业企业的经营管理情况，间接反映了工业企业的市场适应能力和竞争能力，用利润总额与资产总额的比值表示。

生命系统恢复力这一维度主要选取的指标有产业规模结构效率（X_{31}）、行业关联度（X_{32}）、主导工业产品数量（X_{33}）、非资源型产业产值占工业总产值比重（X_{34}）、人均工业产值（X_{35}）、固定资产投资密度（X_{36}）、市场化指数（X_{37}）。其中产业规模结构效率用该生命系统中规模以上工业企业的数量占该系统工业企业总数量的比重表示；行业关联度 $C=L/S(S-1)$，其最大值为 1，式中 L 为行业间的关联次数，S 为行业数；非资源型产业产值占工业总产值比重反映产业系统的多元化调整状况；人均工业产值反映产业系统发展的经济基础支撑；固定资产投资密度反映产业系统应对外部变化的投资劳动支撑能力，用固定资产投资额与行政面积的比值表示；市场化指数反映了在经济环境变化条件下，企业经营策略调整的灵活性。

生命支持系统稳定性包括资源环境和社会服务两个子系统的稳定性。对于资源环境子系统，选取的指标主要有煤炭资源储采比（X_{41}）、工业总产值单位能耗（X_{42}）、人均年供水量（X_{43}）、建成区绿化覆盖率（X_{44}）、工业二氧化硫去除率（X_{45}）、工业固体废物综合利用率（X_{46}）、环境治理投资占 GDP 比重（X_{47}）。其中煤炭资源储采比是指煤炭资源剩余储量除以当年产量得出剩余储量按当前生产水平尚可开采的年数，反映煤炭资源的可持续利用水平；工业总产值单位能耗用工业综合能耗与工业总产值之比表示，反映矿区能源利用的经济效益；人均年供水量和建成区绿化覆盖率反映了 CCIES 资源环境子系统的本地状况和自我调节能力；工业二氧化硫去除率和工业固体废物综合利用率反映环境污染治理和废物综合利用的能力；环境治理投资占 GDP 比重反映环境重塑的经济支撑能力，用污染源本年治理和环境设施投资额占 GDP 的比重表示。对于社会服务子系统，选取的指标主要有金融机构存贷比（X_{48}），科研从业人员占全部从业人员比重（X_{49}）、科教支出占 GDP 比重（X_{410}）、货运总量（X_{411}）和地方财政自给率（X_{412}）。其中金融机构存贷比反映金融在区域经济发展中的贡献程度，用金融机构贷款余额与存款余额的比值表示；科研从业人员占全部从业人员比重和科教支出占 GDP 比重反映 CCIES 应对经济环境变化的科技和智力支撑能力；货运总量反映区位条件和交通设施完善程度；地方自给率用地方财政一般预算内收入与地方财政一般预算内支出表示，反映 CCIES 经济环境变化的资金支撑能力。

4.1.3 研究区域选择

我国目前有 262 座资源型城市①，其中煤炭城市（地级市）约有 46 座，主要分布在河北、河南、贵州、山西、新疆、陕西、四川、山东、辽宁等省（自治区）。考虑到数据的可获得性及煤炭城市的地域分布，我们主要选取了 33 个煤炭城市（地级市）进行脆弱性评价，包括：内蒙古自治区的鄂尔多斯和包头，辽宁省的阜新，吉林省的辽源，黑龙江省的双鸭山、鸡西和七台河，江苏省的徐州，安徽省的淮南和淮北，四川省的攀枝花，云南省的曲靖，陕西的榆林和咸阳，宁夏回族自治区的银川，新疆维吾尔自治区的乌鲁木齐和伊犁，甘肃省的兰州，河北省的唐山和邯郸，山东省的泰安、济宁和枣庄，河南省的商丘、郑州、平顶山和三门峡，山西省的太原、阳泉、朔州、长治、大同和晋城。为揭示经济波动下 CCIES 脆弱性演化规律，我们分别选取 2007 年、2010 年和 2013 年三个时间节点对 33 个煤炭城市的产业生态系统脆弱性水平进行评估。

指标 X_{11} 的数据来源于中国煤炭市场网，指标 X_{12} 的数据来源于中国经济网，指标 X_{13} 的数据来源于 2007～2013 年的《中国煤炭工业年鉴》，指标 X_{37} 的数据来源于《中国市场化指数》，其余指标的数据均来源于各地区的统计年鉴 2006～2014。一般而言，指标对 CCIES 脆弱性表现出正向效应或负向效应。对一些指标而言，指标数值越高表示 CCIES 的脆弱性水平越高，这些指标记为正向指标，包括 X_{11}、X_{12}、X_{13}、X_{21}、X_{24}、X_{25}、X_{26} 和 X_{42}。而对另外一些指标而言，指标数值越高表示 CCIES 的脆弱性水平越低，这些指标记为负向指标，包括 X_{22}、X_{23}、X_{27}、X_{31}、X_{32}、X_{33}、X_{34}、X_{35}、X_{36}、X_{37}、X_{41}、X_{43}、X_{44}、X_{45}、X_{46}、X_{47}、X_{48}、X_{49}、X_{410}、X_{411}、X_{412}。

---

① 资料来源于《国务院关于印发〈全国资源型城市可持续发展规划（2013～2020 年）〉的通知》（国发〔2013〕45 号），2013 年 11 月 12 日。

4.2 基于 RS-TOPSIS-RSR 的 CCIES 脆弱性评估模型

4.2.1 CCIES 脆弱性评估模型基本框架

针对以上研究问题，我们提出基于 RS-TOPSIS-RSR 的 CCIES 脆弱性评估模型，如图 4-3 所示。引入粗糙集(RS)方法获得的权重作为 TOPSIS 方法中指标权重的输入。同时采用秩和比(RSR)方法基于煤炭城市产业生态系统的内在相似性将其进行分级与分类。该评估模型的具体流程如下。首先，考虑到 CCIES 脆弱性评估的初始指标体系中各指标的重要程度不同，而且一些指标之间存在的相关性容易造成评估结果失真，我们采用粗糙集方法在不损失信息和保持分类能力不变的前提下进行属性约简，并确定各指标的权重，得到最终的脆弱性评估指标。由于粗糙集只可处理离散值对象，为此我们先利用模糊 C-均值聚类(FCM)对连续属性离散化。然后，将最终评价指标体系归一化，采用逼近于理想解的排序方法(TOPSIS)计算各评价对象与脆弱度最高对象的相对贴近度，作为各 CCIES 的脆弱性综合评估指数(RVI)，并根据 RVI 对各煤炭城市的脆弱性程度进行排序；最后，根据 RVI 计算各评价对象的采用秩和比(RSR)分布，并计算其回归方程，最终得到各评价对象的脆弱性等级。

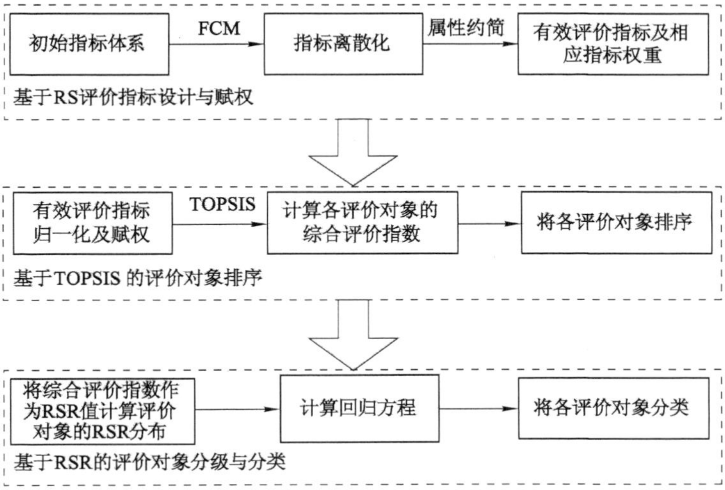

图 4-3 CCIES 脆弱性评估模型基本原理

4.2.2 基于 RS 的属性约简及赋权

一般而言，指标赋权的方法主要包括主成分分析法[15]（PCA），专家意见法［如层次分析法（AHP）[16]、网络分析法（ANP）[17]、德尔菲法[18]］，模糊集合（如模糊 AHP[19]，模糊 ANP[20]）等。然而，大多数指标权重的分配取决于专家意见。这就要求他们必须具有广泛的知识和丰富的经验。正因为这些方法的主观性特征，不一致性也就不可避免[21]。此外，现存的方法往往将设计的指标体系直接输入评估模型而忽略了指标之间的相关性，造成评估结果的扭曲。

粗糙集（Rough Set）是一种有效处理不完整性和不确定性问题的数学工具[22]。该方法可以在保留关键信息的前提下约简冗余信息，并有效评估数据间的依赖关系[23,24]。因此，我们采用粗糙集理论进行指标体系的约简和赋权。由于本书所确定的 CCIES 脆弱性评价初始指标多为连续属性，而粗糙集不能直接处理连续数据，通常需要采用聚类算法进行离散化。为此，我们采用基于信息熵的模糊聚类算法进行连续属性离散化，进而采用 RS 理论约简出重要指标体系。

1. 基于 FCM 和信息熵的连续属性离散化

基于 Fuzzy C-mean（FCM）聚类的离散化算法是一种广泛应用于机器学习与数据挖掘的方法，它根据对象之间的相似程度，将对象集合聚合成有限的几个类别[25]。这一方法相比其他的算法而言无需用户提供很多的先验知识，而且能将用户对研究对象的语言描述习惯与数据处理结合起来[26]。

模糊聚类在初始化时需要设定聚类数目 K，使得聚类结果的质量难以得到保证。为此，结合谱系聚类（即依次选取不同聚类数目进行聚类）的方法，以信息熵的大小作为评判聚类数目 k 的标准。数据点的分布类似于原子的分布，聚类划分越合理，数据点在某一聚类上的归属越确定，该聚类的信息熵值也就越小。因此，如果能找到尽可能确定的数据点归属，即求得信息熵值最小的聚类结果，那么聚类的目的就达到了。

采用谱系的方法来确定聚类数目时，首先确定聚类数目范围$[C_{\min}, C_{\max}]$，并指定准确度阈值 ε，ε 是介于 0～1 之间的一个小数，数值越小，产生的结果越准确，但同时所花费的时间越长，通常取 $\varepsilon \in [0.01, 0.2]$。在聚类数目从 $C_{\max}$ 减小到 $C_{\min}$ 的过程中，每对应一个聚类数目 k，产生一个隶属度矩阵 u^k（$k \in [C_{\min}, C_{\max}]$），对于每个隶属度矩阵，都有一个对应的信息熵值 H_k，若把该隶属度矩阵的行值设为数据点序号 i，列值设为聚类类别序号 j，则 $H_k = \sum_{i=1}^{N} H_{ki}$，式中 $H_{ki} = -\sum_{j=1}^{k} u_{ij} \log_2 u_{ij}$，为每个数据点在聚类归属上的信息熵。选取最小的一个 H_k 所对应

的聚类数目 k 作为最终的聚类数目 C，最后由 FCM 算法求得聚类结果。

2. 基于区分矩阵的启发式属性约简

基于区分矩阵的属性约简最早是由 Skowron 教授提出的[27]。令信息系统为 $S=(U,A,V,f)$，其中 $U=\{x_1,x_2,\cdots,x_n\}$ 为对象的非空有限集合，$A=\{a_1,a_2,\cdots,a_n\}$ 为属性的非空有限集合，P 为属性子集，且 $P\subset A$。$a_i(x_j)$ 是样本 x_j 在属性 a_i 上的取值。那么，区分矩阵 M 定义为：$c_{ij}=\{a_k \mid a_k\in p\wedge a_k(x_i)\neq a_k(x_j)\}$，其中 $i,j=1,2,\cdots,n$。由于经典的 Skowron 方法在区分矩阵的基础上，将矩阵非空元素的合取范式转化为极小析取范式的过程相当复杂，近年来主要依靠人工转化，而不便于在计算机上编程实现。为便于实际应用，我们采用一种基于区分矩阵的启发式属性约简，算法流程如下。

Step1：初始化核 $CORE=\varphi$，一个约简 $RED=\varphi$。

Step2：求得信息表的区分矩阵 $M=(c_{ij})_{n\times n}$。

Step3：检查 $c_{ij}\neq\varphi$ 的每一项，若 $|c_{ij}|=1$，则 $CORE=CORE\cup\{c_{ij}\}$。

Step4：令 $RED=CORE$。

Step5：对任一 $c_{ij}\neq\varphi$，如果 $CORE\cap c_{ij}\neq\varphi$，则令 $c_{ij}=\varphi$；否则计算 c_{ij} 中各属性出现的频数，记频数最大的属性为 c_k。

Step6：若 $\forall c_{ij}=\varphi$，停止并输出 RED、$CORE$；否则 $RED=RED\cup c_k$，转 Step5。

3. 基于知识信息量的指标赋权

根据粗糙集理论运用知识信息量对属性重要度进行测算的方法，计算各指标的重要度。首先，设等价关系 P 的知识信息量为 $I(P)=1-\frac{1}{|U|^2}\sum_i^l |X_i|^2$，则移走属性 r 后，$P\{r\}$ 的知识信息量 $I(P-\{r\})=1-\frac{1}{|U|^2}\sum_i^k |X_i|^2$；然后，根据属性重要度的公式可得属性 r 的重要度 $S_P(r)=I(P)-I(P-\{r\})$；最后，将所有属性的重要度进行归一化处理，即得到各指标的权重。

4.2.3 基于 TOPSIS 的评价对象排序

多准则决策法是一种行之有效的集成指标的方法。主要的多准则决策法包括数据包络分析法（DEA）[28]，偏好顺序结构评估法（PROMETHEE）[29]、ELECTRE 法[30]、VIKOR 法[31]、加权乘积法。这些方法均有其各自的优缺点。例如，尽管 DEA 不需要事前设定投入与产出的权重，降低了主观因素的影响[32]。但是，该方法将所有随机干扰项都看作是效率因素，并容易受到极值的影响。本书中，我们将 TOPSIS 和 RSR 模型以一种系统的方法集成，TOPSIS

是一种经典的多准则决策方法，同时引入 RSR 将煤炭城市依据其内在相似性进行分组。

逼近于理想解的排序方法即 TOPSIS 法（Technique for Order Preference by Similarity to Ideal Solution）作为一种有效的多指标决策方法，由 Hwang 等首次提出[33]，近年来已被应用于很多研究领域[34-36]。该方法的基本原理就是通过测度被评价对象的指标评价值向量与综合评价问题的理想解和负理想解的相对距离来进行排序。

Step1：令 $Z^+=(z_1^+, z_2^+, \cdots, z_n^+)$ 表示脆弱度最高的评价对象（理想解）和 $Z^-=(z_1^-, z_2^-, \cdots, z_n^-)$ 表示脆弱度最低的评价对象（负理想解），其中 $z_j^+=\max_{1\leqslant i\leqslant m}\{z_{ij}\}$，$z_j^-=\min_{1\leqslant i\leqslant m}\{z_{ij}\}$，$j=1,2,\cdots,n$。

Step2：分别计算评价对象与脆弱度最高的评价对象和脆弱度最低的评价对象的欧式距离 D_i^+ 和 D_i^-；进而，计算各评价对象与脆弱度最高评价对象的相对贴近度 $C_i=\dfrac{D_i^-}{D_i^-+D_i^+}$，将 C_i 作为各 CCIES 的脆弱性综合评价指数，以下简称为 RVI，RVI 越大表征该评价对象脆弱度水平越高。

Step3：按 RVI 对各评价对象进行排序。

4.2.4 基于 RSR 方法的评价对象分级与分类

RSR 法是一种将古典参数统计与近代非参数统计融为一体的综合评价方法[37]。RSR 是决策属性秩次的平均值，是一个非参数计量的综合指数，具有 0～1区间连续变量的特征。该方法的基本思想是在一个 $m\times n$ 矩阵中，通过秩转换获得无量纲统计量 RSR_i。在此基础上，运用参数分析的方法研究 RSR_i 的分布，并采用 RSR_i 值对评价对象的优劣直接排序或分组。TOPSIS 模型中计算的各评价对象与脆弱度最高评价对象的相对贴近度 C_i 是 0～1 区间的连续变量，将其作为 RSR 模型中的 RSR_i 可以有效解决 RSR 模型进行秩转换过程中的信息丢失的缺点[38]。然后利用 RSR_i 将评价对象分类，就可以将对评价对象的排序与分类结合起来，从而为 CCIES 脆弱性评价提供更多依据。该算法的具体流程如下。

Step1：确定每个评价对象的 RSR 分布。RSR 分布是指用概率单位表达的 RSR 值特定的向下累计频率，用相对贴近度 C_i 代替秩和比 RSR_i，根据将各评价对象按 RSR_i 的值从小到大依次排列，并列出频数 f_i 和向下累计频数 $f_{\downarrow i}$，计算百分率 P_i 并换算为概率单位 Y，其中概率单位 Y 对应的百分率 P_i 参见附表 A.1。

$$f_{\downarrow i}=i$$

$$P_i = \frac{f_{\downarrow i}}{m}, i = 1,2,\cdots,m-1 \tag{4-1}$$

$$P_m = \left(1-\frac{1}{4m}\right)\times 100\%$$

Step2:计算回归方程。以累计频率对应的概率单位 Y 为自变量、RSR 值为因变量计算回归方程为:

$$RSR = a + bY \tag{4-2}$$

其中 a,b 是回归系数。

Step3:将评价对象分类。根据样本数量选择合适的分组,则相应的百分率 P^* 和概率单位 Y^* 则可根据附表 A.2 确定,然后根据上述回归方程计算组间距 RSR^*。

$$RSR^* = a + bY^* \tag{4-3}$$

将评价对象依据其 RSR_i 值分组,RSR^* 为组间距,并进行方差分析以保证分组的统计学意义。

4.3 我国典型 CCIES 脆弱性评价

4.3.1 指标体系约简与赋权

采用基于信息熵的 FCM 聚类算法进行离散化处理,运用 Matlab 7.0 编程对数据进行离散。根据 FCM 聚类算法求解并得到最终离散化结果,如表 4-1所列。数据结果显示,与通常采用的等频率、等距离离散化方法相比,基于信息熵的 FCM 聚类算法离散化结果更加符合客观实际。对于离散化后的指标数据采用粗糙集理论进行属性约简和赋权,得到一个相对最小约简{ X_{11},X_{22},X_{27},X_{32},X_{37},X_{42},X_{45},X_{47},X_{48},X_{410},X_{411},X_{412}}以及各属性的权重,即用于 CCIES 响应经济波动的脆弱性评估的最终指标体系以及相应指标的权重,如表 4-1所列。

表 4-1　　指标离散化、约简与赋权结果

维度	指标	离散化结果	约简结果	指标权重
宏观经济波动风险 X_1	X_{11}	4 类	保留	0.097 6
	X_{12}	3 类	删除	—
	X_{13}	2 类	删除	—

续表 4-1

维度	指标	离散化结果	约简结果	指标权重
生命系统敏感性 X_2	X_{21}	2 类	删除	—
	X_{22}	2 类	保留	0.097 6
	X_{23}	3 类	保留	0.024 4
	X_{24}	2 类	删除	—
	X_{25}	2 类	删除	—
	X_{26}	2 类	删除	—
	X_{27}	2 类	保留	0.097 6
生命系统恢复力 X_3	X_{31}	2 类	删除	—
	X_{32}	2 类	保留	0.048 8
	X_{33}	2 类	保留	0.048 8
	X_{34}	2 类	删除	—
	X_{35}	2 类	删除	—
	X_{36}	2 类	删除	—
	X_{37}	2 类	保留	0.048 8
生命支持系统稳定性 X_4	X_{41}	2 类	删除	—
	X_{42}	2 类	保留	0.122 0
	X_{43}	2 类	删除	—
	X_{44}	2 类	删除	—
	X_{45}	2 类	保留	0.097 6
	X_{46}	2 类	删除	—
	X_{47}	2 类	保留	0.048 8
	X_{48}	3 类	保留	0.073 2
	X_{49}	2 类	删除	—
	X_{410}	3 类	保留	0.073 2
	X_{411}	2 类	保留	0.097 6
	X_{412}	3 类	保留	0.024 4

4.3.2 基于 RVI 将评价对象排序

通过如前所述的 RS-TOPSIS-RSR 模型，得到 33 个煤炭城市于 2007、2010 和 2013 三年的综合评价得分（RVI 分数），则可以根据各煤炭城市的得分将其排序。得分结果和相应的排名如表 4-2 所列。

表 4-2　　基于 RVI 分数的排名

	2007		2010		2013	
煤炭城市	RVI 分数	排名	RVI 分数	排名	RVI 分数	排名
鄂尔多斯	0.496 4	9	0.423 7	3	0.368 8	1
包头	0.528 2	16	0.498 6	16	0.433 4	7
阜新	0.547 5	19	0.487 4	14	0.515 4	21
辽源	0.445 8	3	0.465 0	11	0.507 4	19
双鸭山	0.641 1	30	0.616 2	31	0.454 0	11
鸡西	0.754 0	33	0.641 2	33	0.552 7	27
七台河	0.620 1	29	0.615 2	30	0.614 9	32
徐州	0.458 4	4	0.361 6	1	0.383 2	2
淮南	0.644 1	31	0.552 0	25	0.547 3	25
淮北	0.567 5	24	0.555 9	26	0.571 7	30
攀枝花	0.581 6	26	0.637 3	32	0.573 2	31
曲靖	0.488 2	6	0.493 5	15	0.507 8	20
榆林	0.524 8	15	0.460 1	9	0.519 3	23
咸阳	0.548 2	20	0.443 3	6	0.451 4	9
银川	0.493 9	8	0.459 0	8	0.457 3	12
乌鲁木齐	0.664 8	32	0.611 7	29	0.444 8	8
伊犁	0.573 7	25	0.603 2	28	0.550 5	26
兰州	0.554 6	21	0.520 3	22	0.504 7	17
唐山	0.513 6	12	0.468 8	12	0.506 6	18
邯郸	0.602 9	27	0.478 2	13	0.554 0	28
泰安	0.465 6	5	0.462 1	10	0.487 1	14
济宁	0.393 1	1	0.431 6	5	0.416 8	4
枣庄	0.442 8	2	0.391 1	2	0.431 1	6
商丘	0.499 1	10	0.504 8	18	0.416 4	3
郑州	0.490 7	7	0.424 0	4	0.427 5	5
平顶山	0.555 2	22	0.521 6	23	0.478 5	13
三门峡	0.520 4	13	0.503 6	17	0.489 4	15
太原	0.507 6	11	0.454 2	7	0.517 3	22
阳泉	0.565 7	23	0.528 2	24	0.544 1	24
朔州	0.536 2	17	0.512 8	20	0.451 9	10
长治	0.522 2	14	0.519 1	21	0.563 3	29
大同	0.540 0	18	0.509 6	19	0.494 9	16
晋城	0.605 0	28	0.598 9	27	0.666 6	33

该结果对于 CCIES 脆弱性水平给出了一个更广泛的描述，为各煤炭城市通过与其他城市比较来评估其产业生态系统的健康状况提供了依据。由表 4-2 可以看出鄂尔多斯、徐州、济宁、枣庄和郑州在 2007、2010 和 2013 三年的 RVI 得分最高，因而是表现最好的五个煤炭城市，其产业生态系统的脆弱性均处于较低水平。同时鸡西、七台河、淮南、淮北、攀枝花、伊犁、阳泉和晋城等煤炭城市在 3 年的排名均较低，即表现欠佳。因此，这些煤炭城市的产业生态系统的脆弱性面临着更为严峻的挑战。换言之，这些城市产业生态系统的健康状况仍有很大的改善空间。

4.3.3 基于 RSR 将各评价对象分类

尽管我们可以将所有的煤炭城市作为一个组进行比较，但是考虑到煤炭城市在产业发展、环境变量等方面存在着差异，因此，将具有相似产业系统或生态水平的煤炭城市进行比较更加合理。总之，我们应该将待比较的煤炭城市分组，然后比较一个特定的组中煤炭城市产业生态系统的健康状况。

我们将煤炭城市依据其产业生态系统的内在相似性进行了分类，因而可以比较具有相似背景的煤炭城市。基于 RVI 分数，由各评价对象于 2013 年、2010 年和 2007 年的 RSR 分布，详见附表 B.1、B.2 和 B.3，可分别计算出各年的回归方程如式(4-4)～式(4-6)所列。

$$RSR^*(2013) = 0.06574Y + 0.1635 \tag{4-4}$$

$$RSR^*(2010) = 0.07053Y + 0.1498 \tag{4-5}$$

$$RSR^*(2007) = 0.07148Y + 0.1796 \tag{4-6}$$

置信区间为 95%，且在 0.05 显著性水平以上三个回归方程均具有统计显著性（$P<0.001$）。

由于当分组数较多时，每一组所含的煤炭城市个数就会过少而不利于比较，所以将煤炭城市分成三组是合适的。从而可确定相应的百分比 P^* 和概率单位 Y^*，并根据以上回归方程可以计算出组间距 $RSR^*=a+bY^*$。最终将各评价对象按照其 RSR_i 依据组间距 RSR^* 分成 3 类，分组结果如表 4-3 所列。

如表 4-3 所列，33 个煤炭城市依据其脆弱性从低到高被分为 3 类。可以看出，在 2013 年，鄂尔多斯、徐州、商丘和济宁属于组别Ⅰ，说明其产业生态系统的健康水平最高；长治、淮北、攀枝花、七台河和晋城属于组别Ⅲ，相较于其他煤炭城市而言其脆弱性最高；其余煤炭城市则属于组别Ⅱ。此外，我们发现，基于 RVI 分数，一些城市例如鄂尔多斯、商丘、郑州、长治、淮北、伊犁、辽源等因其在 3 年的脆弱性水平存在显著差异而被分到不同的组别。

表 4-3 煤炭城市的脆弱性分类

脆弱性等级	P^*	Y^*	2007		2010		2013	
			RSR*	煤炭城市	RSR*	煤炭城市	RSR*	煤炭城市
低脆弱性（Ⅰ）	<15.866	<4	<0.465	济宁、枣庄、辽源、徐州	<0.432	徐州、枣庄、鄂尔多斯、郑州、济宁	<0.426	鄂尔多斯、徐州、商丘、济宁
较高脆弱性（Ⅱ）	≥15.866	≥4	≥0.466	泰安、曲靖、郑州、银川、鄂尔多斯、商丘、太原、唐山、三门峡、长治、榆林、包头、朔州、大同、阜新、咸阳、兰州、平顶山、阳泉、淮北、伊犁、攀枝花、邯郸、晋城	≥0.432	咸阳、太原、银川、榆林、泰安、辽源、唐山、邯郸、阜新、曲靖、包头、三门峡、商丘、大同、朔州、长治、兰州、平顶山、阳泉、淮南、淮北	≥0.426	郑州、枣庄、包头、乌鲁木齐、咸阳、朔州、双鸭山、银川、平顶山、泰安、三门峡、大同、兰州、唐山、辽源、曲靖、阜新、太原、榆林、阳泉、淮南、伊犁、鸡西、邯郸
高脆弱性（Ⅲ）	≥84.134	≥6	≥0.608	七台河、双鸭山、淮南、乌鲁木齐、鸡西	≥0.572	晋城、伊犁、乌鲁木齐、七台河、双鸭山、攀枝花、鸡西	≥0.558	长治、淮北、攀枝花、七台河、晋城

4.4 讨论

4.4.1 CCIES 脆弱性比较

依据 RS-TOPSIS-RSR 模型计算所得的 RVI 分数，可对煤炭城市分年度进行排名如图 4-4 所示，可以看出：

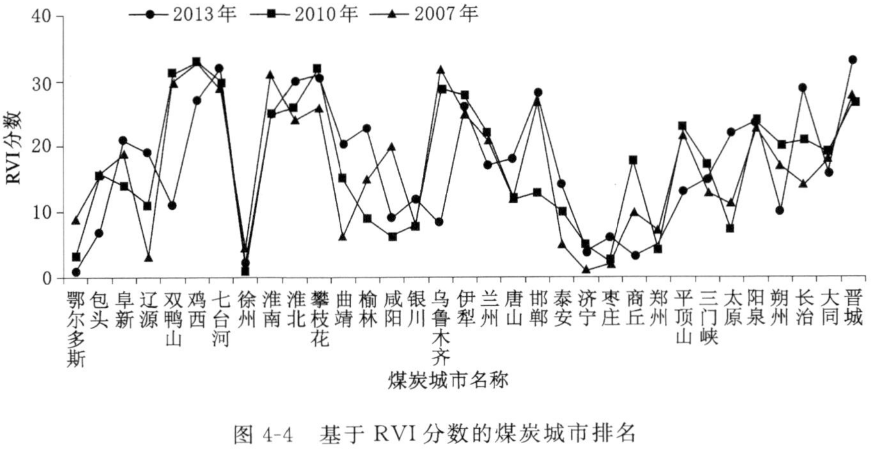

图 4-4 基于 RVI 分数的煤炭城市排名

(1) 从时间维度来看，产业生态系统脆弱性水平逐年下降的煤炭城市有鄂尔多斯、包头、鸡西、淮南和乌鲁木齐等 5 个；脆弱度逐年上升的煤炭城市有辽源、七台河、淮北、曲靖、银川、唐山、泰安、枣庄、阳泉、长治等 10 个；脆弱度先下降后上升的煤炭城市有阜新、徐州、榆林、咸阳、邯郸、郑州、太原和晋城等 8 个；脆弱度先上升后下降的煤炭城市有双鸭山、平顶山、伊犁、兰州、济宁、商丘、平顶山、三门峡、朔州和大同等 10 个。

(2) 横向比较而言，产业生态系统脆弱性水平始终维持在较低水平(3 年排名均在前 10 名)的煤炭城市有鄂尔多斯、徐州、济宁、枣庄和郑州，这些城市大都分布于经济较发达的中国东部地区；CCIES 脆弱度始终维持在较高水平(3 年排名均在后 10 名)的煤炭城市有鸡西、七台河、淮南、淮北、攀枝花、伊犁、阳泉和晋城，这些矿区大都分布于经济相对落后的中国西部地区和东北地区。

为进一步揭示各 CCIES 脆弱性格局的主要决定因素，以及如何降低 CCIES 的脆弱性，我们采用 TOPSIS-RSR 方法分别计算生命系统的敏感性指数(SEI)、生命系统的恢复力指数(RI)和生命支持系统的稳定性指数(STI)，结果详见附表 C.1～附表 C.3。基于 SEI、RI 和 STI 分数的煤炭城市排名如图 4-5～图 4-7 所示。可以看出：

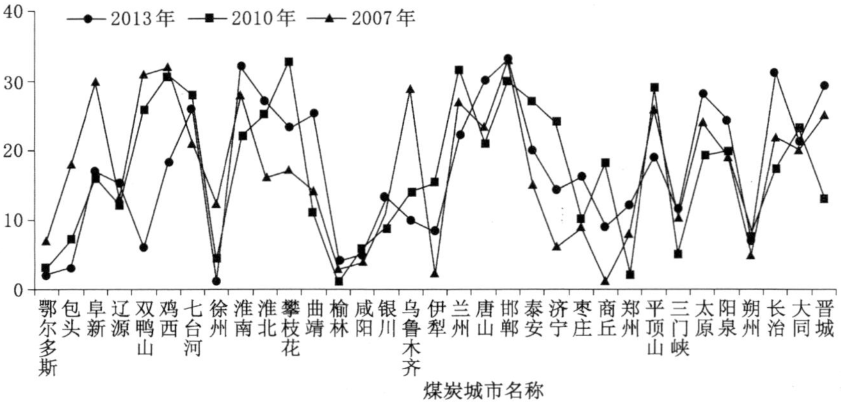

图 4-5　基于 SEI 分数的煤炭城市排名

(1) 即使一些煤炭城市脆弱性程度始终较低并呈逐年下降趋势，但仍旧面临一些问题，甚至有些问题是十分严峻的。例如鄂尔多斯的产业生态系统脆弱度逐年下降(排名从第 9 名升至第 1 名)，但其生命系统恢复力始终较弱(2013、2010 和 2007 的排名分别为 13、24 和 23)。鄂尔多斯作为中国最大和最重要的煤炭产业基地，近年来形成了一批极具竞争力的大型煤炭企业(例如神华集团、伊泰集团等)，即使在当前煤炭市场低迷的情形下，这些企业依旧保持较高的获

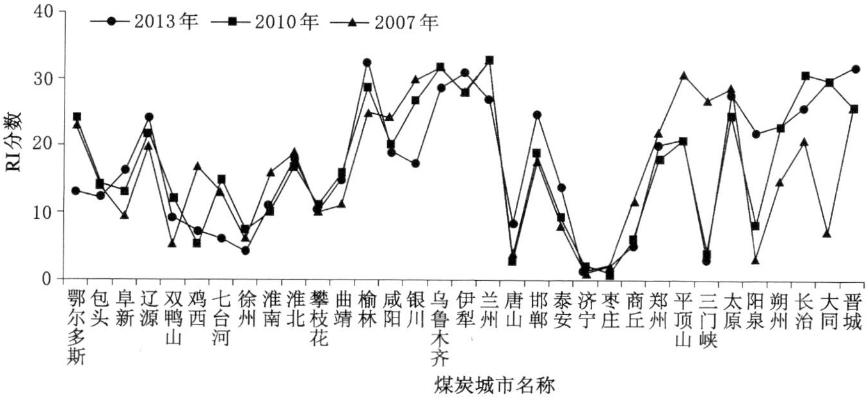

图 4-6　基于 RI 分数的煤炭城市排名

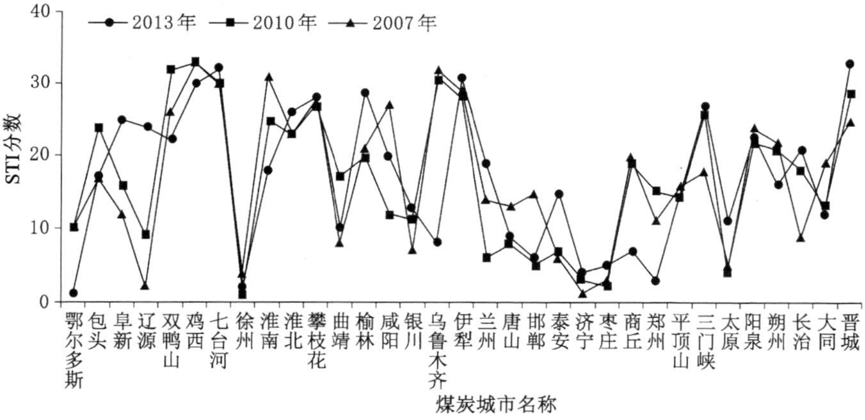

图 4-7　基于 STI 分数的煤炭城市排名

利水平；同时，鄂尔多斯还通过发展循环经济、实施科技创新和加强生态修复等措施，不断改善矿区生态环境。在取得以上成绩的同时，我们也发现鄂尔多斯仍面临一些问题和挑战。根据鄂尔多斯统计年鉴（2001～2014），2001 年以来煤炭产业增加值占 GDP 的比重始终超过 70%，说明鄂尔多斯的经济发展主要还是依赖于煤炭产业，其他产业尤其是非资源型产业发展严重滞后，从而降低了 CCIES 的恢复力水平，这十分不利于鄂尔多斯经济的可持续发展。

（2）无论是脆弱性较高还是较低的煤炭城市，尽管有些城市的总体脆弱性程度基本一致，但其脆弱性格局的成因却不尽相同。以 2013 年为例，虽然鄂尔多斯和济宁的 RVI 排名均处于前 4 位，但鄂尔多斯脆弱性水平较低主要是因为其生命系统敏感性较低(排名第 2)和生命支持系统稳定性较高(排名第 1);而济宁则是由于其较高的生命系统恢复力(排名第 1)和较高的生命支持系统稳定性(排名第 4)。进一步,虽然攀枝花、七台河和晋城的 RVI 排名均处于后 4 位,但三个城市的脆弱性成因也不尽相同。攀枝花和七台河脆弱性较高主要是由于较高的生命系统敏感性(分别排名第 23 和 26)和较低的生命支持系统稳定性所致(分别排名第 28 和 32),尽管这两个煤炭城市的生命系统恢复力均较高(排名分别第 10 和第 6);对于晋城而言,则是由于在三个方面均表现较差,致使其脆弱性程度最高。

4.4.2 煤炭城市的分组识别

依据煤炭城市固有的统计相似性,基于 RVI 分数将其进行分组。为保证分组的统计学意义,采用 SPSS 19.0 软件对分组后的 14 个变量进行描述性统计和方差分析。该步骤至关重要,其结果决定了煤炭城市的分组对企业管理者和政策制定者来说是否有意义和可接受。统计结果如表 4-4 所列。该结果表明各组中的每个变量都具有显著性差异($P<0.05$),这意味着分组结果是合理的。

从根本上来讲,合作的本质是互相学习,比较仅仅是起点,更为重要的是,对较于其他已在产业生态系统管理方面取得杰出成绩,所谓的低脆弱性的煤炭城市的表现进行基准测试。就基准测试而言,不仅仅关注于最终的排名或分组,而是每个指标对其脆弱性的影响。换言之,我们需要进一步审视每个指标背后的数据以得到对排名和分组结果的深刻理解,从而发现这些指标以及煤炭城市之间的潜在差异。这对于识别一个煤炭城市产业生态系统存在的问题而言是至关重要的。此外,这也为政策制定者作出恰当的决策和采用有效的措施以降低产业生态系统的脆弱性提供了依据。

例如,徐州作为脆弱性水平始终较低的城市,其在 CCIES 治理方面的实践可以为其他高脆弱性水平的煤炭城市提供很好的参考和借鉴。作为一个煤炭资源型地区和老工业基地,近年来徐州一直致力于推动产业转型和生态环境建设。首先,为摆脱对煤炭产业的过度依赖,徐州在煤炭产业衰退之前就积极培育生物医药、钢铁、工程机械等非资源型产业,提高区域产业多样化水平;依托作为淮海经济区地理中心和交通枢纽的区位优势,大力发展物流、商贸和旅游产业;在推动传统能源企业转型的同时,徐州还大力发展光伏、风电等新能源产业。经过近 10 年的发展,徐州已成为中国最大工程机械产业和新能源产业基地之一。同时,徐州不断加强生态修复和环境保护力度,努力提升生态文明建设水平。例如,2008 年徐州政府与德国政府、高校和科研机构合作成立中德能源与矿区生态环境研究中心,旨在充分借鉴德国在矿区生态环境建设方面的经验和先进技

表 4-4　　分类后各因素的描述性统计和方差分析

组别		2007				2010				2013			
		N	Mean	Std. Dev.	Sig. (P)	N	Mean	Std. Dev.	Sig. (P)	N	Mean	Std. Dev.	Sig. (P)
X_{11}	Ⅰ	4	12.546	4.521	0.002	5	43.002	24.305	0.009	4	60.703	19.594	0.003
	Ⅱ	24	19.828	14.164		21	54.219	30.588		24	68.238	39.503	
	Ⅲ	5	31.017	10.943		7	85.093	48.709		5	102.069	24.334	
X_{22}	Ⅰ	4	2.000	0.951	0.009	5	1.031	0.968	0.002	4	−0.452	0.232	0.008
	Ⅱ	24	2.187	1.464		21	1.779	2.405		24	0.166	3.956	
	Ⅲ	5	1.248	1.024		7	1.386	1.442		5	−1.528	4.596	
X_{23}	Ⅰ	4	2.834	1.360	0.002	5	1.395	1.552	0.001	4	1.400	1.073	0.002
	Ⅱ	24	2.352	1.327		21	2.849	1.588		24	1.557	3.891	
	Ⅲ	5	3.422	2.419		7	2.010	0.604		5	−0.402	2.837	
X_{27}	Ⅰ	4	8.261	3.677	0.000	5	16.740	6.432	0.000	4	12.611	2.781	0.000
	Ⅱ	24	7.235	4.674		21	7.426	4.896		24	5.671	4.334	
	Ⅲ	5	3.675	2.531		7	7.586	3.699		5	2.308	2.657	
X_{32}	Ⅰ	4	0.141	0.005	0.000	5	0.153	0.016	0.000	4	0.166	0.025	0.000
	Ⅱ	24	0.164	0.025		21	0.159	0.024		24	0.158	0.027	
	Ⅲ	5	0.189	0.040		7	0.196	0.040		5	0.176	0.042	

续表 4-4

组别		2007				2010				2013			
		N	Mean	Std. Dev.	Sig. (P)	N	Mean	Std. Dev.	Sig. (P)	N	Mean	Std. Dev.	Sig. (P)
X_{33}	Ⅰ	4	85.000	37.833	0.000	5	64.400	44.881	0.006	4	73.750	52.265	0.002
	Ⅱ	24	44.080	27.142		21	49.380	30.541		24	48.170	30.105	
	Ⅲ	5	34.400	14.011		7	30.860	9.686		5	28.200	17.254	
X_{37}	Ⅰ	4	6.570	1.367	0.000	5	7.974	1.438	0.000	4	8.695	2.195	0.000
	Ⅱ	24	4.842	0.796		21	6.199	1.101		24	6.738	1.236	
	Ⅲ	5	4.596	0.440		7	5.583	0.694		5	6.754	0.889	
X_{42}	Ⅰ	4	0.429	0.115	0.000	5	0.723	0.480	0.000	4	0.585	0.299	0.000
	Ⅱ	24	1.570	0.584		21	0.902	0.394		24	0.677	0.391	
	Ⅲ	5	2.573	0.362		7	1.536	0.272		5	1.542	1.275	
X_{45}	Ⅰ	4	54.515	3.866	0.007	5	60.356	17.578	0.008	4	71.018	2.125	0.005
	Ⅱ	24	34.797	24.213		21	58.312	10.420		24	59.848	15.886	
	Ⅲ	5	14.870	14.501		7	25.084	16.318		5	50.514	14.750	
X_{47}	Ⅰ	4	0.283	0.301	0.001	5	0.326	0.086	0.006	4	0.291	0.052	0.005
	Ⅱ	24	0.320	0.187		21	0.519	0.265		24	0.528	0.283	
	Ⅲ	5	0.364	0.345		7	0.571	0.305		5	0.583	0.314	

续表 4-4

组别		2007				2010				2013			
		N	Mean	Std. Dev.	Sig. (*P*)	*N*	Mean	Std. Dev.	Sig. (*P*)	*N*	Mean	Std. Dev.	Sig. (*P*)
X_{48}	Ⅰ	4	69.160	17.925	0.000	5	71.673	14.438	0.002	4	69.622	21.832	0.000
	Ⅱ	24	62.173	17.705		21	60.147	16.417		24	66.145	17.205	
	Ⅲ	5	65.487	16.503		7	53.040	11.212		5	61.031	12.769	
X_{410}	Ⅰ	4	2.208	0.561	0.000	5	2.059	0.258	0.003	4	3.224	1.536	0.006
	Ⅱ	24	2.507	1.010		21	2.669	0.878		24	3.056	1.188	
	Ⅲ	5	2.747	0.762		7	3.118	1.653		5	3.105	0.331	
X_{411}	Ⅰ	4	1.101	0.790	0.000	5	2.834	1.005	0.000	4	3.809	1.909	0.000
	Ⅱ	24	1.135	0.869		21	1.268	0.781		24	1.659	1.148	
	Ⅲ	5	0.589	0.277		7	0.771	0.445		5	1.098	0.483	
X_{412}	Ⅰ	4	58.160	20.595	0.002	5	72.080	11.736	0.001	4	63.414	24.994	0.001
	Ⅱ	24	55.596	15.197		21	51.590	15.335		24	55.048	17.392	
	Ⅲ	5	54.758	31.324		7	52.370	22.010		5	49.614	12.487	

术，推动徐州矿区的生态修复、土地复垦、节能减排、生态文化产业园建设。目前，徐州的生态环境建设已经取得了显著的成效，累计治理采煤塌陷区30余万亩，森林覆盖率达到33.2%，先后被评为“中国十佳投资环境城市”、“全国卫生城市”和“中国首批7个国家生态园林城市之一”。

4.5　主要结论

煤炭城市作为人地相互作用较为强烈的一类特殊区域，其产业生态系统具有显著的脆弱性。降低产业生态系统脆弱性，实现煤炭城市社会经济可持续发展，已经成为当地政府的紧迫任务。为此，政策制定者需要对其CCIES的脆弱性进行评估，并与其他煤炭城市进行比较，以便向那些产业生态系统状况良好的地区学习经验，并通过基准测试以制定针对性的行动方案。我们选取关于CCIES脆弱性的一系列指标构造了CCIES的脆弱性综合评估指数（RVI）的层级结构。RVI主要包括经济波动风险、生命系统敏感性、生命系统恢复力和生命支持系统稳定性四个维度。采用粗糙集在不损失信息的前提下对初始指标体系进行属性约简，最终得到14个有效脆弱性评估指标，即煤炭价格波动风险、原生产业增长弹性系数、外生产业增长弹性系数、规模以上工业企业资产利润率、产业关联度、主导工业品数量、地区市场化指数、单位工业总产值能耗、工业二氧化硫去除率、环境治理投资占GDP比重、金融机构存贷比、科教支出占GDP比重、货运总量和地方财政自给率。然后，我们将3种独立的模型系统地结合构造了RS-TOPSIS-RSR方法，基于RVI从整体的角度对我国典型CCIES进行了脆弱性评估，从而为煤炭城市的适应性管理提供了一种有效的决策支持系统。

基于通过RS-TOPSIS-RSR方法计算的RVI分数，将我国33个煤炭城市按照其脆弱性从低到高进行排序，并划分成3组。同时，为揭示CCIES高脆弱性的存在关键问题和主要成因，我们还计算了各CCIES的敏感性指数、恢复力指数和稳定性指数。研究结果验证了RS-TOPSIS-RSR模型的有效性以及运用该方法在其他领域进行决策活动和多对象、多准则绩效评估的可行性。

尽管初始结果验证了RS-TOPSIS-RSR方法的有效性和可行性，但该模型还存在一些关键问题需要进一步探讨。首先，一些更为综合的评价指标需要进一步探讨，从而为产业生态系统的脆弱性提供一个可靠、全面的概貌。其次，由RS-TOPSIS-RSR模型得到的结果可能会对决策属性的权重表现出敏感性，因而对产业生态系统脆弱性指标的一个改变可能会导致不同的结论。为最大限度地保证结果的鲁棒性，应该通过改变指标权重，或以不同方式输入数据的方式来进行不确定性分析和敏感性分析。这也使得政策制定者可以依据改变指标的权重或限制指标集合的方式来评价评估过程的影响。

4.6 附录

附表 A

参见附表 A.1 和 A.2。

附表 A.1　　百分比及相应的概率单位

%	0	0.1	0.2	0.3	0.4	0.5	0.6	0.7	0.8	0.9
0	—	1.909 8	2.121 8	2.252 2	2.347 9	2.424 2	2.487 9	2.542 7	2.591 1	2.634 4
1	2.673 7	2.709 6	2.742 9	2.773 8	2.802 7	2.829 9	2.855 6	2.879 9	2.903 4	2.925 1
2	2.946 3	2.966 5	2.985 9	3.004 6	3.022 6	3.040 0	3.056 9	3.073 2	3.089 0	3.104 3
3	3.119 2	3.133 7	3.147 8	3.161 6	3.175 9	3.188 1	3.200 9	3.213 4	3.225 6	3.237 6
4	3.249 3	3.260 8	3.272 1	3.283 1	3.294 0	3.304 6	3.315 1	3.325 3	3.335 4	3.345 4
5	3.355 1	3.364 8	3.374 2	3.383 6	3.392 8	3.401 8	3.410 7	3.419 5	3.428 2	3.426 8
6	3.445 2	3.453 6	3.461 8	3.469 9	3.478	3.485 9	3.493 7	3.501 5	3.509 1	3.516 7
7	3.524 2	3.531 6	3.538 9	3.546 2	3.553 4	3.560 6	3.567 5	3.574 5	3.581 3	3.588 2
8	3.594 9	3.601 6	3.608 3	3.614 8	3.621 3	3.627 8	3.634 2	3.640 5	3.646 8	3.653 1
9	3.659 2	3.665 4	3.671 5	3.677 5	3.683 5	3.689 4	3.695 3	3.701 2	3.707 0	3.712 7
10	3.718 4	3.724 1	3.729 8	3.735 4	3.740 9	3.746 4	3.751 9	3.754 7	3.762 5	3.768 1
11	3.773 5	3.778 8	3.784 0	3.789 3	3.794 5	3.799 6	3.804 8	3.809 9	3.815 0	3.820 0
12	3.825 0	3.830 0	3.835 0	3.839 9	3.844 8	3.849 7	3.854 5	3.859 3	3.864 1	3.868 9
13	3.873 6	3.878 3	3.883 0	3.887 7	3.892 3	3.896 9	3.901 5	3.906 1	3.910 7	3.915 2
14	3.919 7	3.924 2	3.926 8	3.933 1	3.937 5	3.941 9	3.946 3	3.950 6	3.955 0	3.959 3
15	3.963 6	3.967 8	3.972 1	3.976 3	3.980 6	3.984 8	3.989 0	3.993 1	3.997 3	4.001 4
16	4.005 5	4.009 6	4.013 7	4.017 8	4.021 8	4.025 9	4.029 9	4.033 9	4.037 9	4.041 9
17	4.045 8	4.049 8	4.053 7	4.057 6	4.061 5	4.065 4	4.069 3	4.073 1	4.077 0	4.080 8
18	4.084 6	4.088 4	4.092 2	4.096 0	4.099 8	4.103 5	4.107 3	4.111 0	4.114 7	4.118 4
19	4.122 1	4.125 8	4.129 5	4.133 1	4.136 7	4.140 4	4.144 0	4.147 6	4.151 2	4.154 8
20	4.158 4	4.161 9	4.165 5	4.169 0	4.1726	4.176 1	4.179 6	4.183 1	4.186 6	4.190 1
21	4.193 6	4.197 0	4.200 5	4.203 9	4.207 4	4.210 8	4.214 2	4.217 6	4.221 0	4.224 4

续附表 A.1

%	0	0.1	0.2	0.3	0.4	0.5	0.6	0.7	0.8	0.9
22	4.227 8	4.231 2	4.234 5	4.237 9	4.241 2	4.244 6	4.247 9	4.251 2	4.254 6	4.257 9
23	4.261 2	4.264 4	4.267 7	4.271 0	4.274 3	4.277 5	4.280 8	4.284 0	4.287 2	4.290 5
24	4.293 7	4.296 9	4.300 1	4.303 3	4.306 5	4.309 7	4.312 9	4.316 0	4.319 2	4.322 4
25	4.325 5	4.328 7	4.331 8	4.334 9	4.338 0	4.341 2	4.344 3	4.347 4	4.350 5	4.353 6
26	4.356 7	4.359 7	4.362 8	4.365 9	4.368 9	4.372 0	4.375 0	4.378 1	4.381 1	4.384 2
27	4.387 2	4.390 8	4.393 2	4.396 2	4.399 2	4.402 2	4.405 2	4.408 2	4.411 2	4.414 2
28	4.417 2	4.420 1	4.423 1	4.426 0	4.429 0	4.431 9	4.434 9	4.437 8	4.440 8	4.443 7
29	4.446 6	4.449 5	4.452 4	4.455 4	4.458 3	4.461 2	4.464 1	4.467 0	4.469 8	4.472 7
30	4.475 6	4.478 5	4.481 3	4.484 2	4.487 1	4.489 9	4.498 2	4.495 6	4.498 5	4.501 3
31	4.504 1	4.505 0	4.509 8	4.512 9	4.515 5	4.518 3	4.521 1	4.523 9	4.526 7	4.529 5
32	4.532 3	4.535 1	4.537 9	4.540 7	4.543 5	4.546 2	4.549 0	4.551 8	4.554 6	4.557 3
33	4.560 1	4.562 8	4.565 6	4.568 4	4.571 1	4.573 9	4.576 6	4.579 3	4.582 1	4.584 5
34	4.587 5	4.590 3	4.593 0	4.595 7	4.598 4	4.601 1	4.603 9	4.606 6	4.609 3	4.612 0
35	4.614 7	4.617 4	4.620 1	4.622 8	4.625 5	4.628 1	4.630 8	4.633 5	4.636 2	4.638 9
36	4.641 5	4.644 2	4.646 9	4.649 5	4.652 2	4.654 9	4.657 5	4.660 2	4.662 8	4.665 5
31	4.668 1	4.670 8	4.673 4	4.676 1	4.678 7	4.681 4	4.684 0	4.686 6	4.689 3	4.691 9
38	4.694 5	4.697 1	4.699 2	4.702 4	4.705 0	4.707 6	4.710 2	4.712 9	4.715 5	4.718 1
39	4.720 7	4.723 3	4.725 9	4.728 5	4.731 1	4.733 7	4.736 3	4.738 9	4.741 5	4.744 1
40	4.746 7	4.749 2	4.751 8	4.754 4	4.757 0	4.759 6	4.762 2	4.764 7	4.767 3	4.769 9
41	4.772 5	4.775 0	4.777 6	4.780 2	4.782 7	4.785 3	4.787 9	4.790 4	4.793 0	4.795 5
42	4.798 1	4.800 7	4.803 2	4.805 8	4.808 3	4.810 9	4.813 4	4.816 0	4.818 5	4.821 1
43	4.823 6	4.826 2	4.828 7	4.831 3	4.833 8	4.836 3	4.838 9	4.841 4	4.844 0	4.846 5
44	4.849 0	4.851 6	4.854 1	4.856 6	4.859 2	4.861 7	4.864 2	4.866 8	4.869 3	4.871 8
45	4.874 3	4.876 9	4.879 4	4.881 9	4.884 4	4.887 0	4.889 5	4.892 0	4.894 5	4.897 0
46	4.899 5	4.902 1	4.904 6	4.907 1	4.909 6	4.912 2	4.914 7	4.917 2	4.919 7	4.922 2
47	4.924 7	4.927 2	4.929 8	4.932 3	4.935 8	4.937 3	4.939 8	4.942 3	4.944 8	4.947 3
48	4.949 8	4.952 4	4.954 9	4.957 4	4.959 9	4.962 4	4.964 9	4.967 4	4.969 9	4.972 4
49	4.974 9	4.977 4	4.979 9	4.982 5	4.985 0	4.987 5	4.990 0	4.992 5	4.995 0	4.997 5
50	5.000 0	5.002 5	5.005 0	5.007 5	5.010 0	5.012 5	5.015 0	5.017 5	5.020 1	5.022 6
51	5.025 1	5.027 6	5.030 1	5.032 6	5.035 1	5.037 6	5.040 1	5.042 6	5.045 1	5.047 6
52	5.050 2	5.052 7	5.055 2	5.057 7	5.060 2	5.062 7	5.065 2	5.067 7	5.070 2	5.072 8

续附表 A.1

%	0	0.1	0.2	0.3	0.4	0.5	0.6	0.7	0.8	0.9
53	5.075 3	5.077 8	5.080 3	5.082 8	5.085 3	5.087 8	5.090 4	5.092 9	5.095 4	5.097 9
54	5.100 4	5.103 0	5.105 5	5.108 0	5.110 5	5.113 0	5.115 6	5.118 1	5.120 6	5.123 1
55	5.125 7	5.128 2	5.130 7	5.133 2	5.135 8	5.138 3	5.140 8	5.143 4	5.145 9	5.148 4
56	5.151 0	5.153 5	5.156 0	5.158 6	5.161 1	5.163 7	5.166 2	5.168 7	5.1713	5.173 8
57	5.176 4	5.178 9	5.181 5	5.184 0	5.186 6	5.189 1	5.1917	5.194 2	5.196 8	5.199 3
58	5.201 9	5.204 5	5.207 0	5.209 6	5.212 1	5.214 7	5.217 3	5.219 8	5.222 4	5.225 0
59	5.227 5	5.230 1	5.232 7	5.235 3	5.237 8	5.240 4	5.243 0	5.245 6	5.248 2	5.250 8
60	5.253 3	5.255 9	5.258 5	5.261 1	5.262 7	5.266 3	5.268 9	5.271 5	5.274 1	5.276 7
61	5.279 3	5.281 9	5.284 5	5.287 1	5.289 8	5.292 4	5.295 0	5.297 6	5.300 2	5.302 9
62	5.305 5	5.3081	5.310 7	5.313 4	5.316 0	5.318 6	5.321 3	5.323 9	5.326 6	5.329 2
63	5.331 9	5.334 5	5.337 2	5.339 8	5.342 5	5.345 1	5.347 8	5.350 5	5.353 1	5.355 8
64	5.358 5	5.361 1	5.363 8	5.366 5	5.369 2	5.371 9	5.374 5	5.377 2	5.379 9	5.382 6
65	5.385 3	5.388 0	5.390 7	5.393 4	5.396 1	5.398 9	5.401 6	5.404 3	5.407	5.409 7
66	5.412 5	5.415 2	5.417 9	5.420 7	5.423 4	5.426 1	5.428 9	5.431 0	5.434 4	5.437 2
67	5.439 9	5.442 7	5.445 4	5.448 2	5.451 0	5.453 8	5.456 5	5.459 3	5.462 1	5.464 9
68	5.467 7	5.470 5	5.473 3	5.476 1	5.468 9	5.481 7	5.484 5	5.487 4	5.490 2	5.493 0
69	5.485 8	5.498 7	5.501 5	5.504 4	5.507 2	5.510 1	5.512 9	5.515 8	5.518 7	5.521 5
70	5.524 4	5.527 3	5.530 2	5.533 0	5.535 9	5.538 8	5.541 7	5.544 5	5.547 6	5.550 5
71	5.553 4	5.556 3	5.559 2	5.562 2	5.565 1	5.568 1	5.571 0	5.574 0	5.576 9	5.579 9
72	5.582 8	5.585 8	5.588 8	5.591 8	5.594 8	5.597 8	5.600 8	5.603 8	5.606 8	5.609 8
73	5.612 8	5.615 8	5.618 9	5.621 9	5.625 0	5.628 0	5.631 1	5.634 1	5.637 2	5.640 3
74	5.643 3	5.646 4	5.649 5	5.652 6	5.655 7	5.658 8	5.662 0	5.565 1	5.668 2	5.671 3
75	5.674 5	5.677 6	5.680 8	5.684 0	5.687 1	5.690 3	5.693 5	5.696 7	5.699 9	5.703 1
76	5.706 3	5.709 5	5.712 8	5.716 0	5.719 2	5.722 5	5.725 7	5.729 0	5.732 3	5.735 6
77	5.738 8	5.742 1	5.745 4	5.748 8	5.752 1	5.755 4	5.758 8	5.762 1	5.765 5	5.768 8
78	5.772 2	5.775 6	5.779	5.782 4	5.785 8	5.789 2	5.792 6	5.796 1	5.799 5	5.803 0
79	5.806 4	5.809 9	5.813 4	5.816 9	5.820 4	5.823 9	5.827 4	5.831 0	5.834 5	5.833 1
80	5.841 6	5.845 2	5.848 8	5.852 4	5.856 0	5.859 6	5.863 3	5.866 9	5.870 5	5.874 2
81	5.877 9	5.881 6	5.885 3	5.889 0	5.892 7	5.896 5	5.900 2	5.904 0	5.907 8	5.911 6
82	5.915 4	5.919 2	5.923 0	5.926 9	5.930 7	5.934 6	5.938 5	5.942 4	5.946 3	5.950 2
83	5.954 2	5.958 1	5.962 1	5.966 1	5.970 1	5.974 1	5.978 2	5.982 2	5.986 3	5.990 4

续附表 A.1

%	0	0.1	0.2	0.3	0.4	0.5	0.6	0.7	0.8	0.9
84	5.994 5	5.998 5	6.002 7	6.006 9	6.011 0	6.015 2	6.019 4	6.023 7	6.027 9	6.032 2
85	6.036 4	6.040 7	6.045 0	6.049 4	6.053 7	6.058 1	6.062 5	6.066 9	6.071 4	6.075 8
86	6.080 3	6.084 8	6.089 3	6.092 9	6.098 5	6.103 1	6.107 7	6.112 3	6.117 0	6.121 7
87	6.126 4	6.131 1	6.135 9	6.140 7	6.145 5	6.150 3	6.155 2	6.160 1	6.165 0	6.170 0
88	6.175 0	6.180 0	6.185 0	6.190 1	6.195 2	6.200 4	6.205 5	6.210 7	6.216 0	6.221 2
89	6.226 5	6.231 9	6.237 2	6.242 6	6.243 1	6.253 6	6.259 1	6.264 6	6.270 2	6.275 9
90	6.281 6	6.267 3	6.293 0	6.298 8	6.304 7	6.310 6	6.316 5	6.322 5	6.328 5	6.334 6
91	6.340 8	6.346 9	6.353 2	6.359 5	6.365 8	6.372 2	6.378 7	6.385 2	6.391 7	6.398 4
92	6.505 1	6.411 8	6.418 7	6.425 5	6.432 5	6.439 5	6.446 6	6.453 8	6.461 1	6.458 4
93	6.575 8	6.483 3	6.490 9	6.498 5	6.506 3	6.514 1	6.522 0	6.530 1	6.532 8	6.548 4
94	6.554 8	6.563 2	6.571 8	6.580 5	6.589 3	6.598 2	6.607 2	6.616 4	6.625 8	6.635 2
95	6.644 9	6.654 6	6.664 6	6.674 7	6.684 9	6.695 4	6.705 0	6.716 9	6.727 9	6.739 2
96	6.750 7	6.762 4	6.774 4	6.786 6	6.799 1	6.811 9	6.825 0	6.838 4	6.852 2	6.866 3
97	6.880 8	6.895 7	6.911 0	6.926 8	6.943 1	6.960 0	6.977 4	6.995 4	7.014 1	7.033 5
98	7.053 7	7.074 9	7.096 9	7.120 1	7.144 4	7.170 1	7.197 3	7.226 2	7.257 1	7.290 4
99	7.326 3	7.365 6	7.408 9	7.457 3	7.512 1	7.575 8	7.652 1	7.747 8	7.878 2	8.090 2

附表 A.2　　分组数及相应的百分比和概率单位

分类数	百分比	概率单位
3	<15.866	<4
	≥15.866	≥4
	≥84.134	≥6
4	<6.681	<3.5
	≥6.681	≥3.5
	≥50	≥5
	≥93.319	≥6.5
5	<3.593	<3.2
	≥3.593	≥3.2
	≥27.425	≥4.4
	≥72.575	≥5.6
	≥96.407	≥6.8

续表

分类数	百分比	概率单位
6	<2.275	<3
	≥2.275	≥3
	≥15.866	≥4
	≥50	≥5
	≥84.134	≥6
	≥97.725	≥7
7	<1.618	<2.86
	≥1.618	≥2.86
	≥10.027	≥3.72
	≥33.36	≥4.57
	≥67.003	≥5.44
	≥89.973	≥6.28
	≥98.352	≥7.14
8	<1.222	<2.78
	≥1.322	≥2.78
	≥6.681	≥3.5
	≥22.663	≥4.25
	≥50	≥5
	≥77.337	≥5.75
	≥93.319	≥6.50
	≥98.678	≥7.22
9	<0.99	<2.67
	≥0.99	≥2.67
	≥4.746	≥3.33
	≥15.866	≥4
	≥37.07	≥4.67
	≥62.93	≥5.33
	≥84.134	≥6
	≥95.254	≥6.67
	≥99.01	≥7.33

附表 B

参见附表 B.1、B.2 和 B.3。

附表 B.1　　2013 年各煤炭城市的 RSR 分布

煤炭城市	RSR	f	$f\downarrow$	R	$\overline{R}$	$P_i=\frac{\overline{R}}{m}\times100\%$	Y
鄂尔多斯	0.368 8	1	1	1	1	3.03	3.1236
徐州	0.383 2	1	2	2	2	6.06	3.450 2
商丘	0.416 4	1	3	3	3	9.09	3.664 8
济宁	0.416 8	1	4	4	4	12.12	3.831 0
郑州	0.427 5	1	5	5	5	15.15	3.970 0
枣庄	0.431 1	1	6	6	6	18.18	4.091 4
包头	0.433 4	1	7	7	7	21.21	4.200 8
乌鲁木齐	0.444 8	1	8	8	8	24.24	4.301 4
咸阳	0.451 4	1	9	9	9	27.27	4.395 3
朔州	0.451 9	1	10	10	10	30.30	4.484 2
双鸭山	0.454 0	1	11	11	11	33.33	4.569 2
银川	0.457 3	1	12	12	12	36.36	4.651 1
平顶山	0.478 5	1	13	13	13	39.39	4.730 8
泰安	0.487 1	1	14	14	14	42.42	4.808 8
三门峡	0.489 4	1	15	15	15	45.45	4.885 7
大同	0.494 9	1	16	16	16	48.48	4.961 9
兰州	0.504 7	1	17	17	17	51.52	5.038 1
唐山	0.506 6	1	18	18	18	54.55	5.114 3
辽源	0.507 4	1	19	19	19	57.58	5.191 2
曲靖	0.507 8	1	20	20	20	60.61	5.269 2
阜新	0.515 4	1	21	21	21	63.64	5.348 9
太原	0.517 3	1	22	22	22	66.67	5.430 4
榆林	0.519 3	1	23	23	23	69.70	5.515 8
阳泉	0.544 1	1	24	24	24	72.73	5.604 7
淮南	0.547 3	1	25	25	25	75.76	5.698 6
伊犁	0.550 5	1	26	26	26	78.79	5.799 2

续附表 B.1

煤炭城市	RSR	f	$f\downarrow$	R	$\overline{R}$	$P_i=\frac{\overline{R}}{m}\times100\%$	Y
鸡西	0.552 7	1	27	27	27	81.82	5.908 6
邯郸	0.554 0	1	28	28	28	84.85	6.030 1
长治	0.563 3	1	29	29	29	87.88	6.169 0
淮北	0.571 7	1	30	30	30	90.91	6.335 2
攀枝花	0.573 2	1	31	31	31	93.94	6.551 0
七台河	0.614 9	1	32	32	32	96.97	6.876 5
晋城	0.666 6	1	$m=33$	33	33	99.24[a]	7.4283

[a]注：该数值由公式 $p_m=(1-\frac{1}{4m})\times100\%$计算。

附表 B.2　　2010 年各煤炭城市的 RSR 分布

煤炭城市	RSR	f	$f\downarrow$	R	$\overline{R}$	$P_i=\frac{\overline{R}}{m}\times100\%$	Y
徐州	0.361 6	1	1	1	1	3.03	3.123 6
枣庄	0.391 1	1	2	2	2	6.06	3.450 2
鄂尔多斯	0.423 7	1	3	3	3	9.09	3.664 8
郑州	0.424 0	1	4	4	4	12.12	3.831 0
济宁	0.431 6	1	5	5	5	15.15	3.970 0
咸阳	0.443 3	1	6	6	6	18.18	4.091 4
太原	0.454 2	1	7	7	7	21.21	4.200 8
银川	0.459 0	1	8	8	8	24.24	4.301 4
榆林	0.460 1	1	9	9	9	27.27	4.395 3
泰安	0.462 1	1	10	10	10	30.30	4.484 2
辽源	0.465 0	1	11	11	11	33.33	4.569 2
唐山	0.468 8	1	12	12	12	36.36	4.651 1
邯郸	0.478 2	1	13	13	13	39.39	4.730 8
阜新	0.487 4	1	14	14	14	42.42	4.808 8
曲靖	0.493 5	1	15	15	15	45.45	4.885 7
包头	0.498 6	1	16	16	16	48.48	4.961 9
三门峡	0.503 6	1	17	17	17	51.52	5.038 1

续附表 B.2

煤炭城市	RSR	f	$f\downarrow$	R	$\overline{R}$	$P_i=\frac{\overline{R}}{m}\times100\%$	Y
商丘	0.504 8	1	18	18	18	54.55	5.114 3
大同	0.509 6	1	19	19	19	57.58	5.191 2
朔州	0.512 8	1	20	20	20	60.61	5.269 2
长治	0.519 1	1	21	21	21	63.64	5.348 9
兰州	0.520 3	1	22	22	22	66.67	5.430 4
平顶山	0.521 6	1	23	23	23	69.70	5.515 8
阳泉	0.528 2	1	24	24	24	72.73	5.604 7
淮南	0.552 0	1	25	25	25	75.76	5.698 6
淮北	0.555 9	1	26	26	26	78.79	5.799 2
晋城	0.5989	1	27	27	27	81.82	5.908 6
伊犁	0.6032	1	28	28	28	84.85	6.030 1
乌鲁木齐	0.611 7	1	29	29	29	87.88	6.169 0
七台河	0.615 2	1	30	30	30	90.91	6.335 2
双鸭山	0.616 2	1	31	31	31	93.94	6.551 0
攀枝花	0.637 3	1	32	32	32	96.97	6.876 5
鸡西	0.641 2	1	m=33	33	33	99.24[a]	7.428 3

[a]注：该数值由公式 $p_m=(1-\frac{1}{4m})\times100\%$ 计算。

附表 B.3　　2007 年各煤炭城市的 RSR 分布

煤炭城市	RSR	f	$f\downarrow$	R	$\overline{R}$	$P_i=\frac{\overline{R}}{m}\times100\%$	Y
济宁	0.393 1	1	1	1	1	3.03	3.123 6
枣庄	0.442 8	1	2	2	2	6.06	3.450 2
辽源	0.445 8	1	3	3	3	9.09	3.664 8
徐州	0.458 4	1	4	4	4	12.12	3.831 0
泰安	0.465 6	1	5	5	5	15.15	3.970 0
曲靖	0.488 2	1	6	6	6	18.18	4.091 4
郑州	0.4907	1	7	7	7	21.21	4.200 8
银川	0.493 9	1	8	8	8	24.24	4.301 4

续附表 B.3

煤炭城市	RSR	f	$f\downarrow$	R	$\overline{R}$	$P_i=\frac{\overline{R}}{m}\times100\%$	Y
鄂尔多斯	0.496 4	1	9	9	9	27.27	4.395 3
商丘	0.499 1	1	10	10	10	30.30	4.484 2
太原	0.507 6	1	11	11	11	33.33	4.569 2
唐山	0.513 6	1	12	12	12	36.36	4.651 1
三门峡	0.520 4	1	13	13	13	39.39	4.730 8
长治	0.522 2	1	14	14	14	42.42	4.808 8
榆林	0.524 8	1	15	15	15	45.45	4.885 7
包头	0.528 2	1	16	16	16	48.48	4.961 9
朔州	0.536 2	1	17	17	17	51.52	5.038 1
大同	0.540 0	1	18	18	18	54.55	5.114 3
阜新	0.547 5	1	19	19	19	57.58	5.191 2
咸阳	0.548 2	1	20	20	20	60.61	5.269 2
兰州	0.554 6	1	21	21	21	63.64	5.348 9
平顶山	0.555 2	1	22	22	22	66.67	5.430 4
阳泉	0.565 7	1	23	23	23	69.70	5.515 8
淮北	0.567 5	1	24	24	24	72.73	5.604 7
伊犁	0.573 7	1	25	25	25	75.76	5.698 6
攀枝花	0.581 6	1	26	26	26	78.79	5.799 2
邯郸	0.602 9	1	27	27	27	81.82	5.908 6
晋城	0.605 0	1	28	28	28	84.85	6.030 1
七台河	0.620 1	1	29	29	29	87.88	6.169 0
双鸭山	0.641 1	1	30	30	30	90.91	6.335 2
淮南	0.644 1	1	31	31	31	93.94	6.551 0
乌鲁木齐	0.664 8	1	32	32	32	96.97	6.876 5
鸡西	0.754 0	1	m=33	33	33	99.24[a]	7.428 3

[a]注：该数值由公式 $p_m=(1-\frac{1}{4m})\times100\%$计算。

附表 C

参见附表 C.1、C.2 和 C.3。

附表 C.1　　2013 年各煤炭城市基于 RVI,SEI,RI 和 STI 分数的排名

	CCIES 脆弱性		生命系统敏感性		生命系统恢复力		生命支持系统稳定性	
煤炭城市	RVI 分数	排名	SEI 分数	排名	RI 分数	排名	STI 分数	排名
鄂尔多斯	0.368 8	1	0.352 7	2	0.661 3	13	0.331 7	1
包头	0.433 4	7	0.356 0	3	0.650 8	12	0.444 5	17
阜新	0.515 4	21	0.494 4	17	0.678 5	16	0.505 1	25
辽源	0.507 4	19	0.487 8	15	0.750 3	24	0.491 8	24
双鸭山	0.454 0	11	0.372 4	6	0.579 5	9	0.477 5	22
鸡西	0.552 7	27	0.505 9	18	0.563 3	7	0.574 0	30
七台河	0.614 9	32	0.644 0	26	0.550 2	6	0.610 8	32
徐州	0.383 2	2	0.345 7	1	0.523 0	4	0.377 3	2
淮南	0.547 3	25	0.734 3	32	0.621 2	11	0.446 0	18
淮北	0.571 7	30	0.660 2	27	0.721 5	18	0.511 4	26
攀枝花	0.573 2	31	0.615 5	23	0.599 4	10	0.548 8	28
曲靖	0.507 8	20	0.640 3	25	0.666 8	15	0.414 3	10
榆林	0.519 3	23	0.360 6	4	0.916 3	33	0.559 5	29
咸阳	0.451 4	9	0.370 7	5	0.731 1	19	0.453 0	20
银川	0.457 3	12	0.472 0	13	0.706 6	17	0.421 0	13
乌鲁木齐	0.444 8	8	0.413 0	10	0.860 0	29	0.408 1	8
伊犁	0.550 5	26	0.403 4	8	0.897 1	31	0.600 2	31
兰州	0.504 7	17	0.555 9	22	0.814 3	27	0.446 7	19
唐山	0.506 6	18	0.673 5	30	0.565 7	8	0.408 2	9
邯郸	0.554 0	28	0.809 0	33	0.782 1	25	0.398 5	6
泰安	0.487 1	14	0.549 4	20	0.663 7	14	0.436 3	15
济宁	0.416 8	4	0.475 9	14	0.421 4	1	0.387 0	4
枣庄	0.431 1	6	0.493 8	16	0.489 8	2	0.395 2	5
商丘	0.416 4	3	0.407 8	9	0.544 5	5	0.403 0	7
郑州	0.427 5	5	0.432 9	12	0.732 9	20	0.381 3	3
平顶山	0.478 5	13	0.514 3	19	0.741 1	21	0.425 5	14
三门峡	0.489 4	15	0.425 8	11	0.513 3	3	0.517 6	27
太原	0.517 3	22	0.663 1	28	0.814 8	28	0.414 8	11
阳泉	0.544 1	24	0.622 9	24	0.742 8	22	0.482 4	23
朔州	0.451 9	10	0.394 2	7	0.743 7	23	0.440 3	16
长治	0.563 3	29	0.713 8	31	0.782 4	26	0.471 7	21
大同	0.494 9	16	0.554 2	21	0.882 7	30	0.419 8	12
晋城	0.666 6	33	0.668 7	29	0.898 4	32	0.644 4	33

附表 C.2　2010 年各煤炭城市基于 RVI,SEI,RI 和 STI 分数的排名

	CCIES 脆弱性		生命系统敏感性		生命系统恢复力		生命支持系统稳定性	
煤炭城市	RVI 分数	排名	SEI 分数	排名	RI 分数	排名	STI 分数	排名
鄂尔多斯	0.423 7	3	0.262 9	3	0.747 8	24	0.455 3	10
包头	0.498 6	16	0.385 5	7	0.616 8	14	0.568 9	24
阜新	0.487 4	14	0.454 2	16	0.609 7	13	0.493 4	16
辽源	0.465 0	11	0.440 0	12	0.736 7	22	0.449 7	9
双鸭山	0.616 2	31	0.516 7	26	0.593 2	12	0.697 3	32
鸡西	0.641 2	33	0.572 8	31	0.504 5	5	0.749 0	33
七台河	0.615 2	30	0.523 7	28	0.651 9	15	0.677 1	30
徐州	0.361 6	1	0.284 1	4	0.532 3	7	0.367 1	1
淮南	0.552 0	25	0.499 2	22	0.575 3	10	0.587 5	25
淮北	0.555 9	26	0.516 5	25	0.678 3	17	0.566 8	23
攀枝花	0.637 3	32	0.614 1	33	0.590 7	11	0.668 4	27
曲靖	0.493 5	15	0.437 4	11	0.662 5	16	0.513 2	17
榆林	0.460 1	9	0.195 6	1	0.850 3	29	0.538 7	20
咸阳	0.443 3	6	0.321 6	6	0.726 8	20	0.465 7	12
银川	0.459 0	8	0.400 5	9	0.838 7	27	0.457 6	11
乌鲁木齐	0.611 7	29	0.447 2	14	0.881 4	32	0.689 8	31
伊犁	0.603 2	28	0.447 6	15	0.840 1	28	0.668 8	28
兰州	0.520 3	22	0.607 9	32	0.916 4	33	0.416 0	6
唐山	0.468 8	12	0.496 5	21	0.499 8	3	0.442 4	8
邯郸	0.478 2	13	0.534 2	30	0.699 8	19	0.405 6	5
泰安	0.462 1	10	0.518 2	27	0.573 7	9	0.418 4	7
济宁	0.431 6	5	0.507 9	24	0.462 6	2	0.385 7	3
枣庄	0.391 1	2	0.406 5	10	0.411 9	1	0.379 1	2
商丘	0.504 8	18	0.468 0	18	0.512 4	6	0.525 8	19
郑州	0.424 0	4	0.225 8	2	0.688 5	18	0.483 9	15
平顶山	0.521 6	23	0.533 4	29	0.726 9	21	0.483 4	14
三门峡	0.503 6	17	0.312 6	5	0.501 0	4	0.604 2	26
太原	0.454 2	7	0.473 7	19	0.792 3	25	0.401 4	4
阳泉	0.528 2	24	0.489 7	20	0.551 2	8	0.550 8	22
朔州	0.512 8	20	0.396 9	8	0.746 8	23	0.547 6	21
长治	0.519 1	21	0.454 5	17	0.877 5	31	0.520 4	18
大同	0.509 6	19	0.503 5	23	0.867 6	30	0.468 3	13
晋城	0.598 9	27	0.446 2	13	0.800 3	26	0.676 7	29

附表 C.3　2007 年各煤炭城市基于 RVI,SEI,RI 和 STI 分数的排名

	CCIES 脆弱性		生命系统敏感性		生命系统恢复力		生命支持系统稳定性	
煤炭城市	RVI 分数	排名	SEI 分数	排名	煤炭城市	RI 分数	排名	STI 分数
鄂尔多斯	0.496 4	9	0.438 7	7	0.743 8	23	0.494 6	10
包头	0.528 2	16	0.498 9	18	0.637 4	14	0.531 8	17
阜新	0.547 5	19	0.605 9	30	0.590 3	9	0.503 7	12
辽源	0.445 8	3	0.461 6	13	0.712 3	20	0.406 0	2
双鸭山	0.641 1	30	0.701 8	31	0.538 7	5	0.631 4	26
鸡西	0.754 0	33	0.702 5	32	0.679 2	17	0.804 2	33
七台河	0.620 1	29	0.528 6	21	0.632 6	13	0.668 9	30
徐州	0.458 4	4	0.452 9	12	0.540 1	6	0.446 2	4
淮南	0.644 1	31	0.592 9	28	0.659 5	16	0.677 9	31
淮北	0.567 5	24	0.465 3	16	0.698 0	19	0.612 0	23
攀枝花	0.581 6	26	0.477 2	17	0.596 2	10	0.646 5	28
曲靖	0.488 2	6	0.462 1	14	0.599 7	11	0.487 5	8
榆林	0.524 8	15	0.348 4	3	0.750 9	25	0.588 0	21
咸阳	0.548 2	20	0.423 8	4	0.744 1	24	0.635 9	27
银川	0.493 9	8	0.450 6	11	0.807 7	30	0.483 6	7
乌鲁木齐	0.664 8	32	0.603 0	29	0.837 0	32	0.683 1	32
伊犁	0.573 7	25	0.333 4	2	0.794 7	28	0.665 7	29
兰州	0.554 6	21	0.565 9	27	0.913 2	33	0.509 0	14
唐山	0.513 6	12	0.532 6	23	0.508 0	4	0.504 5	13
邯郸	0.602 9	27	0.712 6	33	0.679 2	18	0.524 9	15
泰安	0.465 6	5	0.464 1	15	0.586 4	8	0.450 3	6
济宁	0.393 1	1	0.431 3	6	0.440 4	1	0.363 6	1
枣庄	0.442 8	2	0.439 8	9	0.461 6	2	0.441 8	3
商丘	0.499 1	10	0.297 3	1	0.625 5	12	0.579 7	20
郑州	0.490 7	7	0.439 3	8	0.742 7	22	0.501 7	11
平顶山	0.555 2	22	0.548 6	26	0.818 4	31	0.526 7	16
三门峡	0.520 4	13	0.444 8	10	0.790 0	27	0.548 1	18
太原	0.507 6	11	0.533 0	24	0.799 1	29	0.449 3	5
阳泉	0.565 7	23	0.509 5	19	0.498 3	3	0.619 7	24
朔州	0.536 2	17	0.425 7	5	0.657 3	15	0.589 4	22
长治	0.522 2	14	0.529 3	22	0.714 8	21	0.491 4	9
大同	0.540 0	18	0.513 3	20	0.580 9	7	0.550 0	19
晋城	0.605 0	28	0.541 2	25	0.787 3	26	0.629 9	25

本章参考文献

[1] 苏飞,张平宇. 石油城市经济系统脆弱性评价——以大庆市为例[J]. 自然资源学报,2009,24(7):1267-1274.

[2] 张文慧,张志学,刘雪峰. 决策者的认知特征对决策过程及企业战略选择的影响[J]. 心理学报,2005,37(3):373-381.

[3] 徐君,李贵芳,王育红. 国内外资源型城市脆弱性研究综述与展望[J]. 资源科学,2015,37(6):1266-1278.

[4] 王嘉旺. 经济下行背景下对煤炭企业的思考——以大同煤矿集团有限公司为例[J]. 内蒙古煤炭经济,2014(9):28.

[5] 仇方道. 东北地区矿业城市产业生态系统适应性研究[D]. 长春:东北师范大学,2009.

[6] 卢万合,李国柱,那伟. 基于 DEMATEL 法的辽源市经济系统脆弱性影响因素识别[J]. 吉林师范大学学报(自然科学版),2012,33(3):73-76.

[7] 张攀,耿涌. 产业生态系统多样性发展机制研究[J]. 中国软科学,2008(6):41-47.

[8] 李传喜,胡筱瑜. 我国战略性新兴产业规模结构效率及其优化研究[J]. 经济问题探索,2013(7):82-86.

[9] 刘景洋,乔琦. 生态工业园区行业关联度计算方法研究[C]//中国环境科学学会 2009 年学术年会论文集. 北京:中国环境科学学会,2009.

[10] 王岩,方创琳. 大庆市城市脆弱性综合评价与动态演变研究[J]. 地理科学,2014,34(5):547-555.

[11] 冯宗宪,王青,侯晓辉. 政府投入、市场化程度与中国工业企业的技术创新效率[J]. 数量经济技术经济研究,2011(4):3-17.

[12] 昝国江,王瑞娟,安树伟. 山西煤炭资源型城市产业转型科技支撑研究[J]. 山西师范大学学报,2007,21(1):118-122.

[13] 王德鲁,宋学锋. 公司特征,行业特征和产业转型类型的实证研究[J]. 经济理论与经济管理,2008(1):64-69.

[14] 刘芸,王德鲁,宋学锋. 组织战略环境复杂性测度模型及实证[J]. 统计与决策,2012(21):37-40.

[15] GITELMAN V, DOVEH E, HAKKERT S. Designing a composite indicator for road safety[J]. Safety Science, 2010, 48(9):1212-1224.

[16] CHEN C C, LEE Y T, TSAI C M. Professional baseball team starting pitcher selection using AHP and TOPSIS methods[J]. International Journal of Performance Analysis in Sport, 2014, 14(2):545-563.

[17] KILIC H S, ZAIM S, DELEN D. Selecting "The Best" ERP system for SMEs using a combination of ANP and PROMETHEE methods[J]. Expert Systems with Applications, 2015, 42(5):2343-2352.

[18] MAKKONEN M, HUJALA T, UUSIVUORI J. Policy experts' propensity to change

their opinion along Delphi rounds[J]. Technological Forecasting and Social Change, 2016, 109: 61-68.

[19] TADIC D, GUMUS A T, ARSOVSKI S, et al. An evaluation of quality goals by using fuzzy AHP and fuzzy TOPSIS methodology[J]. Journal of Intelligent and Fuzzy Systems, 2013, 25(3): 547-556.

[20] REN J, TAN S, GOODSITE M E, et al. Sustainability, shale gas, and energy transition in China: assessing barriers and prioritizing strategic measures[J]. Energy, 2015, 84: 551-562.

[21] HERMANS E, VAN DEN BOSSCHE F, WETS G. Combining road safety information in a performance index[J]. Accident Analysis and Prevention, 2008, 40(4): 1337-1344.

[22] PAWLAK Z. Rough sets[J]. International Journal of Parallel Programming, 1982, 11(5): 341-356.

[23] ZHENG K, HU J, ZHAN Z, et al. An enhancement for heuristic attribute reduction algorithm in rough set[J]. Expert Systems with Applications, 2014, 41(15): 6748-6754.

[24] WANG D, SONG X, YIN W, et al. Forecasting core business transformation risk using the optimal rough set and the neural network[J]. Journal of Forecasting, 2015, 34(6): 478-491.

[25] COLETTA L F S, VENDRAMIN L, HRUSCHKA E R, et al. Collaborative fuzzy clustering algorithms: some refinements and design guidelines[J]. IEEE Transactions on Fuzzy Systems, 2012, 20(3): 444-462.

[26] BOSE I, CHEN X. Detecting the migration of mobile service customers using fuzzy clustering[J]. Information and Management, 2015, 52(2): 227-238.

[27] SKOWRON A, RAUSZER C. The discernibility matrices and functions in information systems[J]. Theory and Decision Library, 1992, 11: 331-362.

[28] REN J, MANZARDO A, MAZZI A, et al. Emergy analysis and sustainability efficiency analysis of different crop-based biodiesel in life cycle perspective[J]. The Scientific World Journal, 2013(1): 1-12.

[29] CORRENTE S, GRECO S, SŁOWIŃSKI R. Multiple criteria hierarchy process with ELECTRE and PROMETHEE[J]. Omega, 2013, 41(5): 820-846.

[30] CHEN T Y. An ELECTRE-based outranking method for multiple criteria group decision making using interval type-2 fuzzy sets[J]. Information Sciences, 2014, 263(3): 1-21.

[31] YANG Y P O, SHIEH H M, TZENG G H. A VIKOR technique based on DEMATEL and ANP for information security risk control assessment[J]. Information Sciences, 2013, 232(5): 482-500.

[32] REN J, TAN S, DONG L, et al. Determining the life cycle energy efficiency of six biofuel systems in China: a data envelopment analysis[J]. Bioresource Technology, 2014, 162(6): 1-7.

[33] HWANG C L, YOON K. Multiple attribute decision making: methods and applications [M]. Berlin: Springer-Verlag, 1981.
[34] KAABI H, JABEUR K, ENNEIFAR L, et al. Learning criteria weights with TOPSIS method and continuous VNS for multi-criteria inventory classification [J]. Electronic Notes in Discrete Mathematics, 2015, 47(47): 197-204.
[35] GUO S, ZHAO H. Optimal site selection of electric vehicle charging station by using fuzzy TOPSIS based on sustainability perspective [J]. Applied Energy, 2015, 158: 390-402.
[36] TAVANA M, KERAMATPOUR M, SANTOS-ARTEAGA F J, et al. A fuzzy hybrid project portfolio selection method using Data Envelopment Analysis, TOPSIS and Integer Programming[J]. Expert Systems with Applications, 2015, 42(22): 8432-8444.
[37] 田凤调. 秩和比法及其应用[M]. 北京: 中国统计出版社, 1993.
[38] CHEN F, WANG J, DENG Y. Road safety risk evaluation by means of improved entropy TOPSIS-RSR[J]. Safety Science, 2015, 79: 39-54.

5 经济波动下煤炭城市恢复力影响因素及其形成机制

5.1 CCIES 恢复力影响因素辨识

作为降低煤炭城市产业生态系统脆弱性的重要途径和实现区域可持续发展的重要保证，如何增强煤炭城市产业生态系统恢复力是目前我国大多数煤炭城市急需解决的问题。系统论的观点认为，结构和功能的辩证关系是系统论中最重要的问题之一[1]，结构反映系统内部组成要素之间的相对稳定的联系，功能通常为系统与外部环境相互联系和相互作用过程中表现出来的性质、能力和功效[2]，二者共同构成系统的结构功能相关律。以系统的结构功能相关律为基础，同时将煤炭城市产业生态系统逐层解析[3]，我们从宏观层面、中观层面、微观层面和政府治理四个维度探讨煤炭城市产业生态系统恢复力的关键影响因素，以期为降低经济波动影响下的煤炭城市产业生态系统脆弱性提供一些理论支撑，具体情况如图 5-1 所示。

1. 宏观层面

宏观层面影响煤炭城市产业生态系统恢复力的因素主要来源于系统本身。系统强调整体与局部、局部之间、整体与外部环境之间的联系，因而从系统的整体性、动态性和目的性三个方面分析系统层面恢复力能够全面反映系统的特征，充分理解宏观层面系统恢复力的来源[4]。从这三个方面出发，我们认为宏观层面影响煤炭城市产业生态系统恢复力的因素主要包括产业生态系统网络结构复杂性、链接技术和功能定位。

作为一个整体，煤炭城市产业生态系统内部的各个要素并不是单独存在的。国外学者的研究指出复杂系统中各组成部分的依赖关系间存在内在缺陷，对于这些缺陷的利用将导致不可预期的结果和风险[5]，成员之间的依赖性带来系统的复杂性，这种复杂性进一步提高成员之间合作程度。我们使用系统网络结构复杂性来衡量系统的整体性，系统网路结构复杂性越高，系统内部成员之间的合作程度越高，受到扰动后的系统自组织能力越强，系统的适应能力越

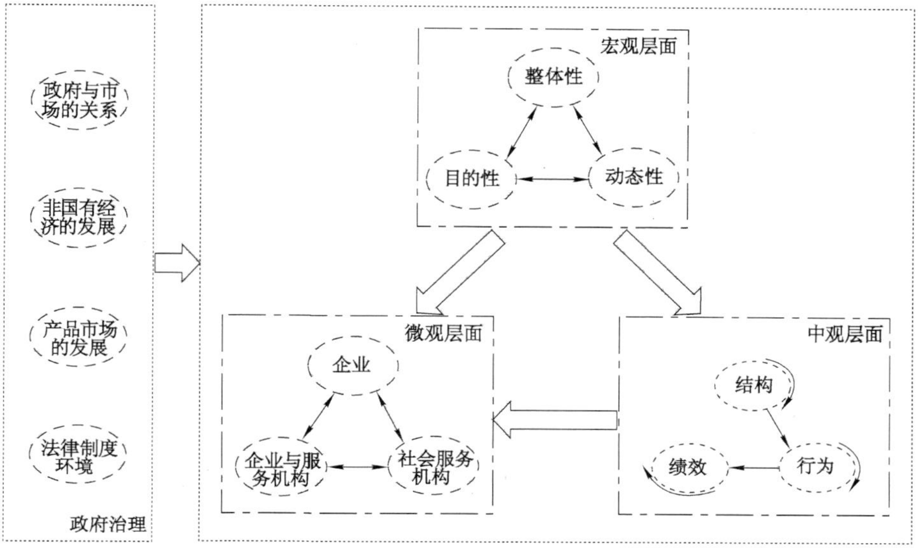

图 5-1 煤炭城市产业生态系统恢复力影响因素

强，宏观层面系统恢复力越强；系统层面的链接技术是指使系统内各组分之间相互连接，资源得以回收利用，使系统头尾得以闭合的技术。链接技术的创新和发展使得生态工业网络得以延伸，并使之多样化、复杂化[6]。然而链接技术越成熟，系统内各企业之间的利益联系越强，一个企业的生存会影响到共生企业的生存[7]，系统刚性越强，系统面对外部干扰的适应能力越弱，恢复力越弱。功能定位是指煤炭城市产业生态系统在外部环境变化下对原有产品市场的依赖强度。功能定位越局限，系统的目标市场越单一，适应环境变化的能力越弱，系统的恢复力越弱。

2. 中观层面

中观层面影响煤炭城市产业生态系统恢复力的因素主要来源于产业层面。现代产业系统的生产劳动是由多层次递阶结构组成的系统，反映社会生产劳动由简单到复杂的变化过程[8]。我们从系统论和产业经济学的研究成果出发，综合考虑结构、行为、绩效三个方面，力求全面反映产业层面的煤炭城市产业生态系统恢复力的特征，认为产业层面的多样性、创新能力、创业能力和产业规模结构效率是影响其恢复力的关键因素[9]。

已有研究结果表明产业的多样性与经济稳定性呈正相关关系[10]。我国学者对产业多样性的研究发现，在产业层面影响产业多样性的因素主要包括企业规模多样性、企业分工协作的多样性和产品、技术等优势元素的多样性三个方面[3]。而结合我国煤炭城市的特点，我们认为煤炭城市产业多样化越强，系统的经济稳定性越强，系统面对外部扰动时的自组织能力和适应能力越强，系统的恢复力越强。

Bergman认为，拥有特殊的意识形态氛围、创业精神及合作态度的重要性远远超过拥有自然资源及资本[11]。煤炭城市产业生态系统如果拥有独特的创新与创业氛围，并有相关的行为能力作为支撑，在遭受外界冲击破坏后，就有可能源源不断衍生出新企业或新业务，帮助系统走出困境。产业层面的创新能力越强，技术升级的速度越快；创业能力越强，产业规模扩张效率越高，系统适应外部波动的能力越强，恢复力水平越高。

在产业层面上，长期受计划经济的影响，我国煤炭城市转型发展的内外部环境较差，经济资源和人员的流动受到阻碍，配置效率低，经济发展和市场化建设缓慢[12]。已有文献显示，产业规模结构效率是衡量企业规模能力和产业资源配置效率的关键因素[13]。产业规模结构效率即产业组织技术效率，指产业经济规模的实现程度，主要表现为产业内达到最佳经济规模企业的比重，产业规模结构效率越高，产业经济规模的实现程度越高，资源利用率越高，产业的自组织和适应能力越强，系统恢复力越高。

3. 微观层面

微观层面影响煤炭城市产业生态系统恢复力的因素主要来源于企业层面，包括企业、服务机构以及他们之间的关系三个方面。企业作为市场经济这个巨大的复杂系统中的子系统，其本身也是一个复杂系统，是由许多要素和更低一级的元素和子系统构成的复杂系统[14]。结合已有的研究结论，我们认为认知能力和行为特征[15]，服务机构的发育程度[16]、企业之间关系以及企业与服务机构的联系是影响微观层面煤炭城市产业生态系统恢复力的关键因素。

对于经济波动影响下的煤炭城市产业生态系统内的企业来说，认知能力主要指企业对外部经济风险的认知能力。企业通过强化自身的风险认知能力帮助企业在外部扰动时获得先机。企业的风险认知能力越强，组织在面对外部经济冲击和扰动时的反应速度越快，自组织能力越强，恢复力越强。除此之外，多样性的行为特征有利于企业自身恢复力的增强，并可以通过与实践经验、直觉敏捷性、有用的习惯和行为防范结合得到发展[17,18]。这些行为的结合能够为企业创造出向心力，而这些向心力可以使组织找到更多的解决方案并在不确定和意外情况下充分利用自身资源[19]。因此，多样化的行为特征能够增强企业在外部经济扰动条件下的自组织能力和适应能力，进而增强企业层面的恢复力。

对于社会服务机构来说，区域经济发展中的社会服务机构（如银行等金融机构、管理咨询机构、人才培养机构、会计师事务所等)的发育程度直接影响企业能够获得的外部支持数量,社会服务机构发育得越完善,企业能够获得的外部支持越多,企业在外部扰动情况下的适应能力越强,企业层面的恢复力越强(例如作为煤炭储备最丰富的城市之一的鄂尔多斯,其内部的煤炭企业融资方式单一,煤炭工业投资主要依赖银行贷款,企业间接融资比例过高,融资结构严重失衡,资本市场的融资功能未得到充分发挥,其他融资手段和金融工具未被很好地利用[20]。金融危机影响下银行对煤炭企业的谨慎政策造成煤炭企业融资出现较大困难并在短时间内难以解决,造成很多企业出现先无问题而难以为继)。

企业之间关系的研究表明,情境因素是影响其恢复力的关键因素[15]。情境因素通过企业内外部的关系帮助企业有效应对复杂环境,通过情境因素的增强,帮助企业整合人际关系和资源供给线路,增强企业在不确定和意外状况下获得快速行动的能力,因此情境因素越强,企业应对外部扰动的响应速度越快,企业恢复力越强,主要包括四个关键的情境因素:心理安全、深层次的社会资本、分散权力与问责制、广泛的资源网络[17]。

对于企业与社会服务机构的关系来说,企业与社会服务机构的关系越紧密,企业享受的服务内容越丰富,服务水平和服务效率越高,企业在外部扰动情况下能够接收到的信息越及时、准确,应对外部扰动的效率越高,适应能力越强,微观层面的恢复力越强(如中国人民银行大庆市中心支行党委书记就提出通过召开金融联席会、金融形势分析会、银企座谈会等形式,做好与地方政府及其相关经济综合管理部门、金融监管部门、金融机构之间的协调配合,构建地方政府与银行和企业全方位的信息交流平台,通过多边交流和共同协商、相互沟通,疏导政、银、企三方联系渠道,提高货币政策执行的有效性和针对性,增强地方政府、金融机构和企业执行货币政策的自觉性和主动性,力求实现银行、企业、区域经济共赢[21])。

4. 政府治理

作为经济波动条件下影响我国煤炭城市产业生态系统恢复力最重要的外部力量,政府治理协调整个复杂系统各部分的运行,是系统有效运行和稳步发展的重要保障。政府治理维度中影响煤炭城市产业生态系统恢复力的因素主要来源于政府政策和政府行为,而我国当前正在进行的从计划经济向市场经济进行体制转轨的"市场化"进程正是我国政府政策和政府行为的主要出发点。我国学者在这一方面进行了大量有针对性的研究[22-24],结合煤炭城市产业生态系统的特点,我们认为政府治理中影响煤炭城市产业生态系统恢复力的关键因素主要包括政府与市场的关系、非国有经济的发展、产品市场的发育以及法律制度环境四个部分。

在政府与市场的关系方面，从政府权力结构方面解释我国市场化改革中出现的异化，我国学者认为，强化市场型政府是我国市场走向健康和规范的源泉，奠定了市场健康和规范发展的产权基础、规则型契约基础和公平竞争秩序基础[24]。市场分配资源的比重越高，我国的市场化水平越高，经济资源的分配越合理，系统的资源利用效率越高，系统的自组织能力越强，系统的恢复力越强；除此之外，一个廉洁、高效、运作透明的政府是市场正常运转的必要条件，而政府办事效率低、规章制度和手续烦琐、政府和操作不透明都会给企业带来额外的负担，导致市场扭曲，影响市场功能的发挥。长期的计划经济使得我国政府对市场的干预程度较高，因此现阶段我国政府对企业的非市场化干扰程度越低，市场的调节能力越强，适应能力越强，系统的恢复力越强。

在非国有经济的发展方面，市场导向的非国有经济部门的迅速发展对我国的经济增长和市场化作出了主要的贡献[22]。对于现阶段我国的煤炭城市而言，长期的计划经济使得煤炭城市的工业生产总值中国有经济所占的比例偏高，非国有经济的发展缓慢，市场的调节作用不足。因此对于现阶段我国的煤炭城市而言，非国有经济的发展水平越高，市场的调节作用越强、系统资源利用水平越高，系统的自组织能力越强，系统的恢复力越强。

在产品市场的发育程度方面，改革以前我国的产品价格主要由政府制定，改革之后虽然政府的指令性和指导性价格所占的比重已经比较低，但是各地为了保护本地区的原材料供应和财政收入仍然不同程度地实行多种贸易保护政策，这些政府行为严重影响了产品市场的发育程度，违反了公平竞争的市场原则，极大降低了市场效率[25]。因此只有不断提高产品市场发育水平，才能不断提高市场效率，增强系统应对外部扰动的适应能力，提高系统的恢复力。

在法律制度环境方面，法律制度环境越完善，生产者的合法权益受到的保护越完善，企业的发展受到的不利干扰越弱，企业进行技术升级和创新的意愿越强烈[26,27]。在面对外部扰动的情况下，企业更倾向于采取积极的应对策略，通过技术升级等方式提高自身的适应能力，进而增强系统的恢复力。

综合以上文献可以看出，CCIES 恢复力影响因素主要来源于宏观层面、中观层面、微观层面和政府治理四个方面，包括网络结构复杂性、链接技术、功能定位、产业多样性、创新能力、创业能力、产业规模结构效率、企业风险认知能力、企业应急行为多样性、服务机构发育程度、情境因素、企业与服务机构联系紧密程度、政府对市场的干预程度、市场分配资源的比重、非国有经济发展水平、产品市场发育程度和法律制度环境等 17 个因素，具体情况见表 5-1。

表 5-1　　CCIES 恢复力影响因素指标体系

维度	影响因素
宏观层面	系统网络结构复杂性
	链接技术
	系统功能定位
中观层面	产业多样性
	产业层面创新行为
	产业层面创业行为
	产业规模结构效率
微观层面	企业风险认知能力
	企业应急行为多样性
	情境性因素
	服务机构发育程度
	企业与服务机构联系紧密程度
政府治理	市场分配资源的比重
	政府对市场的干预程度
	非国有经济发展水平
	产品市场的发育程度
	地区法律制度完善程度

5.2 CCIES 恢复力影响因素矩阵数值分析

5.2.1 DEMATEL 方法简介

第一节对 CCIES 恢复力的概念和影响因素框架给予了界定，并通过文献分析法和访谈分析法互补的方式识别出了最终的影响因素。但是在诸多因素中仍然难以判断各个因素在中国情境下对于煤炭城市抵御外部经济扰动过程中的重要程度及其相互之间的因果关系，对于关键影响因素的把握还缺少定量支持。接下来本书采用 DEMATEL 方法对这些 CCIES 恢复力影响因素进行结构化的定量分析。事实上，前一节已经完成了方法的第一步，即明确问题并识别系统所包含的影响因素。因此，本文建立在前一节的基础上，在这一节主要通过专家数据的收集以及相关的运算，得出各因素的影响度、被影响度、中心度和原因度等指标，绘制因果图，并根据设定的阈值评价各个因素之间显著的关系路径，为之后的分析和讨论做准备。

1. DEMATEL 方法

DEMATEL(Decision Making Trial and Evaluation Laboratory)，全称为"决策试验与评价实验室法"，是 1971 年美国 Bastille 国家实验室为了解决现实世界中复杂、困难的问题而提出的方法论，是一种运用图论和矩阵工具进行系统因素分析的方法[28]。该方法采用分析直接影响各因素的指标体系之间的逻辑关系，建立每个因素的直接影响矩阵，通过矩阵理论方法计算出各因素对其他因素的影响度和被影响度，再利用相关的数学方法计算出各因素对其他因素的中心度和原因度[29]。继而通过因果图的绘制，详细分析每个因素的所属种类(原因组或结果组)，以便能够更好地理解和解决所要研究的问题。

根据应用该方法的相关文献[30-32]，得出的实施步骤如下：

(1) 明确问题及所包含的影响因素，并确定评估量表。根据通过文献分析、专家访谈或头脑风暴等方式所获得的信息，明确所要研究和解决的问题，并确定系统包含的一组因素体系，为了得到因素间的直接影响关系及程度，还需要设计专家评估的语意量表，即将影响程度的强弱分为若干评价等级。例如按照五个等级的划分，可以是：没有影响(0)、非常弱影响(1)、弱影响(2)、强影响(3)和非常强影响(4)。

(2) 获得初始的直接影响矩阵。通常需要邀请专家或者让这些专家组成一个专家群体，让专家们在理解语意量表的基础上，成组比较因素指标间直接关系及其强弱程度，得到一个 $n\times n$ 阶的直接影响矩阵 $Z=(z_{ij})_{n\times n}$。这个初始的直接影响矩阵 Z 是一个非负矩阵，且对于 $z_{ij}a_{ij}$ 而言，当 $i=j$ 时，主对角线元素等于 0。

(3) 计算得到正规化的直接影响矩阵 $X=(a_{ij})_{n\times n}$，且 $0\leqslant x_{ij}\leqslant 1$，即保证所有因素的关系程度值都被标准化，以便进行下一步的分析。这个正规化直接影响矩阵的计算公式为：

$$X = s * Z \tag{5-1}$$

$$s = \frac{1}{\max\limits_{1\leqslant i\leqslant n}\sum\limits_{j=1}^{n} z_{ij}} \quad (i,j=1,2,\cdots,n) \tag{5-2}$$

(4) 计算综合(或被称为总体影响矩阵)影响矩阵 $T=(t_{ij})_{n\times n}$。其中，元素 t_{ij} 表示因素 i 和 j 的间接影响关系。综合影响矩阵反映了元素间的综合影响关系。矩阵 T 的计算公式(其中 I 表示为单位阵)为：

$$T = \lim_{m\to\infty}(X + X^2 + X^3 + \cdots + X^m) = X\,(I-X)^{-1} \tag{5-3}$$

(5) 计算每个元素的中心度和原因度等指标，进行影响因素分析。在矩阵 $T=(t_{ij})_{n\times n}$ 中计算每个因素对应的行和和列和。其中，行和为 D_i，表示为因素的影响度，即该因素对系统中其他因素直接影响和间接影响的总和；列和为 R_j，表示为因素的被影响度，即该因素受到系统中其他因素直接和间接影响的总和。当 $i=j$ 时，中心度 $P_i=D_i+R_j$，表示因素在系统中的位置及重要程度；原因度 $E_i=D_i-R_j$（当 D_i-R_j 是正值时，因素属于原因组，表示该因素对其他因素的影响大于其自身受到其他因素的影响；相反，当 D_i-R_j 是负值时，因素属于结果组[33]）。据此，可分析得出各影响因素的重要性及所属的因果种类，并且可以在坐标系中绘制因果图以便进行可视化分析。计算公式如下：

$$D_i=\sum_{j=1}^{n}t_{ij} \tag{5-4}$$

$$R_j=\sum_{i=1}^{n}t_{ij} \tag{5-5}$$

$$P_i=\{D_i+R_j\,|\,i=j\} \tag{5-6}$$

$$E_i=\{D_i-R_j\,|\,i=j\} \tag{5-7}$$

此外，该方法还能根据综合影响矩阵的计算结果，通过合适的阈值设置得出有利于决策的影响因素之间比较显著的关系路径[34,35]。

2. CCIES 恢复力影响因素的 DEMATEL 方法实施步骤

(1) 根据 CCIES 恢复力的概念，明确系统问题并识别出影响因素。本文在界定 CCIES 恢复力的基础上，提出了包括宏观层面、中观层面、微观层面和政府治理在内的影响因素框架，通过大量的文献分析和典型企业的访谈分析，确立了最终的 CCIES 恢复力影响因素（见表 5-1），并给出了相应的推理论证。

(2) 邀请企业和学术领域的专家组成专家群，在专家进行因素内涵讨论后邀请专家对影响因素间的直接关系分别进行判断，统计专家判断的结果，选取其中的众数作为原始直接影响矩阵。针对一些问题存在多个众数的问题，本书采用再次邀请专家讨论，确定有争议结果的最终影响等级，并得到初始直接影响矩阵 $Z=[z_{ij}]_{n\times n}$。

首先，设计问卷，让专家在熟悉“没有影响(0)、非常弱影响(1)、弱影响(2)、强影响(3)和非常强影响(4)”五级量表和整个问卷因素内涵的基础上，认真填写因素 i 到 j 的判断矩阵，打出代表专家语意的分值，得到每个专家的初始的直接判断矩阵 $Z^k=[z_{ij}]_{n\times n}$。其中，k 是指第 k 个专家，$1\leqslant k\leqslant p$；p 是专家数量的总和。之后统计专家给出的所有答案，选取众数作为原始影响矩阵的值，并通过二次讨论的形式排除多余众数，进而获得影响因素间初始的直接影响矩阵 $Z=[z_{ij}]_{n\times n}$。

(3) 根据式(5-1)和式(5-2)计算得到正规化的直接影响矩阵 $X=(a_{ij})_{n\times n}$，且 $0\leqslant a_{ij}\leqslant 1$，即保证所有因素的关系程度值都被标准化，以便进行下一步的分析。

(4) 计算综合影响矩阵 $T=[t_{ij}]_{n\times n}$，并计算出各因素的影响度、被影响度、中心度和原因度。根据式(5-3)计算综合影响矩阵 $T=[t_{ij}]_{n\times n}$，接着根据式(5-4)～式(5-7)计算出各因素的影响度、被影响度、中心度和原因度。

(5) 根据中心度和原因度结果绘制因果图，并对各因素进行分析。在因果图坐标系中，横坐标是中心度，纵坐标是原因度，由此可鲜明地看出各个因素的因果分布，分析讨论出具有关键意义的影响因素。同时，在综合影响矩阵上取合适的阈值，对 CCIES 恢复力影响因素之间的关系路径进行更加详尽的分析。综合这些分析结果，为下面的研究奠定基础。

5.2.2 问卷设计与数据收集

1. 问卷设计与专家选择

问卷设计。基于所获得的 CCIES 恢复力影响因素(见表 5-1)，以及所构建的 DEMATEL 方法实施步骤。本书设计了问卷及其调研方案，目的是收集学术领域专家的一手判断数据，从而为后期的分析提供支持。为了保证数据收集的顺利进行，本书最初采用矩阵填写的方式进行了预调研和试填写。但是通过矩阵填写得到的反应是：专家在填写时不方便来回比对每个因素的代码与因素名称。因此，本书改进了这种填写方式，设计了类似于里克特五级量表填写的调查问卷(见本章附录 1)，对相应概念和填写说明也进行了详细解释，让专家能够方便和认真地进行问卷填写。问卷回收的方式包括电子邮件和走访调研两种方式。

数据收集。考虑到 CCIES 恢复力是一种跨组织的因素，不熟悉该内容的专家所赋予的答案可能并不具备可信性。因此，本书最后确立的调查对象主要基于以下几个方面：在区域经济和产业生态学领域有着深入研究的学术专家；对区域经济和产业生态领域进行过或者正在进行实际案例分析或者拥有相关项目经验；经过讨论后能够完全理解问卷的意图以及每一选项的具体含义；对系统恢复力和系统脆弱性领域有一定程度的研究。经过严格筛选，回收得到有效问卷 44 份，学术专家的基本情况如表 5-2 所列。学术领域专家主要是在国内权威期刊上公开发表区域经济和产业生态系统方面文章的学者，他们在本领域具有较强的影响力；同时，多数学者参与过煤炭城市改造或者企业咨询等实践，因而样本数据具有较高参考价值。

表 5-2 学术领域专家职称情况

研究领域	职称		频数
	教授(频数)	副教授(频数)	
区域经济	0	20	20
能源资源管理	4	12	16
可持续发展	4	4	8
系统工程	0	4	4
管理科学	4	8	12

2. 数据的描述性统计

根据收集到的44份调研结果，在Excel中进行答案的录入和矩阵的转换，得到每个专家最初的对于各因素间影响程度的判断矩阵 $Z^k=[z_{ij}]_{n\times n}$。其中，k 是指第 k 个专家，$1\leqslant k\leqslant p$，p 是总的专家数量。问卷初期主要是专家用0、1、2、3、4这些简单的数字代替其模糊的语意评价，分别代表“没有影响”、“非常弱影响”、“弱影响”、“强影响”、“非常强影响”。由于用这些数值统计因素间初始的直接影响程度，也能体现出所有专家判断的统计学规律，同时亦可为下一步使用分析奠定参考和基础。因此，本书认为有必要进行相关的描述性统计和分析。

通过Excel工具对矩阵中的每个专家的 z_{ij}^k 进行统计分析(由于问卷填写中主对角线的数值设定为0，所以不做统计)，所考量的数值主要是每个专家用数值表示的矩阵的众数和平均数，分别见表5-3和表5-4。表5-3每个矩阵单元格中的每一个单元格的众数表示该数值在所有专家对各因素间关系程度判断中出现次数最多，这些单元格中的众数构成了初始的直接影响矩阵，对该矩阵中所有众数再次进行描述性统计如图5-2所示。根据所设计的语意量表对应关系(见表5-1)，在图5-2可以看出因素从F1到F17之间相应的直接影响程度之频率主要集中在“弱影响”至“强影响”之间，其均值为2.51，而“没有影响”、“非常弱影响”和“非常强影响”所占的比例较小。因此，可以判断，专家们对于影响因素间关系的判断还是有一定差别的。

表5-4中每个矩阵单元格中的平均数代表了判断的集中趋势，是所有专家对各因素间关系程度判断的加和除以专家数量。通过对这些矩阵中的均值再次进行描述性统计分析(见图5-3)。可以看到所有均值的数值介于0.818～3.636之间，其均值为2.418，可见专家对于这些因素关系程度的判断主要集中在“弱影响”和“强影响”之间，也能呈现出一定的正态分布特点。结果表明，专家的判断并没有完全集中于某一影响程度，因而可以用于影响因素之间关系的结构化分析。

表 5-3　　众数统计结果

因素	F1	F2	F3	F4	F5	F6	F7	F8	F9	F10	F11	F12	F13	F14	F15	F16	F17
F1	0	3	3	3	3	2	3	2	3	4	3	3	3	2	3	3	3
F2	4	0	3	4	4	3	4	3	3	3	2	3	4	3	1	4	0
F3	4	3	0	4	3	3	2	2	4	3	4	3	3	3	3	3	1
F4	4	3	3	0	3	3	2	3	3	3	3	3	3	2	3	4	3
F5	3	3	3	3	0	4	2	1	3	3	3	3	2	3	1	3	0
F6	3	3	3	3	3	0	4	4	3	3	1	1	3	3	3	3	0
F7	1	3	1	3	2	4	0	2	2	3	3	3	3	3	2	3	0
F8	0	0	0	0	3	3	0	0	4	3	0	3	1	0	0	0	0
F9	1	3	0	3	3	2	0	3	0	2	0	3	0	0	0	0	0
F10	3	3	4	3	3	3	1	3	4	0	3	3	1	1	0	0	0
F11	3	0	2	3	3	3	3	3	3	3	0	3	3	1	3	3	0
F12	3	3	3	3	3	3	2	3	3	3	3	0	3	2	2	3	0
F13	3	2	2	3	3	3	3	3	3	3	3	3	0	3	4	3	2
F14	2	2	3	3	3	3	2	3	3	3	3	3	4	0	4	3	4
F15	3	3	2	3	3	3	3	3	3	3	3	3	4	3	0	3	3
F16	3	2	2	3	2	2	3	3	3	4	3	3	3	2	4	0	3
F17	1	1	1	1	2	1	1	2	1	3	3	2	3	4	3	3	0

表 5-4　　均值统计结果

因素	F1	F2	F3	F4	F5	F6	F7	F8	F9	F10	F11	F12	F13	F14	F15	F16	F17
F1	0	2.55	2.91	3.09	3.36	2.46	2.46	1.91	2.64	3.73	3.09	3.18	2.73	2.36	2.46	2.73	1.73
F2	2.91	0	3	3	3.18	2.36	2.64	2.36	2.64	2.55	2.36	2.55	2.36	2.18	2	3	0.82
F3	3.36	2.91	0	3.55	3	3.09	2.82	2.46	2.64	2.82	3.18	2.82	2.27	3.09	2.82	2.73	1.18
F4	3.64	2.91	3.27	0	3.09	2.91	2.64	2.64	2.82	3.36	2.91	3.09	2.73	2.09	2.73	2.91	1.82
F5	2.55	3.18	2.46	2.55	0	2.91	2	2.09	2.27	2.27	2.09	2.27	2.09	2.18	1.73	2.27	1.55
F6	2.73	2	2.36	2.46	2.82	0	2.82	2.64	2.46	2.64	1.82	1.82	2.09	1.82	2.09	2	1.46
F7	1.91	2.09	1.55	2.09	2.55	3	0	2.27	2.18	2.18	1.82	1.91	2.36	2.09	1.91	2.18	1.36
F8	1.46	1.91	1.46	1.73	2.73	2.73	1.55	0	3.36	2.36	1.27	2.36	1.36	1.46	1.18	1.64	1.27
F9	2.09	1.82	1.46	2.09	2.09	2	1.27	3.09	0	2.46	1.73	2.09	1.46	1.27	1.36	1.27	1.18
F10	2.91	2.82	2.73	2.64	2.91	2.55	2.18	2.64	3.18	0	2.46	3	1.82	1.82	1.64	2.09	1.91
F11	2.73	2.27	2.18	2.64	2.82	2.55	2.46	2.36	2.82	2.73	0	3.36	2.64	2.09	2.36	2.18	1.91

续表 5-4

因素	F1	F2	F3	F4	F5	F6	F7	F8	F9	F10	F11	F12	F13	F14	F15	F16	F17
F12	2.82	2.36	2.18	2.64	3.09	3	2.18	2.46	2.73	3.09	3.18	0	2.73	2.09	2.09	2.18	1.73
F13	2.36	1.91	2.36	2.46	2.73	2.55	2.64	2.64	2.64	2.82	2.91	2.82	0	3.09	3.27	3.09	2.27
F14	2.46	2	2.91	2.64	2.64	2.55	2.36	2.64	2.46	2.36	2.73	2.46	3.46	0	3.27	2.91	2.73
F15	2.55	2.27	2.46	3.09	2.55	2.64	2.55	2.36	2.36	3.09	2.82	2.91	3.36	2.91	0	3	1.91
F16	2.36	2.09	2.27	2.64	2.73	2.46	2.27	2.36	2.36	2.27	2.64	2.64	3.09	2.36	3	0	2.09
F17	1.18	1.27	1.55	1.91	2	2.18	1.91	2.09	1.73	2	2.64	2.27	2.27	2.82	2.27	2.18	0

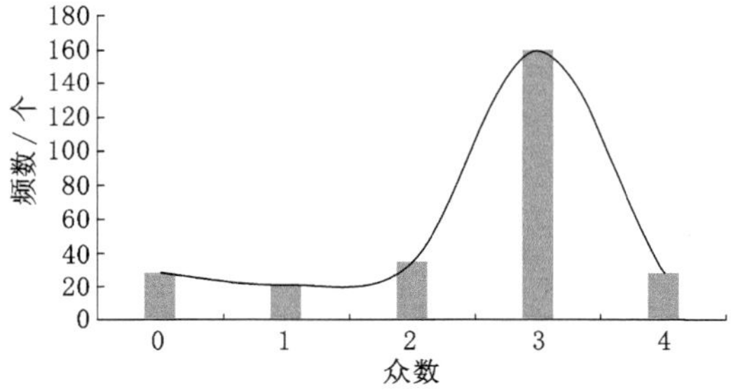

图 5-2 众数结果的描述性统计

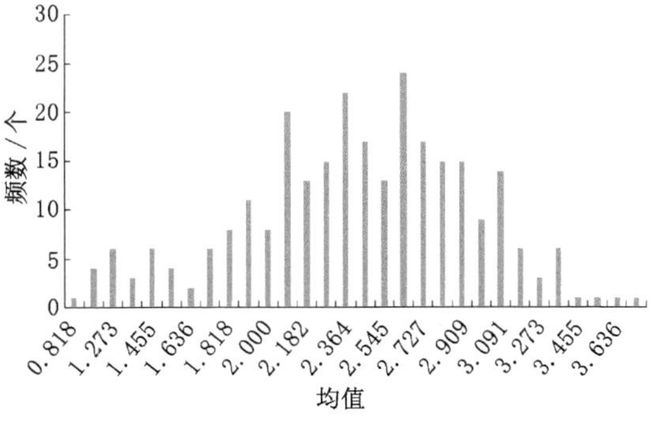

图 5-3 均值结果的描述性统计

5.2.3 实施过程与结果分析

根据 DEMATEL 方法实施步骤，本书已经识别了影响因素并设计了问卷，进而通过邀请专家判断影响因素间关系程度，获得了 44 份专家的原始数据。接下来，本书将基于给定的相应的公式，将原始数据进行统计，并根据 DEMATEL 方法的要求进行影响度、被影响度、原因度、中心度等各指标的计算，绘制因果图并进行阈值分析。具体过程如下：

(1) 处理原始数据。将通过专家调研获得的原始数据进行三角模糊数转换，计算出最终的初始直接影响矩阵。由于篇幅限制，本书仅列举其中一位专家的原始数据(见表 5-5)。接着根据式(5-1)和式(5-2)，最终计算得到初始的影响因素间的直接影响矩阵(如表 5-6 所列，已保留三位小数)。

表 5-5　　专家原始数据示例

题号	F1	F2	F3	F4	F5	F6	F7	F8	F9	F10	F11	F12	F13	F14	F15	F16	F17
F1	0	4	3	3	3	3	3	2	3	3	3	4	3	3	3	3	3
F2	3	0	3	1	3	3	4	3	3	4	3	3	3	3	3	4	2
F3	4	3	0	4	3	3	3	2	2	3	3	3	3	3	3	3	2
F4	3	3	3	0	3	2	3	2	3	3	3	3	3	3	4	4	2
F5	3	4	3	3	0	3	3	1	1	1	1	1	3	1	3	4	0
F6	2	1	3	1	1	0	3	1	1	3	1	1	3	1	3	3	1
F7	1	3	1	3	3	3	0	1	1	3	1	1	3	1	1	3	0
F8	0	1	3	1	3	3	1	0	3	1	1	1	1	1	1	3	0
F9	1	3	1	1	3	1	1	4	0	1	1	1	1	0	0	0	0
F10	3	3	3	3	3	3	3	3	3	0	1	3	1	1	3	1	1
F11	3	3	3	2	3	3	3	2	3	4	0	3	1	1	3	2	1
F12	3	3	1	1	3	3	3	1	3	3	1	0	3	1	3	3	1
F13	1	1	3	3	3	3	3	1	1	1	3	3	0	1	3	3	1
F14	3	2	3	3	4	4	3	1	3	3	3	3	4	0	4	3	4
F15	3	3	3	3	4	4	3	1	1	3	3	3	3	1	0	3	1
F16	1	2	4	3	3	3	1	1	1	1	1	1	0	0	0	0	0
F17	1	1	3	3	4	4	2	1	1	3	3	3	3	4	4	3	0

表 5-6　　　　标准化的直接影响矩阵

因素	F1	F2	F3	F4	F5	F6	F7	F8	F9	F10	F11	F12	F13	F14	F15	F16	F17
F1	0	0.06	0.06	0.06	0.06	0.04	0.06	0.04	0.06	0.08	0.06	0.06	0.06	0.04	0.06	0.06	0.06
F2	0.08	0	0.06	0.08	0.08	0.06	0.08	0.06	0.06	0.06	0.04	0.06	0.08	0.06	0.02	0.08	0
F3	0.08	0.06	0	0.08	0.06	0.06	0.04	0.04	0.08	0.06	0.08	0.06	0.06	0.06	0.06	0.06	0.02
F4	0.08	0.06	0.06	0	0.06	0.06	0.04	0.06	0.06	0.06	0.06	0.06	0.06	0.04	0.06	0.08	0.06
F5	0.06	0.06	0.06	0.06	0	0.08	0.04	0.02	0.06	0.06	0.06	0.06	0.04	0.06	0.02	0.06	0
F6	0.06	0.06	0.06	0.06	0.06	0	0.08	0.08	0.06	0.06	0.02	0.02	0.06	0.06	0.06	0.06	0
F7	0.02	0.06	0.02	0.06	0.04	0.08	0	0.04	0.04	0.06	0.06	0.06	0.06	0.06	0.04	0.06	0
F8	0	0	0	0	0.06	0.06	0	0	0.08	0.06	0	0.06	0.02	0	0	0	0
F9	0.02	0.06	0	0.06	0.06	0.04	0	0.06	0	0.04	0	0.06	0	0	0	0	0
F10	0.06	0.06	0.08	0.06	0.06	0.06	0.02	0.06	0.08	0	0.06	0.06	0.02	0.02	0	0	0
F11	0.06	0	0.04	0.06	0.06	0.06	0.06	0.06	0.06	0.06	0	0.06	0.06	0.02	0.06	0.06	0
F12	0.06	0.06	0.06	0.06	0.06	0.06	0.04	0.06	0.06	0.06	0.06	0	0.06	0.04	0.04	0.06	0
F13	0.06	0.04	0.04	0.06	0.06	0.06	0.06	0.06	0.06	0.06	0.06	0.06	0	0.06	0.08	0.06	0.04
F14	0.04	0.04	0.06	0.06	0.06	0.06	0.04	0.06	0.06	0.06	0.06	0.06	0.08	0	0.08	0.06	0.08
F15	0.06	0.06	0.04	0.06	0.06	0.06	0.06	0.06	0.06	0.06	0.06	0.06	0.08	0.06	0	0.06	0.06
F16	0.06	0.04	0.04	0.06	0.04	0.04	0.06	0.06	0.06	0.08	0.06	0.06	0.06	0.04	0.08	0	0.06
F17	0.02	0.02	0.02	0.02	0.04	0.02	0.02	0.04	0.02	0.06	0.06	0.04	0.06	0.08	0.06	0.06	0

(2) 在初始直接影响矩阵的基础上，根据式(5-3)计算综合影响矩阵 $T=[t_{ij}]_{n\times n}$(见表 5-7)。

表 5-7　　　　各因素的综合影响矩阵

因素	F1	F2	F3	F4	F5	F6	F7	F8	F9	F10	F11	F12	F13	F14	F15	F16	F17
F1	0.31	0.34	0.33	0.39	0.4	0.38	0.32	0.36	0.42	0.43	0.35	0.39	0.36	0.29	0.32	0.35	0.2
F2	0.4	0.3	0.34	0.43	0.43	0.41	0.35	0.39	0.44	0.43	0.34	0.41	0.4	0.32	0.29	0.38	0.15
F3	0.4	0.36	0.28	0.43	0.42	0.41	0.31	0.38	0.45	0.43	0.38	0.41	0.38	0.32	0.33	0.37	0.17
F4	0.4	0.35	0.34	0.35	0.41	0.41	0.31	0.39	0.43	0.43	0.36	0.4	0.38	0.3	0.33	0.38	0.2
F5	0.34	0.31	0.3	0.36	0.31	0.38	0.28	0.31	0.38	0.38	0.32	0.36	0.31	0.28	0.25	0.32	0.12
F6	0.34	0.32	0.31	0.37	0.38	0.31	0.32	0.38	0.4	0.39	0.29	0.33	0.34	0.29	0.3	0.33	0.13
F7	0.28	0.3	0.25	0.34	0.33	0.36	0.22	0.31	0.35	0.36	0.3	0.34	0.32	0.27	0.26	0.31	0.12
F8	0.1	0.1	0.09	0.11	0.18	0.17	0.08	0.11	0.2	0.18	0.09	0.17	0.12	0.08	0.08	0.09	0.04

续表 5-7

因素	F1	F2	F3	F4	F5	F6	F7	F8	F9	F10	F11	F12	F13	F14	F15	F16	F17
F9	0.15	0.18	0.12	0.2	0.21	0.19	0.11	0.2	0.16	0.19	0.12	0.2	0.13	0.11	0.1	0.13	0.05
F10	0.29	0.27	0.28	0.31	0.32	0.31	0.21	0.3	0.35	0.27	0.27	0.31	0.25	0.2	0.19	0.22	0.1
F11	0.32	0.24	0.26	0.34	0.35	0.34	0.28	0.33	0.36	0.36	0.24	0.34	0.31	0.23	0.27	0.3	0.12
F12	0.34	0.32	0.3	0.37	0.37	0.37	0.28	0.35	0.39	0.39	0.32	0.31	0.34	0.27	0.27	0.33	0.13
F13	0.36	0.32	0.3	0.39	0.4	0.39	0.32	0.38	0.42	0.41	0.35	0.39	0.3	0.31	0.33	0.35	0.18
F14	0.36	0.33	0.33	0.4	0.41	0.4	0.31	0.39	0.43	0.43	0.36	0.4	0.39	0.26	0.34	0.36	0.22
F15	0.38	0.35	0.32	0.41	0.41	0.41	0.33	0.39	0.43	0.43	0.36	0.4	0.39	0.32	0.27	0.36	0.2
F16	0.35	0.31	0.3	0.38	0.37	0.36	0.31	0.37	0.41	0.42	0.34	0.38	0.35	0.28	0.32	0.28	0.19
F17	0.24	0.22	0.21	0.26	0.28	0.26	0.21	0.27	0.28	0.31	0.27	0.28	0.28	0.25	0.24	0.27	0.1

(3) 在综合影响矩阵(表 5-7)的基础上,根据式(5-4)～式(5-7)计算得到各个因素的行和(影响度)、列和(被影响度)、中心度和原因度,并对各项指标的数值大小进行排序,从大到小依次用 1,2,3,…,17 表示,具体见表 5-8。

表 5-8　　各因素的影响度、被影响度、中心度和原因度

代码	影响因素	影响度	排序	被影响度	排序	中心度	排序	原因度	排序
F1	系统网络结构复杂性	5.929	6	5.866	4	11.795	4	0.063	10
F2	链接技术	6.199	2	4.919	12	11.118	8	1.280	3
F3	系统功能定位	6.216	1	5.365	8	11.581	6	0.851	4
F4	产业多样性	6.153	3	4.642	13	10.795	10	1.511	1
F5	产业层面创新行为	5.313	11	5.051	11	10.365	12	0.262	6
F6	产业层面创业行为	5.524	9	6.279	1	11.803	3	−0.754	14
F7	产业规模结构效率	5.015	12	5.817	6	10.833	9	−0.802	16
F8	企业风险认知能力	1.996	17	2.395	17	4.391	17	−0.399	13
F9	企业应急行为多样性	2.545	16	5.144	10	7.689	16	−2.599	17
F10	情境性因素	4.436	14	4.355	16	8.791	14	0.081	9
F11	服务机构发育程度	4.996	13	5.355	9	10.351	13	−0.359	12
F12	企业与服务机构联系紧密程度	5.446	10	6.247	2	11.693	5	−0.801	15
F13	市场分配资源的比重	5.902	7	4.528	14	10.431	11	1.374	2
F14	政府对市场的干预程度	6.120	5	5.969	3	12.089	1	0.151	7
F15	非国有经济发展水平	6.143	4	5.848	5	11.991	2	0.295	5
F16	产品市场的发育程度	5.713	8	5.596	7	11.309	7	0.117	8
F17	地区法律制度完善程度	4.217	15	4.487	15	8.703	15	−0.270	11

(4) 根据各因素的中心度和原因度集合,以中心度为横轴、原因度为纵轴建立坐标系,从而将 CCIES 恢复力影响因素的因果图绘制出来(如图 5-4 所示)。

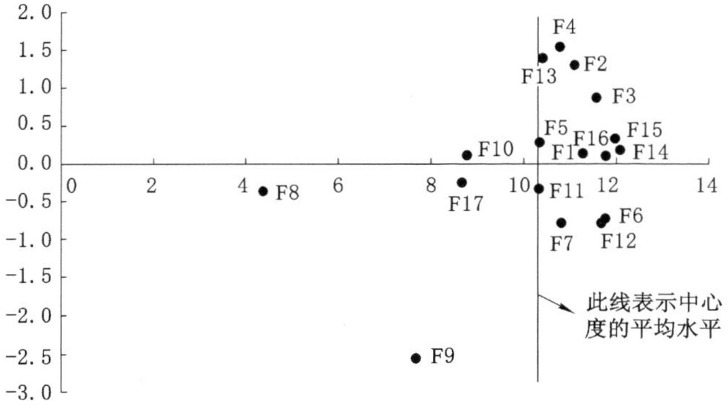

图 5-4 CCIES 恢复力影响因素的因果图

综合以上计算过程和所得图表,可以看到在 CCIES 恢复力影响因素中,属于原因组因素(图 5-4 中横轴以上,即原因度大于 0)的是:F1、F2、F3、F4、F5、F10、F13、F14、F15、F16。结合所提的影响因素概念模型(见图 5-1)可以看出:在这些原因因素中,F1、F2、F3 和 F4 是宏观层面因素;F5 是中观层面因素;F10 是微观层面(企业之间的关系)因素;F13、F14、F15 和 F16 是政府治理方面因素。属于结果组因素(图 5-4 中横轴以下,即原因度小于 0)的是:F6、F7、F8、F9、F11、F12、F17。结合因素的概念模型(见图 5-1)可以看出结果组因素中:F6 和 F7 是中观层面因素;F8、F9、F11 和 F12 是微观层面相关因素;F17 是政府治理方面因素。图 5-4 还显示了各因素的中心度水平,按照由大到小的顺序排列依次为:F14、F15、F6、F1、F12、F3、F16、F2、F7、F4、F13、F5、F11、F10、F17、F9、F8。

5.3 CCIES 恢复力影响因素结构解析

决策实验室分析法(DEMATEL)和解释结构模型法(ISM)是对复杂系统进行分析和决策的重要方法,两种方法均已得到了广泛应用[36]。周德群等最早提出了集成 DEMATEL/ISM 构建系统层次结构的方法,并给出了二者集成的理论依据和算法[37];方爱丽等建立了网络化的 DEMATEL 方法模型,用于产业经济系统分析[38]。我们前面已经采用了 DEMATEL 方法分析了 CCIES 恢复力影响因素间的关联关系,找出关键影响因素,下面我们将采用 ISM 方法获得影响因素的多级递阶结构模型,为 CCIES 恢复力影响因素的实证分析和深入研究奠定基础。

5.3.1 集成 DEMATEL 与 ISM 方法的步骤

集成 DEMATEL 与 ISM 方法的理论依据文献[37]。具体步骤是在图 5-4 的基础上进行的。

(1) 计算整体影响矩阵 $H(H=[h_{ij}]_{n\times n})$。

$$H = I + T \tag{5-8}$$

式中 I——单位矩阵。

(2) 给定阀值 λ,计算可达矩阵 $K(K=[k_{ij}]_{n\times n})$。

$$k_{ij} = 1,\quad if \quad h_{ij} \geqslant \lambda \quad (i,j = 1,2,\cdots,n) \tag{5-9}$$

$$k_{ij} = 0,\quad if \quad h_{ij} < \lambda \quad (i,j = 1,2,\cdots,n) \tag{5-10}$$

λ 的值直接影响可达矩阵构成及后续的层次结构划分,具体取值可根据经验进行多次取值分析,以获得满意结果。

(3) 确定各致因因素的可达集合以前项集合。如致因因素 α_i 的可达集合 R_i 以及前项集合 S_i 的计算式为:

$$R_i = \{\alpha_j \mid \alpha_j \in A, k_{ij} \neq 0\},(i = 1,2,\cdots,n) \tag{5-11}$$

$$S_i = \{\alpha_j \mid \alpha_j \in A, k_{ij} \neq 0\},(i = 1,2,\cdots,n) \tag{5-12}$$

式中 A——影响因素的集合。

(4) 验证公式 $R_i = R_i \cap S_i,(i=1,2,\cdots,n)$ 是否成立。若成立则说明致因因素 α_i 为底层因素。在矩阵 K 中划除第 i 行和第 i 列。

(5) 重复步骤(4),直到所有的因素均被划除。

(6) 根据被划除出因素的顺序,绘制致因因素递阶结构图。

5.3.2 CCIES 恢复力影响因素解释结构解析实施步骤

(1) 计算整体影响矩阵(见表 5-9)。

表 5-9 各因素的整体影响矩阵

因素	F1	F2	F3	F4	F5	F6	F7	F8	F9	F10	F11	F12	F13	F14	F15	F16	F17
F1	1.31	0.34	0.33	0.39	0.4	0.38	0.32	0.36	0.42	0.43	0.35	0.39	0.36	0.29	0.32	0.35	0.2
F2	0.4	1.3	0.34	0.43	0.43	0.41	0.35	0.39	0.44	0.43	0.34	0.41	0.4	0.32	0.29	0.38	0.15
F3	0.4	0.36	1.28	0.43	0.42	0.41	0.31	0.38	0.45	0.43	0.38	0.41	0.38	0.32	0.33	0.37	0.17
F4	0.4	0.35	0.34	1.35	0.41	0.41	0.31	0.39	0.43	0.43	0.36	0.4	0.38	0.3	0.33	0.38	0.2
F5	0.34	0.31	0.3	0.36	1.31	0.38	0.28	0.31	0.38	0.38	0.32	0.36	0.31	0.28	0.25	0.32	0.12
F6	0.34	0.32	0.31	0.37	0.38	1.31	0.32	0.38	0.4	0.39	0.29	0.33	0.34	0.29	0.3	0.33	0.13

续表 5-9

因素	F1	F2	F3	F4	F5	F6	F7	F8	F9	F10	F11	F12	F13	F14	F15	F16	F17
F7	0.28	0.3	0.25	0.34	0.33	0.36	1.22	0.31	0.35	0.36	0.3	0.34	0.32	0.27	0.26	0.31	0.12
F8	0.1	0.1	0.09	0.11	0.18	0.17	0.08	1.11	0.2	0.18	0.09	0.17	0.12	0.08	0.08	0.09	0.04
F9	0.15	0.18	0.12	0.2	0.21	0.19	0.11	0.2	1.16	0.19	0.12	0.2	0.13	0.11	0.1	0.13	0.05
F10	0.29	0.27	0.28	0.31	0.32	0.31	0.21	0.3	0.35	1.27	0.27	0.31	0.25	0.2	0.19	0.22	0.1
F11	0.32	0.24	0.26	0.34	0.35	0.34	0.28	0.33	0.36	0.36	1.24	0.34	0.31	0.23	0.27	0.3	0.12
F12	0.34	0.32	0.3	0.37	0.37	0.37	0.28	0.35	0.39	0.39	0.32	1.31	0.34	0.27	0.27	0.33	0.13
F13	0.36	0.32	0.3	0.39	0.4	0.39	0.32	0.38	0.42	0.41	0.35	0.39	1.3	0.31	0.33	0.35	0.18
F14	0.36	0.33	0.33	0.4	0.41	0.4	0.31	0.39	0.43	0.43	0.36	0.4	0.39	1.26	0.34	0.36	0.22
F15	0.38	0.35	0.32	0.41	0.41	0.41	0.33	0.39	0.43	0.43	0.36	0.4	0.39	0.32	1.27	0.36	0.2
F16	0.35	0.31	0.3	0.38	0.37	0.36	0.31	0.37	0.41	0.42	0.34	0.38	0.35	0.28	0.32	1.28	0.19
F17	0.24	0.22	0.21	0.26	0.28	0.26	0.21	0.27	0.28	0.31	0.27	0.28	0.28	0.25	0.24	0.27	1.1

(2) 根据 CCIES 恢复力影响因素的实际情况($n=17$),取 $\lambda=0.35$,根据式(5-9)和式(5-10)可得可达矩阵 K,见表 5-10。

表 5-10　　可达矩阵

因素	F1	F2	F3	F4	F5	F6	F7	F8	F9	F10	F11	F12	F13	F14	F15	F16	F17
F1	1	0	0	1	1	1	0	1	1	1	0	1	1	0	0	1	0
F2	1	1	0	1	1	1	0	1	1	1	0	1	1	0	0	1	0
F3	1	1	1	1	1	1	0	1	1	1	1	1	1	0	0	1	0
F4	1	1	0	1	1	1	0	1	1	1	1	1	1	0	0	1	0
F5	0	0	0	1	1	1	0	0	1	1	0	1	0	0	0	0	0
F6	0	0	0	1	1	1	0	1	1	1	0	0	0	0	0	0	0
F7	0	0	0	0	0	1	1	0	0	1	0	0	0	0	0	0	0
F8	0	0	0	0	0	0	0	1	0	0	0	0	0	0	0	0	0
F9	0	0	0	0	0	0	0	0	1	0	0	0	0	0	0	0	0
F10	0	0	0	0	0	0	0	0	0	1	0	0	0	0	0	0	0
F11	0	0	0	0	0	0	0	0	1	1	1	0	0	0	0	0	0
F12	0	0	0	1	1	1	0	1	1	1	0	1	0	0	0	0	0
F13	1	0	0	1	1	1	0	1	1	1	0	1	1	0	0	1	0
F14	1	0	0	1	1	1	0	1	1	1	1	1	1	1	0	1	0
F15	1	1	0	1	1	1	0	1	1	1	1	1	1	0	1	1	0
F16	1	0	0	1	1	1	0	1	1	1	0	1	1	0	0	1	0
F17	0	0	0	0	0	0	0	0	0	0	0	0	0	0	0	0	1

(3) 根据可达矩阵和式(5-11)、式(5-12)绘制 CCIES 恢复力影响因素 ISM 模型,如图 5-5 所示。

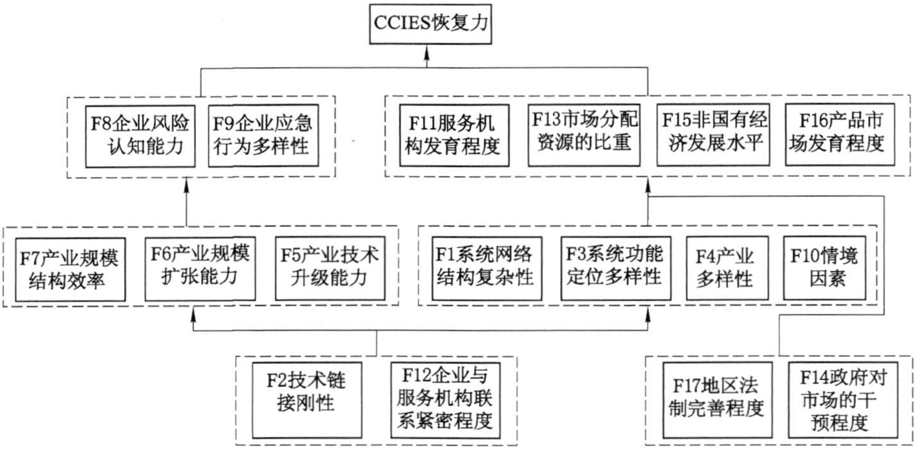

图 5-5　CCIES 恢复力影响因素 ISM 模型

由图 5-5 可以看出,企业之间的关系(包括技术链接刚性和企业与服务机构联系紧密程度)、法治环境(包括地区法制完善程度和政府对市场的干预程度)是基础因素;而企业之间的关系直接影响了产业发展状况(包括产业规模扩张能力、技术升级能力和产业规模结构效率)和系统内部状况(包括系统网络结构复杂型、功能定位多样性、产业多样性和情境因素);系统内部状况和法治环境直接影响了产业生态系统的市场化水平(包括服务机构发育程度、产品市场的发育程度、市场分配经济资源的效率和非国有经济发展水平);产业发展状况直接影响企业面对外部经济危机的处理能力(包括企业风险认知能力和企业应急行为多样性);而企业面对经济危机的处理能力和市场化水平是影响 CCIES 恢复力的直接因素,决定了 CCIES 恢复力的水平。

5.4　CCIES 恢复力形成机制

5.4.1　基本模型

1. 不考虑时滞效应的演化模型

Lotka-Volterra 种群生态学模型[39,40]是由 Lotka 和 Volterra 对一维的 Logistic 方程进行扩展而提出的用以描述种群间竞争关系的模型。本书主要在对

Lotka-Volterra 种群生态学模型改进与扩展的基础上，建立 CCIES 演化的动力学模型。

在不考虑时滞效应时，通常引用经典的 Lotka-Volterra 种群生态学模型来描述基本的两产业间的演化过程：

$$\begin{cases} N'_1(t) = N_1(t)[r_1 - \alpha_1 N_1(t) + \mu_1 N_2(t)] \\ N'_2(t) = N_2(t)[r_2 - \alpha_2 N_2(t) + \mu_2 N_1(t)] \end{cases} \tag{5-13}$$

其中，$N_1(t)$和$N_2(t)$表示产业发展规模(通常以总资产或利润表示)；r_1和r_2表示产业依据自身核心能力发展所固有的内禀增长率；α_1和α_2表示由于自然市场规模饱和、产业内部子系统间的竞争等因素影响而导致的产业自身抑制率，且$\alpha_1>0$，$\alpha_2>0$；μ_1和μ_2表示产业间的作用系数。在竞争与合作这对矛盾的张力中，当一种力量积聚了足以支配其对立力量的能量时，CCIES 就会表现出相应的动态行为特征。因此，根据 CCIES 产业间的作用关系，可将 CCIES 分成以下两种基本类型：一是竞争系统。竞争的力量在 CCIES 中处于主导地位，从而一个产业的存在对另外一个产业的发展具有抑制作用，此时$\mu_1<0$，$\mu_2<0$，其主要原因是争夺共同的竞争性资源，例如智力资源、市场资源及不可再生性原材料；或提供相同的或相近的服务或产品导致了产业间的相互干涉行为[41]。二是互惠系统。合作的力量在 CCIES 中处于主导地位，从而一个产业的存在对另外一个产业的发展具有促进作用，此时$\mu_1>0$，$\mu_2>0$，其主要原因是由于产业自身能力的不足，需要借助于合作带来的互补效应和协同效应来应对环境不连续性变化带来的挑战[42]。

2. 不考虑相互作用的产业成长时滞模型

在不考虑产业间的相互作用时，借鉴单种群时滞模型[43]，产业成长时滞模型可描述为如下两种形式：

$$N'(t) = N(t)[r(t) - \alpha(t)N(t) + \beta(t)N(t-\tau(t))] \tag{5-14}$$

$$N'(t) = N(t)[r(t) - \alpha(t)N(t) - \beta(t)N(t-\tau(t))] \tag{5-15}$$

其中，假设内禀增长率 $r(t)$、自身抑制率 $\alpha(t)$、再生率 $\beta(t)$和时滞 $\tau(t)$都是连续可微的 ω—周期函数，且对 $\forall r\in R$，有 $r(t)>0$，$\alpha(t)>0$，$\beta(t)\geqslant 0$，$\tau(t)\geqslant 0$。显然，在模型(5-14)产业的成长函数中含有一个正反馈项 $\beta(t)N(t-\tau(t))$，这可以看作是产业孕育，如技术资源的消化—吸收—创新等；在模型(5-15)产业的成长函数中则含有一个负反馈项$-\beta(t)N(t-\tau(t))$，这可以看作是时滞竞争项对产业成长的抑制作用。

显然，对于一个时滞系统而言，考虑有限个离散时滞作用比考虑单独的一个时滞作用更为符合产业实际；而且在产业发展过程中，由于不可避免地会受到外部环境的影响，$r(t)$和$\beta(t)$不可能为恒正。因此，本书校正模型(5-14)和(5-15)得到如下一般形式：

$$N'(t)=N(t)\left[r(t)-\alpha(t)N(t)+\sum_{i=0}^{n}\beta_i(t)N(t-\tau_i(t))\right] \tag{5-16}$$

其中，$\alpha(t)\in C(R,(0,\infty))$，$r(t)$、$\beta_i(t)\in C(R,R)$是$\omega$一周期函数。

5.4.2 原生产业-外生产业子系统演化模型

1. 竞争系统演化模型

产业之间为了争夺资源或产品市场而相互作用，表现出直接或者间接的竞争行为。当这种行为在 CCIES 中处于主导地位时，综合考虑模型(5-13)和(5-16)，两产业多时滞竞争系统演化模型可以描述为：

$$\begin{cases} N'_1(t)=N_1(t)[r_1(t)-\alpha_1(t)N_1(t)+\sum\limits_{i=1}^{n}\beta_{1i}(t)N_1(t-\tau_i(t))- \\ \qquad \sum\limits_{j=1}^{m}\mu_{1j}(t)\,N_2(t-\rho_j(t))] \\ N'_2(t)=N_2(t)[r_2(t)-\alpha_2(t)N_2(t)+\sum\limits_{j=1}^{m}\beta_{2j}(t)N_2(t-\eta_i(t))- \\ \qquad \sum\limits_{i=1}^{n}\mu_{2i}(t)\,N_1(t-\sigma_i(t))] \end{cases} \tag{5-17}$$

在模型(5-17)中，假设$r_1(t)$、$r_2(t)$、$\beta_{1i}(t)$、$\beta_{2j}(t)\in C(R,R)$；$\alpha_1(t)$、$\alpha_2(t)\in C(R,(0,\infty))$；$\mu_{1j}(t)$、$\mu_{2i}(t)\in C(R,(0,\infty))$；$\tau_i(t)$、$\rho_j(t)$、$\eta_i(t)$、$\sigma_i(t)\in C1(R,(0,\infty))(i=1,2,\cdots,n;j=1,2,\cdots,m)$是$\omega$一周期函数，且$\int_0^{\omega} r_1(t)\mathrm{d}t>0$，$\int_0^{\omega} r_2(t)\mathrm{d}t>0$。

模型(5-17)描述的是产业间竞争系统演化过程，根据定理 1 对模型(5-17)的全局渐进稳定性进行了分析。

定理 1 如果

$$\bar{r}_1\phi_2^L>\bar{r}_2\mu_1^U,\bar{r}_2\phi_1^L>\bar{r}_1\mu_2^U \tag{5-18}$$

那么模型(5-17)存在一个全局渐近稳定的正ω一周期解，两产业在竞争中共同发展，其中

$$\phi_1(t)=\alpha_1(t)-\sum_{i=1}^{n}\frac{|\beta_{1i}(u_i(t))|}{1-\tau'_i(u_i(t))},\phi_2(t)=\sum_{j=1}^{m}\frac{|\mu_{1j}(\varphi_j(t))|}{1-\rho'_j(\varphi_j(t))} \tag{5-19}$$

定理1证明过程参见本章附录2。

定理1表明：① 竞争系统的周期时滞会对系统周期解的存在性和全局渐近稳定性产生重要影响；② 判别不等式$\bar{r}_1\phi_2^L>\bar{r}_2\mu_1^U$和$\bar{r}_2\phi_1^L>\bar{r}_1\mu_2^U$蕴含着$\phi_1^L\phi_2^L>\mu_1^U\mu_2^U$，表示产业自身抑制率大于产业间的竞争，这意味着虽然竞争在产业相互关系中处于主导地位，但较高的自身抑制率有助于避免产业间的过度竞争，实现自身稳定发展，从而促进系统的动态稳定性。

考虑下面的时滞为常数的二维竞争系统：

$$\begin{cases}N'_1(t)=N_1(t)[r_1(t)-\alpha_1(t)N_1(t)-\mu_1(t)N_2(t-\rho)]\\N'_2(t)=N_2(t)[r_2(t)-\alpha_2(t)N_2(t)-\mu_2(t)N_1(t-\sigma)]\end{cases}\tag{5-20}$$

其中，$r_k(t)$、$\alpha_k(t)$，$(k=1,2)$是连续的ω—周期函数，$\bar{r}_k>0$，$a_k>0$，$c_k>0$。ρ和σ为非负常数，应用定理1到模型(5-20)。

如果

$$\bar{r}_1\alpha_2^L>\bar{r}_2\mu_1^U,\bar{r}_2\alpha_1^L>\bar{r}_1\mu_2^U\tag{5-21}$$

那么模型(5-20)存在一个正的全局渐近稳定ω—周期函解。

2. 互惠系统演化模型

当合作力量在CCIES中处于主导地位时，成熟的产业能够相互促进对方的平均增长率，进而提高产业之间的分工与协作。综合考虑模型(5-13)和(5-16)，那么两产业多时滞互惠系统演化模型可以描述为：

$$\begin{cases}N'_1(t)=N_1(t)[r_1(t)-\alpha_1(t)N_1(t)+\sum_{i=1}^{n}\beta_{1i}(t)N_1(t-\tau_i(t))+\\\qquad\sum_{j=1}^{m}\mu_{1j}(t)N_2(t-\rho_j(t))]\\N'_2(t)=N_2(t)[r_2(t)-\alpha_2(t)N_2(t)+\sum_{j=1}^{m}\beta_{2j}(t)N_2(t-\eta_i(t))+\\\qquad\sum_{i=1}^{n}\mu_{2i}(t)N_1(t-\sigma_i(t))]\end{cases}\tag{5-22}$$

其中，各参量意义和假设如模型(5-17)所述。

模型(5-22)描述的是产业间互惠系统演化过程，根据定理2对模型(5-22)的全局渐进稳定性进行了分析。

定理2　如果

$$\phi_k(t)>0,k=1,2;\phi_1^L\phi_2^L>\mu_1^U\mu_2^U\tag{5-23}$$

那么模型(5-22)存在一个正的全局渐近稳定的ω—周期解。

定理2证明过程参见本章附录3。

定理 2 表明：①互惠系统的周期时滞对系统周期解的存在性和全局渐近稳定性是有影响的；② $\phi_k(t)>0$ 表示产业无时滞自身抑制率大于有时滞自身抑制率，$\phi_1^L\phi_2^L>\mu_1^U\mu_2^U$ 表示产业自身抑制率大于产业间合作系数，这就意味着当存在时滞效应时，为提高产业竞争优势，要求产业在通过强化内部各单元间的协调性降低自身抑制率的同时，还应该积极地借助外部力量来克服成长瓶颈，从而产业互惠系统也就有可能保持动态稳定性。

5.4.3 原生产业-外生产业-社会服务子系统演化模型

前文构建了基于原生产业-外生产业的竞争系统演化模型和互惠系统演化模型，事实上，它们的发展离不开社会服务业的支持，社会服务子系统在 CCIES 中也扮演着很重要的角色，公共管理、科研院所、金融保险、市场流通服务、中介服务等社会服务类行业为 CCIES 的正常运行和发展提供了各种保障，而原生产业、外生产业的发展也促进了社会服务类行业的完善，从而实现三系统相互影响、相互支撑、协调稳定发展。

在上述模型(5-17)和(5-22)的基础上，综合考虑模型(5-13)和(5-16)，原生产业-外生产业-社会服务子系统演化模型可以描述为：

$$\begin{cases} N'_1(t)=N_1(t)\Big[r_1(t)-\alpha_1(t)N_1(t)+\sum\limits_{i=1}^{n}\beta_{1i}(t)N_1(t-\tau_i(t))\pm \\ \qquad \sum\limits_{j=1}^{m}\mu_{1j}(t)N_2(t-\rho_j(t))+\sum\limits_{j=1}^{m}\gamma_{1j}(t)\ N_3(t-\upsilon_j(t))\Big] \\ N'_2(t)=N_2(t)\Big[r_2(t)-\alpha_2(t)N_2(t)+\sum\limits_{j=1}^{m}\beta_{2j}(t)N_2(t-\eta_j(t))\pm \\ \qquad \sum\limits_{i=1}^{n}\mu_{2i}(t)N_1(t-\sigma_i(t))+\sum\limits_{j=1}^{m}\gamma_{2j}(t)\ N_3(t-\theta_j(t))\Big] \\ N'_3(t)=N_3(t)\Big[r_3(t)-\alpha_3(t)N_3(t)+\sum\limits_{j=1}^{m}\beta_{3j}(t)N_3(t-\omega_j(t))- \\ \qquad \sum\limits_{i=1}^{n}\mu_{3i}(t)N_1(t-\zeta_i(t))+\sum\limits_{i=1}^{n}\gamma_{3i}(t)\ N_2(t-\pi_i(t))\Big] \end{cases} \tag{5-24}$$

其中 $N_3(t)$ 表示社会服务子系统规模；$r_3(t)$ 表示产业依据自身核心能力发展所固有的内禀增长率；$\alpha_3(t)$ 表示由于自然市场规模饱和、产业内部子系统间的竞争等因素影响而导致的产业自身抑制率，且 $\alpha_3(t)>0$；$\mu_3(t)$ 表示产业间的作用系数；$\gamma_{1j}(t)$、$\gamma_{2j}(t)$、$\gamma_{3i}(t)$ 表示社会服务子系统对产业的作用系数，其他参量意义如模型(5-13)所述。

在模型(5-24)中，当$\sum_{j=1}^{m}\mu_{1j}(t)N_2(t-\rho_j(t))$前面为正号时，系统描述的是互惠系统-社会服务子系统演化模型；前面为负号时，系统描述的是竞争系统-社会服务子系统演化模型。

由于模型(5-24)所包含的参量较多且为高维系统，对其进行数理推导较为困难，本书将借助 Matlab 软件对模型(5-24)的全局渐进稳定性进行模拟仿真，从而进一步揭示社会服务子系统在整个系统发展中的作用。

5.4.4 模拟仿真与结果分析

1. 参数设置

鄂尔多斯市作为我国最大的煤炭和煤化工基地，其资源拥有量及年产量居全国之首。2014 年，该地区已探明煤炭储量达 1 496 亿 t，约占中国总储量的 17%，原煤产量达到 63 938 万 t，占全国原煤总产量的 17.52%。早期鄂尔多斯的经济发展主要依赖于煤炭采选业，非煤产业和服务业尤其是生产性服务业发展滞后，产业生态系统的多样性严重不足。2000 年以来，该地区大力发展电力、煤化工和装备制造业等下游产业，并先后建成了由乌兰木伦、汇能、大陆、准格尔等 4 个煤化工工业园组成的煤化工产业基地。综合考虑，本书以鄂尔多斯为对象，并以煤炭采选业为原生产业子系统，以制造业和电力、燃气及水的生产和供应业为外生产业子系统，以金融、物流、科技开发等生产性服务业为社会服务子系统，通过模拟仿真确立模型中各系统参数，并在此基础上分析各子系统间的协同演化机制及其关键影响因素。

需要说明的是，我国煤炭矿区经济正面临着前所未有的压力，考察地区经济发展质量远比发展规模更具现实意义。因此与一般文献不同，本书以利润总额表示产业规模，利用《鄂尔多斯统计年鉴》(1999～2013)相关产业数据资料，采用 MatlabR2012a 软件，通过插值拟合方法分别拟合出竞争和互惠情境下鄂尔多斯矿区产业生态系统演化模型的相关参数，如图 5-6 所示。比较图 5-6(a)和图 5-6(b)可以发现，基于互惠情景的系统演化模型拟合效果更好，即鄂尔多斯市矿区产业生态系统主要表现出互惠系统演化特征。基于互惠系统演化模型拟合得到的各参数如表 5-11 所列。

2. 定理验证

根据鄂尔多斯矿区产业生态系统内各个参数的拟合结果，利用 MatlabR2012a软件编程对模型(5-22)和(5-24)进行模拟，分别得到鄂尔多斯市原生产业-外生产业演化曲线和原生产业-外生产业-社会服务业演化曲线，如图 5-7和图 5-8 所示。

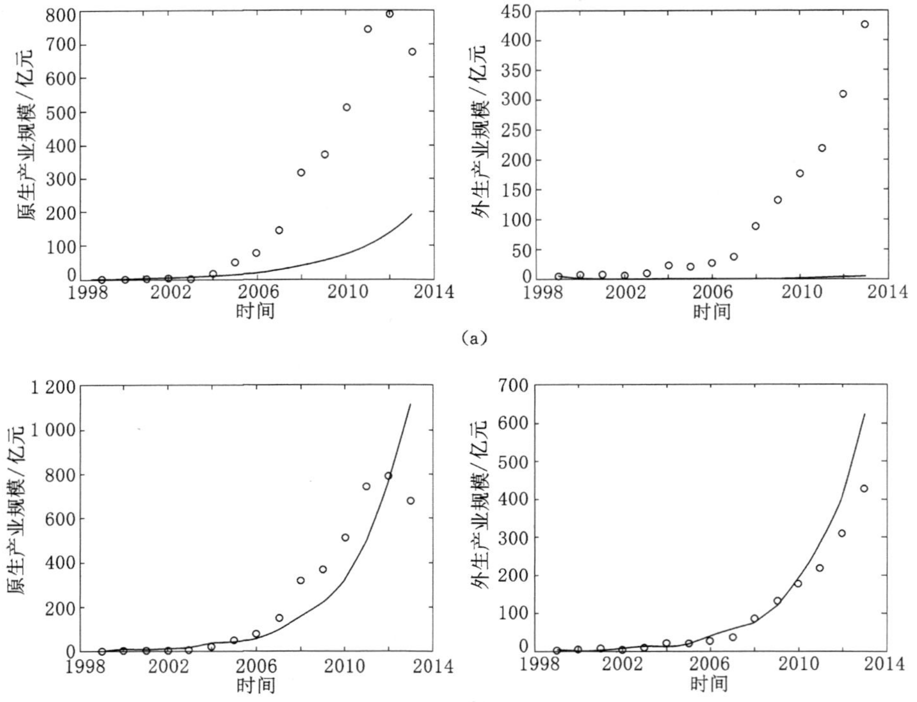

(a)
(b)

图 5-6　鄂尔多斯市矿区产业生态系统参数拟合结果

(a) 竞争情景下模型拟合结果;(b) 互惠情景下模型拟合结果

表 5-11　　　　基本参数拟合结果

m	$r_1(t)$	$\alpha_1(t)$	$\beta_{11}(t)$	$\beta_{12}(t)$	$\mu_{11}(t)$	$\mu_{12}(t)$	$\tau_1(t)$	$\tau_2(t)$	$\rho_1(t)$	$\rho_2(t)$
2	$\sin t+1$	3.5	1.6	1.6	4	4	4	2	2	1
n	$r_2(t)$	$\alpha_2(t)$	$\beta_{21}(t)$	$\beta_{22}(t)$	$\mu_{21}(t)$	$\mu_{22}(t)$	$\eta_1(t)$	$\eta_2(t)$	$\sigma_1(t)$	$\sigma_2(t)$
2	$\cos t+1$	5.5	0.5	0.5	4	4	3	4	2	3

容易验证,参数设置满足定理 2 的假设条件。由图 5-7 可知,鄂尔多斯矿区原生产业和外生产业在经过一定阶段的快速增长之后达到均衡状态,并实现两产业间的协同发展,从而定理 2 得到验证。图 5-8 进一步展示了鄂尔多斯矿区原生产业、外生产业和社会服务产业三个产业子系统的协同演化结果。结果表明,经过一定时间的快速发展,各产业均达到较高规模的相对稳定状态。

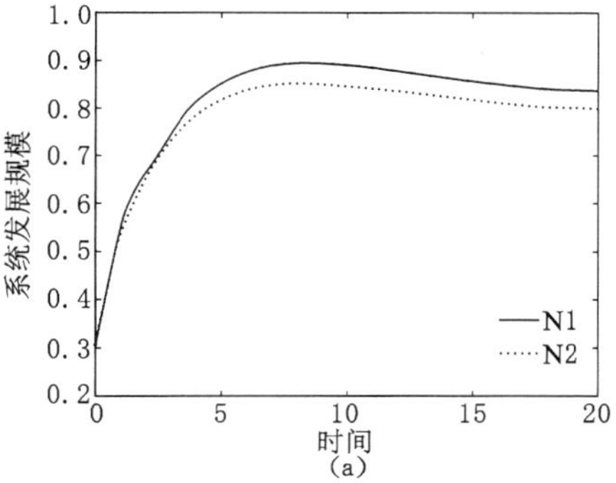

图 5-7 鄂尔多斯市原生产业-外生产业演化曲线

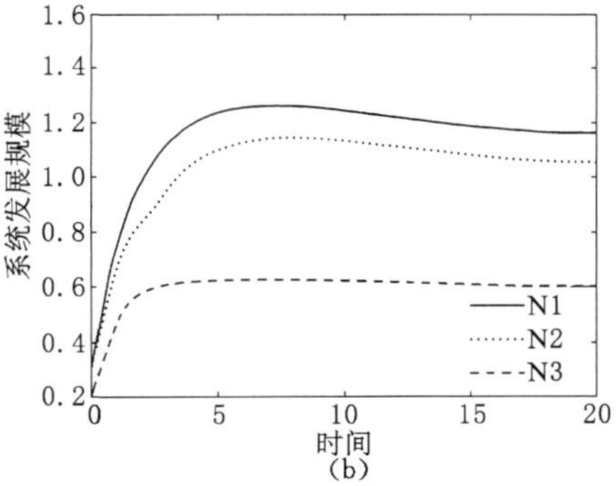

图 5-8 鄂尔多斯市原生产业-外生产业-社会服务业演化曲线

5.4.5 参数变化对 CCIES 稳定域的影响

1. 原生产业-外生产业子系统演化模型仿真

产业间作用系数对系统演化的影响。随着竞争环境的不断变化，无论是牺牲其他产业利益最大限度地获取自身利益，还是彼此相互配合的一种联合行动方式，各产业都在交互作用中不断发展。为揭示产业间作用关系对 CCIES 演化及其稳定性影响作用，我们对不同产业间作用系数（μ_1 和 μ_2）条件下的模型演化进行了模拟仿真，结果如图 5-9 所示。

由图 5-9(a)、(b)可知，当产业之间相互作用系数 μ_1 和 μ_2 均为正数且相差较大时，随着矿区产业生态系统的不断演化，呈现出显著的不平衡发展态势，最终两产业规模悬殊较大。由图 5-9(c)可知，当 μ_1 为正、μ_2 为负，即产业 2 对产业 1 表现为促进作用，而产业 1 对产业 2 表现为抑制作用时，尽管在初期阶段两产业

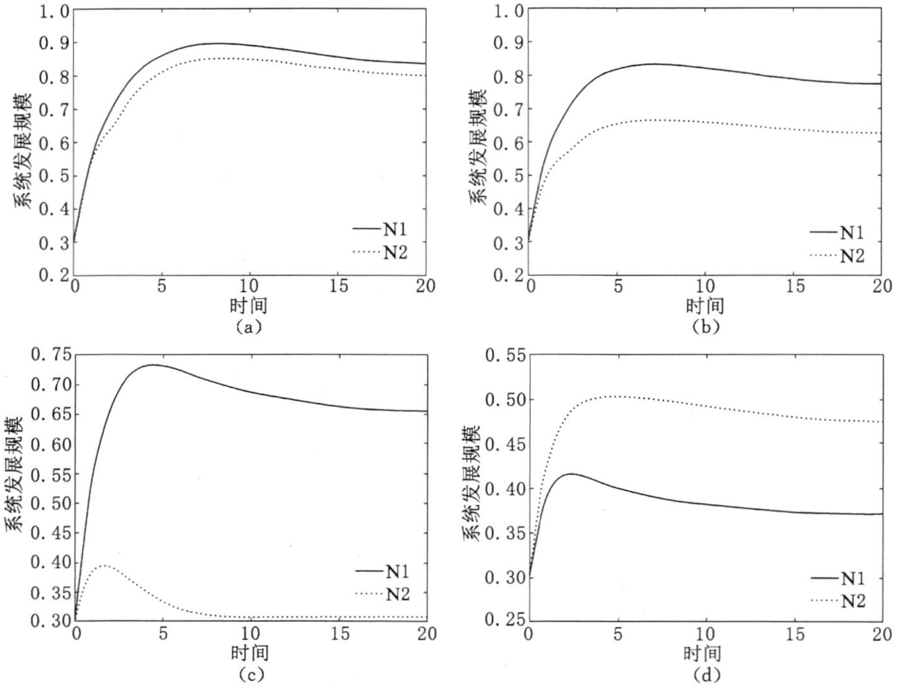

图 5-9　产业间的作用系数μ_1和μ_2对系统演化的影响

(a) $\mu_1=0.5,\mu_2=0.5$;(b) $\mu_1=0.5,\mu_2=0.2$

(c) $\mu_1=0.5,\mu_2=-0.5$;(d) $\mu_1=-0.5,\mu_2=-0.2$

都能实现一定程度的快速发展,但随着时间的推移,两产业均表现出一定程度的衰退趋势,而且受到严重抑制作用的产业 2 甚至最终被淘汰。由图 5-9(d)可知,当μ_1和μ_2均变为负值时,描述的是两产业多时滞竞争系统。与两产业互惠系统[图 5-9(b)]相比,产业 1 和产业 2 的总体规模都有所下降。以上结果表明,CCIES 内部各产业间的相互作用关系对系统演化及其稳定性具有重要影响。尤其是当竞争的力量处于主导地位时,将会严重抑制相应产业的持续发展,甚至直接危及该产业的生存问题,从而打破矿区产业生态系统的内部平衡状态。因此,为实现 CCIES 的持续稳定和健康发展,地方政府和焦点企业应努力加强产业间的融合与交流,避免产业间的对立与垄断。

产业自身抑制率对系统演化的影响。由于路径依赖、技术锁定、产业内部竞争等原因,各产业发展过程中表现出一定的自我抑制。为揭示产业自身抑制率对 CCIES 演化及其稳定性的影响作用,我们对不同产业自身抑制率条件下的模型演化进行了模拟仿真,结果如图 5-10 和图 5-11 所示。

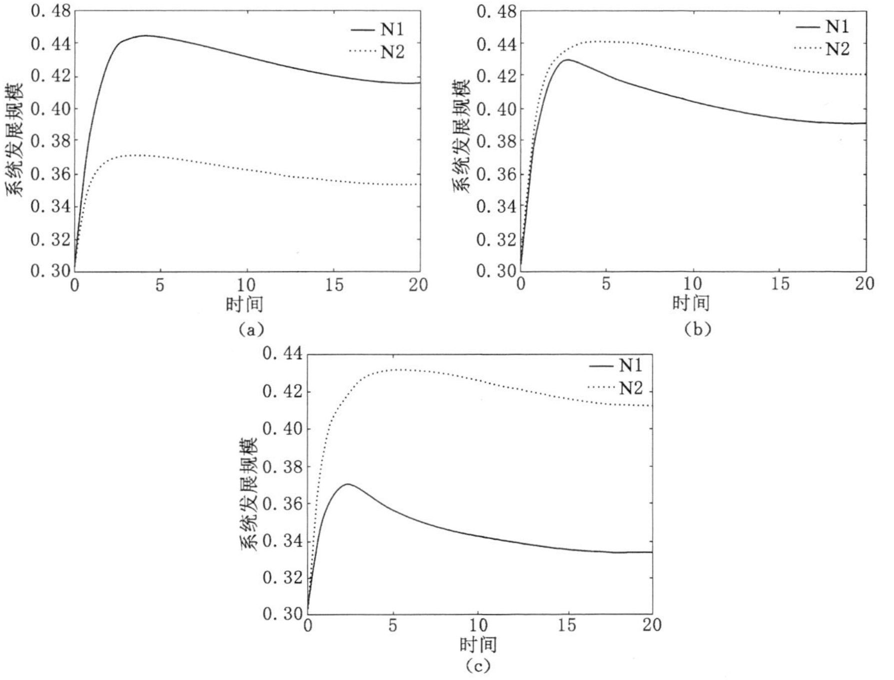

图 5-10　竞争模型产业的自身抑制率对系统演化的影响

(a)$\alpha_1=3.5,\alpha_2=5$;(b)$\alpha_1=3.5,\alpha_2=3$;(c)$\alpha_1=2.5,\alpha_2=2.5$

由图 5-10(a)、(b)和图 5-11(a)、(b)可知，当产业 1 的自身抑制率α_1保持不变时，随着产业 2 的自身抑制率α_2的降低，产业 2 的规模呈现增长趋势并且超过了产业 1 的规模，随着系统不断地演化，最终两产业规模趋于稳定发展。由图 5-10(c)和图 5-11(c)可知，当产业 1 和产业 2 自身抑制率都保持相对较低水平时，两产业规模在短期内迅速增长，但总体规模均小于自身抑制率相对较高时的规模，并且随着系统的演化出现了明显的下降趋势。由此可见，一定程度的自身抑制率将有助于矿区产业生态系统的稳定发展。其主要原因在于，产业发展过程中的自身抑制效应有助于避免某一产业因过度发展而形成市场垄断，对其他产业产生威胁，进而破坏 CCIES 内部产业间的平衡。而长远来看，产业间的非平衡发展必然也会对该产业产生不利影响。近年来，我国煤炭产业和火电产业之间关系的演变历程也验证了这一点。

时滞效应对系统演化的影响。时滞效应常常是导致产业生态系统不稳定的重要因素。因此，本部分将进一步模拟仿真时滞效应分别对竞争和互惠情景下 CCIES 演化及其稳定性的影响，结果如图 5-12 和图 5-13 所示。

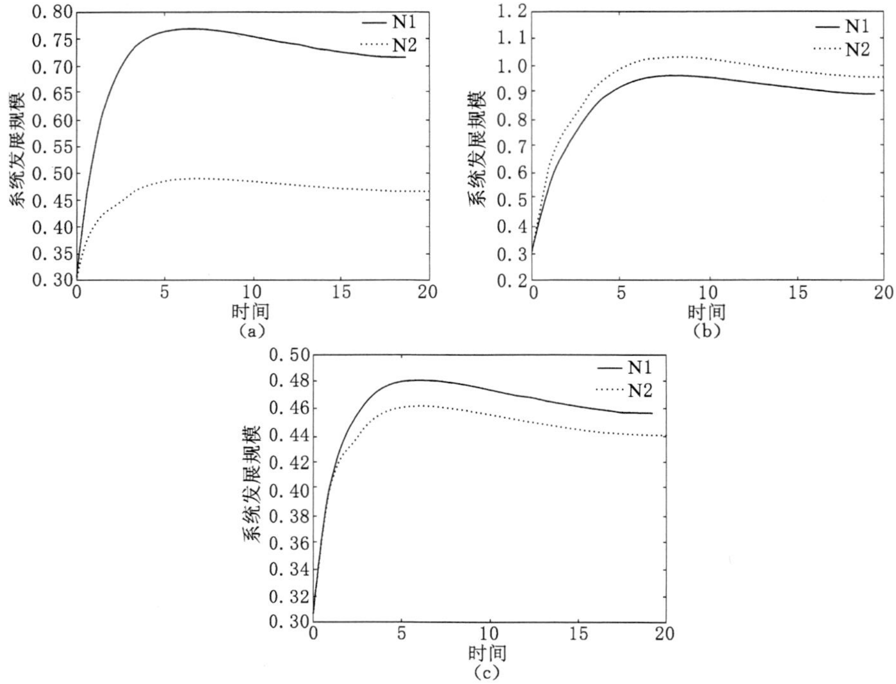

图 5-11　互惠模型产业的自身抑制率对系统演化的影响

(a) $\alpha_1=3.5$, $\alpha_2=5$; (b) $\alpha_1=3.5$, $\alpha_2=3$;

(c) $\alpha_1=2.5$, $\alpha_2=2.5$

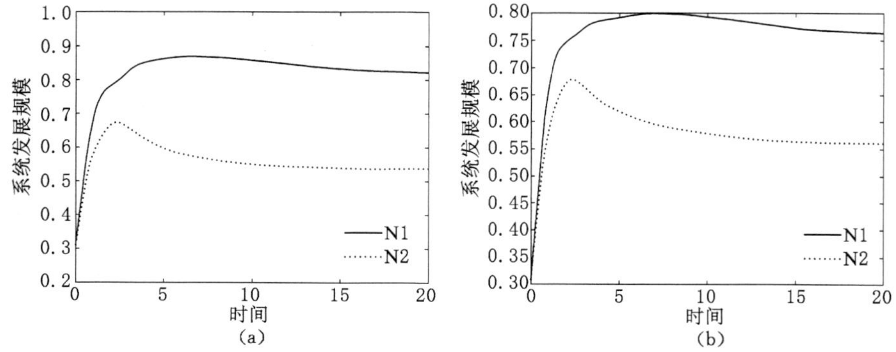

图 5-12　时滞效应对竞争系统演化的影响

(a) $\tau(t)=0.5$, $\rho(t)=1$, $\eta(t)=2$, $\sigma(t)=3$;

(b) $\tau(t)=0.3$, $\rho(t)=0.5$, $\eta(t)=1$, $\sigma(t)=2$

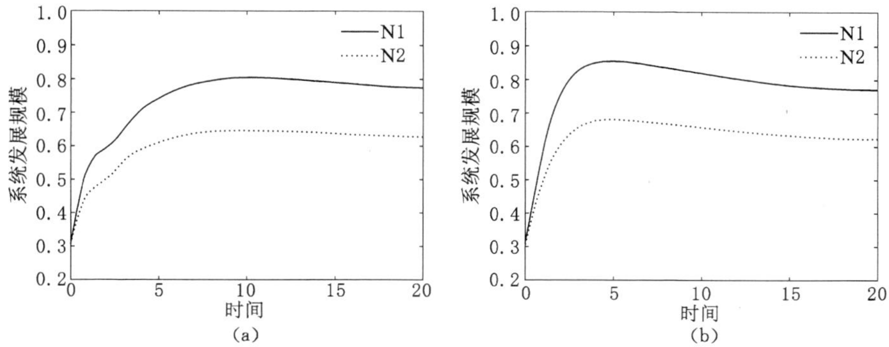

图 5-13 时滞效应对互惠系统演化的影响

(a) $\tau(t)=0.5,\rho(t)=1,\eta(t)=2,\sigma(t)=3$;

(b) $\tau(t)=0.3,\rho(t)=0.5,\eta(t)=1,\sigma(t)=2$

对比图 5-12(a)、(b)以及图 5-13(a)、(b)可以发现,在初值和其他参数不变情况下,无论对于竞争系统还是互惠系统而言,随着时滞效应的降低,系统达到稳定态的时间均显著缩短,而且产业规模在总体上有所提升。这也就意味着时滞效应的存在会对 CCIES 的整体发展产生一定的不利影响。事实上,在 CCIES 的运行和发展过程中,会面对能源价格波动、政府政策调整、技术不连续变革等因素的不利影响。政府相关部门制定的相关援助和调控政策以及产业内核心企业所采取的策略调整均需要一定的时间才能产生明显作用,从而降低了 CCIES 响应外部扰动的敏捷性。为降低时滞效应给 CCIES 稳定性带来的不利影响,一个行之有效的措施就是从系统整体的视角出发,通过 CCIES 内部纵向和横向产业链的协作与融合,提升系统响应外部扰动的敏捷性和自适应性。

(2) 原生产业—外生产业—社会服务系统演化模型仿真

原生产业、外生产业的发展离不开社会服务业的支持,它们不断变化的需求也促进了社会服务业朝着更加全面的方向发展。在 CCIES 中,三者相互影响、相互作用,共同促进了矿区经济的协调稳定发展。为此,我们进一步考察了原生产业-外生产业-社会服务产业系统的协同演化情况。图 5-14 展示了社会服务产业对原生-外生产业互惠系统演化的影响,图 5-15 展示了社会服务产业对原生-外生产业竞争系统演化的影响。

对比图 5-14 和图 5-15 可知,随着社会服务业对各产业的服务保障能力的提升,在互惠系统中,当社会服务行业对原生产业、外生产业作用系数增大时,原生产业、外生产业的规模都有所增加。对比图 5-15(a)、(b)可以发现,在竞争系统中,尽管社会服务业对原生和外生产业作用系数增大,但两产业规模的增加幅

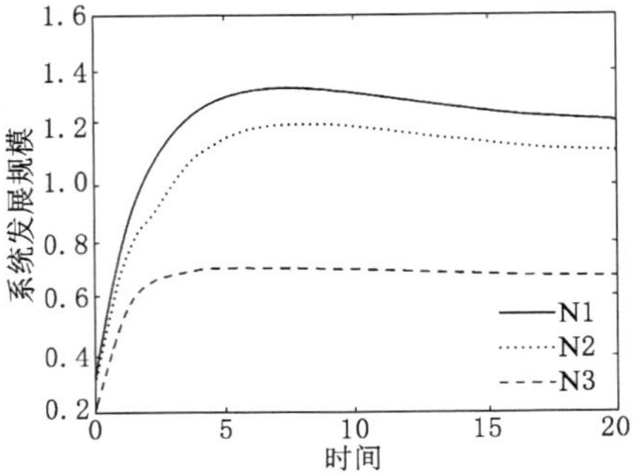

图 5-14　社会服务子系统对互惠系统演化的影响($\gamma_1=3.5$,$\gamma_2=3.5$)

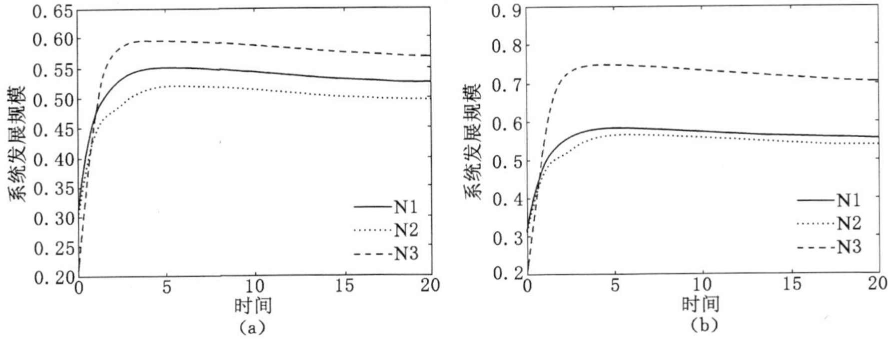

图 5-15　社会服务子系统对竞争系统演化的影响

(a) $\gamma_1=2.5$,$\gamma_2=2.5$;(b) $\gamma_1=3.5$,$\gamma_2=3.5$

度较小。因此,不管是在竞争系统,还是在互惠系统中,大力发展社会服务产业尤其是生产性服务业,努力完善提升其服务和保障功能,对于 CCIES 的持续健康发展具有积极促进作用。

5.5　案例研究

5.5.1　案例选择

为了进一步验证研究结果的有效性,我们选取鄂尔多斯市和徐州市这两个典型案例进行比较,而选取这两个城市的主要依据包括以下三点:鄂尔多斯和徐州市在 2010 年经济危机爆发后的经济增长速度变动差异明显(如图 5-16 所示),鄂尔多斯的地区生产总值和我国整体的国内生产总值趋势基本保持一致,都是自2001年开始就呈现上升趋势，而我国国内生产总值增速自2007年开始出现大幅下降，鄂尔多斯地区生产总值也是自2007年左右出现大幅下降，脆弱性较高，恢复力较弱。与此不同的是，徐州地区经济增长自2004年始终保持在较高水平上，即使在2008年全国经济严峻时有所下降，也在之后迅速恢复，显示了较强的系统恢复力；除此之外，二者地处我国的不同区域，地理位置的不同也是两地不同经济发展方式的重要因素，徐州地处华东，是我国重要的交通枢纽，鄂尔多斯地处我国内陆，是我国重要的能源基地；最后，鄂尔多斯市和徐州市由于长期受国家干预的发展方式存在较大差异，地区经济发展区域特色明显。

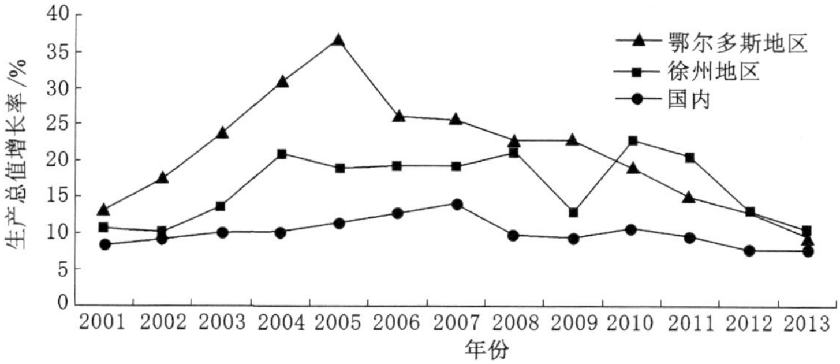

图5-16　2001～2014年鄂尔多斯、徐州及全国生产总值增长率对比

数据来源：中国国民经济与社会发展统计公报(2001～2014)。

鄂尔多斯市位于内蒙古自治区西南部，地处黄河上中游的鄂尔多斯高原腹地。东、南、西与晋、陕、宁接壤，西、北、东三面被黄河环绕，南临古长城，内与呼和浩特市、包头市共同构成内蒙古自治区经济发展的"金三角"地区。鄂尔多斯市地域辽阔，资源得天独厚，主要资源有能源(煤炭、天然气、石油)、化工、建材、畜产品和药材，是国家重要能源重化工基地。近年来鄂尔多斯市依托丰富的煤炭资源，经济高速增长，经济发展由内蒙古的后列一跃成为排头兵。然而高速的经济增长并没有掩盖经济危机以来增速下降、增长点缺失的现实。特别是像鄂尔多斯这样的经济几乎完全建立在以能源开采加工为主的煤炭城市，其发展随着全国经济的下行而备受压力。

徐州市地处江苏省西北部、华北平原的东南部，长江三角洲北翼。徐州是资源富集且组合条件优越的地区之一，是中国重要的煤炭产地，也是华东地区重要的电力基地，煤炭储量丰富。但是由于资源开采长期缺乏合理规划，近年来徐州部分地区煤炭可采资源迅速减少，原有产业结构发生很大改变，但是由于全市积极进行产业升级和技术转型，因此徐州经济增长在外部经济危机和内部资源约束的情况下依然保持在一个较高的水平上。并且随着徐州的顺利转型，"绿色徐州”已经成为我国老工业基地成功转型的典范。但是作为传统的老工业基地，外来资本，特别的境外资本投资在徐州发展缓慢，一定程度上影响了徐州地区的市场化水平。总之，徐州的发展模式和鄂尔多斯这样的新型煤炭城市形成了强烈对比，也为鄂尔多斯未来的发展提供了借鉴意义。

5.5.2 典型案例恢复力影响因素分析

根据前面的分析可以看出，市场化水平和企业应对经济风险的能力是影响CCIES恢复力的直接因素。其中财政收入占GDP的比例、非国有单位就业人口比例、非资源型产业产值占工业总产值的比例是影响CCIES市场化水平的重要因素；科教支出占GDP的比重，是衡量一个地区配套服务业发展的重要指标；资源型加工业产值占制造业产值的比重是反映CCIES功能定位的重要指标；而行政规范发布情况反映了当前各地的政府治理水平，而由于当前我国的发展水平差异，行政法规的发布和政府治理水平已经越来越呈现负相关关系，具体情况分析如下。

由图5-17可以看出，鄂尔多斯市和徐州市的财政收入占GDP的比重差距明显，鄂尔多斯市在2006年就达到了17%左右，并且在之后持续保持较高的比例，在2011年达到最高，为24.81%，较高的比例影响区域的市场化水平和市场效率，是阻碍鄂尔多斯市场化进程的重要因素；徐州地区的财政收入占GDP的比重虽然也呈现增长的态势，但是整体保持在相对较低的水平，最高位为15.6%，显示了徐州地区的政府干预程度明显低于鄂尔多斯。

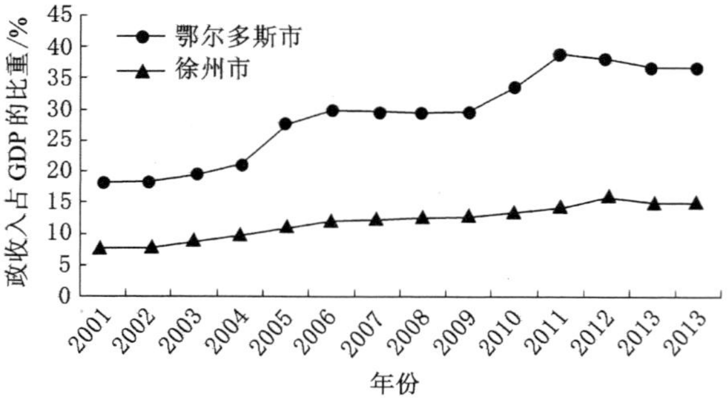

图5-17　2001～2013年鄂尔多斯市及徐州市财政收入占GDP的比重

数据来源：鄂尔多斯市、徐州市国民经济与社会发展统计年鉴(2001～2013)。

由图5-18中可以看出，鄂尔多斯市的非国有单位就业人口在2001～2003年增长速度明显，从2010年开始出现大幅下降；而徐州市的非国有经济从业人员所占比例从2003年开始始终保持缓慢的增长态势。造成这种现象的主要原因包括两点：一是鄂尔多斯的经济长期建立在煤炭资源的基础上，受煤炭需求影响较为严重，2010 年以后经济危机带来全国煤炭需求量大幅降低，而煤炭企业大多属于国有企业，因此带来国有企业的大幅裁员；二是作为已经进行了一段时间转型的徐州市而言，煤炭资源需求量已经不是影响就业的关键要素，国有企业裁员空间有限。

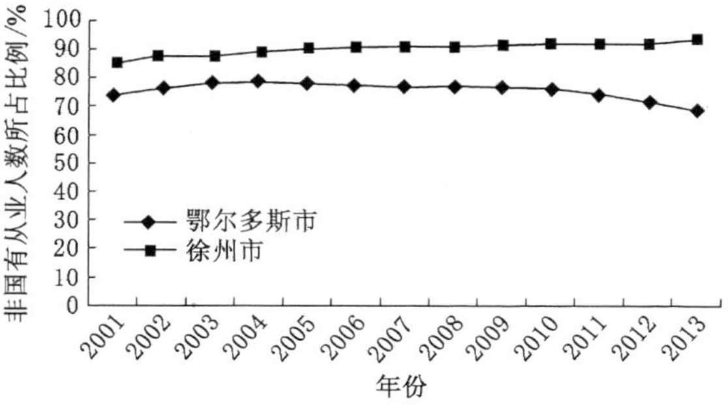

图 5-18　2001～2013 年鄂尔多斯市及徐州市非国有单位就业人口比例

数据来源：鄂尔多斯市、徐州市国民经济与社会发展统计年鉴（2001～2013）。

过去已有的研究结果显示，非资源型产业产值占工业总产值的比重也是衡量市场化水平的重要指标。由图 5-19 可以看出，鄂尔多斯及徐州市在这一指标上差异明显，鄂尔多斯市的非资源型产业产值比重始终保持在一个相对较低的水平，始终不高于 20%，而徐州市的非资源型产业产值占工业总产值的比重自 2007 年就达到了 60%左右，结果显示徐州的非资源型产业发展要水平要高于鄂尔多斯的非资源型产业发展水平。

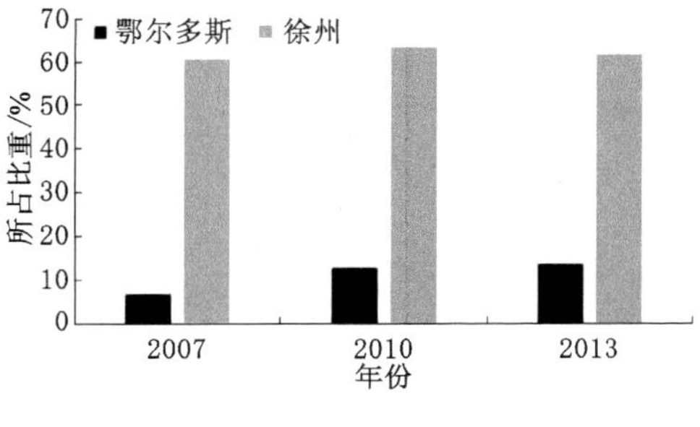

图 5-19　2007、2010、2013 年鄂尔多斯市及徐州市非资源型产业产值占工业总产值比重

数据来源：鄂尔多斯市、徐州市国民经济与社会发展统计年鉴（2001～2013）。

科教支出占 GDP 的比重可以表明鄂尔多斯和徐州两个城市在社会服务方面政府支持的力度，间接反应二者的社会服务水平。图 5-20 显示徐州的科教支出占 GDP 的比重明显高于鄂尔多斯市，徐州在社会服务方面的政府投入高于鄂尔多斯市，间接表明了徐州市社会服务水平高于鄂尔多斯市的社会服务水平。

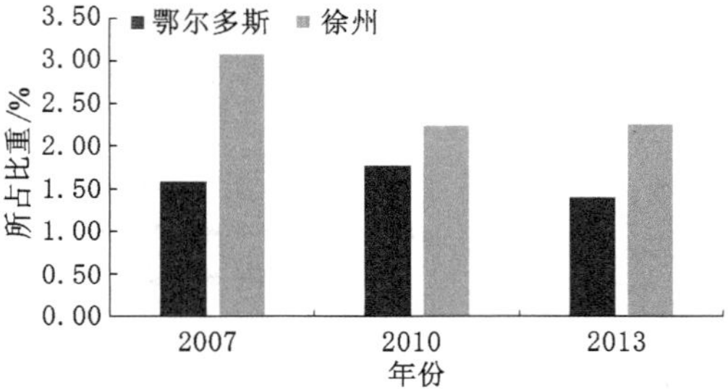

图 5-20　2007、2010、2013 年鄂尔多斯市及徐州市科教支出占 GDP 的比重

数据来源：鄂尔多斯市、徐州市国民经济与社会发展统计年鉴（2001～2013）。

图 5-21 显示鄂尔多斯和徐州市的资源型加工业产值占制造业产值的比重，从图中我们可以看出，鄂尔多斯的制造业中资源加工业产值占比一直保持在 50%以上，最高时甚至超过 70%，而徐州市的资源加工业产值始终保持在 30%左右。资源型加工业产值占制造业产值的比重反映了地区工业的发展情况，也是地区功能定位的直接反映。鄂尔多斯市较为集中的资源加工业发展显示了虽然鄂尔多斯也在进行产业结构转型，但是最终仍以资源加工业为主，即鄂尔多斯在很长的时间内仍保持其能源基地的作用；而徐州市进行产业结构转型较早，其资源型加工业在制造业中的比重持续下降，已经从原来的能源基地发展到现在的多元化产业基地，转型结果显著。

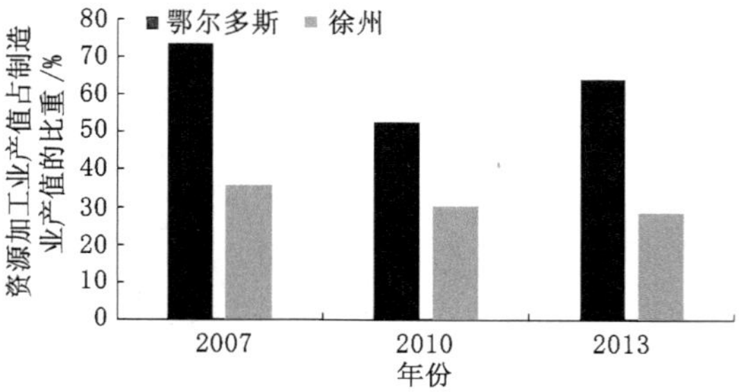

图 5-21　2007、2010、2013 年鄂尔多斯市及徐州市资源加工业产值占制造业产值的比重

数据来源：鄂尔多斯市、徐州市国民经济与社会发展统计年鉴（2001～2013）。

由图 5-22 可以看出，鄂尔多斯市在近几年颁布了大量的行政规范类文件，而徐州市颁布的相关文件数量较少，这一现象出现的主要原因是鄂尔多斯发展起步较晚，其规章制度相较于徐州不够完善，因此需要通过大量的行政规范加以约束，徐州市正好相反，其发展较早，法治程度已经比较完善，所以不需要出台过多的行政规范就可以较好地约束市场行为。

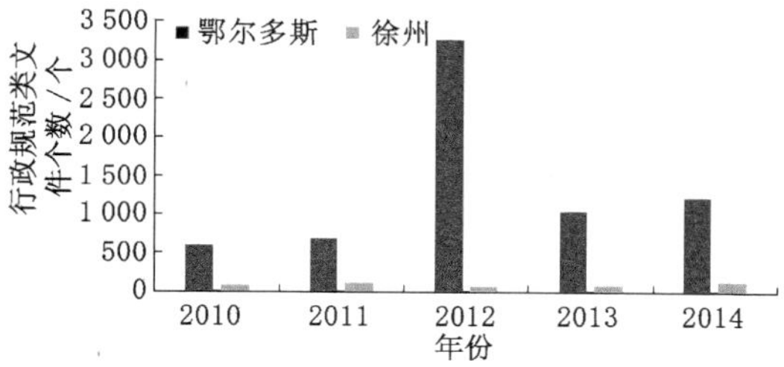

图 5-22 2010～2014 年鄂尔多斯市及徐州市行政规范类文件发布情况

数据来源：鄂尔多斯市、徐州市官方网站。

由上面的分析我们可以看出，鄂尔多斯功能定位较单一、法制完善程度较低、服务机构发育不完善、市场化水平较低，经济受外部经济影响较为严重，抵御外部经济扰动的能力较弱，系统脆弱性较强，恢复力较弱；徐州市功能定位多元化、发展完善程度较高、服务机构发育较为成熟、市场化水平较高，受外部经济影响较弱，抵御外部经济扰动的能力较强，恢复力较强。这和我们前面借助 DEMATEL/ISM方法的分析结果基本一致，也进一步验证了增强煤炭城市产业生态系统恢复力是我国煤炭城市经济发展的重要组成部分。

5.6 主要结论

本章首先通过理论分析得出了 CCIES 相应经济波动的 17 个关键影响因素，基于 DEMATEL 和 ISM 方法构建了 CCIES 恢复力影响因素的结构递阶模型。在此基础上，借鉴种群生态学模型，建立了 CCIES 演化动力学模型，分析了时滞效应、产业间作用系数等因素对系统稳定阈跃迁的影响机制。最后通过典型案例分析和模拟仿真验证了有关结论的合理性。主要研究结论如下：

(1) 企业应对经济危机的能力(包括企业风险认知能力和应急行为多样性)、市场化水平(包括非国有经济发展水平、市场分配资源的比重、非国有经济发展水平、产品市场发育程度)6 个要素处于 RCIES 恢复力系统的顶层，是影响 RCIES 恢复力的直接因素；系统内部主体间的关系(包括链接技术刚性、企业与服务机构联系紧密程度)和系统内部环境(包括地区法制完善程度、政府对市场的干预程度)具有根因素作用；产业发展能力(包括产业规模结构效率、产业规模扩张能力、产业技术升级能力)、系统内部结构功能状况(包括系统网络结构复杂性、系统功能定位多样性、产业多样性、情境性因素)起着桥梁作用。

(2) 2007 年金融危机以来徐州市和鄂尔多斯市的恢复力水平差异显著。徐州市和鄂尔多斯市的统计年鉴数据显示徐州市的非国有单位就业人口比例和科教支出占 GDP 的比例均高于鄂尔多斯市,徐州市的市场化水平高于鄂尔多斯市;鄂尔多斯市的资源型产业产值占制造业产值的比重高于徐州市,鄂尔多斯市功能定位多样性水平低于徐州市;鄂尔多斯市财政支出占 GDP 的比重高于徐州市,政府对市场的干预程度高于徐州市。这些结果和我们前面借助 DEMATEL 和 ISM 方法的分析结果基本一致,也进一步验证了增强煤炭城市产业生态系统恢复力是降低煤炭城市脆弱性的重要途径,为未来进一步研究 CCIES 恢复力演化激励提供了新的理论依据。

(3) 产业间作用系数、自身抑制率和时滞效应等因素对 CCIES 恢复力产生重要影响作用;社会服务系统的完善也是提升 CCIES 恢复力的重要力量。这不仅有助于深刻理解 CCIES 演化机制及其恢复力影响机理,而且为恢复力规划、治理和调控提供了科学的决策依据。

5.7 附录

附录 1:煤炭城市经济系统恢复力影响因素之间关系的调查问卷

尊敬的老师:

您好!

最近我们正在开展煤炭城市经济系统方面的研究,试图揭示影响其恢复力的关键因素。您作为管理科学领域的研究者,对本领域研究的实际情况具有重要的发言权。因此,您的看法对我们的研究非常重要,期望您能拨冗回答。衷心感谢您的支持!

第一部分　基本信息

1. 您的主要研究方向:________

A. 区域经济　B. 能源资源管理　C. 可持续发展　D. 系统工程　F. 管理科学　H. 其他

2. 您的职称级别:________

A. 教授　B. 副教授　C. 讲师

第二部分 煤炭城市经济系统恢复力影响因素直接关系判断

本文采用DEMATEL(决策试验与评价实验室法)分析煤炭城市经济系统恢复力影响因素之间的相互作用关系。请根据本单位的实际情况及您个人的经验理解,在仔细阅读表5-12和理解各个影响因素内容的基础上填写表5-13,即对煤炭城市经济系统恢复力影响因素之间的直接影响关系程度进行判断,在表5-13中"影响等级"一列对应的数值下面打"√"或对其进行标红处理。

表5-12 专家语意量表

影响等级	对应的影响分数
没有影响(N)	0
非常弱的影响(VL)	1
弱影响(L)	2
强影响(H)	3
非常强的影响(VH)	4

表5-13 煤炭城市经济系统(表中简称为"系统")恢复力影响因素之间的直接影响关系判断

序号	影响因素	被影响因素	0	1	2	3	4
			没有影响	非常弱影响	弱影响	强影响	非常强影响
1	F1 系统网络结构复杂性	F2 技术链接刚性	0	1	2	3	4
2		F3 系统功能定位多样性(如单一能源基地、多元化产业基地)	0	1	2	3	4
3		F4 产业多样化(企业规模、企业协作方式和优势元素的多样化)	0	1	2	3	4
4		F5 产业技术升级的能力	0	1	2	3	4
5		F6 产业规模扩张能力	0	1	2	3	4
6		F7 产业规模结构效率	0	1	2	3	4
7		F8 企业风险认知能力	0	1	2	3	4
8		F9 企业应急行为多样性	0	1	2	3	4
9		F10 情境因素	0	1	2	3	4
10		F11 服务机构发育程度	0	1	2	3	4
11		F12 企业与服务机构联系紧密程度	0	1	2	3	4

续表 5-13

序号	影响因素	被影响因素	0 没有影响	1 非常弱影响	2 弱影响	3 强影响	4 非常强影响
2	F1 系统网络结构复杂性	F13 市场分配资源的比重	0	1	2	3	4
13		F14 政府对市场的干预程度	0	1	2	3	4
14		F15 非国有经济发展水平	0	1	2	3	4
15		F16 产品市场发育程度（产品价格由市场决定的程度和商品市场内的地区贸易壁垒）	0	1	2	3	4
16		F17 地区法制完善程度	0	1	2	3	4
17	F2 技术链接刚性	F1 系统网络结构复杂性	0	1	2	3	4
18		F3 系统功能定位多样性（如单一能源基地、多元化产业基地）	0	1	2	3	4
19		F4 产业多样化（企业规模、企业协作方式和优势元素的多样化）	0	1	2	3	4
20		F5 产业技术升级的能力	0	1	2	3	4
21		F6 产业规模扩张能力	0	1	2	3	4
22		F7 产业规模结构效率	0	1	2	3	4
23		F8 企业风险认知能力	0	1	2	3	4
24		F9 企业应急行为多样性	0	1	2	3	4
25		F10 情境因素	0	1	2	3	4
26		F11 服务机构发育程度	0	1	2	3	4
27		F12 企业与服务机构联系紧密程度	0	1	2	3	4
28		F13 市场分配资源的比重	0	1	2	3	4
29		F14 政府对市场的干预程度	0	1	2	3	4
30		F15 非国有经济发展水平	0	1	2	3	4
31		F16 产品市场发育程度（产品价格由市场决定的程度和商品市场内的地区贸易壁垒）	0	1	2	3	4
32		F17 地区法制完善程度	0	1	2	3	4

续表 5-13

序号	影响因素	被影响因素	0 没有影响	1 非常弱影响	2 弱影响	3 强影响	4 非常强影响
33	F3 系统功能定位多样性(如单一能源基地、多元化产业基地)	F1 系统网络结构复杂性	0	1	2	3	4
34		F2 技术链接刚性	0	1	2	3	4
35		F4 产业多样化(企业规模、企业协作方式和优势元素的多样化)	0	1	2	3	4
36		F5 产业技术升级的能力	0	1	2	3	4
37		F6 产业规模扩张能力	0	1	2	3	4
38		F7 产业规模结构效率	0	1	2	3	4
39		F8 企业风险认知能力	0	1	2	3	4
40		F9 企业应急行为多样性	0	1	2	3	4
41		F10 情境因素	0	1	2	3	4
42		F11 服务机构发育程度	0	1	2	3	4
43		F12 企业与服务机构联系紧密程度	0	1	2	3	4
44		F13 市场分配资源的比重	0	1	2	3	4
45		F14 政府对市场的干预程度	0	1	2	3	4
46		F15 非国有经济发展水平	0	1	2	3	4
47		F16 产品市场发育程度(产品价格由市场决定的程度和商品市场内的地区贸易壁垒)	0	1	2	3	4
48		F17 地区法制完善程度	0	1	2	3	4

续表 5-13

序号	影响因素	被影响因素	0 没有影响	1 非常弱影响	2 弱影响	3 强影响	4 非常强影响
49	F4 产业多样化（企业规模、企业协作方式和优势元素的多样化）	F1 系统网络结构复杂性	0	1	2	3	4
50		F2 技术链接刚性	0	1	2	3	4
51		F3 系统功能定位多样性（如单一能源基地、多元化产业基地）	0	1	2	3	4
52		F5 产业技术升级的能力	0	1	2	3	4
53		F6 产业规模扩张能力	0	1	2	3	4
54		F7 产业规模结构效率	0	1	2	3	4
55		F8 企业风险认知能力	0	1	2	3	4
56		F9 企业应急行为多样性	0	1	2	3	4
57		F10 情境因素	0	1	2	3	4
58		F11 服务机构发育程度	0	1	2	3	4
59		F12 企业与服务机构联系紧密程度	0	1	2	3	4
60		F13 市场分配资源的比重	0	1	2	3	4
61		F14 政府对市场的干预程度	0	1	2	3	4
62		F15 非国有经济发展水平	0	1	2	3	4
63		F16 产品市场发育程度（产品价格由市场决定的程度和商品市场内的地区贸易壁垒）	0	1	2	3	4
64		F17 地区法制完善程度	0	1	2	3	4

续表 5-13

序号	影响因素	被影响因素	0 没有影响	1 非常弱影响	2 弱影响	3 强影响	4 非常强影响
65	F5 产业技术升级的能力	F1 系统网络结构复杂性	0	1	2	3	4
66		F2 技术链接刚性	0	1	2	3	4
67		F3 系统功能定位多样性（如单一能源基地、多元化产业基地）	0	1	2	3	4
68		F4 产业多样化（企业规模、企业协作方式和优势元素的多样化）	0	1	2	3	4
69		F6 产业规模扩张能力	0	1	2	3	4
70		F7 产业规模结构效率	0	1	2	3	4
71		F8 企业风险认知能力	0	1	2	3	4
72		F9 企业应急行为多样性	0	1	2	3	4
73		F10 情境因素	0	1	2	3	4
74		F11 服务机构发育程度	0	1	2	3	4
75		F12 企业与服务机构联系紧密程度	0	1	2	3	4
76		F13 市场分配资源的比重	0	1	2	3	4
77		F14 政府对市场的干预程度	0	1	2	3	4
78		F15 非国有经济发展水平	0	1	2	3	4
79		F16 产品市场发育程度（产品价格由市场决定的程度和商品市场内的地区贸易壁垒）	0	1	2	3	4
80		F17 地区法制完善程度	0	1	2	3	4

续表 5-13

序号	影响因素	被影响因素	0 没有影响	1 非常弱影响	2 弱影响	3 强影响	4 非常强影响
81	F6 产业规模扩张能力	F1 系统网络结构复杂性	0	1	2	3	4
82		F2 技术链接刚性	0	1	2	3	4
83		F3 系统功能定位多样性（如单一能源基地、多元化产业基地）	0	1	2	3	4
84		F4 产业多样化（企业规模、企业协作方式和优势元素的多样化）	0	1	2	3	4
85		F5 产业技术升级的能力	0	1	2	3	4
86		F7 产业规模结构效率	0	1	2	3	4
87		F8 企业风险认知能力	0	1	2	3	4
88		F9 企业应急行为多样性	0	1	2	3	4
89		F10 情境因素	0	1	2	3	4
90		F11 服务机构发育程度	0	1	2	3	4
91		F12 企业与服务机构联系紧密程度	0	1	2	3	4
92		F13 市场分配资源的比重	0	1	2	3	4
93		F14 政府对市场的干预程度	0	1	2	3	4
94		F15 非国有经济发展水平	0	1	2	3	4
95		F16 产品市场发育程度（产品价格由市场决定的程度和商品市场内的地区贸易壁垒）	0	1	2	3	4
96		F17 地区法制完善程度	0	1	2	3	4

续表 5-13

序号	影响因素	被影响因素	0 没有影响	1 非常弱影响	2 弱影响	3 强影响	4 非常强影响
97	F7 产业规模结构效率	F1 系统网络结构复杂性	0	1	2	3	4
98		F2 技术链接刚性	0	1	2	3	4
99		F3 系统功能定位多样性（如单一能源基地、多元化产业基地）	0	1	2	3	4
100		F4 产业多样化（企业规模、企业协作方式和优势元素的多样化）	0	1	2	3	4
101		F5 产业技术升级的能力	0	1	2	3	4
102		F6 产业规模扩张能力	0	1	2	3	4
103		F8 企业风险认知能力	0	1	2	3	4
104		F9 企业应急行为多样性	0	1	2	3	4
105		F10 情境因素	0	1	2	3	4
106		F11 服务机构发育程度	0	1	2	3	4
107		F12 企业与服务机构联系紧密程度	0	1	2	3	4
108		F13 市场分配资源的比重	0	1	2	3	4
109		F14 政府对市场的干预程度	0	1	2	3	4
110		F15 非国有经济发展水平	0	1	2	3	4
111		F16 产品市场发育程度（产品价格由市场决定的程度和商品市场内的地区贸易壁垒）	0	1	2	3	4
112		F17 地区法制完善程度	0	1	2	3	4

续表 5-13

序号	影响因素	被影响因素	0 没有影响	1 非常弱影响	2 弱影响	3 强影响	4 非常强影响
113	F8 企业风险认知能力	F1 系统网络结构复杂性	0	1	2	3	4
114		F2 技术链接刚性	0	1	2	3	4
115		F3 系统功能定位多样性（如单一能源基地、多元化产业基地）	0	1	2	3	4
116		F4 产业多样化（企业规模、企业协作方式和优势元素的多样化）	0	1	2	3	4
117		F5 产业技术升级的能力	0	1	2	3	4
118		F6 产业规模扩张能力	0	1	2	3	4
119		F7 产业规模结构效率	0	1	2	3	4
120		F9 企业应急行为多样性	0	1	2	3	4
121		F10 情境因素	0	1	2	3	4
122		F11 服务机构发育程度	0	1	2	3	4
123		F12 企业与服务机构联系紧密程度	0	1	2	3	4
124		F13 市场分配资源的比重	0	1	2	3	4
125		F14 政府对市场的干预程度	0	1	2	3	4
126		F15 非国有经济发展水平	0	1	2	3	4
127		F16 产品市场发育程度（产品价格由市场决定的程度和商品市场内的地区贸易壁垒）	0	1	2	3	4
128		F17 地区法制完善程度	0	1	2	3	4

续表 5-13

序号	影响因素	被影响因素	0 没有影响	1 非常弱影响	2 弱影响	3 强影响	4 非常强影响
129	F9 企业应急行为多样性	F1 系统网络结构复杂性	0	1	2	3	4
130		F2 技术链接刚性	0	1	2	3	4
131		F3 系统功能定位多样性（如单一能源基地、多元化产业基地）	0	1	2	3	4
132		F4 产业多样化（企业规模、企业协作方式和优势元素的多样化）	0	1	2	3	4
133		F5 产业技术升级的能力	0	1	2	3	4
134		F6 产业规模扩张能力	0	1	2	3	4
135		F7 产业规模结构效率	0	1	2	3	4
136		F8 企业风险认知能力	0	1	2	3	4
137		F10 情境因素	0	1	2	3	4
138		F11 服务机构发育程度	0	1	2	3	4
139		F12 企业与服务机构联系紧密程度	0	1	2	3	4
140		F13 市场分配资源的比重	0	1	2	3	4
141		F14 政府对市场的干预程度	0	1	2	3	4
142		F15 非国有经济发展水平	0	1	2	3	4
143		F16 产品市场发育程度（产品价格由市场决定的程度和商品市场内的地区贸易壁垒）	0	1	2	3	4
144		F17 地区法制完善程度	0	1	2	3	4

续表 5-13

序号	影响因素	被影响因素	0 没有影响	1 非常弱影响	2 弱影响	3 强影响	4 非常强影响
145	F10 情境因素	F1 系统网络结构复杂性	0	1	2	3	4
146		F2 技术链接刚性	0	1	2	3	4
147		F3 系统功能定位多样性（如单一能源基地、多元化产业基地）	0	1	2	3	4
148		F4 产业多样化（企业规模、企业协作方式和优势元素的多样化）	0	1	2	3	4
149		F5 产业技术升级的能力	0	1	2	3	4
150		F6 产业规模扩张能力	0	1	2	3	4
151		F7 产业规模结构效率	0	1	2	3	4
152		F8 企业风险认知能力	0	1	2	3	4
153		F9 企业应急行为多样性	0	1	2	3	4
154		F11 服务机构发育程度	0	1	2	3	4
155		F12 企业与服务机构联系紧密程度	0	1	2	3	4
156		F13 市场分配资源的比重	0	1	2	3	4
157		F14 政府对市场的干预程度	0	1	2	3	4
158		F15 非国有经济发展水平	0	1	2	3	4
159		F16 产品市场发育程度（产品价格由市场决定的程度和商品市场内的地区贸易壁垒）	0	1	2	3	4
160		F17 地区法制完善程度	0	1	2	3	4

续表 5-13

序号	影响因素	被影响因素	0 没有影响	1 非常弱影响	2 弱影响	3 强影响	4 非常强影响
161	F11 服务机构发育程度	F1 系统网络结构复杂性	0	1	2	3	4
162		F2 技术链接刚性	0	1	2	3	4
163		F3 系统功能定位多样性(如单一能源基地、多元化产业基地)	0	1	2	3	4
164		F4 产业多样化(企业规模、企业协作方式和优势元素的多样化)	0	1	2	3	4
165		F5 产业技术升级的能力	0	1	2	3	4
166		F6 产业规模扩张能力	0	1	2	3	4
167		F7 产业规模结构效率	0	1	2	3	4
168		F8 企业风险认知能力	0	1	2	3	4
169		F9 企业应急行为多样性	0	1	2	3	4
170		F10 情境因素	0	1	2	3	4
171		F12 企业与服务机构联系紧密程度	0	1	2	3	4
172		F13 市场分配资源的比重	0	1	2	3	4
173		F14 政府对市场的干预程度	0	1	2	3	4
174		F15 非国有经济发展水平	0	1	2	3	4
175		F16 产品市场发育程度(产品价格由市场决定的程度和商品市场内的地区贸易壁垒)	0	1	2	3	4
176		F17 地区法制完善程度	0	1	2	3	4

续表 5-13

序号	影响因素	被影响因素	0 没有影响	1 非常弱影响	2 弱影响	3 强影响	4 非常强影响
177	F12 企业与服务机构联系紧密程度	F1 系统网络结构复杂性	0	1	2	3	4
178		F2 技术链接刚性	0	1	2	3	4
179		F3 系统功能定位多样性(如单一能源基地、多元化产业基地)	0	1	2	3	4
180		F4 产业多样化(企业规模、企业协作方式和优势元素的多样化)	0	1	2	3	4
181		F5 产业技术升级的能力	0	1	2	3	4
182		F6 产业规模扩张能力	0	1	2	3	4
183		F7 产业规模结构效率	0	1	2	3	4
184		F8 企业风险认知能力	0	1	2	3	4
185		F9 企业应急行为多样性	0	1	2	3	4
186		F10 情境因素	0	1	2	3	4
187		F11 服务机构发育程度	0	1	2	3	4
188		F13 市场分配资源的比重	0	1	2	3	4
189		F14 政府对市场的干预程度	0	1	2	3	4
190		F15 非国有经济发展水平	0	1	2	3	4
191		F16 产品市场发育程度(产品价格由市场决定的程度和商品市场内的地区贸易壁垒)	0	1	2	3	4
192		F17 地区法制完善程度	0	1	2	3	4

续表 5-13

序号	影响因素	被影响因素	0 没有影响	1 非常弱影响	2 弱影响	3 强影响	4 非常强影响
193	F13 市场分配资源的比重	F1 系统网络结构复杂性	0	1	2	3	4
194		F2 技术链接刚性	0	1	2	3	4
195		F3 系统功能定位多样性（如单一能源基地、多元化产业基地）	0	1	2	3	4
196		F4 产业多样化（企业规模、企业协作方式和优势元素的多样化）	0	1	2	3	4
197		F5 产业技术升级的能力	0	1	2	3	4
198		F6 产业规模扩张能力	0	1	2	3	4
199		F7 产业规模结构效率	0	1	2	3	4
200		F8 企业风险认知能力	0	1	2	3	4
201		F9 企业应急行为多样性	0	1	2	3	4
202		F10 情境因素	0	1	2	3	4
203		F11 服务机构发育程度	0	1	2	3	4
204		F12 企业与服务机构联系紧密程度	0	1	2	3	4
205		F14 政府对市场的干预程度	0	1	2	3	4
206		F15 非国有经济发展水平	0	1	2	3	4
207		F16 产品市场发育程度（产品价格由市场决定的程度和商品市场内的地区贸易壁垒）	0	1	2	3	4
208		F17 地区法制完善程度	0	1	2	3	4

续表 5-13

序号	影响因素	被影响因素	0 没有影响	1 非常弱影响	2 弱影响	3 强影响	4 非常强影响
209	F14 政府对市场的干预程度	F1 系统网络结构复杂性	0	1	2	3	4
210		F2 技术链接刚性	0	1	2	3	4
211		F3 系统功能定位多样性（如单一能源基地、多元化产业基地）	0	1	2	3	4
212		F4 产业多样化（企业规模、企业协作方式和优势元素的多样化）	0	1	2	3	4
213		F5 产业技术升级的能力	0	1	2	3	4
214		F6 产业规模扩张能力	0	1	2	3	4
215		F7 产业规模结构效率	0	1	2	3	4
216		F8 企业风险认知能力	0	1	2	3	4
217		F9 企业应急行为多样性	0	1	2	3	4
218		F10 情境因素	0	1	2	3	4
219		F11 服务机构发育程度	0	1	2	3	4
220		F12 企业与服务机构联系紧密程度	0	1	2	3	4
221		F13 市场分配资源的比重	0	1	2	3	4
222		F15 非国有经济发展水平	0	1	2	3	4
223		F16 产品市场发育程度（产品价格由市场决定的程度和商品市场内的地区贸易壁垒）	0	1	2	3	4
224		F17 地区法制完善程度	0	1	2	3	4

续表 5-13

序号	影响因素	被影响因素	0 没有影响	1 非常弱影响	2 弱影响	3 强影响	4 非常强影响
225	F15 非国有经济发展水平	F1 系统网络结构复杂性	0	1	2	3	4
226		F2 技术链接刚性	0	1	2	3	4
227		F3 系统功能定位多样性（如单一能源基地、多元化产业基地）	0	1	2	3	4
228		F4 产业多样化（企业规模、企业协作方式和优势元素的多样化）	0	1	2	3	4
229		F5 产业技术升级的能力	0	1	2	3	4
230		F6 产业规模扩张能力	0	1	2	3	4
231		F7 产业规模结构效率	0	1	2	3	4
232		F8 企业风险认知能力	0	1	2	3	4
233		F9 企业应急行为多样性	0	1	2	3	4
234		F10 情境因素	0	1	2	3	4
235		F11 服务机构发育程度	0	1	2	3	4
236		F12 企业与服务机构联系紧密程度	0	1	2	3	4
237		F13 市场分配资源的比重	0	1	2	3	4
238		F14 政府对市场的干预程度	0	1	2	3	4
239		F16 产品市场发育程度（产品价格由市场决定的程度和商品市场内的地区贸易壁垒）	0	1	2	3	4
240		F17 地区法制完善程度	0	1	2	3	4

续表 5-13

序号	影响因素	被影响因素	0 没有影响	1 非常弱影响	2 弱影响	3 强影响	4 非常强影响
241	F16 产品市场发育程度(产品价格由市场决定的程度和商品市场内的地区贸易壁垒)	F1 系统网络结构复杂性	0	1	2	3	4
242		F2 技术链接刚性	0	1	2	3	4
243		F3 系统功能定位多样性(如单一能源基地、多元化产业基地)	0	1	2	3	4
244		F4 产业多样化(企业规模、企业协作方式和优势元素的多样化)	0	1	2	3	4
245		F5 产业技术升级的能力	0	1	2	3	4
246		F6 产业规模扩张能力	0	1	2	3	4
247		F7 产业规模结构效率	0	1	2	3	4
248		F8 企业风险认知能力	0	1	2	3	4
249		F9 企业应急行为多样性	0	1	2	3	4
250		F10 情境因素	0	1	2	3	4
251		F11 服务机构发育程度	0	1	2	3	4
252		F12 企业与服务机构联系紧密程度	0	1	2	3	4
253		F13 市场分配资源的比重	0	1	2	3	4
254		F14 政府对市场的干预程度	0	1	2	3	4
255		F15 非国有经济发展水平	0	1	2	3	4
256		F17 地区法制完善程度	0	1	2	3	4

续表 5-13

序号	影响因素	被影响因素	0 没有影响	1 非常弱影响	2 弱影响	3 强影响	4 非常强影响
257	F17 地区法制完善程度	F1 系统网络结构复杂性	0	1	2	3	4
258		F2 技术链接刚性	0	1	2	3	4
259		F3 系统功能定位多样性(如单一能源基地、多元化产业基地)	0	1	2	3	4
260		F4 产业多样化(企业规模、企业协作方式和优势元素的多样化)	0	1	2	3	4
261		F5 产业技术升级的能力	0	1	2	3	4
262		F6 产业规模扩张能力	0	1	2	3	4
263		F7 产业规模结构效率	0	1	2	3	4
264		F8 企业风险认知能力	0	1	2	3	4
265		F9 企业应急行为多样性	0	1	2	3	4
266		F10 情境因素	0	1	2	3	4
267		F11 服务机构发育程度	0	1	2	3	4
268		F12 企业与服务机构联系紧密程度	0	1	2	3	4
269		F13 市场分配资源的比重	0	1	2	3	4
270		F14 政府对市场的干预程度	0	1	2	3	4
271		F15 非国有经济发展水平	0	1	2	3	4
272		F16 产品市场发育程度(产品价格由市场决定的程度和商品市场内的地区贸易壁垒)	0	1	2	3	4

再次感谢您的支持与配合！祝您工作顺利！

附录 2:定理 1 证明过程

作变换$N_1(t)=e^{x_1(t)}$,$N_2(t)=e^{x_2(t)}$,则式(5-17)可重写为:

$$\begin{cases} x'_1(t)=r_1(t)-\alpha_1(t)e^{x_1(t)}+\sum_{i=1}^{n}\beta_{1i}(t)e^{x_1(t-\tau_i(t))}- \\ \qquad \sum_{j=1}^{m}\mu_{1j}(t)e^{x_2(t-\rho_j(t))} \\ x'_2(t)=r_2(t)-\alpha_2(t)e^{x_2(t)}+\sum_{j=1}^{m}\beta_{2j}(t)e^{x_2(t-\eta_i(t))}- \\ \qquad \sum_{i=1}^{n}\mu_{2i}(t)e^{x_1(t-\rho_j(t))} \end{cases} \tag{5-25}$$

令 $X=\{x(t)=(x_1(t),x_2(t)),x(t+\omega)=x(t)\}$,$\Omega$ 为 X 中的有界开集,那么$x^*(t)=(x_1^*(t),x_2^*(t))\in\overline{\Omega}$,并且存在正常数$h_k>0$,$H_k>0$ 使得:

$$h_1\leqslant N_1^*(t)\leqslant H_1,h_2\leqslant N_2^*(t)\leqslant H_2 \tag{5-26}$$

令$\omega_1(t)=\ln N_1(t)-\ln N_1^*(t)$,$\omega_2(t)=\ln N_2(t)-\ln N_2^*(t)$,由定理 1 的假设(5-18),我们有 $\phi_1^L\phi_2^L-\mu_1^U\mu_2^U>0$,那么存在常数 $\alpha>0$ 和 $\beta>0$ 使得:

$$\mu_1^U\alpha-\phi_2^L\beta=-\varepsilon,\mu_2^U\beta-\phi_1^L\alpha=-\varepsilon \tag{5-27}$$

其中常数 ε 固定。考虑 Liapunov 函数:

$$\begin{aligned} V(t)=&\alpha|\omega_1(t)|+\sum_{i=1}^{n}\alpha\int_{t-\tau_i(t)}^{t}\frac{|b_{1i}(u_i(s))|}{1-\tau'_i(u_i(s))}|y_1(s)-y_1^*(s)|ds+ \\ &\sum_{j=1}^{m}\alpha\int_{t-\rho_i(t)}^{t}\frac{|c_{1j}(\alpha_i(s))|}{1-\rho'_j(\alpha_i(s))}|y_2(s)-y_{12}^*(s)|ds+\beta|\omega_2(t)|+ \\ &\sum_{j=1}^{m}\beta\int_{t-\eta_i(t)}^{t}\frac{|b_{2j}(\beta_j(s))|}{1-\eta'_j(\beta_j(s))}|y_2(s)-y_2^*(s)|ds+ \\ &\sum_{i=1}^{n}\beta\int_{t-\sigma_i(t)}^{t}\frac{|c_{2i}(\upsilon_i(s))|}{1-\sigma'_i(\upsilon_i(s))}|y_2(s)-y_2^*(s)|ds \end{aligned} \tag{5-28}$$

根据假设(5-18)可知 $\phi_1(t)>0$,$\phi_2(t)>0$,计算 $V(t)$的右导数可得:

$$D^+V(t)\leqslant-\varepsilon(|y_1(t)-y_1^*(t)|+|y_2(t)-y_2^*(t)|) \tag{5-29}$$

对式(5-29)两边进行积分可得:

$$\int_0^t(|y_1(t)-y_1^*(t)|+|y_2(t)-y_2^*(t)|)ds\leqslant\frac{V(0)}{\varepsilon}<+\infty,t\geqslant 0$$

再结合式(5-27),由 $V(t)$的定义可以得到:

$$h_1e^{-V(0)/\alpha}\leqslant y_1(t)\leqslant H_1e^{-V(0)/\alpha}<+\infty,h_2e^{-V(0)/\beta}\leqslant y_2(t)\leqslant H_2e^{-V(0)/\beta}<+\infty \tag{5-30}$$

由 $y_1^*(t)$、$y_2^*(t)$ 的有界性和式(5-30)可知，$|y_1(t)-y_1^*(t)|+|y_2(t)-y_2^*(t)|$ 在$[0,+\infty]$上是一致连续的。根据 Barbalat 定理，有：

$$\lim_{t\to+\infty}|y_1(t)-y_1^*(t)|=0,\ \lim_{t\to+\infty}|y_2(t)-y_2^*(t)|=0 \qquad (5\text{-}31)$$

至此，定理 1 证毕。

附录 3：定理 2 证明过程

作变换 $y_1(t)=\mathrm{e}^{x_1(t)}$，$y_2(t)=\mathrm{e}^{x_2(t)}$，则式(5-22)可写为：

$$\begin{cases} x'_1(t)=r_1(t)-a_1(t)\mathrm{e}^{x_1(t)}+\sum\limits_{i=1}^{n}b_{1i}(t)y_1\mathrm{e}^{x_1(t-\tau_i(t))}+\sum\limits_{j=1}^{m}c_{1j}(t)\mathrm{e}^{x_2(t-\rho_j(t))} \\ x'_2(t)=r_2(t)-a_2(t)\mathrm{e}^{x_2(t)}+\sum\limits_{j=1}^{m}b_{2j}(t)\mathrm{e}^{x_2(t-\eta_i(t))}+\sum\limits_{i=1}^{n}c_{2i}(t)\mathrm{e}^{x_1(t-\sigma_i(t))} \end{cases} \qquad (5\text{-}32)$$

设 $y^*(t)=(y_1^*(t),y_2^*(t))$ 是式(5-22)的正周期解，令 $\omega_1(t)=\ln y_1(t)-\ln y_1^*(t)$，$\omega_2(t)=\ln y_2(t)-\ln y_2^*(t)$，可得：

$$\begin{cases} \omega'_1(t)=-a_1(t)(y_1(t)-y_1^*(t))+\sum\limits_{i=1}^{n}b_{1i}(t) \\ \qquad [y_1(t-\tau_i(t))-y_1^*(t-\tau_i(t))]+\sum\limits_{j=1}^{m}c_{1j}(t) \\ \qquad [y_2(t-\rho_i(t))-y_2^*(t-\rho_i(t))] \\ \omega'_2(t)=-a_2(t)(y_2(t)-y_2^*(t))+\sum\limits_{j=1}^{m}b_{2j}(t) \\ \qquad [y_2(t-\eta_i(t))-y_2^*(t-\eta_i(t))]+\sum\limits_{i=1}^{n}c_{2i}(t) \\ \qquad [y_1(t-\sigma_i(t))-y_2^*(t-\sigma_i(t))] \end{cases} \qquad (5\text{-}33)$$

按照定理 2 的假设条件(5-23)可知，存在正常数 $\alpha_2>0$、$\beta_2>0$ 和 $\varepsilon_2>0$ 使得一个类似于(5-27)的等式成立，进而可定义一个与(5-28)类似的 Liapunov 函数 $V_2(t)$，沿式(5-33)的解求 $V_2(t)$ 的右导数，可以得到类似于式(5-29)的不等式，余下的证明与定理 1 完全相似。

本章参考文献

[1] 汪应洛，黄麟雏. 系统思想与科学技术发展战略研究[M]. 西安：西安交通大学出版社，1985.
[2] 魏宏森. 曾国屏. 系统论的基本规律[J]. 自然辩证法研究，1995，11(4)：22-28.
[3] 张攀，耿涌. 产业生态系统多样性发展机制研究[J]. 中国软科学，2008(6)：41-47.

[4] 顾新华,顾朝林,陈岩. 简述“新三论”与“老三论”的关系[J]. 经济理论与经济管理. 1987(2):71-75.

[5] LU Z,YU Y,WOODMAN N J,et al. A theory of structural vulnerability[J]. Structural Engineer,1999,77(18):17-24.

[6] 崔璀,刘国涛. 链接技术创新特点分析[J]. 科学与管理,2008,28(1):35-36.

[7] 刘国涛,石岩. 建设资源节约型环境友好型社会中链接技术及其发展的政策法律对策[J]. 重庆大学学报(社会科学版),2007,13(1):97-102.

[8] 相养谋,李乃华. 现代产业系统论[J]. 山西大学学报(哲学社会科学版),1986,9(1):1-9.

[9] 张青,徐之舟,蔡仲秋. 资源型企业群落脆弱性评价与治理模式[J]. 软科学,2011,25(5):5-10.

[10] KORT J R. Regional economic instability and industrial diversification in the United States[J]. Land Economics,1981,57(4):596-608.

[11] BERGMAN E M,MAIER G,TÖDTLING F. Regions reconsidered:economic networks, innovation,and local development in industrialized countries[M]. London:Mansell Publishing,1991.

[12] 张刚,王学昆. 困境与对策:资源型城市转型问题初探[J]. 西南交通大学学报(社会科学版),2003,4 (5):30-35.

[13] 柳旭波. 传媒业产业组织研究:一个拓展的 RC-SCP 产业组织分析框架[M]. 北京:经济科学出版社,2007.

[14] 吴振宇. 从复杂系统论角度探析现代企业战略选择[D]. 桂林:广西师范大学,2008.

[15] LENGNICK-HALL C A,BECK T E,LENGNICK-HALL M L. Developing a capacity for organizational resilience through strategic human resource management[M]. Human Resource Management Review,2011,21(3):243-255.

[16] 樊纲,王小鲁. 中国市场化指数——各地区市场化相对进程报告(2000 年)[M]. 北京:经济科学出版社,2001.

[17] LENGNICK-HALL C A,BECK T E. Beyond bouncing back:the concept of organizational resilience[C]//Seattle :National Academy of Management meetings,2003.

[18] HALL C A,BECK T E. Adaptive fit versus robust transformation:how organizations respond to environmental change[J]. Journal of Management,2005,31(5),738-757.

[19] SHEREMATA,W A. Centrifugal and centripetal forces in radical new product development under time pressure[J]. Academy of Management Review,2000,25(2):389-408.

[20] 舒婷,李向. 煤炭资源型城市可持续发展研究[J]. 华北金融,2010(3):47-50.

[21] 侯玺权. 提高执行货币政策的能力为大庆资源型城市可持续发展提供信贷支持[J]. 大庆社会科学,2006(6):41-42.

[22] 樊纲,王小鲁,朱恒鹏. 中国市场化指数——各地区市场化相对进程 2006 年度报告[M]. 北京:经济科学出版社,2007.

[23] 董晓宇,郝灵艳. 中国市场化进程的定量研究:改革开放 30 年市场化指数的测度[J]. 当

代经济管理,2010(6):8-13.

[24] 唐志军,谌莹,向国成.权力结构、强化市场型政府和中国市场化改革的异化[J].南方经济,2013(10):1-19.

[25] 常修泽,高明华.中国国民经济市场化的推进程度及发展思路[J].经济研究,1998(11):48-50.

[26] SOSKICE D. German technology policy, innovation, and national institutional frameworks [J]. Industry and Innovation, 1997, 4(1): 75-96.

[27] KEMP R. Technology and environmental policy: innovation effects of past policies and suggestions for improvement[J]. Innovation and the Environment, 2000: 35-61.

[28] 周德群.系统工程概论[M].北京:科学出版社,2005:113-117.

[29] 杨印生.经济系统定量分析方法[M].长春:吉林科学技术出版社,2001:169-183.

[30] TZENG G H, CHIANG C H, LI C W. Evaluating intertwined effects in e-learning programs: a novel hybrid MCDM model based on factor analysis and DEMATEL[M]. Expert Systems with Applications, 2007, 32(4): 1028-1044.

[31] LIN C J, WU W W. A causal analytical method for group decision-making under fuzzy environment[J]. Expert Systems with Applications, 2008, 34(1): 205-213.

[32] LEE Y C, LI M L, YEN T M, et al. Analysis of fuzzy decision making trial and evaluation laboratory on technology acceptance model[J]. Expert Systems with Applications, 2011, 38(12): 14407-14416.

[33] LEE Y T, WU W W. Developing global managers' competencies using the fuzzy DEMATEL method[J]. Expert Systems with Applications, 2007, 32(2): 499-507.

[34] SHIEH J I, WU H H, HUANG K K. A DEMATEL method in identifying key success factors of hospital service quality[J]. Knowledge-Based Systems, 2010, 23(3): 277-282.

[35] CHANG B, CHANG C W, WU C H. Fuzzy DEMATEL method for developing supplier selection criteria[J]. Expert Systems with Applications, 2011, 38(3): 1850-1858.

[36] 吴彪,许洪国,戴彤焱.基于DEMATEL-ISM的高速公路作业区交通安全影响因素辨识[J].交通运输系统工程与信息,2010(5):130-136.

[37] 周德群,章玲.集成DEMATEL/ISM的复杂系统层次划分研究[J].管理科学学报,2008,11(2):20-26.

[38] 方爱丽,高齐圣,张嗣瀛.网络化DEMATEL方法在产业经济系统分析中的应用[J].数学的实践与认识,2009(5):78-83.

[39] BAHAR A, MAO X R. Stochastic delay Lotka-Volterra model[J]. Journal of Mathematical Analysis and Applications, 2004, 292(2): 364-380.

[40] YE D, FAN M. Periodicity in mutualism systems with impulse[J]. Taiwanese Journal of Mathematics, 2006, 10(3): 723-737.

[41] 黄传峰,张正堂.产业间竞争的内涵、特征及其理论依据[J].工业技术经济,2013(8):11-18.

[42] DOMENECH T, DAVIES M. Structure and morphology of industrial symbiosis networks: the case of Kalundborg[J]. Procedia-Social and Behavioral Sciences, 2011(10): 79-89.

[43] LIU Z J, WANG W D. Persistence and periodic solutions of a nonautonomous predator-prey diffusion system with Holling Ⅲ functional response and continuous delay[J]. Discrete and Continuous Dynamical Systems. Series B, 2004, 4(3): 653-662.

6　经济波动下煤炭城市产业生态系统的恢复力建设

6.1　宏观经济波动分析

6.1.1　能源价格波动分析

作为我国重要的基础能源，煤炭在一次能源消费结构中的比重长期高达70%。近年来，为了应对气候变化、节能减排以及大气污染防治等问题，国家提出了优化能源消费结构、控制煤炭消费总量等措施，并大力推广清洁能源的开发和利用。另外，由于受欧美金融危机、宏观经济调整等因素的影响，煤炭价格经历了由大涨到大跌的巨幅变动。如图6-1所示，从2008年12月至2011年10月，秦皇岛动力煤（5 500 kcal）的价格由570元/t上涨至856元/t，增长了50.2%；随后，煤炭价格开始步入下跌之旅，到2015年11月底已跌至372元/t，跌幅达56.54%。煤炭价格的大幅度波动对我国以煤炭为主的煤炭城市产生了严重的影响，加大了煤炭企业经营风险，不利于区域经济的平稳运行和发展[1]。

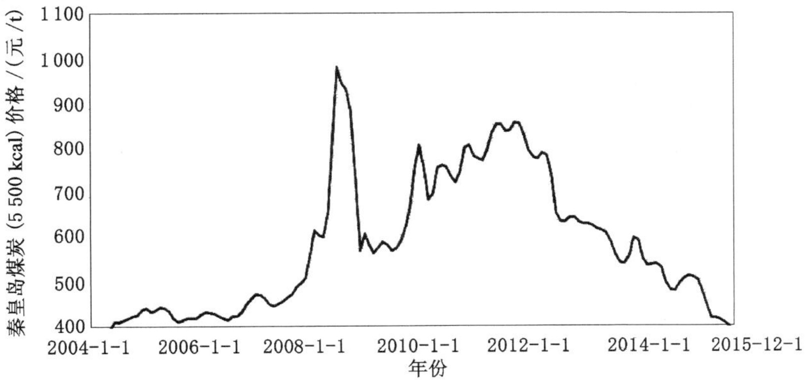

图6-1　2004年1月至2015年12月秦皇岛煤炭价格指数走势图

数据来源：中国煤炭市场网。

煤市的低迷时期，本是煤化工的低成本窗口期，但是伴随着全球原油价格的持续下跌，引发大宗商品价格中枢下移[2,3]，使得煤化工产品的比较优势日趋微弱，企业经营状况不断恶化。以煤制油为例，石油基化工产品成本构成中，原油成本占比近80%；煤制油产品中，厂房、设备等固定成本与原料等可变成本各占50%，其中煤炭成本占30%左右，可见，当油价维持在低位水平时，石油基化工产品更具竞争力。另外，原油60～80美元/桶是煤制油项目的盈亏平衡点，在煤价为400元/t的条件下，油价在80美元/桶时，间接煤制油项目仍可盈利；但当油价下降至60美元/桶时，煤制油项目就会亏损。进入2014年11月，美国WTI原油价格已跌至80美元/桶，到2015年1月更是跌破了45美元/桶（如图6-2所示），直接导致包括大唐集团、国电电力、中海油和华电等公司开始纷纷剥离煤化工板块的业务，可见，国际油价的剧烈波动已对我国煤化工产业的发展产生了重大影响。

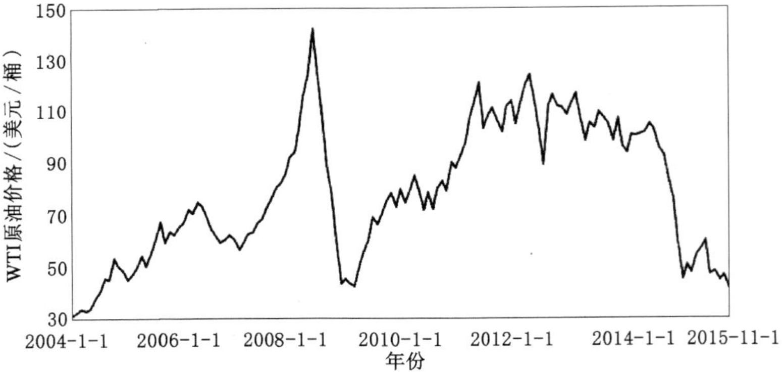

图6-2　2004年1月至2015年11月WTI原油价格变化情况

数据来源：油价网。

6.1.2　市场需求波动分析

尽管市场需求与能源价格波动之间具有联动性，但二者对CCIES的作用机理却存在一定的差异。近年来，宏观经济的不景气导致钢铁、电力、建材以及化工4个主要耗煤行业增长乏力，其市场需求的降低不仅会通过产业链向上游传导，影响着煤炭消费，同时也会影响其他相关产业的发展。与能源价格直接作用于煤炭产业进而影响CCIES的经济发展不同，市场需求波动对CCIES的影响更具有间接性、全面性和长期性。

作为CCIES的原生产业系统，煤炭产业的市场需求波动无疑会对CCIES

的经济发展产生重大影响。从国内需求来看,煤炭消费量在2014年出现了首次下滑。据煤炭工业协会发布的2014年煤炭行业运行状况显示,2014年1～9月份,全国原煤产量完成28.5亿t,同比减少3 690万t,下降1.29%。而在2015年中,我国煤炭消费量为39.65亿t,同比下降了3.7%。从国际需求来看,我国的煤炭出口情况同样不容乐观,自2003年中国煤炭出口创下9 385万t历史最高以来,中国煤炭出口已经连续12年逐年下降。而2015年全年的煤炭出口量更是仅有533万t,同比下降了7.1%。

电力、化工等工业行业作为CCIES的重要组成部分,其市场需求的变化不仅会对煤炭消费产生较大的影响,同时也会直接影响CCIES的经济健康发展。截至2009年末,传统煤化工产业累积生产电石和甲醇分别为2 200万t和3 000万t,实际消费量却仅分别占各自总产能的68%和53%左右,而在2012年甲醇总产能更是超过5 000万t,但实际消费量却仅占总产能的60%,产能过剩现象突出。虽然近年来随着煤炭价格的不断下跌,我国新建设了一批新型煤化工项目,但是自2014年底国际原油价格断崖式下跌以来,煤化工整体竞争力严重削弱,产能利用率和效益大幅下滑。2015年煤制油平均产能利用率比2014年下降26个百分点,企业效益深度下滑,个别企业陷入严重亏损的困境。2014年下半年低油价效应进一步传导,乙二醇、聚烯烃的市场价格一路下跌,跌幅在40%和30%左右,煤制乙二醇和煤制烯烃的盈利能力大幅压缩,企业利润微薄。而作为主要耗煤行业之一的电力产业同样不容乐观。2015年,全国第二产业尤其是工业生产放缓、结构调整加快,致使第二产业用电量增速下降,带动全社会用电量增长乏力。全年全国全社会用电量55 500亿kW·h,同比增长0.52%,同比下降3.25个百分点。煤炭、电力、化工等主要工业行业市场需求的下滑已对我国煤炭城市的持续健康发展造成了严重影响。

6.2 CCIES应对经济波动冲击的系统动力学模型构建

6.2.1 研究对象的选取

鄂尔多斯市作为我国最大的煤炭和煤化工基地,其煤炭资源拥有量及年产量居全国之首。2014年,该地区已探明煤炭储量达1 496亿t,约占中国总储量的17%,原煤产量达到63 938万t,占全国原煤总产量的17.52%。自2004年8月中国第一个煤制油项目在鄂尔多斯开工建设以来,经过10年的发展,鄂尔多斯形成了由乌兰木伦、汇能、大陆、准格尔等4个煤化工工业园组成的煤化工产业基地。近年来,能源价格波动造成了鄂尔多斯市的经济出现了较大的起伏,

2013年煤炭产业产值首次出现负增长，企业利润也大幅下滑，鄂尔多斯市的经济发展正面临着前所未有的挑战。因此，选取鄂尔多斯市具有一定的代表性。

6.2.2 系统边界的设定

建立SD模型的前提是明确系统边界，也就是其子系统构成。系统动力学理论认为，人是有限理性的，不可能建立一个无所不包的模型，或有能力对这样一个模型进行分析。这就要求在构建SD模型之前首先要确定哪些关键要素应该纳入到模型之中，哪些相关度低的要素应排除到模型之外。如果在建模之初没有对模型边界进行合理界定，致使很多不重要的因素混杂其中，那么将会导致研究者无法抓住重点要素与作用关系，因此需要首先对模型边界进行确定[4]。根据已有研究文献[5-7]和鄂尔多斯市的实际经济状况，我们将鄂尔多斯市经济系统划分为4大子系统，分别为煤炭产业子系统、煤化工产业子系统、下游工业子系统和生产性服务业子系统。① 煤炭产业子系统是指煤炭开采、加工形成的生产系统。煤化工产业子系统是指以煤炭为原料，经过化学加工使煤转化为气体、液体、固体燃料以及化学品的生产系统。下游工业子系统是指以煤炭和煤化工产品为消费品的各类产业及其下游产业的集合，包括电力、化工、建材、冶金及其他制造业等产业。生产性服务业子系统是指为上述三个子系统正常运行和发展提供各种保障的服务子系统。煤炭产业尤其是煤化工产业是一种典型的资本密集型和技术密集型产业，而且主产区与市场需求区存在巨大的空间距离。因此，我们主要从科技服务、技术服务和物流服务等三个方面考察其对鄂尔多斯经济发展的支撑作用。

6.2.3 子系统因果关系分析

煤炭产业子系统的因果关系图如图6-3(a)所示，煤炭产业的利润总额主要由煤炭产业总收入和总成本决定，包括煤炭价格、煤炭销量、生产成本、物流成本、库存成本以及其他相关成本。其中煤炭价格作为外生变量和煤炭销量共同决定了煤炭产业的总收入，煤炭销量由煤炭产量和煤炭产销比决定，体现了煤炭产量的提升对利润总额的正向影响。而生产成本的大小由煤炭产量所决定，煤炭产量越高，相应的生产成本也会越大，体现了煤炭产量的提升对利润总额的负

---

① 根据《鄂尔多斯市统计年鉴》(2001～2014)，鄂尔多斯的经济发展主要依赖于煤炭及其下游产业。2001年以来第一产业增加值占地区GDP的比重始终低于2%，而第二产业增加值的比重超过70%。此外，第三产业以生产服务业为主，消费服务业比重低于15%。因此，本书没有将第一产业和消费服务业纳入鄂尔多斯经济系统模型。

向影响。物流成本的大小由煤炭销量所决定,煤炭销量越大,相应产生的物流费用也会越高,而库存成本由煤炭的销量和产量共同决定。另外,根据生产理论,煤炭产量主要由科技水平、煤炭产业人力资本投入以及煤炭产业生产资本投入3个方面共同决定,同时会受到限产政策的约束。

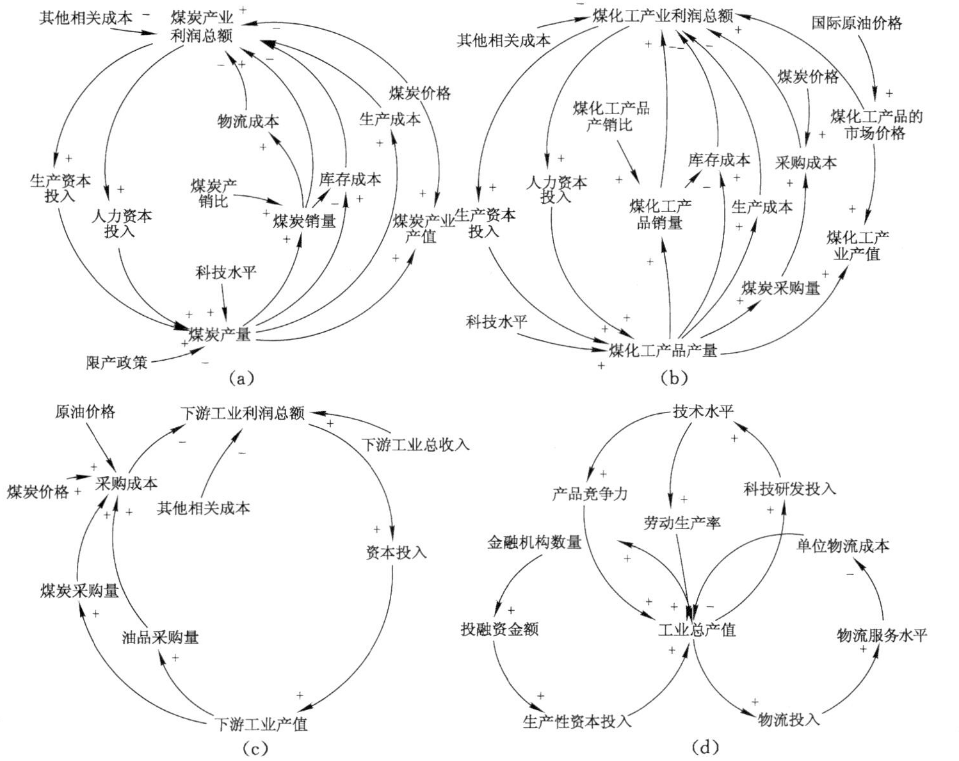

图 6-3 子系统因果关系图

(a) 煤炭产业子系统;(b) 煤化工产业子系统

(c) 下游工业子系统;(d) 生产性服务业子系统

煤化工产业子系统的因果关系图如图 6-3(b)所示,与煤炭产业的因果关系基本相似。需要说明的是,作为煤化工产业的主要原材料,煤炭价格越低,煤化工产业的生产成本也就越低,其盈利能力也就越强。与此同时,煤化工产品的市场价格除受到其市场供给与需求的影响之外,还会受到原油价格的影响。当国际油价处于高位时,煤化工产品的市场价格也随之提升,而当国际原油价格下跌时,煤化工产品的比较优势下降,其盈利能力随之下降。

下游工业子系统的因果关系图如图 6-3(c)所示,由于煤炭和煤化工下游产业的类型较多，而且建材、钢铁、机械等工业品主要销往其他地区，因此我们对下游产业子系统的因果关系作了简化处理，并将这些产业的销售收入设置为外生变量。下游工业的利润主要受销售收入和总成本的影响，能源价格的下跌有利于其降低采购成本，提高利润总额。反过来，下游产业利润越高，其扩大再生产的动力和能力就越强，产业产量和产值也就越大。

生产性服务业子系统的因果关系图如图 6-3(d)所示，主要体现为生产性服务对经济发展的服务支撑作用，具体表现在 3 个方面：一是金融服务水平对经济发展的服务支撑作用，区域工业总产值的增加会吸引更多的金融机构入驻，增加区域的投融资金额，活跃当地的金融市场，有利于企业向金融机构进行贷款，增加相关的资本投入，进而增加工业总产值；二是科技水平对经济发展的支撑作用，工业总产值的增加，会有更多的资金来用于科技研发，进而提高区域的科技水平，而科技水平的增加，一方面可以使得区域工业产品形成差异化提高产品竞争力，另一方面也能通过改进工艺或者流程来提高劳动生产率进而提高工业总产值；三是物流服务水平对经济发展的服务作用，工业总产值的增加将会有更多的资金用于物流基础设施建设，提高物流服务水平，降低单位物流成本，有利于区域经济的长远发展。

6.2.4 CCIES 应对能源价格冲击的系统动力学模型构建

根据以上建立的各变量之间的相互关系，我们使用 Vensim PLE 仿真工具构建出“CCIES 应对能源价格冲击的系统动力学模型”系统流图，如图 6-4 所示。

1. 主要方程的设定

根据 SD 原理，需要设定函数来描述变量间的影响关系，本书主要采用 CD 生产函数以及利润函数等来刻画相关主要变量间的逻辑关系，构造了 74 个系统动力学方程，主要方程式包括：

(1) 煤炭产业利润总额＝煤炭产业总收入－煤炭产业总成本①

(2) 煤炭产业生产资本投入＝煤炭产业利润总额对生产资本投入的影响系数 * 煤炭产业利润总额＋金融服务水平对煤炭产业生产资本投入的影响系数 * 金融服务水平②

(3) 煤炭产业人力资本投入＝煤炭产业利润总额对人力资本投入的影响系

① 煤炭产业利润总额采用 INTEG 函数。INTEG 函数为累积函数，但由于本书所采用的利润总额为年度利润总额，不是累积利润总额，所以在当年的煤炭产业总收入－煤炭产业总成本的基础上再减去上一年度煤炭产业的利润总额，可得到当年煤炭产业的利润总额。

② 相关参数是将煤炭产业利润总额和金融业年末贷款余额作为自变量，煤炭产业生产资本投入作为因变量进行统计回归得到。

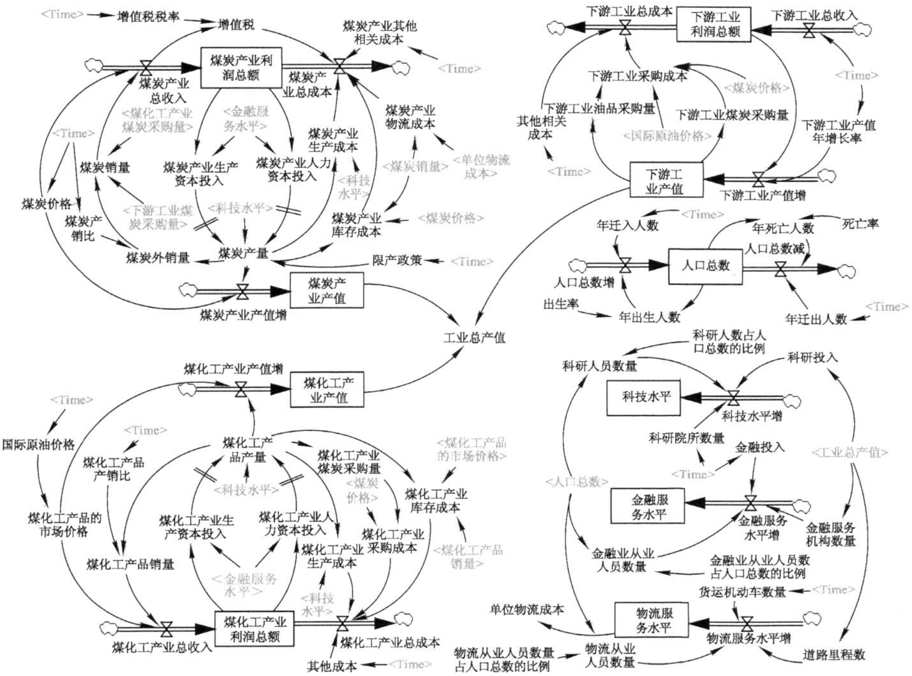

图 6-4 CCIES应对能源价格冲击的系统动力学模型

数 * 煤炭产业利润总额＋金融服务水平对煤炭产业人力资本投入的影响系数 * 金融服务水平

(4) 煤炭产量＝科技水平 *（从事煤炭产业人力资本投入^煤炭产业人力资本投入弹性系数）*（煤炭产业生产资本投资^煤炭产业生产资本投入弹性系数）－限产政策①

(5) 煤炭产业总收入＝煤炭价格 * 煤炭销量②

(6) 煤炭产业总成本＝增值税＋煤炭产业库存成本＋煤炭产业物流成本＋煤炭产业生产成本＋煤炭产业其他相关成本

---

① 煤炭产业生产资本投入是指煤炭产业固定资产净值，具体指标采用《鄂尔多斯市统计年鉴》内的煤炭产业固定资产净值年平均余额，该指标已考虑累计折旧。同时，采用CD生产函数，对煤炭产量、煤炭产业人力资本投入和煤炭产业生产资本投入进行对数变换，并将变换后的煤炭产业生产资本投入和人力资本投入作为自变量，煤炭产量作为因变量进行统计回归得到相关参数。

② 由于本书采用的煤炭价格为年平均价格，并不是实时价格，采用煤炭价格 * 煤炭销量会产生较大误差，因此，我们将煤炭价格 * 煤炭销量作为自变量，以煤炭产业总收入作为因变量进行了统计回归并得到相关参数。

(7) 煤炭产业产值=上年度煤炭产业产值+当年煤炭产业产值增

(8) 煤化工产业生产资本投入=煤化工产业利润总额对生产资本投入的影响系数*煤化工产业利润总额+金融服务水平对煤化工产业生产资本投入的影响系数*金融服务水平

(9) 煤化工产业人力资本投入=煤化工产业利润总额对人力资本投入的影响系数*煤化工产业利润总额+金融服务水平对煤化工产业人力资本投入的影响系数*金融服务水平

(10) 煤化工产品产量=科技水平*(从事煤化工产业人力资本投入^煤化工产业人力资本投入弹性系数)*(煤化工产业生产资本投资^煤化工产业生产资本投入弹性系数)

(11) 煤化工产业利润总额=煤化工产业总收入-煤化工产业总成本

(12) 煤化工产业产值=上年度煤化工产业产值+当年煤化工产业产值增

(13) 下游工业产业利润总额=下游工业产业总收入-下游工业产业总成本

(14) 下游工业产业产值=上年度下游工业产业产值+当年下游工业产业产值增

(15) 科技水平=上年度科技水平+当年科技水平增

(16) 金融服务水平=上年度金融服务水平+当年金融服务水平增

(17) 物流服务水平=上年度物流服务水平+当年物流服务水平增

2. 数据来源及相关参数的确定

本书主要采用《鄂尔多斯统计年鉴》(2005～2015)、《鄂尔多斯年鉴》(2005～2015)、《鄂尔多斯统计与发展公报》(2005～2016)内的有关数据。煤炭价格、煤炭物流成本和煤炭生产成本方面的数据来自《中国煤炭工业年鉴》(2005～2014)和中国煤炭市场网(http://www.cctd.com.cn)的煤炭产业数据库;石油价格数据来自中国能源网(http://www.china5e.com)的石油产业数据库。

运用系统动力学需要对所建立方程的相关参数进行确定,本书主要采用算数平均法、统计回归法和表函数法来确定系统参数,具体如下:

(1) 算数平均法,利用历史数据求算数平均值,主要包括:出生率(0.013 414)、死亡率(0.005 708)、科研人数占人口总数的比例(0.001 44)、金融从业人数占人口总数的比例(0.004 49)、物流从业人数占人口总数的比例(0.004 49)。

(2) 统计回归法,在SPSS软件的支持下,采用一元线性回归模型确定参数,主要包括:煤炭产业人力资本投入和生产资本投入的弹性系数(0.048 445,0.569 73)、煤化工产业人力资本投入和生产资本投入的弹性系数(0.091 8,

0.101 289)、科研投入系数(0.009)、金融服务水平对煤炭产业生产资本投入的影响系数(0.24)、金融服务水平对煤炭产业人力资本投入的影响系数(0.023 53)、金融服务水平对煤化工产业生产资本投入的影响系数(0.300 24)、金融服务水平对煤化工产业人力资本投入的影响系数(0.006 2)、煤炭产业利润总额对生产资本投入的影响系数(0.13)、煤炭产业利润总额对人力资本投入的影响系数(0.054 98)、煤化工产业利润总额对生产资本投入的影响系数(0.171 36)、煤化工产业利润总额对人力资本投入的影响系数(0.093)、单位煤化工产品煤炭采购量(0.674 91 t/t)、单位下游工业产值煤炭采购量(0.000 644 76 t/元)、单位下游工业产值油品采购量(1.429×10^{-6} t/元)等。

(3) 表函数法,对于两个变量之间存在非线性关系以及系统外部因素,采用表函数法来进行确定,主要包括:煤炭价格、国际原油价格、煤炭产销比、煤化工产品产销比、限产政策、增值税税率等。

3. 模型的检验

系统动力学模型是对现实世界的简化描述,模型是不可能与真实的产业生态系统完全一样的。但如果要系统有效,必须和现实的误差不能太大,误差的确定要通过对建立的系统动力学模型进行有效性检验。本书以2004年作为仿真初始年,对人口总数、工业总产值等几个能够反映系统行为的状态变量进行历史真实性检验(Really Check),结果显示预测值与真实值的误差均不超过10%,模型拟合度较高,适用性较强,具有较好的复制能力,可以作为模拟和预测的依据。

表 6-1　　真实性检验结果

状态变量	年份	2004	2005	2006	2007	2008	2009	2010	2011	2012	2013	2014	2015
人口总数	仿真值	137.3	138.8	141.3	143.9	146.2	148.7	150.8	152.9	154.5	156.2	157.9	159.6
	真实值	136	137	141	144	146	149	152	154	152	154	155.9	157.3
	误差/%	0.95	1.31	0.21	−0.07	0.14	−0.20	−0.79	−0.71	1.64	1.43	1.28	1.46
煤炭产业产值	仿真值	112.3	218	275.6	422.9	949.5	944	1 542	2 433	2 432	2 368	2 218	1 936
	真实值	108.7	199	277.1	438.1	881.2	1 047	1 514	2 417	2 338	2 310	2 247	2 071
	误差/%	3.31	9.55	−0.54	−3.47	7.75	−9.84	1.85	0.66	4.02	2.51	−1.29	−6.52
煤炭产业利润	仿真值	17.3	52.04	80.2	147.5	331.7	399.3	511.8	693.1	718.4	557.5	288.1	53.43
	真实值	17.2	51.8	79.8	146.9	313.9	390.5	509.5	694.2	719.47	594.8	267.5	58.27
	误差/%	0.58	0.46	0.50	0.41	5.67	2.25	0.45	−0.16	−0.15	−6.27	7.70	−8.31

续表 6-1

状态变量	年份	2004	2005	2006	2007	2008	2009	2010	2011	2012	2013	2014	2015
煤化工产业产值	仿真值	19.19	32.62	49.96	103.8	178.7	221.4	135.5	449.3	485	511.5	427.1	234.1
	真实值	21.08	35.8	55.5	114.7	187.65	225.05	133.4	437.7	490.1	523.1	453.6	257.2
	误差/%	−8.97	−8.88	−9.98	−9.50	−4.77	−1.62	1.57	2.65	−1.04	−2.22	−5.84	−8.98
煤化工产业利润	仿真值	3.96	3.64	4.01	8.55	23.81	18.26	−2.29	40.6	34.46	34.59	27.94	−15.37
	真实值	3.71	3.47	3.91	8.53	22.46	15.01	−2.5	35.7	34.71	33.53	25.24	−16.1
	误差/%	6.74	4.90	2.56	0.23	6.01	21.65	−8.4	13.73	−0.72	3.16	10.70	−4.53
下游工业产值	仿真值	146	204	292.2	406.2	544.5	726.2	1 015	875	1 131	1 441	1 556	1 640
	真实值	146.4	204.3	292.3	406.6	544.7	730.2	1 033	889	1 155	1 434	1 589	1 794
	误差/%	−0.27	−0.15	−0.03	−0.10	−0.04	−0.55	−1.74	−1.57	−2.08	0.49	−2.08	−8.58
下游工业利润	仿真值	18.3	18.2	22.9	29.3	63.6	90.9	172.6	112.8	161.1	282.1	290.3	345.5
	真实值	18.5	18	23	29.27	65.6	97.07	178.7	117.8	146.7	274.08	290.9	372.4
	误差/%	−1.08	1.11	−0.43	0.10	−3.05	−6.36	−3.41	−4.24	9.82	2.93	−0.21	−7.22
地区工业总产值	仿真值	278	454.7	616.8	931	1 672	1 891	2 692	3 757	4 049	4 322	4 201	3 810
	真实值	276.1	439.2	624.9	959.5	1 613	2 002	2 681	3 745	3 983	4 267	4 290	4 123
	误差/%	0.69	3.53	−1.30	−2.97	3.66	−5.54	0.41	0.32	1.66	1.29	−2.07	−7.59
地区工业总利润	仿真值	39.5	73.9	107.2	185.5	419.1	513.5	682.1	846.5	920	874.3	606.4	383.5
	真实值	39.6	73.4	106.8	184.7	402.09	502.6	685.8	847.8	900.9	902.4	583.6	414.6
	误差/%	−0.25	0.68	0.37	0.43	4.23	2.17	−0.54	−0.15	2.12	−3.11	3.91	−7.50

6.3 经济波动与调控政策情景设计

6.3.1 经济波动情景设计

1. 能源价格波动情景设计

为了探寻煤炭价格和石油价格下跌对煤化工产业区经济发展的影响，根据中国宏观经济、煤炭产业和石油产业的现状，以及煤炭价格和原油价格预测方面的已有相关成果[8-11]，我们对煤炭价格和原油价格分别建立了单一能源价格波动情景和组合波动情景，具体见表 6-2。

表 6-2 能源价格情景设计

情景设计	年份	2015	2016	2017	2018	2019	2020	2021	2022	2023	2024	2025
基准情景（BS）	煤炭价格	430	430	430	430	430	430	430	430	430	430	430
	原油价格	50	50	50	50	50	50	50	50	50	50	50
煤价下挫情景（CPS）	煤炭价格	430	408.5	388.1	368.7	350.2	332.7	316.1	300.3	300	300	300
	原油价格	50	50	50	50	50	50	50	50	50	50	50
油价下挫情景（OPS）	煤炭价格	430	430	430	430	430	430	430	430	430	430	430
	原油价格	50	47.5	45.1	42.9	40.7	38.7	36.8	34.9	33.2	31.5	30
组合下挫情景（SPS）	煤炭价格	430	408.5	388.1	368.7	350.2	332.7	316.1	300.3	300	300	300
	原油价格	50	47.5	45.1	42.9	40.7	38.7	36.8	34.9	33.2	31.5	30

2015 年 1 月以来，中国经济增速的逐步放缓将多年来高速增长下掩盖的许多问题，例如产能过剩、环境超载、产业结构失衡、房地产泡沫等逐一暴露。随着钢铁冶金、建材等主要用煤行业市场需求的下降和节能减排的不断深化，煤炭产业供大于求的格局在短期内难以扭转。在此背景下，我们预计未来一段时期内中国煤炭价格仍将在低位徘徊，而且可能会进一步小幅下跌。据此，我们以 2015 年为基准情景，并在此基础上设计了煤炭价格逐年下跌 5%的情景。

受美国页岩油气冲击的影响，国际油价自 2014 年以来持续下跌，而欧佩克（OPEC，石油输出国组织）等传统产油国为了保住市场份额坚决不减产，导致国际原油供大于求，截至 2015 年 12 月，WTI 原油价格已经跌至 40 美元/桶，由于短期内国际原油市场的供求矛盾很难缓解，预计未来一段时间国际原油价格也将持续在低位徘徊。据此，我们以 2015 年为基准情景，并在此基础上设计了原油价格逐年下跌 5%的情景。

需要说明的是，由于能源价格不可能无限下跌，而且 2004～2015 年期间煤炭和原油的最低价格分别为 305 元/t 和 31.5 美元/桶，因此我们分别将 300 元/t 和 30 美元/桶设定为煤炭和原油价格的最低阈值，当价格跌至相应的阈值时将不再下降。

2. 市场需求波动情景设计

为了探寻市场需求下滑对 CCIES 经济发展的影响，根据中国宏观经济、煤炭产业、煤化工产业以及相关工业产业的现状，我们对煤炭市场需求、煤化工市场需求以及下游相关产业市场需求分别建立了单一市场需求波动情景和组合波动情景，具体见表 6-3。

自 2014 年以来，煤炭市场需求已连续 3 年持续下滑，而煤炭产能却在持续

表 6-3　　市场需求情境设计

情景设计	年份	2015	2016	2017	2018	2019	2020	2021	2022	2023	2024	2025
基准情景(BS)	煤炭产销比	0.85	0.85	0.85	0.85	0.85	0.85	0.85	0.85	0.85	0.85	0.85
	煤化工产销比	0.94	0.94	0.94	0.94	0.94	0.94	0.94	0.94	0.94	0.94	0.94
	其他工业产业总收入年增长率	0.06	0.06	0.06	0.06	0.06	0.06	0.06	0.06	0.06	0.06	0.06
煤炭市场需求下挫情景(CMDS)	煤炭产销比	0.85	0.806 9	0.766 5	0.728 2	0.691 8	0.657 2	0.624 3	0.593 1	0.563 5	0.535 3	0.508 5
	煤化工产销比	0.94	0.94	0.94	0.94	0.94	0.94	0.94	0.94	0.94	0.94	0.94
	其他工业产业总收入年增长率	0.06	0.06	0.06	0.06	0.06	0.06	0.06	0.06	0.06	0.06	0.06
煤化工市场需求下挫情景(CCMDS)	煤炭产销比	0.85	0.85	0.85	0.85	0.85	0.85	0.85	0.85	0.85	0.85	0.85
	煤化工产销比	0.94	0.892 2	0.847 6	0.805 2	0.764 9	0.726 7	0.690 3	0.655 8	0.623 0	0.591 9	0.562 3
	其他工业产业总收入年增长率	0.06	0.06	0.06	0.06	0.06	0.06	0.06	0.06	0.06	0.06	0.06
下游工业产业市场需求下挫情景(DIMDS)	煤炭产销比	0.85	0.85	0.85	0.85	0.85	0.85	0.85	0.85	0.85	0.85	0.85
	煤化工产销比	0.94	0.94	0.94	0.94	0.94	0.94	0.94	0.94	0.94	0.94	0.94
	其他工业产业总收入年增长率	0.055	0.055	0.055	0.055	0.055	0.055	0.055	0.055	0.055	0.055	0.055
组合下挫情景(SPS)	煤炭产销比	0.85	0.806 9	0.766 5	0.728 2	0.691 8	0.657 2	0.624 3	0.593 1	0.563 5	0.535 3	0.508 5
	煤化工产销比	0.94	0.892 2	0.847 6	0.805 2	0.764 9	0.726 7	0.690 3	0.655 8	0.623 0	0.591 9	0.562 3
	其他工业产业总收入年增长率	0.055	0.055	0.055	0.055	0.055	0.055	0.055	0.055	0.055	0.055	0.055

释放。据中国煤炭市场网统计数据显示，截至 2015 年底，全国煤矿产能总规模为 57 亿 t。其中，正常生产及改造的煤矿产能 39 亿 t，停产煤矿产能 3.08 亿 t，新建改扩建煤矿产能 14.96 亿 t，产能严重过剩。并且近年来能源生产与消费革命一直在稳步推进，特别是能源供给革命明显呈加快势头。国家能源局数据显示，2015 年 9 月末 6 000 kW 及以上电厂发电设备装机容量总计 12.66 亿 kW，同比增长 8.7%，其中，火电装机容量同比仅增长 5.3%，水电、风电和核电分别同比增长 11.7%、21.9%和 21.7%。由于增长较慢，火电装机容量占总装机容量的比重由去年 9 月末的 72.3%降至 70.1%，其他种类电源装机容量占比均有不同程度提高。火电装机增长放缓、占比下降在发电量上也得到一定体现，2015 年 1～9 月份水电发电量和其他电源发电量（包括风电、核电、光伏等）同比分别增长 20.8%和 5.6%，分别高于发电总量增速 16.8 和 1.6 个百分点，而火电发电量则仅增长 0.7%，低于发电总量增速 3.3 个百分点。同时，伴随着国际煤炭市场需求的下滑，我国煤炭出口量也将进一步降低。在此背景下，我们预计煤炭市场需求仍将持续下滑。据此，我们以 2015 年为基准情景，并在此基础上设计了煤炭市场需求逐年下挫的情景。

受国际原油价格冲击的影响，自 2014 年以来煤化工产品市场需求持续下滑。据中国产业信息网在 2015 年发布的《2015—2020 年中国煤化工行业市场全景分析与投资战略研究报告》中的统计数据显示，我国传统煤化工产品生产规模均居世界第一，合成氨、甲醇、电石和焦炭产量分别占全球产量的 32%、28%、93%和 58%。煤化工产品整体处于供大于求的状态，产能过剩严重。2015 年 1～6 月的煤制焦炭、煤制煤焦油、煤制焦炉气、煤制粗苯的产量分别为 22 638 万 t、1 132万 t、9 624 788 万 t 和 431 万 t，但产销比却仅为 93.2%、92.5%、96.7%和 94.6%。随着中国经济不断放缓以及不断释放的煤化工产业产能，预计在未来一段时间内煤化工产品市场需求将会进一步下降。据此，我们以 2015 年为基准情景设立了煤化工产品市场需求逐年下挫的情景。

2015 年，受宏观经济尤其是工业生产下行、产业结构调整、工业转型升级以及气温等因素影响，全社会用电量同比增长 0.5%、增速同比回落 3.3 个百分点，第二产业用电量同比下降 1.4%，为 40 年来首次负增长。“十二五”时期，全社会用电量年均增长 5.7%，比“十一五”时期回落 5.4 个百分点，电力消费换挡减速趋势明显。而建材行业同样不容乐观，据中国产业信息网在 2015 年发布的《2015—2020 年中国建筑材料行业深度调研及投资前景研究报告》中的统计数据显示，受地产下行的影响，水泥在 2015 年 1～5 月的累积消费量为 8.57 亿 t，同比下降 6.1%，是历史上同期首次出现负增长。玻璃受地产投资下滑的冲击较水泥则更加明显。2015 年 1～5 月玻璃累积消费量为 3.29 亿重箱，增速同比回落 5.7 个百分点。鉴于中国经济增速的持续低迷以及房地产行业投资的下滑，预计未来一段时间内电力、建材等工业产业市场需求将会进一步下滑。据此，我们以 2015 年为基准情景设立了其他工业产业市场需求逐年下降的情景。

6.3.2 调控政策情景设计

应对能源价格冲击的主要调控政策可以被归为三类：降低能源企业运营成本的政策，主要表现为通过降低增值税税率减轻煤炭企业税费负担和通过限产降低企业的库存成本；旨在提高服务保障水平的政策，主要变现为加大科技、金融方面的投入，提高对煤炭、煤化工等主导产业的服务支撑作用；旨在提高产业转型和结构调整的政策，主要变现为通过大力发展电力、新能源等替代产业。根据政府相关文件和现有文献，我们设立了以下 5 种调控政策情景，具体见表 6-4。

表 6-4　　调控政策情景设计

调控政策情景设计①	情景描述
限制产能(LP)	以 2015 年限产 0.3 亿 t 作为基准情景，以后限产量逐年增加 10%
加大金融投入(FS)	以 2015 年金融投入年增长率 0.06 作为基准情景，以后提升至 0.08
发展替代产业(AI)	以 2015 年下游工业产值年增长率 0.06 作为基准情景，以后提升至 0.09
加大科研投入(TI)	以 2015 年科研投资系数 0.009 作为基准情景，以后提升至 0.02
降低增值税(VAT)	以 2015 年增值税税率 17%作为基准情景，以后年份改为 13%

(1) 降低煤炭企业增值税情景。近年来，政府出台了一系列针对煤炭行业的税费减负政策。例如，2013 年 11 月国务院发布《关于促进煤炭行业平稳运行的意见》，明确指出要坚决取缔各种乱收费、乱集资、乱摊派；内蒙古自治区同年出台了《关于促进全区煤炭经济持续健康发展的有关措施》，提出下调煤炭价格调节基金标准，暂停收取煤矿维简费，减免铁路运杂费。可以看出，减轻企业税费负担将是政府未来一段时间内的工作重点。增值税是煤炭企业的第一大税种，年缴纳增值税额占总税额的 50%以上，约为工业行业平均水平的 4 倍。在 2016 年举行的“两会”期间，多名代表建议将煤炭增值税税率由 17%下调至

① 我们分别以煤炭价格单一波动、原油价格单一波动以及组合波动情景为基准情景进行了各响应政策有效性的模拟仿真。就政策的有效性而言，基本结论一致，限于篇幅，本书只报告了煤价和油价都下挫的这一最为不利的结果。

13%。据中国证券报2016年3月报道，财政部目前正在深入研究增值税税率下调问题，并将于近期出台相关政策。据此，我们设计了煤炭行业增值税下调情景。

(2) 限制产能情景。煤炭产业陷入困境的根源在于产能过剩导致的供需失衡，2015年中国煤炭企业库存已超过4亿t。在当前煤炭市场需求持续低迷的背景下，解决供需矛盾的根本途径就是限产。2014年7月国务院出台新修订的《煤矿生产能力管理办法》，同年的8月又连续印发了《关于取消和调整一批行政审批项目等事项的决定》、《关于遏制煤矿超能力生产规范企业生产行为的通知》等一系列政策，其中要求鄂尔多斯市2015年煤炭限产0.3亿t。随着中国经济2016年增速预期的下调①，煤炭消费量预期将进一步降低，因此未来煤炭行业限产力度很可能会进一步加大②。据此，我们设计了鄂尔多斯市的煤炭产业限产情景。

(3) 增加金融投入情景。中国钢铁冶金、建材及相关制造业赢利水平的下降导致煤炭企业应收账款激增。来自中国煤炭工业协会的数据显示，2015年煤炭企业应收账款超过5 000亿元。为缓解煤企资金周转压力，促进煤炭产业健康发展，2015年3月份以来国家能源局、鄂尔多斯等许多政府部门出台了相关金融支持政策。2016年1月26号，鄂尔多斯市政府在其《政府工作报告》中明确指出到2020年，金融、文化产业增加值占地区生产总值的比重要提高到5%以上。据此，我们设计了鄂尔多斯市金融服务水平提升情景。

(4) 增加科技投入情景。长期以来，中国的煤炭及煤化工产业发展主要依靠增加生产要素的投入，即增加投资、扩大厂房、增加劳动投入来扩大生产规模，行业科技创新的能力和力度还不够，自我完善的动力还不足。为降低企业生产成本，提高产品质量和附加值，政府正在鼓励对能源资源领域的研究和发展[12]。2015年12月国家能源局在煤炭行业“十三五”规划中明确提出，要“完善煤炭及煤化工产业科技创新体制，加大科技投入和人才培养力度，提高产业创新水平和能力，推动产业发展方式转变……”2016年1月26号，鄂尔多斯市政府在其《政府工作报告》中明确指出到，2020年全市的科技研发经费占地区生产总值的比重要达到2%以上，高新技术产业占规模以上工业增加值的比重要达到20%以上。据此，我们设计了鄂尔多斯市科技服务水平提升情景。

---

① 2016年3月5号国务院发布的《政府工作报告》明确指出，2016年我国的GDP年增长率将稳定在6.5%～7%之间，比过去5年的GDP平均年增长率7.8%降低了0.8～1.3个百分点。

② 2016年2月1日，国务院发布了《关于煤炭行业化解过剩产能实现脱困发展的意见》，其中明确指出从2016年开始，用3～5年的时间再退出产能5亿t左右，减量重组产能5亿t左右，较大幅度压缩了煤炭产能。

(5) 发展替代产业情景。长期以来，鄂尔多斯等煤炭资源富集区的功能和定位被限定在中国能源产业基地的框架内，严重降低了区域产业的多样性，制约了区域经济的可持续发展。为此，鄂尔多斯把非资源型产业作为调结构、促转型的重要突破口。2015 年 3 月，鄂尔多斯在《政府工作报告》明确提出，“加快煤电基地建设，积极推动建材、陶瓷、PVC 等产业高端化、系列化发展，大力发展汽车、煤机、化机、电力装备等制造业，实现非煤产业增加值突破 1 000 亿元”①。并且在 2016 年鄂尔多斯市的《政府工作报告》中又提出，到 2020 年非煤产业占工业增加值的比重要达到 60%以上。据此，我们设计了鄂尔多斯替代产业增长情景。

6.4 仿真结果与分析

6.4.1 经济波动情景仿真结果与分析

1. 能源价格波动情景仿真结果与分析

图 6-5(a)、(b)展示了煤炭产业产值和利润总额在不同能源价格情景下的变化情况。在 CPS 情景中，煤炭产业的产值和利润均大幅下滑，但二者的变化存在一定差异。具体而言，随着煤炭价格的下跌，煤炭产业的产值在 2022 年之前一直在下降，之后开始小幅上升；而产业利润一直不断下跌，而且降幅比产值更大。在 OPS 情景中，虽然与 BS 情景和 CPS 情景相比，煤炭产业的产值和利润略低，但总体而言受石油价格下跌的影响并不显著。这是因为目前煤化工产业占鄂尔多斯工业总产值的比重还不是很高，油价下跌所引发的煤化工产业对煤炭需求的下降对煤炭产业影响相对较小。在 SPS 情景中，煤炭产业的产值和利润都是最小的。

图 6-5(c)、(d)展示了煤化工产业产值和利润总额在不同能源价格情景下的变化情况。在 CPS 情景中，煤化工产业的产值和利润都是最大的，而且随着煤炭价格的下跌，这两项指标均呈现出平稳增长的趋势。这一结果意味着，煤炭价格的下跌虽然会对煤炭产业造成不利影响，但却会由于降低煤化工产业的生产成本而促进其发展。在 OPS 情景中，煤化工产业的产值和利润都是最低的；而且，随着石油价格的下跌，在开始之初产值急剧下降，但在 2019 年之后开始逐渐回升，而利润始终表现出快速下降的趋势。在 SPS 情景中，煤化工产业的产值和利润处于以上两种情景之间，并且其变化趋势与在 OPS 情景下相似。

---

① 该工作报告来自鄂尔多斯市政府网站(http://www.ordos.gov.cn)。

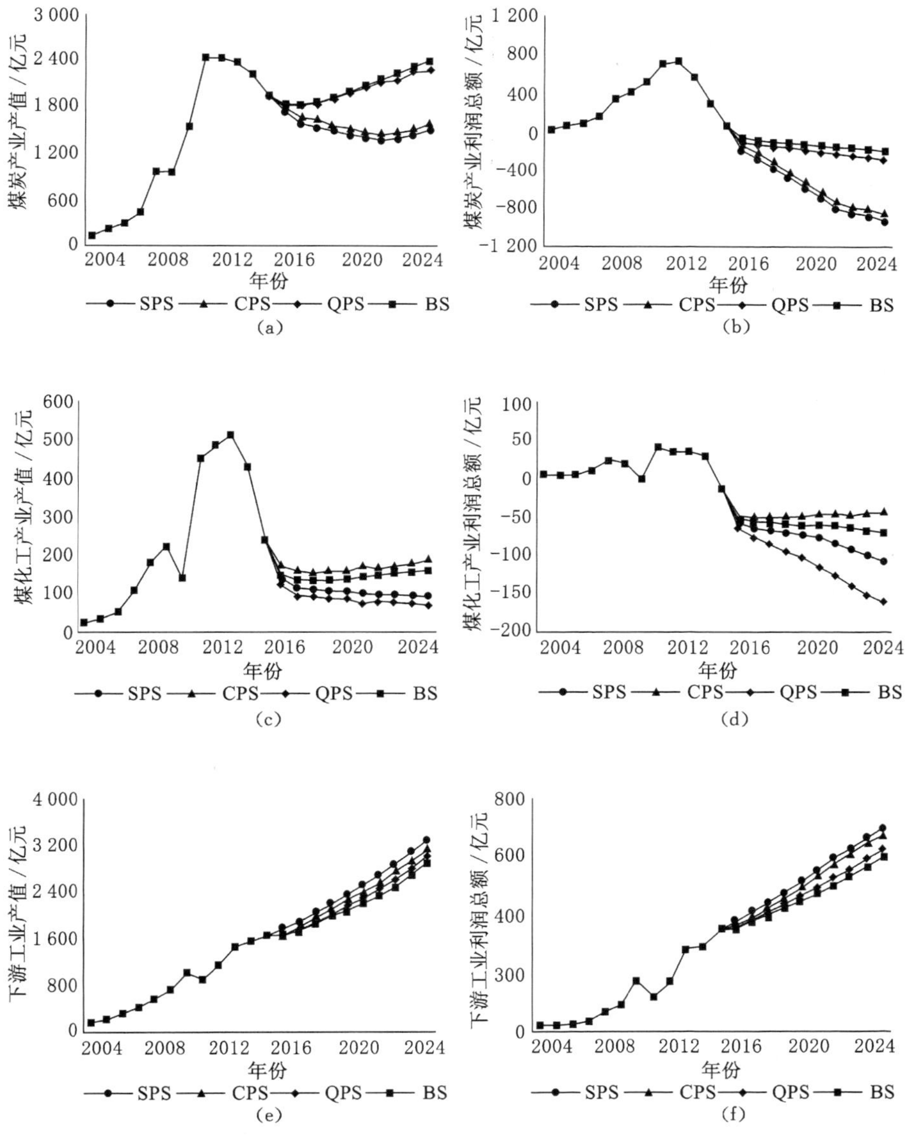

图 6-5 能源价格波动情景下各产业的产值和利润变化情况

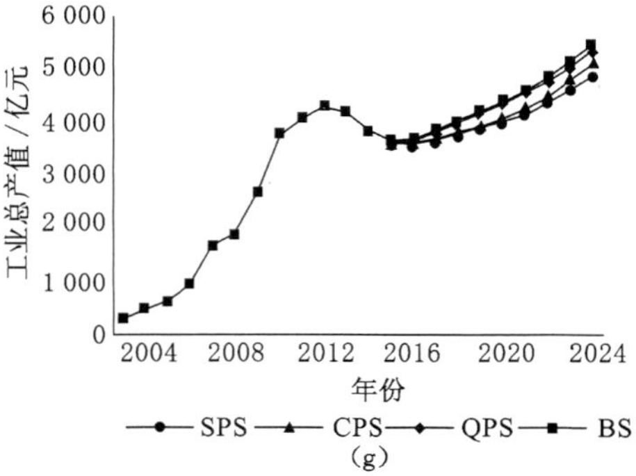

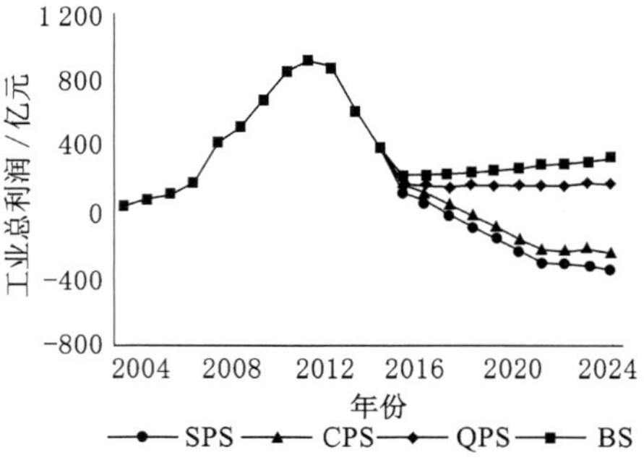

图 6-5　能源价格波动情景下各产业的产值和利润变化情况(续)

(a) 煤炭产业产值变化情况；(b) 煤炭产业利润总额变化情况；(c) 煤化工产业产值变化情况；(d) 煤化工产业利润总额变化情况；(e) 下游工业产值变化情况；(f) 下游工业利润总额变化情况；(g) 工业总产值变化情况；(h) 工业总利润变化情况

图 6-5(e)、(f)展示了下游工业产业产值和利润总额在不同能源价格情景下的变化情况。在 SPS 情景下，产值和利润都是最大的，意味着煤炭和原油价格的下跌将有助于降低相关产业的生产成本，进而促进这些产业的发展。而且，随着时间的推移，其他工业的产值和利润的增长速度越来越快。此外，其他工业的产值和利润在 CPS 情景下比在 OPS 情景下要好。这是因为在鄂尔多斯出煤炭和煤化工产品以外的其他工业部门中，直接以煤炭为消费品的电力产业所占比重最大，同时对煤炭价格的波动也更为敏感。

图 6-5(g)、(h)展示了工业总产值和总利润在不同能源价格情景下的变化情况。结果显示，在 SPS 情景下，总产值和总利润都是最小的；较于在 OPS 情景下，总产值和总利润在 CPS 情景下更小，表明煤炭价格下降对鄂尔多斯市工业经济的影响更大。由此可以看出，尽管煤炭价格的下跌有助于鄂尔多斯煤化工及其他工业产业的发展，但由于这些产业占该地区经济的比重小于煤炭产业，因而难以对冲能源价格下跌对煤炭产业的不利影响。此外，值得注意的是，无论是在 CPS、OPS 还是 SPS 情景下，鄂尔多斯工业总产值和总利润的变化趋势均都截然不同。具体而言，随着煤炭或石油价格的下跌，工业总产值仍呈现出逐年递增的趋势；在 CPS 情景下，工业总利润开始急剧下滑，在 2016 年之后逐渐趋于平稳；在 OPS 情景下，工业总利润变化较为平稳，仅表现出轻微的下降。

2. 市场需求波动情景仿真结果与分析

鉴于各产业产值和利润在市场需求波动情景下的变化趋势与在能源价格波

动情景下基本一致，为避免赘述，本部分只展示市场需求波动情景下工业总产值和利润总额的变化情况，如图 6-6 所示。

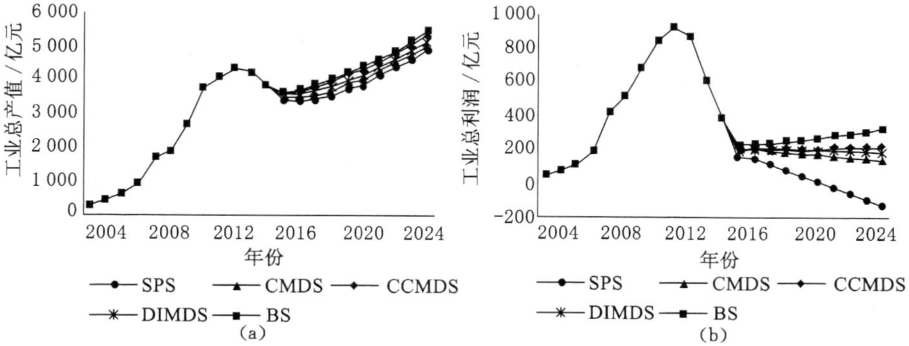

图 6-6　市场需求波动情景下各产业的产值和利润变化情况

(a) 工业总产值变化情况；(b) 工业总利润变化情况

图 6-6(a)、(b)展示了工业总产值和总利润在不同市场需求波动情景下的变化情况。结果显示，在 SPS 情境下，总产值和总利润都是最小的；较于在 CCMDS和 DIMDS 情景下，总产值和总利润在 CMDS 情景下更小，表明煤炭市场需求的下降对鄂尔多斯市工业经济的影响更大。此外，值得注意的是，无论是在 CMDS、CCMDS 还是 DIMDS 情景下，鄂尔多斯工业总产值和总利润的变化趋势均截然不同。具体而言，随着煤炭、煤化工以及其他工业产品市场需求的下跌，工业总产值仍呈现出逐年递增的趋势；在 CMDS 情景下，工业总利润的下降趋势明显；而在 CCMDS 和 DIMDS 情景下，工业总利润变化较为平稳，仅表现出轻微的下降。

6.4.2　调控政策情景仿真结果与分析

1. 能源价格波动情景下各产业政策的调控效果分析

图 6-7(a)、(b)展示了煤炭产业产值和利润总额在不同政策情景下的变化情况。在 TI 政策情景下，煤炭产业产值和利润总额均为最大，并且可以保持产业产值持续上升。在 LP 政策情景下，煤炭产业的利润可以得到有效提升，并且产值仍高于 SPS 政策情景。在其他三种政策情景下，煤炭产业产值随着时间的推移均会不同程度地增加。通过对上述政策情景的分析可以明显看出，无论是从短期还是长期的角度来看，TI 政策在提升煤炭产业产值和利润方面都是最优的。而 VAT 政策在实施之初可以最大限度地提高产业利润，但是随着时间推移，其政策效果在逐渐下降。无论是从短期还是长期的角度来看，煤炭产业利润

总额在 FS 情景下都是最差的。这一现象说明在煤炭价格下跌和市场需求低迷的背景下，更多的资金流入煤炭生产领域将加剧煤炭供需失衡的态势，从而进一步削弱煤炭产业的盈利能力和利润水平。

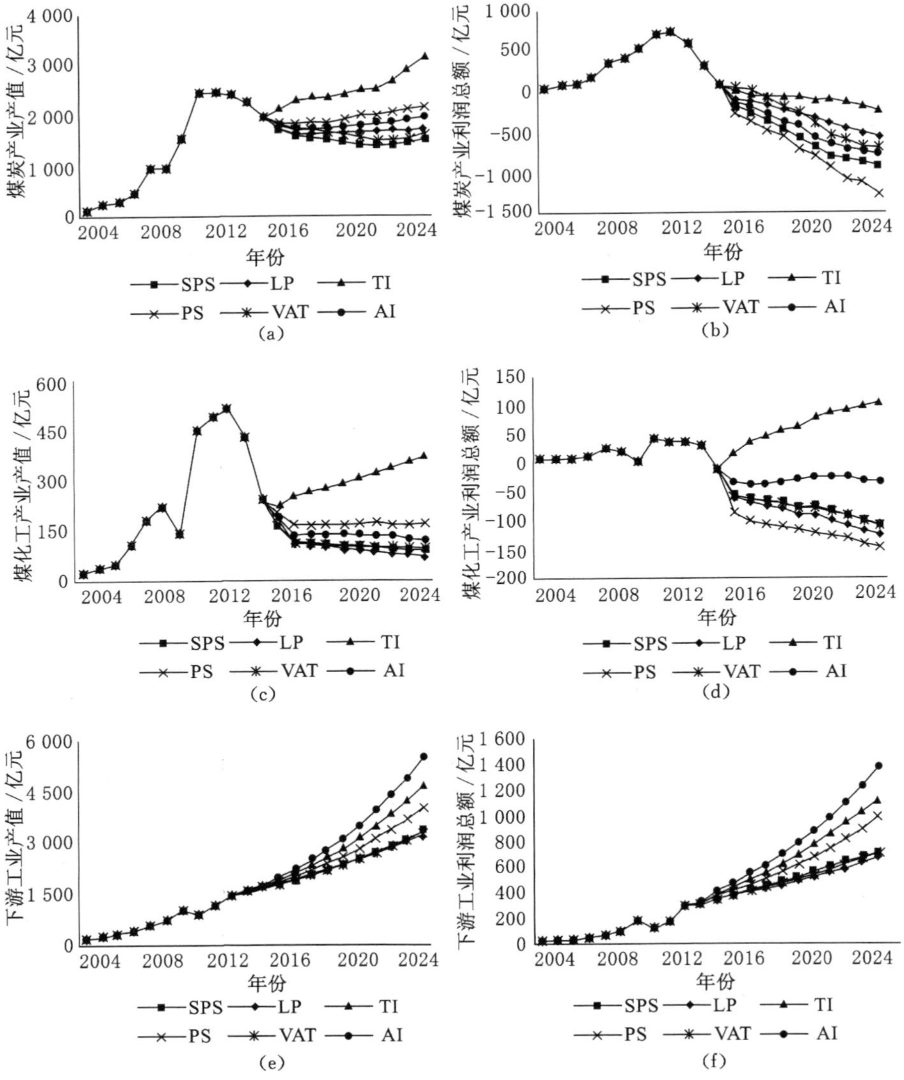

图 6-7　能源价格波动情景下各产业政策的调控效果

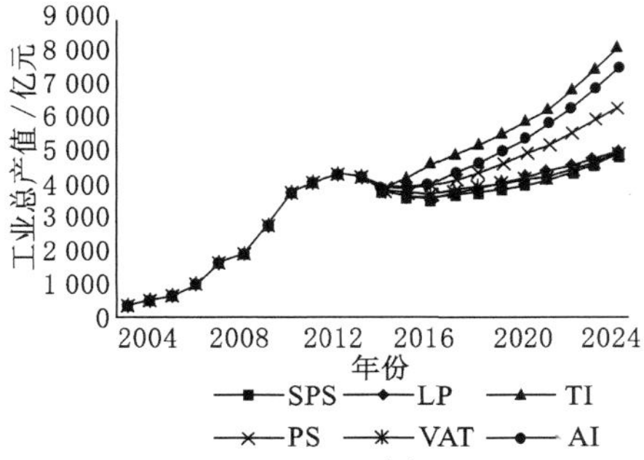

(g)

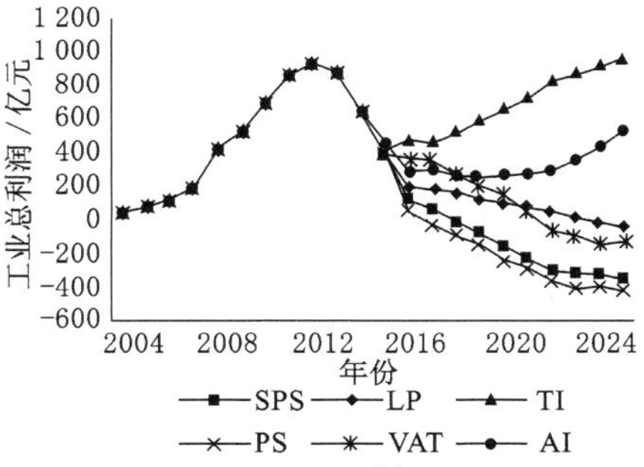

(h)

图 6-7　能源价格波动情景下各产业政策的调控效果(续)

(a) 煤炭产业产值的调控效果;(b) 煤炭产业利润总额的调控效果;(c) 煤化工业产业产值的调控效果;(d) 煤化工产业利润总额的调控效果;(e) 下游工业产值的调控效果;(f) 下游工业利润总额的调控效果;(g) 工业总产值的调控效果;(h)工业总利润的调控效果

图 6-7(c)、(d)展示了煤化工产业产值和利润总额在不同政策情景下的变化情况。在各政策情景下,煤化工产业的产值变化情况和煤炭产业相似,在此不再赘述。在改善煤化工产业盈利水平方面,TI 政策的效果是最好的;FS 政策的效果是最差的;VAT 政策则基本上没有效果。进一步,与基准情景的利润水平相比,FS 政策和 LP 政策都会导致煤化工产业进一步恶化;而 TI 政策和 AI 政策不仅有助于改善行业状况,而且能够实现该产业扭亏为盈。

图 6-7(e)、(f)展示了下游工业产值和利润总额在不同政策情景下的变化情况。无论是 AI 政策、TI 政策还是 FS 政策,对下游工业产值和利润总额均有一定程度的提升。且在 AI 政策情景下,下游工业产值和利润总额的提升幅度最为明显,说明积极的发展替代产业可以有效提高下游工业的发展水平。同煤化工产业相似,下游工业产业的产值和利润总额在 LP 政策情景下均出现一定程度的下降,而 VAT 政策对下游工业产值和利润总额的作用效果并不明显。

图 6-7(g)、(h)展示了工业总产值和总利润在不同政策情景下的变化情况。结果表明,对于鄂尔多斯市整个工业来说,无论从在绝对提升量还是相对提升量来说,TI 和 AI 的政策效果都要优于其他政策。在 FS 政策情景下,虽然工业总产值可以保持逐年增长,但是工业总利润却会大幅下滑。在 VAT 政策情景下,工业总产值,尤其是工业总利润在开始之初可以得到快速提升,但是随着时间的推移,其政策效果在逐年下降。最后 LP 政策情景在略微提高鄂尔多斯工业总产值的同时,会显著提高工业总利润,因此,积极贯彻实施 LP 政策不仅不会导致地区经济停滞或下滑,反而会促进经济复苏和提高经济发展质量。

1. 市场需求波动情景下各产业政策的调控效果分析

鉴于各产业政策在市场需求波动情景下对不同产业产值和利润的调控效果与在能源价格波动情景下基本一致，因此本部分只展示市场需求波动情景下各产业政策对工业总产值和总利润的影响，如图 6-8 所示。

图 6-8(a)、(b)展示了工业总产值和总利润在不同政策情景下的变化情况。结果表明，对于鄂尔多斯市整个工业来说，无论是在绝对提升量还是相对提升量方面，TI 和 AI 的政策效果都要显著优于其他政策。在 FS 情景下，虽然工业总产值可以保持逐年增长，但是工业总利润却会大幅下滑。VAT 政策可以在开始之初有效地提升工业总产值，尤其是工业总利润，但是随着时间的推移，其政策效果却呈逐年递减的趋势。而 LP 政策在略微提高鄂尔多斯工业总产值的同时，会显著提高工业总利润，因此，积极贯彻实施 LP 政策不仅不会导致地区经济停滞或下滑，反而会促进经济复苏和提高经济发展质量。

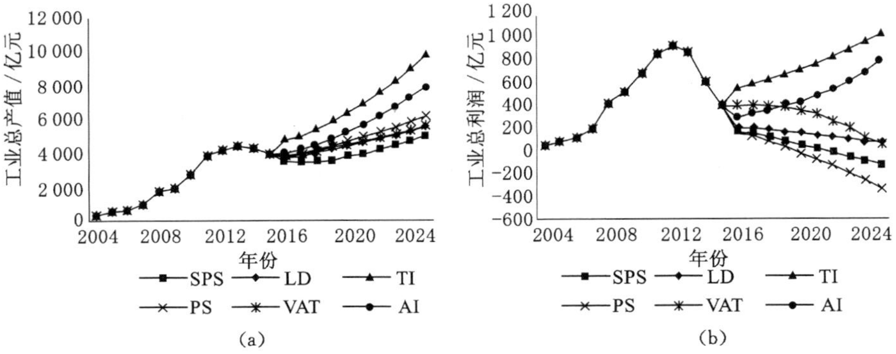

图 6-8 市场需求波动情景下各产业政策的调控效果

(a) 工业总产值的调控效果；(b) 工业总利润的调控效果

6.5 讨论

6.5.1 政策的累积效果分析

为了探寻 TI、AI、LP、FS 和 VAT 政策的累积效应，我们将仿真时间间隔分为两个阶段：2016～2020 年和 2021～2025 年，具体仿真结果如图 6-9 所示。

1. 能源价格波动情景下各政策的累积效果分析

在所有的政策情景中，无论是绝对提升量还是相对提升量，TI 政策对煤炭产业、煤化工产业和整个工业的产值和利润的提升效果均为最优。仿真结果也表明 AI 在后 5 年的累积提升效果要优于前 5 年的累积提升效果。以上现象说明了 TI 和 AI 政策的实施具有一定的延迟效应。因此，TI 和 AI 政策将会在鄂尔多斯经济复苏和健康发展方面扮演重要角色。

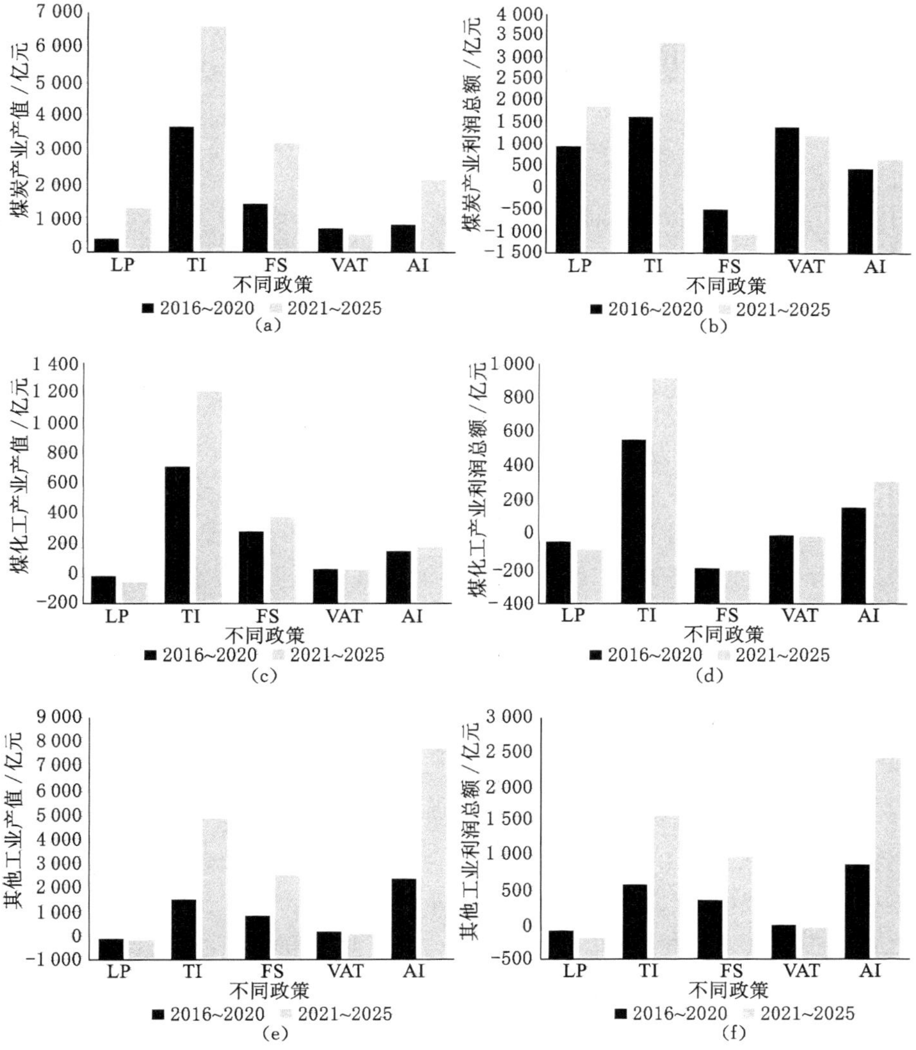

图 6-9 能源价格波动情景下 LP、FA、TI、AI 和 VAT 政策对各产业的产值和利润的累积提升效果

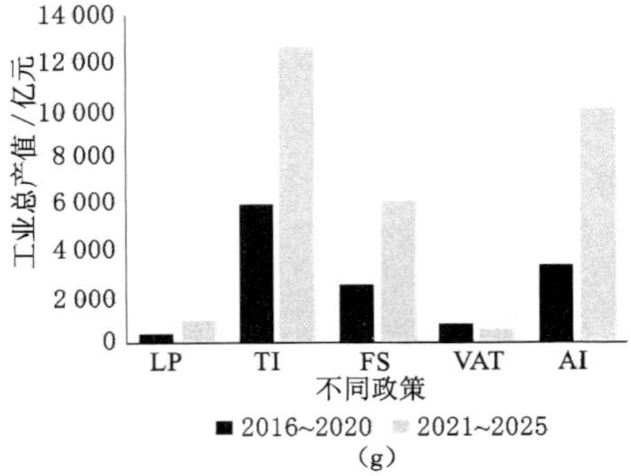

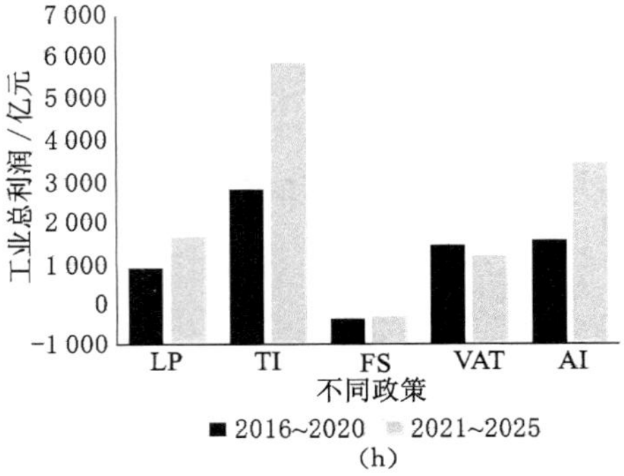

图 6-9　能源价格波动情景下 LP、FA、TI、AI 和 VAT 政策对各产业的产值和利润的累积提升效果(续)

(a) 不同政策对煤炭产业产值的累积提升效果;(b) 不同政策对煤炭产业总利润总额的累积提升效果;(c) 不同政策对煤化工产业产值的累积提升效果;(d) 不同政策对煤化工产业利润总额的累积提升效果;(e) 不同政策对其他工业产值的累积提升效果;(f) 不同政策对其他工业利润总额的累积提升效果;(g) 不同政策对工业总产值的累计提升效果;(h) 不同政策对工业总利润的累积提升效果

对比图 6-9(a)、(b)、(c)、(d)、(g)、(h)可以发现,对煤炭和煤化工产业来说,FS 政策对产值的累积效应是递增的,而对利润的累积效应是递减的。对其他工业产业来说,FS 政策对其产值和利润的累积提升效果是递增的[如图 6-9(e)、(f)所示]。就总体而言,尽管 FS 政策对于整个工业利润水平的提高是不利的,但是其后 5 年的累积负面效果要小于前 5 年的累积负面效果。

尽量 VAT 政策可以快速发挥作用,但是其对产值和利润的后 5 年累积提升量要小于前 5 年的累积提升量。从短期来看,VAT 政策可以减缓鄂尔多斯市的经济下滑,但是其长期效果却并不理想。

LP 政策对煤炭产业产值和利润的后 5 年累积提升量要显著优于前 5 年的累积提升量,但是对煤化工和其他工业产业的产值和利润总额的累积提升效果是下降的。同时,在 LP 情景下,整个工业的产值和利润总额的累积提升量具有上升的趋势[如图 6-9(g)、(h)所示]。另外,对比图 6-9(a)、(b)可以发现,无论是在绝对提升量还是相对提升量方面,LP 政策对利润总额的提升效果均优于产值,说明 LP 政策有助于提升区域经济运行质量。

2. 市场需求波动情景下各政策的累积效果分析

对比图 6-10(a)、(b)可以看出,各产业政策在市场需求波动情景下的累积效果差异显著。具体来说,TI 政策无论是前 5 年还是后 5 年的累积提升效果均为最优,AI 政策后 5 年的累积提升效果明显高于前 5 年的累积提升量,说明 AI 政策无论是对于区域经济总量还是运行质量都具有良好的长期效应。FS 政策对于整个工业利润水平的提高是不利的，但是其后5年的累积负面效果要小于前5年的累积负面效果。LP和VAT政策对工业总产值和利润总额均有一定的累积提升作用，但VAT政策对工业总利润后5年的累积提升效果小于前5年的累积提升效果，说明在市场需求波动情景下VAT政策实施的长期效果并不理想。

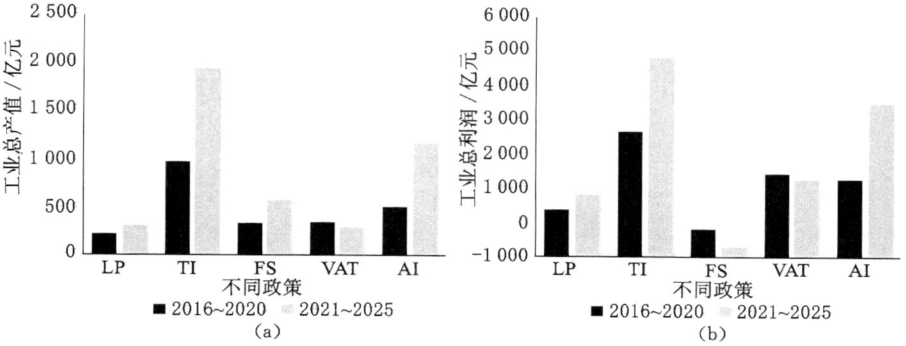

图6-10 市场需求波动情景下LP、FA、TI、AI和VAT政策对工业总产值和利润的累积提升效果

(a) 不同政策对工业总产值的累积提升效果；(b) 不同政策对工业总利润的累积提升效果

6.5.2 政策实施的优先顺序分析

由6.4.2节的分析可以看出，所有政策均有助于提升工业总产值，而除FS政策以外，其他政策均有助于提高整个工业的获利水平。另外，在经济下滑的背景下，政府正在积极进行经济转型，提高经济运行的质量。因此，我们将进一步分析LP、TI、AI和VAT政策对工业总利润提升效果的最优实施顺序。

1. 能源价格波动情景下政策实施的优先顺序分析

在图6-11(a)中，LP—(AI＋TI)的效果最为显著，LP政策在AI＋TI政策实施之后实施效果最好。对比LP—TI、LP—AI、LP—VAT和LP—CP(CP为组合情景)，可以发现，LP政策只有在TI政策之后实施效果最优，并且在VAT政策之后实施效果会下降。因此，TI政策应该首先实施，LP应在VAT之前实施。LP政策的最优实施顺序为TI→AI→LP→VAT。

在图6-11(b)中，TI—AI的效果最优，说明TI在AI之后实施效果最优。因此，AI应该首先实施。对比TI—VAT、TI—(VAT＋AI)和TI—CP可以发现，VAT政策的实施将会削弱TI政策的实施效果，并且在所有的政策情景中，TI—(VAT＋AI)的实施效果最差。因此，VAT政策应该最后实施。TI政策的

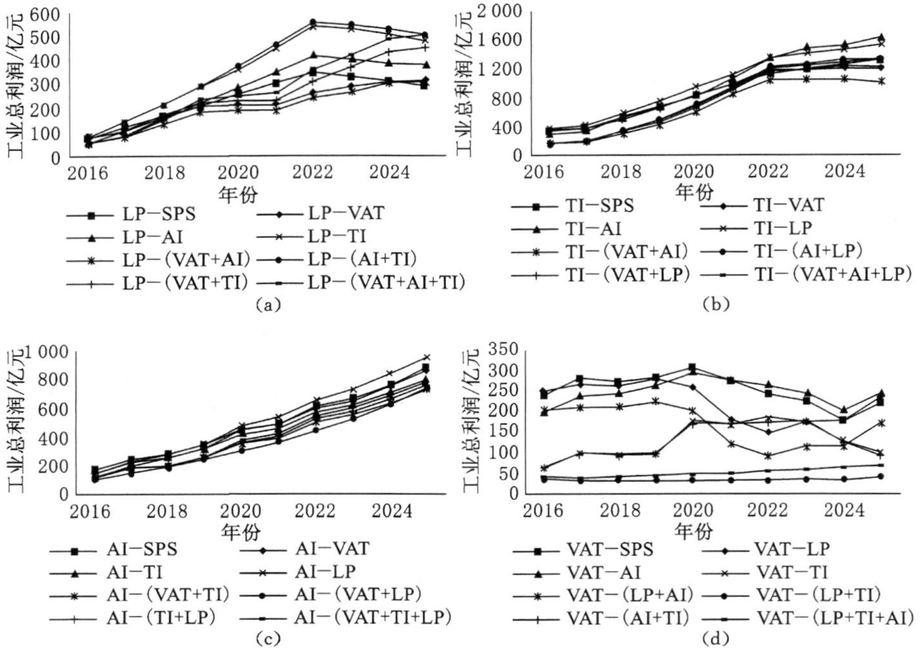

图 6-11 能源价格波动情景下 LP、TI、AI 和 VAT 政策对工业总利润提升效果的最优实施顺序

(a) LP 政策对工业总利润提升效果的最优实施顺序；(b) TI 政策对工业总利润提升效果的最优实施顺序；(c) AI 政策对工业总利润提升效果的最优实施顺序；(d) VAT 政策对工业总利润提升效果的最优实施顺序

最优实施顺序为 AI→TI→LP→VAT。

在图 6-11(c)中，AI−LP 的实施效果最优，说明 AI 政策在 LP 政策之后实施效果最优。因此，LP 政策应该首先实施。对比 AI−VAT、AI−(VAT＋LP)和 AI−CP 可以发现，AI−VAT 和 AI−(VAT＋LP)的政策效果均劣于 AI−CP，且在所有的政策情景中，AI−(VAT＋LP)的政策效果最差，说明 VAT 政策的实施会严重削弱 AI 政策的实施效果。因此，VAT 政策应该最后实施。AI 政策的最优实施顺序为 LP→AI→TI→VAT。

在图 6-11(d)中，VAT−SPS 在 2020 年之前实施效果最优，而 VAT−AI 在 2020 年之后效果最优。但是，VAT 政策对 LP、AI 和 TI 政策具有严重的挤出效应。因此 VAT 政策应该最后实施，而 AI 政策应该首先实施。对比 VAT−LP 和 VAT−TI 可以发现，VAT−LP 的实施效果要显著优于 VAT−TI，因此 LP 政策应在 TI 政策之前实施。最后，VAT 政策的最优实施顺序为 AI→LP→TI→VAT。

由上面的分析可以看出，AI 政策应该首先实施，而 VAT 政策应该最后实施。对比图 6-11(a)中的 LP－AI 与 LP－(AI＋TI)和图 6-11(b)中的 TI－AI 与 TI－(LP＋AI)可以看出，LP 政策在 AI＋TI 之后实施比在 AI 政策之后实施效果要好，而 TI 政策在 AI 政策之后实施比在 LP＋AI 之后实施效果要优，所以 TI 政策应在 AI 政策之后实施，LP 政策应在 AI＋TI 之后实施，这样可以最大限度地发挥两个政策的实施效果。因此，总的最优实施顺序为 AI→TI→LP→VAT。

2. 市场需求波动情景下政策实施的优先顺序分析

在图 6-12(a)中，LP－(AI＋TI)的实施效果最为显著，LP 在 AI＋TI 政策实施之后实施效果最好。对比 LP－TI、LP－AI、LP－VAT 和 LP－CP，可以发现，LP 政策只有在 TI 政策之后实施效果最优，并且在 VAT 政策之后实施效果会下降。因此，TI 政策应该首先实施，LP 政策应在 VAT 政策之前实施。LP 政策的最优实施顺序为 TI→AI→LP→VAT。

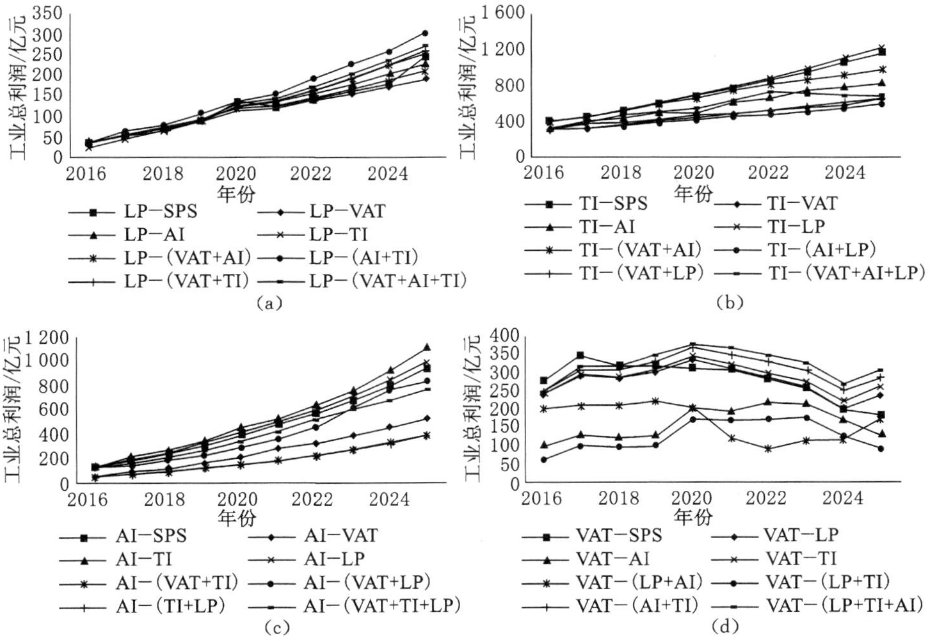

图 6-12　市场需求波动情景下 LP、TI、AI 和 VAT 政策对工业总利润提升效果的最优实施顺序

(a) LP 政策对工业总利润提升效果的最优实施顺序；(b) TI 政策对工业总利润提升效果的最优实施顺序；(c) AI 政策对工业总利润提升效果的最优实施顺序；(d) VAT 政策对工业总利润提升效果的最优实施顺序

在图 6-12(b)中,TI－LP 的实施效果最优,说明 TI 政策在 LP 政策之后实施效果最优。因此,LP 政策应该首先实施。对比 TI－VAT、TI－(VAT＋LP)和 TI－CP 可以发现,VAT 政策的实施将会削弱 TI 政策的实施效果,并且在所有的政策情景中,TI－(VAT＋LP)的效果最差。因此,VAT 政策应该最后实施。TI 政策的最优实施顺序为 LP→TI→AI→VAT。

在图 6-12(c)中,AI－TI 的实施效果最优,说明 AI 政策在 TI 政策之后实施效果最优。因此,TI 政策应该首先实施。对比 AI－VAT、AI－(VAT＋TI)和 AI－CP 可以发现,AI－VAT 和 AI－(VAT＋TI)的政策效果均劣于 AI－CP,且在所有的政策情景中,AI－(VAT＋TI)的政策效果最差,说明 VAT 政策的实施会严重削弱 AI 政策的实施效果。因此,VAT 政策应该最后实施。AI 政策的最优实施顺序为 TI→AI→LP→VAT。

在图 6-12(d)中,VAT－SPS 在 2018 年之前实施效果最优,而 VAT－CP 在 2018 年之后效果最优。但是,VAT 政策对 LP、AI 和 TI 具有严重的挤出效应。因此 VAT 政策应该最后实施。对比 VAT－(LP＋AI)、VAT－(LP＋TI)和 VAT－(AI＋TI)可以发现,VAT－(AI＋TI)的实施效果要显著优于 VAT－(LP＋AI)和 VAT－(LP＋TI),说明 AI 政策和 TI 政策应该首先实施。通过进一步对比 VAT－TI 和 VAT－AI 可以看出,VAT 政策在 TI 政策之后实施的政策效果要优于在 AI 政策之后实施,因此 TI 政策应该首先实施,其次为 AI 政策。最后,VAT 政策的最优实施顺序为 TI→AI→LP→VAT。

综合以上分析可以看出,市场需求波动情景下各产业政策的最优实施顺序为 TI→AI→LP→VAT。

6.6 结论与对策建议

6.6.1 主要结论

利用系统动力学建模和情景分析方法,本节对煤炭城市应对经济波动冲击的调控政策进行了模拟仿真,结果表明:尽管能源价格下跌对地区非资源型产业的发展具有一定的促进作用,但就总体而言,会对鄂尔多斯的经济发展造成显著的负面影响。不同的政策在经济波动冲击背景下的调控效果也不尽相同,其中加大科研投入和发展替代产业政策对区域工业总产值和总利润的提升效果最为明显;降低增值税政策可以在短期内快速提高工业盈利水平,但是其有效性却呈显著的逐年递减趋势;加大限产力度可以在不损失区域经济总量的情况下,有效提高其利润总额;而加大金融投入在提高区域工业总产值的同时,会削弱其获利能力。

6.6.2 对策与建议

(1) 合理配置金融资源,优化融资结构。近年来,随着煤价和油价的持续下跌,煤炭和煤化工企业的经营状况也在不断恶化。政府为了帮助企业成功转型并顺利渡过难关,也加大了对企业的金融扶持力度。本书的研究结果表明,金融资金的不合理流向将会进一步加剧产能过剩,降低产业的盈利能力,因此要对金融资源进行合理配置,对符合产业政策、市场前景好、当前投入不足的企业,可综合运用延长贷款期限、资产证券化等方式继续支持其合理资金需求,通过信贷杠杆促进产能过剩矛盾化解和产业结构转型升级。而对于资不抵债、扭亏无望和产能过剩的"僵尸企业",要压缩退出相关贷款,避免金融资金用于煤炭和煤化工产品的生产扩张。

(2) 积极完善增值税政策,减轻煤炭企业负担。本书的研究结果表明,降低煤炭产业增值税是帮助煤炭行业脱困的一条较为快速的途径。中央政府应充分考虑煤炭行业生产和经营特点,根据中国煤炭行业的生产力水平和全国工业行业平均税费水平,优化税费结构,加快研究完善煤炭增值税政策。一是降低煤炭产品税率标准,将煤炭增值税税率下调到13%甚至是11%;二是扩大煤炭增值税抵扣范围,针对煤炭开采的特殊性和煤炭增值税过重的实际,允许矿业权价款、水资源补偿费、矿山环境治理保证金、村庄搬迁费、青苗补偿费、土地塌陷补偿费等,抵扣进项税。

(3) 大力发展接续产业,推动产业结构优化升级。本书的研究结果表明,通过大力发展接续产业,可以有效缓解能源价格下挫所带来的冲击,维护区域经济的稳定。因此,对于煤炭城市来讲,应大力发展接续产业,对市场前景好的新兴产业进行重点培育,加大对其的金融支持力度,促进城市经济的持续健康发展,提高区域经济运行质量。对替代产业的选择来说,政府应重复考虑地区的内外部优势,避免项目开发的盲目性、短期性。

(4) 加大限产力度,制定完善的过剩产能退出机制。近年来国家屡屡出台限产政策,但是效果均不理想。究其原因在于,当一部分企业执行限产,而另一部分企业不限产时,限产企业原有的市场份额将会被占有,企业的经营状况会更加恶化。所以有些企业不仅不会减产,反而会增加产量,陷入"越限越产"的怪圈。本书的研究结果表明,积极贯彻限产政策可以有效提高煤炭产业的盈利水平,并有利于区域经济的长远发展。因此,要想让限产政策得以有效地贯彻实施,避免陷入"越限越产"的怪圈,地方政府应在区域内的煤炭资源禀赋、市场供需状况以及生态环境等综合评估的基础上,制定完善的过剩产能退出机制。对生产成本高、环境污染严重的小企业，通过关停等方式引导其退出市场。同时鼓励和支持大型企业对中小企业的兼并重组来进一步化解产能过剩。

（5）实施创新驱动发展战略，引导企业增加创新投入。本书的研究结果表明，在能源价格冲击的背景下，加大科研投入，提高科技水平，无论是对区域经济总量还是区域经济运行质量的提升都是有利的。因此，对鄂尔多斯市来说，应积极贯彻实施科技创新驱动发展战略，同时，完善政府对企业创新的财政投入机制，充分利用财政和税收引导企业加大科技投入，激发企业创新投入热情。严格执行有关支持企业科技创新优惠政策，切实把国家高新技术企业所得税减免，企业研发费用加计扣除等科技创新优惠政策落到实处。

6.7 附录

附录 A

煤炭产业子系统主要方程如下：

煤炭产业总利润＝INTEG(煤炭产业总收入－煤炭产业总成本－煤炭产业利润总额)＋煤炭产业初始利润总额，单位：亿元，注：INTEG 是积分符号。

煤炭产业产值＝(煤炭产业增加值)＋(煤炭产业初始产值)，单位：亿元。

煤炭产业生产资本投入＝(煤炭产业生产资本投入增加值－煤炭产业固定资产折旧率 * 煤炭产业生产资本投入)＋煤炭产业初始资本投入，单位：亿元。

煤炭产业总收入＝煤炭价格 * 煤炭销量，单位：亿元。

煤炭产业总成本＝煤炭产业增值税＋煤炭产业库存成本＋煤炭产业物流成本＋煤炭产业生产成本＋煤炭产业其他相关成本，单位：亿元。

煤炭产业增加值＝煤炭产量 * 煤炭价格－煤炭产业产值，单位：亿元。

煤炭产业生产资本投入＝0.13 * 煤炭产业总利润＋0.24 * 金融服务水平，单位：亿元，注：以煤炭产业利润总额和金融服务水平为自变量，以煤炭产业生产资本投入增量作为因变量，通过回归计算相关系数。

煤炭产业固定资产折旧率＝28.08，单位：%，注：用算术平均法计算煤炭产业固定资产折旧率。

煤炭产业人力资本投入＝0.054 98 * 煤炭产业利润总额＋0.023 53 * 金融服务水平，单位；亿元，注：以煤炭产业利润总额和金融服务水平为自变量，以煤炭产业人力资本投入增量为因变量，通过回归计算相关系数。

煤炭产量＝科技水平 * 煤炭产业人力资本投入^0.048 445 * 煤炭产业生产资本投入^0.569 73－限产政策，单位：亿 t，注：生产资本投入是指已考虑累计折旧的固定资产。以煤炭产业人力资本投入(取对数)和煤炭产业生产资本投入(取对数)为自变量,以煤炭产量(取对数)为因变量通过回归计算相关系数。

区域外煤炭销量=煤炭产量＊煤炭外销比,单位:亿元。

煤炭销量=区域以外煤炭销量+煤化工产业煤炭采购量+下游产业煤炭采购量,单位:亿 t。

煤炭价格= WITH LOOKUP(Time),初始值([(2004,0)－(2025,1000)],(2004,387),(2005,429),(2006,431),(2007,471),(2008,731),(2009,603),(2010,752),(2011,824),(2012,703),(2013,591),(2014,520),(2015,430),(2016,430),(2017,430),(2018,430),(2019,430),(2020,430),(2021,430),(2022,430),(2023,430),(2024,430),(2025,430)),单位:元/t。

煤炭产业生产成本=(1.956 36/(科技水平^2))＊煤炭产量,单位:亿元。

煤炭产业库存成本= IF THEN ELSE(煤炭产量－煤炭销量>0,煤炭价格＊0.07＊(煤炭产量－煤炭销量),0),单位:亿元,注:IF THEN ELSE (a, b, c)是选择函数,当条件 a 满足的时候,函数值是 b,否则,函数值是 c。

煤炭物流成本=单位物流成本＊煤炭销量,单位:亿元。

限产政策= WITH LOOKUP(Time),初始值([(2004,0)－(2025,1)],(2004,0),(2005,0),(2006,0),(2007,0),(2008,0),(2009,0),(2010,0),(2011,0),(2012,0),(2013,0),(2014,0),(2015,0.3),(2016,0.3),(2017,0.3),(2018,0.3),(2019,0.3),(2020,0.3),(2021,0.3),(2022,0.3),(2023,0.3),(2024,0.3),(2025,0.3)),单位:亿 t。

煤化工产业子系统主要方程如下:

煤化工产业利润总额= INTEG(煤化工产业总收入－煤化工产业总成本－煤化工产业利润总额)+煤化工产业初始利润总额,单位:亿元。

煤化工产业产值=INTEG(煤化工产业产值增量)+煤化工产业初始产值,单位:亿元。

煤化工产业生产资本投入= INTEG(煤化工产业生产资本投入增量－煤化工产业固定资产折旧率＊煤化工产业生产资本投入)+煤化工产业初始生产资本投入,单位:亿元。

煤化工产业收入总额=煤化工产品价格＊煤化工产品销量,单位:亿元。

煤化工产业总成本=煤化工产业采购成本+煤化工产业生产成本+煤化工产业库存成本+煤化工产业其他相关成本,单位:亿元。

煤化工产业产值增量=煤化工产品产量＊煤化工产品价格－煤化工产业产值,单位:亿元。

煤化工产业生产资本投入增量=0.171 36＊煤化工产业利润总额+0.300 24＊

金融服务水平，单位：亿元。注：以煤化工产业利润总额和金融服务水平为自变量。以煤化工产业生产资本投入增量为因变量，通过回归计算相关系数。

煤化工产业固定资产折旧率＝16.86，单位：%，注：用算术平均法计算煤化工产业固定资产折旧率。

煤化工产业人力资本投入＝0.093＊煤化工产业利润总额＋0.006 2＊金融服务水平，单位：亿元，注：以煤化工产业利润总额和金融服务水平为自变量，以煤化工产业人力资本投入为因变量，通过回归计算相关系数。

煤化工产品产量＝科技水平＊煤化工产业人力资本投入^0.091 8＊煤化工产业生产资本投入^0.101 289，单位：亿 t，注：生产资本投入是指已考虑累计折旧的固定资产。以煤化工产业人力资本投入和煤化工产业生产资本投入为自变量，以煤化工产品产量为因变量，通过回归计算相关系数。

煤化工产品销量＝煤化工产品产量＊现阶段煤化工产品库存，单位：亿 t。

原油价格＝WITH LOOKUP（Time），初始值（[（2004，0）－（2025，200）]，（2004，53），（2005，56.7417），（2006，58），（2007，67），（2008，79），（2009，83），（2010，62），（2011，107.8），（2012，111.1），（2013，107.408），（2014，93.06），（2015，50），（2016，50），（2017，50），（2018，50），（2019，50），（2020，50），（2021，50），（2022，50），（2023，50），（2024，50），（2025，50）），单位：美元/桶。

煤化工产业生产成本＝（13.624/（科技水平）^2）＊煤化工产品产量，单位：亿元。

煤化工产业煤炭采购量＝0.674 91＊煤化工产品产量，单位：亿吨，注：以煤化工产品产量为自变量，以煤化工产业煤炭采购量为因变量，通过回归计算单位煤化工产品的耗煤量。

煤化工产业采购成本＝煤炭价格＊煤化工产业煤炭采购量，单位：亿 t。

煤炭产业库存成本＝ IF THEN ELSE（煤化工产品产量－煤化工产品销量＞0，煤化工产品价格＊0.07＊（煤化工产品产量－煤化工产品销量），0），单位：亿元。

下游产业子系统主要方程如下：

下游产业产值＝INTEG（下游产业产值增量）＋下游产业产值初始值，单位：亿元。

下游产业利润总额＝INTEG（下游产业总收入－下游产业总成本－下游产业利润总额）＋下游产业初始利润总额，单位：亿元。

下游产业总收入＝WITH LOOKUP（Time），初始值（[（2004，0）－（2025，8000）]，（2004，158），（2005，168.3），（2006，249.4），（2007，325.3），（2008，468.5），（2009，727.7），（2010，1028），（2011，885.7），（2012，1170），（2013，1466），（2014，

1553),(2015,1647),(2016,1746),(2017,1850),(2018,1961),(2019,2079),(2020,2204),(2021,2336),(2022,2476),(2023,2625),(2024,2782),(2025,2949)),单位:亿元。

下游产业总成本=下游产业采购成本+下游产业其他相关成本,单位:亿元。

下游产业原油采购量=1.429×10^{-6} * 下游产业产值,单位:亿 t。注:以下游产业产值为自变量,以下游产业石油采油量为因变量,通过回归计算下游产业单位产值煤炭消耗量。

下游产业煤炭采购量=0.000 644 76 * 下游产业产值,单位:亿 t,注:以下游产业产值为自变量,以下游产业煤炭采购量为因变量,通过回归计算下游产业单位产值煤炭消耗量。

下游产业采购成本=煤炭价格 * 下游产业煤炭采购量+原油价格 * 下游产业原油采购量,单位:亿元。

下游产业其他相关成本=WITH LOOKUP(Time),初始值([(2004,0)-(2025,4000)],(2004,127.4),(2005,126.5),(2006,196.3),(2007,251.8),(2008,312.6),(2009,539.6),(2010,697.7),(2011,537.8),(2012,828.4),(2013,998.3),(2014,1057),(2015,1121),(2016,1188),(2017,1259),(2018,1335),(2019,1415),(2020,1500),(2021,1590),(2022,1686),(2023,1787),(2024,1894),(2025,2008)),单位:亿元。

制造业相关服务产业子系统主要方程如下:

总人口=INTEG(总人口增长-总人口减少)+初始总人口,单位:万人。

科技水平=INTEG(科技水平增量)+初始科技水平,单位:无量纲。

金融服务水平=INTEG(金融服务水平增量)+初始金融服务水平,单位:亿元。

物流服务水平=INTEG(物流服务水平增量)+初始物流服务水平,单位:亿元。

总人口增量=出生人口数量+移入人口数量,单位:万人。

总人口减少=死亡人口+移出人口数量,单位:万人。

出生人口数量=总人口 * 出生率,单位:万人。

移入人口数量=WITH LOOKUP(Time),初始值([(2004,0)-(2025,4)],(2004,2.2954),(2005,2.6261),(2006,3.9355),(2007,3.1131),(2008,3.6466),(2009,2.4013),(2010,2.1815),(2011,1.9035),(2012,1.7391),(2013,1.7724),(2014,1.7825),(2015,1.7243),(2016,1.7243),(2017,1.7243),(2018,1.7243),(2019,1.7243),(2020,1.7243),(2021,1.7243),(2022,

1.7243),(2023,1.7243),(2024,1.7243),(2025,1.7243)),单位:万人。

死亡人口数量=总人口数量 * 死亡率,单位:万人。

移出人口数量=WITH LOOKUP(Time),初始值([(2004,0)-(2025,4)],(2004,2.0124),(2005,2.1787),(2006,2.5007),(2007,1.5775),(2008,2.4359),(2009,1.0475),(2010,1.1752),(2011,0.9863),(2012,1.37),(2013,1.2519),(2014,1.3522),(2015,1.2573),(2016,1.2573),(2017,1.2573),(2018,1.2573),(2019,1.2573),(2020,1.2573),(2021,1.2573),(2022,1.2573),(2023,1.2573),(2024,1.2573),(2025,1.2573)),单位:万人。

出生率=1.341 4,单位:%,注:用算术平均法计算出生率。

死亡率=0.570 8,单位:%,注:用算术平均法计算死亡率。

科研人员数量=总人口数量 * 科研人员数量占总人口比重,单位:万人。

金融从业人员数量=总人口数量 * 金融从业人员数量占总人口比重,单位:万人。

物流从业人员数量=总人口数量 * 物流人员占总人口数,单位:万人。

科研人员数量占总人口比重=0.144,单位:%,用算术平均法计算科研人员数量占总人口比重。

金融从业人员数量占总人口比重=0.449,单位:%,注:用算术平均法计算金融从业人员数量占总人口比重。

物流人员数量占总人口比重=0.27,单位:%,注:用算术平均法计算物流人员数量占总人口比重。

研发投入=0.000 9 * 工业总产值,单位:亿元,注:以工业总产值为自变量,以研发投入为因变量,通过回归计算单位工业总产值的研发投入。

金融投入=WITH LOOKUP(Time),初始值([(2004,0)-(2025,300)],(2004,6.40415),(2005,8.53111),(2006,12.025),(2007,15.5898),(2008,19.82),(2009,37.3273),(2010,48.363),(2011,60.7222),(2012,68.672),(2013,73.33),(2014,77.72),(2015,82.39),(2016,87.33),(2017,92.57),(2018,98.13),(2019,104.02),(2020,110.26),(2021,116.87),(2022,123.88),(2023,131.32),(2024,139.2),(2025,147.55)),单位:亿元。

金融机构数量=0.067 * 工业总产值。单位:个,注:以工业总产值为自变量,以金融机构数量为因变量,通过回归计算单位总产值金融机构数量。

道路里程=2.156 * 工业总产值,单位:km,注:以工业总产值为自变量,以道路里程为因变量,通过回归计算单位总产值道路里程。

附录 B

政策	计算	注
LP	LP－SPS＝ΔLP	LP 在 SPS 之后实施对产业利润的影响
	LP－VAT＝Δ(LP＋VAT)－ΔVAT	LP 在 VAT 之后实施对产业利润的影响
	LP－AI＝Δ(LP＋AI)－ΔAI	LP 在 AI 之后实施对产业利润的影响
	LP－TI＝Δ(LP＋TI)－ΔTI	LP 在 TI 之后实施对产业利润的影响
	LP－(VAT＋AI)＝Δ(LP＋VAT＋AI)－Δ(VAT＋AI)	LP 在 VAT 和 AI 之后实施对产业利润的影响
	LP－(AI＋TI)＝Δ(LP＋AI＋TI)－Δ(AI＋TI)	LP 在 AI 和 TI 之后实施对产业利润的影响
	LP－(VAT＋TI)＝Δ(LP＋VAT＋TI)－Δ(VAT＋TI)	LP 在 VAT 和 TI 之后实施对产业利润的影响
	LP－(VAT＋AI＋TI)＝ΔCP－Δ(VAT＋AI＋TI)	LP 在 VAT、AI 和 TI 之后实施对产业利润的影响
TI	TI－SPS＝ΔTI	TI 在 SPS 之后实施对产业利润的影响
	TI－VAT＝Δ(TI＋VAT)－ΔVAT	TI 在 VAT 之后实施对产业利润的影响
	TI－AI＝Δ(TI＋AI)－ΔAI	TI 在 AI 之后实施对产业利润的影响
	TI－LP＝Δ(TI＋LP)－ΔLP	TI 在 LP 之后实施对产业利润的影响
	TI－(VAT＋AI)＝Δ(TI＋VAT＋AI)－Δ(VAT＋AI)	TI 在 VAT 和 AI 之后实施对产业利润的影响
	TI－(VAT＋LP)＝Δ(TI＋VAT＋LP)－Δ(VAT＋LP)	TI 在 VAT 和 LP 之后实施对产业利润的影响
	TI－(AI＋LP)＝Δ(TI＋AI＋LP)－Δ(AI＋LP)	TI 在 AI 和 LP 之后实施对产业利润的影响
	TI－(VAT＋AI＋LP)＝ΔCP－Δ(VAT＋AI＋LP)	TI 在 VAT、AI 和 LP 之后实施对产业利润的影响
AI	AI－SPS＝ΔAI	AI 在 SPS 之后实施对产业利润的影响
	AI－VAT＝Δ(AI＋VAT)－ΔVAT	AI 在 VAT 之后实施对产业利润的影响
	AI－TI＝Δ(AI＋TI)－ΔTI	AI 在 TI 之后实施对产业利润的影响
	AI－LP＝Δ(AI＋LP)－ΔLP	AI 在 LP 之后实施对产业利润的影响
	AI－(VAT＋TI)＝Δ(AI＋VAT＋TI)－Δ(VAT＋TI)	AI 在 VAT 和 TI 之后实施对产业利润的影响
	AI－(VAT＋LP)＝Δ(AI＋VAT＋LP)－Δ(VAT＋LP)	AI 在 VAT 和 LP 之后实施对产业利润的影响
	AI－(TI＋LP)＝Δ(AI＋TI＋LP)－Δ(TI＋LP)	AI 在 TI 和 LP 之后实施对产业利润的影响
	AI－(VAT＋TI＋LP)＝ΔCP－Δ(VAT＋TI＋LP)	AI 在 VAT、TI 和 LP 之后实施对产业利润的影响

续表

政策	计算	注
VAT	VAT－SPS＝ΔVAT	VAT 在 SPS 之后实施对产业利润的影响
	VAT－LP＝Δ(VAT＋LP)－ΔLP	VAT 在 LP 之后实施对产业利润的影响
	VAT－AI＝Δ(VAT＋AI)－ΔAI	VAT 在 AI 之后实施对产业利润的影响
	VAT－TI＝Δ(VAT＋TI)－ΔTI	VAT 在 TI 之后实施对产业利润的影响
	VAT－(LP＋AI)＝Δ(VAT＋LP＋AI)－Δ(LP＋AI)	VAT 在 LP 和 AI 之后实施对产业利润的影响
	VAT－(LP＋TI)＝Δ(VAT＋LP＋TI)－Δ(LP＋TI)	VAT 在 LP 和 TI 之后实施对产业利润的影响
	VAT－(AI＋TI)＝Δ(VAT＋AI＋TI)－Δ(AI＋TI)	VAT 在 AI 和 TI 之后实施对产业利润的影响
	VAT－(LP＋TI＋AI)＝ΔCP－Δ(LP＋TI＋AI)	VAT 在 LP、TI 和 AI 之后实施对产业利润的影响 LP

注：ΔLP、ΔTI、ΔAI、ΔVAT、Δ(LP＋TI)、Δ(LP＋AI)、Δ(LP＋VAT)、Δ(TI＋AI)、Δ(TI＋VAT)、Δ(AI＋VAT)、Δ(LP＋TI＋AI)、Δ(LP＋TI＋VAT)、Δ(LP＋AI＋VAT)、Δ(TI＋AI＋VAT)、ΔCP 是 LP、TI、AI、VAT、(LP＋TI)、(LP＋AI)、(LP＋VAT)、(TI＋AI)、(TI＋VAT)、(AI＋VAT)、(LP＋TI＋AI)、(LP＋TI＋VAT)、(LP＋AI＋VAT)、(TI＋AI＋VAT)、CP 相较于 SPS 对产业总利润的提升量。

本章参考文献

[1] 王钰，冯宗宪. 煤炭价格波动对能源富集地区经济发展的影响——以陕西省为例[J]. 价格理论与实践，2013(12)：42-44.

[2] BROADSTOCK D C，WANG R，ZHANG D. Direct and indirect oil shocks and their impacts upon energy related stocks[J]. Economic Systems，2014，38(3)：451-467.

[3] ZHANG C，CHEN X. The impact of global oil price shocks on China's bulk commodity markets and fundamental industries[J]. Energy Policy，2014，66：32-41.

[4] 张波，虞朝晖，孙强，等. 系统动力学简介及其相关软件综述[J]. 环境与可持续发展，2010，35(2)：1-4.

[5] MATHEWS J A，TAN H. Progress toward a circular economy in China[J]. Journal of Industrial Ecology，2011，15(3)：435-457.

[6] SONG X，LI Z. Modified index system for eco-efficiency evaluation of circular economy in economy in coal mining area based on network flow analysis[J]. Journal of Convergence Information Technology，2012，7(13)：1-9.

[7] YAO L，LIU J，WANG R，et al. A qualitative network model for understanding regional metabolism in the context of Social-Economic-Natural Complex Ecosystem theory[J]. Ecological Informatics，2015，26(1)：29-34.

[8] LIU H,WU K. Coal price based on Hedonic Model:evidence from panel data of China's provinces[J]. Journal of Shanghai Finance University,2015(3):111-120.
[9] ZHANG J L,ZHANG Y J,ZHANG L. A novel hybrid method for crude oil price forecasting[J]. Energy Economics,2015,49:649-659.
[10] ZHAO L,CHENG L,WAN Y,et al. A VAR-SVM model for crude oil price forecasting [J]. International Journal of Global Energy Issues,2015,38(1-3):126-144.
[11] ZHOU Z,DUAN K,LIN L,et al. Forecasting long-term and short-term crude oil price:a comparison of the predictive abilities of competing models[J]. International Journal of Global Energy Issues. 2015,38(4-6):286-297.
[12] SUN S,ANWAR S. R&D status and the performance of domestic firms in China's coal mining industry[J]. Energy Policy,2015,79:99-103.